EL NARCO

Ioan Grillo

El Narco

En el corazón de la insurgencia
criminal mexicana

Traducción de Antonio-Prometeo Moya

TENDENCIAS EDITORES

Argentina - Chile - Colombia - España
Estados Unidos - México - Perú - Uruguay - Venezuela

Título original: *El Narco. The Bloody Rise of Mexican Drug Cartels*
Editor original: Bloomsbury, London, Berlin, New York, Sidney
Traducción: Antonio-Prometeo Moya

1.ª edición Junio 2012

Copyright © 2011 by Ioan Grillo
This book is published by arrangement with Bloomsbury Publishing. Inc.
All Rights Reserved
© de la traducción 2012 *by* Antonio-Prometeo Moya
© 2012 *by* Ediciones Urano, S.A.
    Aribau, 142, pral. – 08036 Barcelona
    www.edicionesurano.com

ISBN: 978-84-936961-6-0
E-ISBN: 978-84-9944-272-3

Depósito legal: B-14.892-2012

Fotocomposición: Montserrat Gómez Lao
Impreso por: Romanyà-Valls, S.A. – Verdaguer, 1 – 08786 Capellades (Barcelona)

Impreso en España – *Printed in Spain*

Índice

Tercera parte
Futuro

EL TRIÁNGULO DORADO

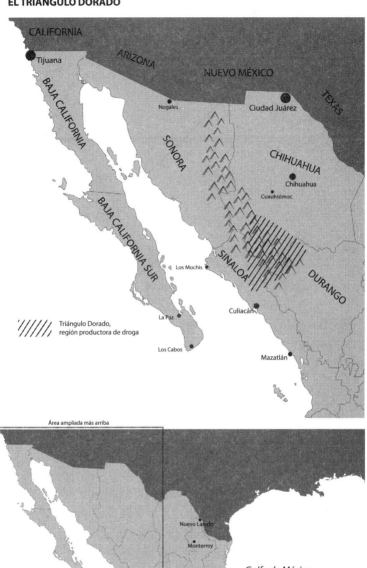

Triángulo Dorado,
región productora de droga

Área ampliada más arriba

Golfo de México

Océano Pacífico

(Tim McGovern)

1

Fantasmas

Ahora todo parecía un mal sueño.

Había sido vívido y salvaje, de eso no cabía la menor duda, pero de algún modo parecía algo irreal, como si Gonzalo hubiera presenciado aquellas horribles escenas desde arriba, como si hubiera sido otro el que había cruzado disparos en plena luz del día con los policías cubiertos con pasamontañas. Otro el que había irrumpido violentamente en las casas y sacado a rastras a hombres inútilmente protegidos por esposas y madres que lloraban. Otro el que había atado de pies y manos a las víctimas con cinta adhesiva de seguridad para que recibieran golpes sin poder moverse de la silla y estuvieran días sin comer. Otro quien les había partido el cráneo a machetazos cuando aún estaban vivos.

Pero todo había sido real.

Cuando había hecho esas cosas era un hombre diferente, me cuenta Gonzalo. Fumaba *crack* y bebía whisky todos los días, tenía poder en un país donde los pobres no pueden defenderse, tenía una *troca** del año y estaba en condiciones de

---

* Todoterreno con la parte de atrás descubierta. Todas las notas a pie de página y aclaraciones entre paréntesis son de la editorial.

comprar casas pagando en efectivo, tenía cuatro esposas e hijos repartidos por todas partes... No tenía ningún Dios.

En ese tiempo no tenía ningún temor. No sentía nada, no tenía compasión por nada —dice con lentitud y titubeando ante algunas palabras.

Tiene la voz aguda y nasal, dado que la policía le machacó los dientes a golpes hasta que confesó. Su cara revela pocas emociones. Me cuesta percatarme de la gravedad de lo que dice, hasta que más tarde rebobino el vídeo de la entrevista y transcribo sus palabras. Entonces me doy cuenta cabal de lo que me ha dicho, hago una pausa y me estremezco por dentro.

Hablo con Gonzalo en una celda en la que hay otros ocho presos; es un soleado martes por la mañana y estamos en Ciudad Juárez, la ciudad con más homicidios de todo el planeta. Estamos a unos 10 kilómetros de Estados Unidos y del Río Grande, que corta América del Norte como las rayas de la mano. Gonzalo está sentado en el catre, en un rincón de la celda, con las manos unidas y los antebrazos apoyados en los muslos. Viste una sencilla camiseta blanca que pone de manifiesto su vientre prominente, sus anchas espaldas y los poderosos músculos que cultivó de adolescente, cuando jugaba al fútbol americano, y que a sus 38 años mantiene aún en forma. De pie mide 1,88 metros, su físico es imponente y hace valer su autoridad sobre sus compañeros de celda. Pero cuando habla conmigo se muestra humilde y comunicativo. Luce un curvo bigote negro y lleva perilla (barba de chivo) que se le ha vuelto gris. Mira con fijeza e intensidad, su aspecto intimida y parece implacable, pero también deja traslucir un sufrimiento interior.

Durante diecisiete años ha hecho de soldado, secuestrador y asesino a sueldo de las bandas mexicanas de la droga. En ese período ha segado más vidas humanas de las que es capaz de recordar. En casi todos los demás países sería considerado un peligroso asesino en serie y estaría encerrado en una cárcel de máxima seguridad. Pero en México, actualmente, hay miles de asesinos en serie. Incluso en los presidios, que están atestados, se producen matanzas espantosas. En un disturbio mueren veinte presos; en otro, veintiuno; en otro, veintitrés; y todo esto en cárceles próximas a la misma malhadada frontera.

Dentro del sangriento presidio nos encontramos en una especie de santuario, un ala entera para los cristianos renacidos. Es el reino de Jesús, me dicen, un oasis donde acatan las leyes de su propio «gobierno eclesiástico». Otras alas están en manos de las distintas bandas: una está controlada por Barrio Azteca, que trabaja para el cártel de Juárez; otra está en poder de sus enemigos declarados, los Artistas Asesinos, que matan para el cártel de Sinaloa.

Los trescientos cristianos tratan de vivir al margen de la guerra. Bautizada con el nombre de Libres en Cristo, la secta fundada en la cárcel ha asimilado algunos elementos alborotadores y radicales del evangelismo sudamericano con objeto de salvar estas almas. Asisto a una misa carcelaria antes de sentarme con Gonzalo. El pastor, otro condenado por tráfico de drogas, mezcla anécdotas sobre la antigua Jerusalén con sus crudas experiencias de la calle, utiliza la jerga delincuente y llama a su grey «los compadres del barrio». Una banda que toca en vivo introduce en los himnos aires de rock, de rap y de música norteña. Los pecadores se desahogan a gusto, practican el *slam-dancing* al compás de lo que canta el coro, rezan con los ojos cerrados, aprietan los dientes hasta que rechinan, sudan, elevan los brazos al cielo, aprovechan toda su fuerza espiritual para exorcizar sus abyectos demonios.

Gonzalo tiene más demonios que la mayoría. Lo encarcelaron un año antes de conocerlo yo y compró su acceso al ala de los cristianos esperando que fuese un lugar tranquilo donde escapar de la guerra. Pero mientras escuchaba atentamente sus declaraciones, me dio la impresión de que había entregado su corazón a Cristo con sinceridad, de que rezaba realmente para redimirse. Y cuando habla conmigo —un entrometido periodista británico que hurga en su pasado— es como si se confesara realmente con Jesús.

Conocer a Cristo es una cosa totalmente diferente. Es un temor y uno empieza a pensar las cosas y lo que ha hecho y dejado de hacer. Porque era lo malo. Pensar en las otras personas; pudo haber sido un hermano mío a quien yo le hacía eso, podría haberle pasado a mis hermanos. Muchos padres sufrieron.

El hecho de pertenecer al crimen organizado es así. Tienes que cambiar, pues. Puedes ser la persona más buena del mundo y la gente con quien tú convives te cambia totalmente. Te vuelves otra. Las drogas te hacen otra, el vino.

He visto demasiados vídeos donde se ha plasmado el sufrimiento causado por sicarios como Gonzalo. He visto a un sollozante adolescente torturado en una cinta enviada a su familia; a un anciano cubierto de sangre que confesaba haber hablado con un cártel rival; una hilera de víctimas arrodilladas, con bolsas cubriéndoles la cabeza, muertas una por una de un balazo en el cráneo. ¿Merece el perdón quien comete estos crímenes? ¿Merece un lugar en el paraíso?

Sin embargo, veo en Gonzalo un lado humano. Es cordial y amable. Hablamos de asuntos más superficiales. Quizás en otro tiempo y lugar hubiera podido ser un hombre como Dios manda, que trabajara con abnegación y se preocupara por su familia; como su padre, que, según cuenta, fue electricista toda la vida y sindicalista.

En mi país he conocido a hombres violentos y llenos de furia; gamberros que dan botellazos a otros o los apuñalan en una discusión sobre fútbol. En apariencia se diría que son hombres más detestables y temibles que Gonzalo cuando habla conmigo en la celda de la cárcel. Sin embargo, no matan a nadie. Gonzalo ha contribuido, en el amanecer del siglo XXI, a que México sea el sangriento campo de batalla que ha conmocionado al mundo.

En los diecisiete años que ha estado al servicio de los grupos mafiosos, Gonzalo ha visto cambios extraordinarios en la industria mexicana de la droga.

Empezó sus andanzas en Durango, el montañoso estado del norte que se enorgullece de haber sido la patria chica del dirigente revolucionario Pancho Villa. Está relativamente cerca del foco de contrabandistas que vienen exportando droga a Estados Unidos desde que Washington las declaró ilegales. Tras abandonar los estudios secundarios y renunciar a ser un *quarterback* de la Liga Nacional de Fútbol Americano, Gonzalo hizo lo que muchos chicos duros de su ciudad: ingresar en la policía. En el cuerpo aprendió las muy rentables habilidades del secuestro y la tortura.

El camino que conduce de la policía a la delincuencia está alarmantemente transitado en México. Los grandes capitostes de la droga, como el «Jefe de Jefes» de los años ochenta Miguel Ángel Félix Gallardo, empezaron siendo agentes del orden, o como el infame secuestrador Daniel Arizmendi, alias el Mochaorejas». Al igual que éstos, Gonzalo dejó la policía al cabo de un tiempo relativamente breve y desde los 20 años se dedicó al delito a jornada completa.

Se instaló en Ciudad Juárez y se dedicó a hacer trabajos sucios para una red de traficantes que pasaban droga a lo largo de 1.500 kilómetros de frontera, entre Juárez y el océano Pacífico. Corría el año de 1992, época gloriosa para las narcomafias mexicanas. Un año antes se había hundido la Unión Soviética, y los Gobiernos de todo el mundo se preparaban para globalizar su economía. Un año más tarde, la policía colombiana abatió a tiros al rey de la coca Pablo Escobar, muerte que señaló el comienzo de la desaparición de los narcocárteles de Colombia. Durante los años noventa florecieron los traficantes mexicanos, enviando toneladas de drogas al norte y recaudando miles de millones de dólares gracias al auge del libre comercio instaurado por el NAFTA [Tratado de Libre Comercio de América del Norte]. Estos grupos reemplazaron a los colombianos en el panorama mafioso del continente americano. Gonzalo aportó fuerza efectiva a estos aventureros gansteriles, apretando las clavijas (o secuestrando y matando) a quienes se negaban a pagar las facturas. Se hizo rico, ganó cientos de miles de dólares.

Pero cuando lo detuvieron diecisiete años después, su trabajo y su industria habían cambiado radicalmente. Por entonces dirigía grupos fuertemente armados que participaban en la guerra urbana contra las bandas rivales. Cometía secuestros en masa y controlaba casas francas donde había docenas de víctimas atadas y amordazadas. Contaba con el apoyo de altos funcionarios de la policía local, aunque libraba reñidas batallas con los agentes de la policía nacional. Sembraba el terror del modo más brutal, por ejemplo practicando incontables decapitaciones. Según me cuenta, era ya un hombre al que no reconocía cuando se miraba al espejo.

Aprendes torturas, sí, muchas. Ciertamente gozaba uno haciéndolo. Nos reímos del dolor de las personas, de las formas que las torturamos. Brazos cortados, decapitaciones. Esa es la más fuerte verdad. Decapitas a alguien sin sentir ningún sentimiento, ningún temor.

El presente libro trata sobre las redes criminales que pagaban a Gonzalo por cortar cabezas. Es la historia de la transformación radical de grupos que empezaron dedicándose al tráfico de drogas y han acabado siendo batallones paramilitares que han matado a docenas de miles de personas y han aterrorizado a comunidades con coches bomba, matanzas y ataques con granadas. Es una mirada al interior de su mundo misterioso y una descripción del brutal capitalismo gansteril que perpetran. Es la historia de muchos mexicanos corrientes que han acabado engullidos por la guerra de bandas o que han sucumbido en ella.

El presente libro propone asimismo un debate sobre la naturaleza de esta asombrosa transformación. Sostiene —en contra de lo que afirman ciertos políticos y expertos— que estos mafiosos representan una sublevación de la criminalidad que supone una amenaza armada, la mayor que vive México desde la revolución de 1910. Aduce que los fracasos de la guerra estadounidense contra la droga y el volcán político y económico de México han propiciado dicha sublevación. Y aboga por un enérgico replanteamiento de las estrategias para impedir que el conflicto se convierta en una guerra civil de mayor alcance a las mismas puertas de Estados Unidos. Este libro arguye que la solución no saldrá del cañón de un arma de fuego.

Comprender la guerra mexicana de la droga es crucial no sólo por la morbosa curiosidad que despiertan los montones de cráneos seccionados, sino también porque los problemas de México se desarrollan en todo el mundo. Últimamente se habla poco de la guerrilla comunista en América Latina, pero las sublevaciones criminales se extienden como regueros de pólvora. En El Salvador, la Mara Salvatrucha obligó a los conductores de autobús de todo el país a declararse en huelga para protestar contra las leyes antibandas; en Brasil, el Primer Comando Capital incendió ochenta y dos autobuses y diecisiete bancos, y mató a cuarenta y dos policías en una ofensiva coordinada; en Jamaica, la policía se enfrentó con partidarios de Christopher Coke, alias «Dudus», dejando setenta muertos. ¿Van a repetir los expertos que se trata sólo de un típico caso de policías y ladrones? La guerra mexicana de la droga es una espeluznante advertencia de hasta qué punto podría deteriorarse la situación en los demás países mencionados. Es un estudio de campo sobre la sublevación criminal.

Muchos miembros de las bandas callejeras salvadoreñas son hijos de guerrilleros comunistas; y se consideran combatientes a semejanza de sus padres. Pero lo que les importa no es el Che Guevara ni el socialismo, sino sólo el dinero y el poder. En un mundo globalizado, los nuevos dictadores son los capitalistas mafiosos, y los nuevos rebeldes son los insurgentes criminales. Bienvenidos al siglo XXI.

Cualquier habitante de este planeta que preste un poco de atención a las noticias televisivas sabe que las matanzas son espectáculos cotidianos en México. El país está tan anegado en sangre que apenas impresiona ya. Ni el secuestro y asesinato de nueve policías ni los cráneos amontonados en la plaza principal de un pueblo son noticias de interés en la actualidad. La atención de los medios sólo se fija ya en las atrocidades más sensacionales: atacar con granadas a una multitud de juerguistas que celebraban el Día de la Independencia; coser la cara de una víctima para que pareciese un balón de fútbol; hallar una antigua mina de plata con cincuenta y seis personas ya muertas y descompuestas, algunas de las cuales fueron arrojadas en su momento todavía con vida; secuestrar y matar a tiros a setenta y dos trabajadores extranjeros, entre ellos una mujer embarazada. Las matanzas en México son comparables a bárbaros crímenes de guerra.

Y todo esto porque unos cuantos universitarios estadounidenses quieren colocarse.

¿O no?

Cualquiera que observe con atención la guerra mexicana de la droga se dará cuenta enseguida de que nada es lo que parece.

El engaño y los rumores oscurecen todas las imágenes, los grupos y departamentos con intereses encontrados discuten todos los hechos, y todas las personalidades clave aparecen envueltas en el misterio y las contradicciones. Se filma a un grupo de hombres con uniforme de policía en el momento de secuestrar a un alcalde. ¿Son realmente policías? ¿O son gánsteres disfrazados? ¿O las dos cosas a la vez? Un matón detenido lo cuenta todo, y en su confesión, que se ha grabado, hay indicios incontestables de que ha sido sometido a tortura. Entonces los matones capturan a un policía y lo graban dando una versión distinta de los hechos. ¿A quién hay que creer? Un maleante comete homicidios en México y acaba siendo un testigo protegido en Estados Unidos. ¿Se puede confiar en su testimonio?

Otro elemento anómalo es que el conflicto esté en todas partes y en ninguna. Millones de turistas se broncean felizmente en las playas de Cancún sin detectar el menor problema. En la capital de México se registran menos homicidios que en Chicago, Detroit o Nueva Orleans.[1] Incluso en las zonas más peligrosas la situación puede parecer perfectamente normal.

Yo llegué a un restaurante del estado de Sinaloa veinte minutos después de que un oficial de la policía fuera tiroteado mientras desayunaba. En menos de una hora se llevaron el cadáver y los camareros preparaban las mesas para el almuerzo; cualquiera podía comer unos tacos y no ver el menor indicio de que horas antes se había cometido un asesinato. He visto a cientos de soldados peinar un barrio residencial, derribar puertas a patadas y desaparecer de pronto con la misma velocidad con que habían llegado.

Los estadounidenses que visitan la ciudad colonial de San Miguel de Allende o las pirámides mayas de Palenque se preguntan a qué viene tanto alboroto. No ven ni guerra ni cráneos seccionados. ¿Por qué la prensa y la televisión arman tanto escándalo? Otros visitan a familiares que viven en el estado de

Tamaulipas, al otro lado de la frontera de Texas. Oyen en la calle disparos que suenan como petardos en carnaval y se preguntan por qué esas batallas ni siquiera se mencionan en la prensa del día siguiente.

Los políticos ya no saben cómo describir el conflicto. El presidente de México, Felipe Calderón, se pone un uniforme militar y exige que no haya cuartel para los enemigos que pongan en peligro la patria; pero luego se enfada ante la menor insinuación de que en México se está combatiendo una insurrección. El Gobierno de Obama está más confundido aún. La secretaria de Estado, Hillary Clinton, asegura a la gente que en México sólo hay una ola de crímenes urbanos como la que asoló a Estados Unidos en los años ochenta. Pero luego afirma que se trata de una insurrección semejante a la de Colombia. El aturdido Obama da a entender que Clinton no ha querido decir lo que ha dicho. ¿O sí? El director de la DEA [Agencia Antidroga] anima a Calderón a que gane la guerra. Pero luego un analista del Pentágono avisa que México está en peligro de fraccionarse de un momento a otro al estilo de la antigua Yugoslavia.[2]

¿Estamos ante un «narcoestado»? ¿Ante un «Estado capturado»? ¿O sólo ante un país sangriento normal y corriente? ¿Existen los narcoterroristas? ¿O esta expresión, como alegan ciertos teóricos de la conspiración, forma parte de un plan estadounidense para invadir México? ¿O es un plan de la CIA para quitar presupuesto a la DEA?

Puede que esta confusión sea un resultado lógico de la guerra mexicana de la droga. Se sabe que la guerra contra el tráfico de estupefacientes es un juego de cortinas de humo y espejos.[3] México es un clásico moderno del género llamado «teoría de la conspiración». Y en toda guerra hay confusión. Si ponemos las tres cosas juntas, ¿qué obtenemos? Una opacidad y una oscuridad tan densas que apenas veremos lo que tenemos delante de nuestras narices. Aturdidos por tanta confusión, es comprensible que muchos se encojan de hombros y digan que es imposible entender lo que sucede.

Pero debemos entenderlo.

No se trata de una explosión casual de violencia. Los ciudadanos del norte de México no se han vuelto sicarios psicóticos de la noche a la mañana por beber agua en malas condiciones. Esta violencia ha estallado y crecido en un contexto temporal muy claro. Los factores que la han desencadenado pueden identificarse. Es gente real, gente de carne y hueso, la que ha movido los hilos de los ejércitos, la que se ha enriquecido con la guerra, la que ha adoptado una política ineficaz en el Gobierno.

En el centro de este sucio drama están las figuras más misteriosas de todas: los narcotraficantes. Pero ¿quiénes son?

En México se suele llamar «narco» indistintamente al narcotraficante y al narcotráfico. Esta palabra, que se grita en los noticiarios y se susurra en las cantinas, evoca la imagen de una forma fantasmal y gigantesca que mira con codicia a la sociedad. Los jefes son multimillonarios misteriosos que proceden de míseras aldeas de montaña; lo más que se conoce de ellos es alguna fotografía granulada de hace veinte años y lo que dicen los versos de las baladas populares. Sus ejércitos están formados por sujetos andrajosos y bigotudos que aparecen en las páginas de los periódicos como soldados de un enigmático país enemigo que han sido hechos prisioneros. Atacan como demonios surgidos de la nada, en las mismas narices de los miles de policías y soldados que patrullan las calles, y la inmensa mayoría de sus homicidios no se soluciona nunca. Se calcula que estos fantasmas ganan alrededor de 30.000 millones de dólares al año introduciendo en Estados Unidos cocaína, marihuana, heroína y cristales de metanfetamina. Un dinero que desaparece como polvo cósmico en la economía global.

En pocas palabras, el narco es el amo de la calle, del barrio y de la ciudad. Pero pocas personas conocen los rasgos faciales del amo.

En las calles donde reina el narco, estar en el hampa de la droga se dice estar en «la movida». La palabra transmite el amplio sentido que tiene el crimen organizado en la base; es toda una forma de vida para un sector de la sociedad. Los gánsteres han engendrado un género musical, el «narcocorrido», han propiciado un estilo de vestir particular, el «buchonismo», y han dado pie a la aparición de sectas religiosas propias. Canciones, indumentaria y sermones han construido una imaginería en que los señores de la droga son héroes icónicos a los que los moradores de los barrios de casas de piedra artificial rinden culto como si fueran rebeldes con arrestos para enfrentarse y parar los pies al ejército y a la DEA. El narcotráfico lleva más de un siglo atrincherado en estas comunidades. Si rastreamos su desarrollo en tanto que movimiento —en vez de limitarnos a yuxtaponer las anécdotas policiales sobre los cerebros de la droga—, estaremos mucho más cerca de entender la amenaza que representa y de aprender los mecanismos del contraataque.

Mi contacto personal con el tráfico de estupefacientes empezó más de veinte años antes de que acabara visitando una calurosa prisión próxima al Río Grande para recabar anécdotas de un asesino de masas; empezó allá en los verdes pastos del sureste de Inglaterra. Yo crecí cerca de la ciudad marítima de Brighton, donde mi padre enseñaba antropología. En los años ochenta, cuando era adolescente, las drogas entraban en la región como la marea, a pesar de Nancy Reagan, La Toya Jackson y los granujientos adolescentes de un programa británico titulado *Grange Hill* que exclamaban: «¿Drogas? ¡No, gracias!» Las drogas más conocidas eran el hachís marroquí (costo, chocolate, piedra), la heroína turca (jaco, caballo) y, tiempo después, el éxtasis holandés, llamado simplemente E. Tanto los estudiantes como los que dejaban los estudios podían colocarse, enrollarse, flipar, flotar y ponerse ciegos en cualquier parte, desde los parques hasta los lavabos públicos.

Nadie dedicaba ni un minuto de atención a los lejanos países de donde venían aquellas endiabladas sustancias ni a lo que el narcotráfico daba o quitaba a los países en cuestión. El eslabón más lejano de la cadena alimentaria se conocía cuando un «conecte»* o *dealer* local era detenido por los estupas (policías de la brigada de estupefacientes) y comentábamos emocionados los detalles de la redada y cuánta cárcel le había caído.

Cuando dejamos atrás los años de adolescencia, muchos que habían probado las drogas consiguieron buenos empleos y fundaron una familia. Algunos seguían reincidiendo ocasionalmente, y muchos se pasaron a la cocaína colombiana, que se puso de moda en Inglaterra en los años noventa. Conocí a más de uno que se había vuelto adicto, sobre todo a la heroína, y tras alguna mala racha en que se dedicaban a robar en casa de sus padres, procuraban curarse en centros de rehabilitación. Casi todos vencieron el hábito al final. Otros siguen enganchados después de veinte años, y cuando vuelvo a mi país me los encuentro medio tirados en la barra de bares de mala muerte.

Entre los 16 y los 21 años conocí también a cuatro jóvenes que murieron de sobredosis de heroína. Dos eran hermanos. Otro pasó a mejor vida en unos lavabos públicos. El cuarto, Paul, se había hospedado en mi casa días antes de inyectarse la dosis mortal.

Paul era un tipo desenvuelto y musculoso, con una mata de abundante pelo negro y manos carnosas; solía trabar conversación con desconocidos lo mismo en bares que en paradas de au-

---

* En España: camello. Vendedor de drogas al por menor.

tobús. Nos quedábamos despiertos toda la noche y se ponía a hablar de la chica con la que salía, de sus peleas con su hermano menor y de sus opiniones sobre la lucha de clases. Y de pronto ya no estaba. Personalmente no culpo de su muerte a las personas que traficaban con heroína. Creo que él tampoco lo habría hecho. Pero me esfuerzo por comprender los motivos que empujan a una persona en esa dirección y por buscar un mundo diferente en el que la muerte de Paul hubiera podido evitarse; actualmente seguiría abordando a los desconocidos en las paradas de autobús.

Me fui a Latinoamérica con una mochila en la espalda, un billete de ida en el bolsillo y la intención de ser corresponsal extranjero en climas exóticos. Me dio la idea *Salvador*, la película de Oliver Stone en que los periodistas eluden las balas en medio de las guerras civiles centroamericanas. Pero con la llegada del nuevo milenio desaparecieron los dictadores militares y los rebeldes comunistas. Se decía que habíamos llegado al «fin de la historia» y se nos prometía una edad de oro de democracia y libre comercio en todo el mundo.

Llegué a México el año 2000, un día antes de que Vicente Fox, ex ejecutivo de la Coca-Cola, iniciase su mandato presidencial y pusiera punto final a los setenta y un años de gobierno del PRI [Partido Revolucionario Institucional]. Fue un momento memorable en la historia de México, un desplazamiento sonado de las placas tectónicas de su política. Una época de optimismo y celebración. La camarilla del PRI que había saqueado el país y se había llenado los bolsillos durante la mayor parte del siglo XX había sido destronada. Se habían acabado las matanzas de estudiantes y la guerra sucia contra la oposición, y la ciudadanía estaba contenta. Los mexicanos corrientes miraban el futuro con la esperanza de aprovechar el fruto de su trabajo en libertad y con garantías de que se respetarían los derechos humanos.

Un decenio después, los desencantados ciudadanos se negaban a admitir que vivían en un Estado fallido. Los pistoleros de las bandas alfombraban las plazas de cadáveres; los secuestradores robaban fortunas a los empresarios con suerte, y aunque el Gobierno ya no censuraba la prensa, los gánsteres abrían fosas para docenas de periodistas y obligaban a callar a los rotativos. ¿Qué había pasado? ¿Por qué el sueño se había convertido en pesadilla tan rápidamente?

Nadie fue capaz de prever la crisis durante los primeros años del nuevo siglo. Los medios estadounidenses depositaron grandes esperanzas en un Fox que calzaba botas de vaquero cuando se entrevistó con Kofi Annan y pasó a ser el primer mexicano en dirigirse al pleno del Congreso estadounidense. La otra gran sensación mexicana fue el subcomandante Marcos, un rebelde de la posmodernidad que acaudilló a los mayas de Chiapas en una insurrección simbólica por los derechos indígenas. Marcos apareció entrevistado en televisión con pasamontañas y fumando en pipa, citando a varios poetas y dando ideas a los izquierdistas de todo el mundo. Cuando se habló del narcotráfico, fue en el contexto de soldados que hacían redadas en busca de jefes.

Sin embargo, el eco de los disparos y el chasquido de las hachas de los verdugos empezó a oírse al fondo. La primera ofensiva bélica seria del cártel se produjo en otoño de 2004, en la frontera con Texas, y repercutió en todo el país. Cuando Felipe Calderón llegó a la presidencia, en 2006, y declaró la guerra a las bandas, la violencia se multiplicó exponencialmente.

La pregunta es: ¿por qué prosperaron los cárteles mexicanos durante el primer decenio de democracia? Es trágico decirlo, pero el mismo sistema que prometía esperanza era débil a la hora de controlar a las mafias más poderosas del continente. Puede que el régimen anterior hubiera sido autoritario y corrupto, pero tenía métodos infalibles para contener el crimen organizado: desmantelaba unas cuantas redes representativas y sangraba a las demás. Casi todos los estudiosos mexicanos admiten hoy este particular y es un tema recurrente en este libro: la guerra de la droga está indisolublemente unida a la transición democrática.

Así como el hundimiento de la Unión Soviética propició el auge del capitalismo mafioso, lo mismo ocurrió con la desaparición del PRI. Los soldados de las fuerzas especiales se volvieron mercenarios de los gánsteres. Los empresarios que antes pagaban a los funcionarios corruptos empezaron a pagar a los grupos mafiosos. Las fuerzas de policía se enfrentaban entre sí, llegando a veces a producirse tiroteos entre departamentos. Cuando Calderón reemplazó a Fox, lanzó a todo el ejército a la calle para restaurar el orden. Pero en vez de adaptarse a la nueva situación, como Calderón esperaba, los gánsteres se apoderaron de la administración.

Durante los primeros cuatro años de Gobierno de Calderón, la guerra de la droga se cobró la alucinante cantidad de treinta y cuatro mil vidas.[4] Basta esta trágica estadística para comprender la seriedad del conflicto: más bajas que en muchas guerras entre países. Pero este hecho debería enfocarse con sentido de la perspectiva. En un país de ciento doce millones de habitantes[5] es una guerra de baja intensidad. La de Vietnam causó tres millones de bajas; la estadounidense de Secesión, seiscientos mil; en Ruanda, las milicias civiles mataron a ochocientas mil personas en cien días.

Otro dato contundente es la cantidad de funcionarios asesinados. En este mandato cuatrienal, los pistoleros del cártel han matado a más de dos mil quinientos funcionarios, entre los que figuraban dos mil doscientos policías,[6] doscientas personas entre soldados, jueces, alcaldes, un destacado candidato a gobernador, el presidente de un Gobierno estatal y docenas de funcionarios nacionales. Este porcentaje de víctimas supera con creces el de las fuerzas rebeldes más peligrosas del mundo y es desde luego un balance más mortífero para un Gobierno que el causado por Hamas, ETA o el IRA en sus tres decenios de lucha armada. Representa una seria amenaza para la nación mexicana.

El carácter de los ataques resulta más temible aún. Los matones mexicanos acribillan normalmente las comisarías de policía con armas ligeras y lanzagranadas; secuestran en masa a funcionarios y abandonan sus cuerpos mutilados en lugares públicos; y en cierta ocasión incluso secuestraron a un alcalde, lo ataron y lo mataron a pedradas en una calle importante. ¿Quién afirmaría sin inmutarse que no es un cuestionamiento de la autoridad vigente?

Sin embargo, conceptos como «insurgente» e «insurgencia» plantean en México cuestiones más explosivas que los coches bomba de los narcos. Insurgentes fueron los gloriosos padres fundadores que se levantaron contra el régimen español. La mayor arteria del país, que cruza Ciudad de México, se llama Avenida Insurgentes. Poner esta etiqueta a las bandas criminales es dar a entender que podrían ser héroes. Son criminales psicópatas. ¿Quién se atrevería a compararlos con los rebeldes honorables, con los patriotas?

Hablar de insurgencia, guerras y Estados fallidos produce escalofríos a los funcionarios que buscan los dólares del turismo y las inversiones extranjeras. La marca México ha recibido una buena paliza en los tres últimos años. Algunos funcionarios están convencidos de que hay un complot estadounidense para desviar el turismo de Cancún hacia Florida.

Pero México no es Somalia. México es un país avanzado con una economía que mueve un billón de dólares,[7] con varias compañías multinacionales y once multimillonarios.[8] Tiene una clase media culta, y la cuarta parte de la juventud estudia en universidades. Posee asimismo algunos de los mejores museos, playas y centros turísticos de todo el planeta. Y está soportando una extraordinaria amenaza criminal que necesitamos comprender. Mientras se amontonan las docenas de miles de cadáveres, la política del silencio no puede ser la solución. Como dicen allí, esto es «tapar el sol con el pulgar».

Desde el principio de mi estancia en México me sentí fascinado por la incógnita del narcotráfico. Escribía artículos sobre redadas y confiscaciones. Pero interiormente sabía que aquello era la superficie, que la policía y los «expertos» no eran fuentes capaces de satisfacer mi curiosidad. Tenía que hablar directamente con los narcos. ¿De dónde eran? ¿Cómo funcionaban sus operaciones comerciales? ¿Qué objetivos tenían? ¿Y cómo podía un inglés resolver estos misterios?

La búsqueda de respuestas me condujo a lo largo del decenio a ambientes a la vez trágicos e irreales. Ascendí a montañas donde la droga nace en forma de hermosas flores. Cené con abogados que representan a los capos más poderosos del planeta, me emborraché con agentes secretos estadounidenses que se habían infiltrado en los cárteles. También corrí por las calles para ver muchos cadáveres ensangrentados, y oí las palabras de muchas madres que habían perdido a sus hijos y con ellos su corazón. Y finalmente llegué a los narcos. Desde los agricultores que cultivaban coca y marihuana hasta los jóvenes sicarios de los barrios bajos, pasando por «muleros» (llamados «burros» en México) que transportaban la mercancía destinada a los sedientos gringos y por gánsteres que ansiaban el perdón, busqué historias humanas en una guerra inhumana.

El presente libro es fruto de este decenio de investigación. La primera parte, «Historia», recorre la drástica transformación de los narcotraficantes, que empezaron siendo campesinos montañeses a principios del siglo XX y acabaron por organizarse en los grupos paramilitares de hoy. El movimiento tiene un siglo de existencia. Esta historia no se propone seguir la andadura de todos los capos ni cubrir todos los episodios, sino explorar los momentos clave que han dado forma a la bestia y le han permitido fortificarse en determinadas comunidades mexicanas. La segunda parte, «Anatomía», observa las columnas que sostienen esta dinámica narcoinsurgente a través de los ojos de las personas que las viven diariamente: el tráfico, la maquinaria de asesinato y terror, y su cultura y su fe tan particulares. La tercera parte, «Futuro», se centra en la previsible trayectoria de la guerra de la droga y cómo se puede matar a la bestia.

Aunque centrado en México, el libro sigue los tentáculos del narcotráfico hasta Estados Unidos y los Andes colombianos. Los gánsteres no respetan las fronteras, y el tráfico de drogas ha sido siempre internacional. Desde sus decididos comienzos hasta la sangrienta guerra de nuestros días, el crecimiento de las mafias mexicanas ha estado inextricablemente unido a acontecimientos que se producían en Washington, en Bogotá y en otras partes.

Para profundizar en mi tema he contraído una deuda inmensa con muchos latinoamericanos que han estado décadas esforzándose por comprender el fenómeno. Más de treinta periodistas mexicanos que han desenterrado información vital han muerto a tiros en los últimos cuatro años. No deja de impresionarme la valentía y el talento de los investigadores locales, ni su generosidad a la hora de compartir sus conocimientos y de brindarme su amistad. La lista es interminable, pero mentiría si no dijera que me ha inspirado en concreto la labor del periodista de Tijuana Jesús Blancornelas, el académico de Sinaloa Luis Astorga, y el novelista brasileño Paulo Lins, autor de *Ciudad de Dios*.

Grabé o filmé muchas entrevistas que forman este libro, así que las palabras que se reproducen se han transcrito al pie de la letra. En otros casos pasé días husmeando en la vida de las personas y me he basado en las notas que tomé. Algunas fuentes me pidieron que no mencionara apodos o que cambiara los nombres. Dada la tasa actual de homicidios que se cometen en México, no podía desoír estas peticiones. En cierta ocasión, dos gánsteres encarcelados fueron entrevistados en televisión, y al cabo de unas horas ya estaban muertos. Cinco personas cuyas declaraciones han contribuido a dar forma a este libro fueron asesinadas o desaparecieron posteriormente, aunque estoy convencido de que su muerte nada tuvo que ver con mi trabajo. Estas personas eran:

> Alejandro Domínguez, jefe de policía, muerto a tiros en Nuevo Laredo el 8 de junio de 2005.
> Sergio Dante, abogado pro derechos humanos, muerto a tiros en Ciudad Juárez el 25 de enero de 2006.
> Mauricio Estrada, periodista, desaparecido en Apatzingán en julio de 2008.
> Américo Delgado, abogado criminalista, muerto a tiros en Toluca el 29 de agosto de 2009.
> Julián Arístides González, director de la policía antidroga de Honduras, muerto a tiros en Tegucigalpa el 8 de diciembre de 2009.

El último de la lista, Julián Arístides González, me concedió una entrevista en su despacho de la calurosa capital hondureña. Este funcionario de mandíbula cuadrada habló durante horas del crecimiento de las bandas mexicanas en Centroamérica y de los colombianos que las abastecían de narcóticos. En el despacho había 140 kilos de cocaína incautada y montones de mapas y fotografías aéreas en que se veían aeródromos clandestinos y mansiones de los narcos. Me impresionó lo abierto y franco que era González a propósito de sus investigaciones y de la corrupción policial que había salido a la luz. Cuatro días después de la entrevista dio una conferencia de prensa para anunciar sus últimas averiguaciones. Al día siguiente, dejó a su hija de 7 años en la escuela. En esto pasó una moto y uno de los ocupantes le metió once balas en el cuerpo. Había planeado jubilarse dos meses después y trasladarse a Canadá con su familia.

No sé hasta qué punto podrán los libros detener este incesante aluvión de muertes. Pero la literatura sobre el narcotráfico puede al menos contribuir a comprender mejor este complejo y mortífero fenómeno. Los ciudadanos y los Gobiernos deben empezar a entender todos los aspectos de esta ola de violencia y trazar políticas más eficaces para impedir que sigan repitiéndose estas tragedias.

PRIMERA PARTE

Historia

2

Amapolas

Entonces Helena, hija de Júpiter, ordenó otra cosa. Echó en el vino que estaban bebiendo una droga contra el llanto y la cólera, que hacía olvidar todos los males. Quien la tomare, después de mezclarla en la crátera, no logrará que en todo el día le caiga una sola lágrima en las mejillas, aunque con sus propios ojos vea morir a su padre y a su madre o degollar con el bronce a su hermano o a su mismo hijo.

Homero, *Odisea*, canto IV

Bajo el sol abrasador de la Sierra Madre Occidental, la roja amapola adquiere un ligero tinte anaranjado, que hace destacar las abarquilladas hojas sobre el marrón de la tierra y el verde polvoriento de los nudosos cactos. Estoy mirando las amapolas adormideras después de conducir durante horas por carreteras sin asfaltar en una camioneta destartalada. El camino tenía tantos baches y era tan empinado que no dejaba de dar saltos, como si estuviese en una montaña rusa. Había sido un milagro que una rueda no sufriera un pinchazo o que no saltara una piedra y nos perforase el depósito.

Por suerte, mi chófer, un cantante local que utiliza el nombre escénico del Comandante, se sabía todos los trucos para eludir las piedras más cortantes.

Pocos forasteros llegan aquí. Dice la gente que es un lugar donde cortan cabezas y las empalan, como había sucedido unos días antes en un pueblo cercano. Pero en aquel momento no veo cráneos seccionados. Sólo veo amapolas, y me maravillo de su hermosura.

Lo que miro no es una plantación de opio, sino unas cuantas plantas que cultiva una mujer delante de la tienda que tiene en el pueblo y que está el otro lado de una polvorienta encrucijada, enfrente de un cuartelillo militar. Matilde es una atractiva señora de unos cincuenta y tantos años, con unos ojos muy bonitos y brillantes y una piel seca y bronceada de tanto sol. En estas montañas se habla arrastrando tanto las palabras que apenas entiendo lo que dice la gente. Pero Matilde pronuncia con mucho cuidado y me mira a los ojos para estar segura de que la entiendo.

—Son bonitas las amapolas, ¿verdad? —dice al darse cuenta de que admiro sus flores.

—¿Dónde consigue las semillas? —pregunto.

—Me las da mi hermano —dice, y añade que aquél es un pueblo de «valientes», pues así llaman los montañeses a los traficantes, que han sacado al pueblo de la pobreza. Al mismo tiempo se burla de los soldados del cuartelillo, a los que llama «guachos», una antigua palabra india con que se designa a los criados.

Matilde está particularmente enfadada con los guachos por un reciente tiroteo que ha tenido lugar en el cruce de carreteras.[1] Cuatro jóvenes locales se dirigían en un reluciente todoterreno Hummer blanco a celebrar el aniversario de una muchacha que cumplía 15 años. (Es un pueblo de viviendas precarias, pero a sus habitantes les gustan los coches de fantasía.) Los soldados gritaron a los del Hummer que se detuvieran. Estaba anocheciendo, los juerguistas tenían la música a todo volumen y siguieron adelante. Los soldados dispararon con los fusiles de asalto, y como pensaron que les respondían al fuego, siguieron disparando. Tras otro par de descargas, el Hummer se detuvo; en la refriega murieron los cuatro jóvenes y dos soldados.

El ejército informó al principio de que los valientes soldados habían matado a cuatro sicarios del cártel. Pero luego circuló una versión distinta. Los hombres del Hummer no iban armados. No habían devuelto el fuego; los soldados habían disparado desde lados opuestos y se habían matado entre sí. Era un disparate clásico que recordaba el comportamiento de los aturdidos reclutas estadounidenses que combatieron en Europa en la Primera Guerra Mundial. Un disparate que siguen cometiendo los soldados a los que Estados Unidos, mediante un plan de ayuda de 1.600 millones de dólares, apoya para que la guerra contra la droga se libre en su lugar de origen.

—Los guachos son idiotas —dice Matilde—. Deberían irse a su casa, a su pueblo de idiotas.

Aquí es donde empezó todo. Los traficantes mexicanos venían cultivando opio en estas montañas desde hacía más de un siglo. Generación tras generación, estos pueblos y aldeas destartalados han producido un capo tras otro. Hombres que apenas sabían leer y escribir y que se expresaban con el acento cerrado de los montañeses salían al mundo para fundar y ampliar unas redes internacionales que acabaron moviendo miles de millones de dólares.

Más arriba, a unas horas de camino de la tienda de Matilde, se encuentra la casa familiar de Joaquín Guzmán, llamado el Chapo,[2] el señor de la droga de 1,68 metros de estatura al que *Forbes* valoraba en mil millones de dólares. Agentes del Gobierno dicen que sigue escondido en algún lugar de estas escabrosas montañas, protegido por aldeanos que lo aman y lo temen. Cerca de allí se alza la casa de su amigo de la infancia Arturo Beltrán Leyva, alias el Barbas. Centenares de infantes de marina mexicanos se han lanzado recientemente a la caza del Barbas. Tomaron por asalto un bloque de viviendas donde estaba escondido y estuvieron disparando durante dos horas mientras los hombres de aquél replicaban con fuego de fusiles automáticos y lanzando granadas de fragmentación. Cinco guardaespaldas del Barbas murieron antes de entregarlo. Los militares cosieron a balazos al señor de la droga hasta hacerlo picadillo y luego decoraron el cadáver con billetes de un dólar.

Para vengarse, los incondicionales de Beltrán Leyva localizaron a la familia de un soldado que había muerto en la refriega. Le siguieron la pista y mataron a la madre, al hermano, a la hermana y a su tía. Antes mataban sólo a gánsteres rivales; ahora masacran a familias enteras. ¿Qué tendrán estas montañas? ¿Qué tendrán para engendrar hombres tan creativos, tan emprendedores y con una sangre tan fría?

La Sierra Madre Occidental es una cordillera de 1.500 kilómetros de longitud que nace al sur de Arizona y recorre toda la costa occidental de México hasta Jalisco. Es un territorio suficientemente agreste y grande para esconder todo un ejército, como demostró Pancho Villa cuando huyó de las fuerzas estadounidenses después de atacar Columbus, Nuevo México, en el curso de la Revolución Mexicana. Desde el aire parece una alfombra arrugada cubierta de pelo verde amarillento, salpicada de lagos y de barrancos profundos. La cordillera cruza los estados de Sonora, Sinaloa, Durango y Chihuahua. Los tres últimos se conocen con el nombre de Triángulo Dorado, por toda la droga que producen.

Los soldados patrullan diariamente el Triángulo con helicópteros, en busca del resplandor verde de las plantaciones de marihuana o el rojo y rosa de las adormideras. Cuando encuentran plantaciones, las queman; son tan expertos ya que en menos de una hora pueden arrancar e incinerar casi media hectárea de marihuana. Los agricultores plantan más marihuana y adormidera y crean más parcelas verdes y rojirrosadas localizables desde el aire. Y el ritual empieza de nuevo.

La encrucijada donde me quedé embobado mirando las adormideras está en el rincón suroccidental del Triángulo, en el estado de Sinaloa. Hay gánsteres por todas estas montañas, pero casi todos los jefazos proceden de aquí. Así como Sicilia es la patria de la mafia italiana, Sinaloa es la cuna de las bandas mexicanas, el punto de origen de la más antigua y poderosa red de narcotraficantes, el llamado cártel de Sinaloa.

Las autoridades estadounidenses utilizan el nombre de cártel de Sinaloa en las acusaciones desde hace sólo dos años. Antes lo llamaban la Federación, y antes empleaban un abanico de nombres, por ejemplo cártel de Guadalajara, por la segunda ciudad de México, que los jefes de Sinaloa utilizaban como base de operaciones. Pero estos nombres no son más que aproximaciones para describir un conflictivo imperio de traficantes que se extiende desde Sinaloa hasta la frontera con Estados Unidos. Algunos capos tienen lazos de sangre o matrimoniales con los primeros campesinos que cultivaron adormidera en las alturas, hace un siglo. Es una dinastía ininterrumpida.

Al igual que Sicilia, Sinaloa tiene rasgos geográficos que favorecen el crimen organizado. El estado es algo menor que Virginia Occidental, pero cualquiera que desee desaparecer puede ganar fácilmente la Sierra Madre y pasar a Sonora, Chihuaha o Durango. Al pie de la cordillera, Sinaloa dispone de 650 kilómetros de costa oceánica que han servido durante siglos de plataforma para el contrabando entrante y saliente. Por aquellas playas han pasado plata, mosquetes, opio y píldoras de seudoefedrina, que sirven para fabricar cristales de metanfetamina.

Entre el océano y la cordillera hay valles fértiles con grandes plantaciones —sobre todo de tomates y cebollas— y tierra rica en oro, plata y cobre. Esta riqueza natural alimentó el crecimiento de la capital del estado, Culiacán, una animada ciudad que se alza donde confluyen los ríos Tamazula y Humaya, y el del activo puerto de Mazatlán.

Los centros comerciales son decisivos para el crimen organizado, pues en ellos pueden instalarse oficinas de mando y empresas para blanquear dinero. Estos centros también señalan el parecido que hay entre Sinaloa y otros puntos de intensa actividad delictiva. La mafia siciliana es como un puente tendido entre el indómito medio rural y el núcleo comercial de Palermo, un puerto que enlaza el norte de África con Europa. La colombiana Medellín es una próspera ciudad comercial rodeada por montes llenos de bandidos, de los que surgió Pablo Escobar, que se convirtió en el primer traficante de coca del mundo. Los grupos criminales no aparecen en determinadas regiones por casualidad.

Sinaloa tiene una historia de indisciplina que es mucho más antigua que el cártel vinculado a la zona. Su nombre procede de una planta espinosa que se llama así en el idioma de los cahitas, uno de los seis pueblos que habitaban en la región antes de la llegada de los europeos. Las tribus de entonces eran cazadoras y recolectoras, a diferencia del gran imperio de los aztecas (mexicas) y el de los mayas, situado más al sur. No obstante, su resistencia a los invasores europeos fue más feroz y efectiva que la de las numerosas legiones aztecas, que fueron derrotadas por el conquistador español Hernán Cortés en 1521. Cuando los aventureros españoles quisieron extender su conquista por el noroeste, las tribus de Sinaloa se lo impidieron, ayudados por los accidentes del inhóspito terreno. Uno de sus triunfos más señalados fue la muerte del conquistador Pedro de Montoya, que cayó a manos de los zuaques en 1584.[3] Los españoles, asustados, volvieron a Ciudad de México y escribieron sobre el canibalismo ritual de las feroces tribus de Sinaloa. Algunos historiadores desmienten estas versiones y alegan que eran fantasías de los españoles. Fuera verdad o leyenda, la idea ha arraigado en la mentalidad de los actuales habitantes de la zona, que se enorgullecen de que sus antepasados se comieron a los conquistadores que asomaron por allí. Se comieran o no a las víctimas, la resistencia indígena convirtió Sinaloa en una frontera ensangrentada donde a finales del siglo XVI no quedaron más que poblados habitados por esqueletos.

Los misioneros jesuitas averiguaron que los crucifijos eran más efectivos que los cañones para integrar a los nativos en el imperio católico. Así pues, la conquista de Sinaloa se basó más en la fe que en el uso de la espada. El resultado puede verse todavía hoy, ya que los pobladores de la Sierra Madre siguen fieles a sus creencias religiosas y a los santos de sus antepasados. A pesar de todo, la región se mantuvo en los márgenes de la ley y fue semillero del contrabando de plata y armas durante la Guerra de Independencia que se libró contra España entre los años 1810 y 1821.

Liberado del yugo español, México vivió decenios de guerras y agitaciones civiles que permitieron que floreciera el bandidaje en Sinaloa y otros lugares. Un tema fundamental con que México viene contendiendo desde que logró la independencia es la seguridad. Los herederos de Nueva España se vieron de pronto gobernando un país muy complejo con multitud de feudos y grupos étnicos enfrentados entre sí. La herencia dejada por los españoles fue una burocracia corrupta, una policía acostumbrada a la tortura y millones de desposeídos. Los nuevos gobernan-

tes necesitaban un sistema para controlar este caos. Pero durante los primeros decenios del siglo XIX estuvieron más preocupados
por ver quién mandaba. Los golpes de Estado se sucedieron.
Los liberales peleaban contra los conservadores. Los descendientes de los españoles se aferraban al poder, mientras las tribus indígenas y los bandoleros asolaban los territorios fronterizos.

Los desórdenes internos dejaron al país en una situación de
debilidad frente a las ambiciones de su poderoso vecino del norte. Las milicias civiles texanas y luego el ejército regular estadounidense derrotaron a las tropas mexicanas en dos guerras, y
Estados Unidos obligó a México por la fuerza de las armas a
cederle todo el tercio septentrional de su territorio. El Tratado
de Guadalupe de 1848 le obligó a ceder grandes partes de Colorado, Arizona, Nuevo México y Wyoming, toda California,
Nevada y Utah, y a reconocer políticamente la pérdida de
Texas.[4] En total, México perdió 2.340.000 kilómetros cuadrados de territorio, sentando así las bases para que Estados Unidos pudiera convertirse en superpotencia en el siglo XX. Sinaloa
se encontraba a unos 580 kilómetros al sur de la nueva frontera.

La guerra mexicano-estadounidense sigue siendo un tema
de conflicto entre los dos países. México conmemora todos los
años el fusilamiento de un pelotón de jóvenes cadetes («los niños héroes») por los soldados estadounidenses, y los políticos
despotrican por rutina contra el monstruo imperial del norte. Al
mismo tiempo, a la masiva emigración mexicana hacia Estados
Unidos se le da el nombre de «reconquista». Muchos ciudadanos de Texas y Arizona, por otro lado, se indignan cuando los
acusan de haber robado aquellos vastos territorios. Los escasos
habitantes de aquellas tierras, aducen, en realidad fueron libera-
dos por los soldados de gorro verde [*green* en inglés]; según se
cuenta, los mexicanos les gritaban *Green, go* [«Verde, vete»], y
de aquí la palabra «gringo».

Una valla publicitaria que anunciaba en 2009 el vodka sueco Absolut ilustra hasta qué punto siguen abiertas las heridas. Detrás del eslogan «EN UN MUNDO ABSOLUT», el anuncio mostraba un mapa imaginario en el que México aparecía con sus antiguos territorios y llegaba casi hasta la frontera de Canadá, reduciendo considerablemente el tamaño de Estados Unidos. El anuncio contribuyó a vender el licor y a inventar chistes en México. Los estadounidenses se enfadaron tanto que bombardearon al fabricante del vodka con miles de quejas hasta que Absolut retiró el anuncio y pidió disculpas por la ofensa causada. Estas actitudes han influido profundamente en la guerra mexicana de la droga y en la preocupación de Estados Unidos por su desarrollo.

Como resultado de perder territorios y morder el polvo de manera humillante, México sufrió más conflictos y desórdenes civiles, hasta que el dictador Porfirio Díaz se hizo con el poder. Antiguo arriero de origen mixteco, Díaz, antes de gobernar el país con mano dura entre 1876 y 1911, era un héroe de la guerra contra los estadounidenses y contra los franceses. Su gobierno, sin embargo, no se basó totalmente en la fuerza. Encontró una fórmula efectiva para contener a la salvaje fiera mexicana: una red de caciques locales, cada uno de los cuales se quedaba con una parte del pastel. Pese a todo, si algún cacique se atrevía a desafiar su autoridad, Díaz lo machacaba sin el menor miramiento. Lo cual, allá en la Sierra Madre, equivalía a ríos de sangre. Cuando la tribu de los yaquis se negó a ceder sus tierras históricas para permitir la ampliación de ciertas plantaciones, Díaz autorizó cacerías humanas y transportó a los presos atados con cadenas a las plantaciones de tabaco de las pantanosas tierras del sur. Casi todos murieron de enfermedad y a causa de las inhumanas condiciones en que vivían.

El aumento de la seguridad permitió una rápida industrialización y el desarrollo de la agricultura. En Sinaloa, los adinerados amigos de Díaz explotaron a conciencia las lucrativas plantaciones, mientras las compañías estadounidenses y británicas construían vías férreas y abrían minas con dinamita. La industrialización hizo que Sinaloa entrara en la red internacional y atrajo barcos de todo el mundo. Las plantaciones engulleron las parcelas de los pequeños agricultores, creando un ejército de campesinos sin tierras y deseosos de oportunidades. El territorio estaba maduro para el contrabando. Lo único que necesitaban ahora los bandoleros de Sinaloa era un producto. Y durante el reinado de Porfirio Díaz empezaron a llevarse bonitas amapolas de color rojo y rosado a las tierras altas de Sinaloa.

Un siglo después del derrocamiento de Díaz, estoy mirando las amapolas de Matilde, que crecen entre cactos de forma fantástica que han brotado de la tierra como tentáculos. Al acercarme me doy cuenta de que los pétalos son suaves como el terciopelo y despiden un dulce aroma, como un jardín inglés en una mañana de primavera. Plantas preciosas que son causa de mucho sufrimiento. Cuando informamos sobre la violencia de la guerra de la droga —los millares de muertos y decapitados, los kilos de billetes incautados, la ayuda extranjera, la cambiante geografía de los cárteles, los ríos de refugiados—, perdemos de vista la raíz de todo el conflicto. Porque todo empieza por una sencilla flor en un monte.

La amapola adormidera, de la que se extrae el opio, y cuyo nombre científico es *Papaver somniferum*, es una flor de propiedades particularmente potentes. Contiene una de las drogas más antiguas que se conocen, una sustancia que ha recibido los calificativos de «mágica» y «divina», y también los de «ponzoñosa» y «maligna». Para extraer esta sustancia hay que practicar unas ligeras incisiones en el capullo con un cuchillo; de estos cortes mana una resina parda. En los montes de Sinaloa la llaman «goma», y quienes sajan los capullos reciben el nombre de gomeros. Cada planta exuda una pequeñísima cantidad de goma. Los gomeros de Sinaloa necesitan un campo de una hectárea y docenas de miles de capullos de adormidera para conseguir 10 kilos de opio puro. Me quedo mirando un saco de sustancia incautado por los soldados. La planta ya no tiene buen aspecto ni huele bien; es una masa oscura y pegajosa, y emite un hedor tóxico.

Cuando esta pasta se come o se fuma, produce su milagroso efecto: el dolor cesa de repente. El consumidor podría tener un agujero en la sien y, de súbito, lo único que sentiría sería entumecimiento. La insospechada velocidad con que surte efecto tiene consecuencias en verdad impresionantes. El opio es uno de los anestésicos más potentes que se conocen. En Estados Unidos llegó a venderse con la etiqueta de «MEDICINA DE DIOS». Pero aunque cura el sufrimiento, la pasta produce también un lamentable efecto secundario: el consumidor siente somnolencia y euforia.

Pido a Matilde que me describa el efecto de las flores. ¿Qué propiedad mágica tienen? ¿Por qué son tan valiosas? Me mira sin expresión durante un momento, luego responde con lentitud y amabilidad: «Es una medicina. Y cura el dolor. Todo el dolor. Cura el dolor del cuerpo y el dolor del corazón. Se siente como si el cuerpo fuera barro. Todo de barro. Se siente como si uno pudiera derretirse y desaparecer. Pero no importa. Nada importa. Se siente felicidad. Aunque no se ríe. Es una medicina, ¿entiende?»

Estos efectos han inspirado a los escritores desde hace tres mil años, desde Homero a Edgar Allan Poe. Describen la embriaguez del opio como si tuvieran el cuerpo envuelto en algodón en rama; es lo mejor que les ha ocurrido en la vida; cuentan que es como si su cabeza fuese un cojín de plumas que podría reventar. Los músicos elogian este bendito colocón en cientos de canciones y buscan acordes melancólicos que despiertan sonrisas espasmódicas en los fumaderos de opio llenos de humo.

Los secretos científicos del opio fueron descubiertos por dos físicos en Baltimore, Maryland, en 1973.[5] Cuando se come o se fuma, estimula ciertos grupos de receptores del sistema nervioso central, concretamente del cerebro y la médula espinal. Todo el lío de la guerra de la droga empieza, pues, por determinadas reacciones químicas.

El opio tiene un efecto particularmente poderoso cuando llega al tálamo del cerebro, que es una masa ovoide de dos centímetros y medio de longitud que es responsable de que sintamos dolor. Por decirlo con la mayor sencillez, cuando nos duele una muela es porque el nervio afectado envía mensajes al tálamo y éste los transmite a la conciencia. Los componentes del opio se pegan a los receptores del tálamo y frenan y amortiguan los mensajes que le llegan. Puede que la caries de la muela siga allí, pero ahora sólo sentimos un leve pinchazo y no como si nos clavaran un clavo. Este mismo amortiguamiento químico del dolor hace que nos sintamos eufóricos. Las funciones del cerebro se desaceleran, sentimos una gran paz y nos volvemos creativos, filosóficos, románticos.

Los demás derivados del opio, como la morfina, la codeína y la reina de todos, la heroína, actúan del mismo modo. En las montañas de Sinaloa, los gomeros actuales transforman casi todo el opio en heroína, es decir, en «barro mexicano», que es de color pardo, y en «alquitrán negro», que es..., bueno, es negro y parece alquitrán.

La química que produce estos efectos «divinos» también origina un temible inconveniente: la adicción. El cerebro, de forma natural, emite sus propias señales de tipo opiáceo para reducir el dolor. Cuando una persona consume opio o heroína con mucha frecuencia, estos mecanismos naturales dejan de funcionar. Cuando no consume la dosis habitual, la persona en cuestión siente los efectos del «mono» o síndrome de abstinencia (por ejemplo, diarrea, depresión y paranoia). Como decía un heroinómano que conocí en Gran Bretaña: «Imagina la peor gripe y multiplícala por diez. Sólo que en este caso sabes que eliminarás los síntomas con otra dosis».

Miles de años antes de que los gomeros de Sinaloa fabricasen heroína ya se conocían los efectos del opio. Las cápsulas de semillas de adormidera demuestran que los cazadores-recolectores de Europa rascaban la goma cuatro milenios antes de Jesucristo. Hacia el año 3400 a.C., en el sur de Mesopotamia (el Irak actual), los primeros agricultores de la historia dibujaban adormideras en tablillas de arcilla y les daban el nombre de *Hul gil*, «planta de la alegría». Dos milenios después los egipcios escribieron sobre las adormideras en el llamado *Papiro Ebers*, que es uno de los escritos de medicina más antiguos de la humanidad; y allí se dice que la adormidera es un remedio para evitar el exceso de llanto de los niños. Con el desarrollo de la civilización europea, el opio se consumió desde Constantinopla hasta Londres. Pero donde más popular fue la flor fue en China, cuyos poetas decían que su goma era «digna de Buda»,[6] y los fumadores de opio del país se contaban por millones.

Los chinos acabaron por ver el lado desagradable de su apreciada flor a fines del siglo XVIII, momento en que se elevaron crecientes quejas contra la adicción. En 1810, la dinastía Quing publicó un decreto prohibiendo la goma y condenando a muerte a los vendedores. «El opio es un veneno que mina las buenas costumbres y la moralidad», proclamaba la primera ley del mundo moderno que prohibía los narcóticos.[7]

La prohibición propició la aparición de los primeros traficantes de drogas, que no eran sino educados caballeros del imperio británico. Comprendiendo que había allí una oportunidad de oro, los comerciantes británicos de la Compañía de las Indias Orientales pasaron de contrabando miles de toneladas de opio de la India a China. Cuando los soldados Quing empezaron a asaltar los barcos británicos, los galeones de la reina Victoria replicaron cañoneando la costa. Si la Compañía de las Indias Orientales fue el primer cártel de la droga, la Marina Real fue la primera banda de matones a sueldo del cártel. Después de las dos guerras del opio, la compañía consiguió el derecho a traficar en 1860. Los chinos siguieron fumando y se llevaron consigo la adormidera cuando se dispersaron por el planeta.

Desde 1860 los obreros chinos viajaron en vapor a Sinaloa para trabajar en el ferrocarril y en las minas. Siguiendo su costumbre, los emigrantes chinos llevaban adormideras, goma y semillas para la larga travesía del Pacífico. La árida tierra de la Sierra Madre resultó un suelo ideal para que prosperaran las adormideras asiáticas. Un estudio encargado por el Gobierno mexicano en 1886 señalaba ya que la adormidera era parte de la flora de Sinaloa. La flor había arraigado.[8]

Los periódicos de Sinaloa no tardaron en comentar que se estaban multiplicando los fumaderos de opio en Culiacán y en Mazatlán. Según la prensa, eran sucias habitaciones que había encima de las tiendas del centro que, frecuentaban sólo los asiáticos. No se han conservado fotos de estos antros, pero probablemente eran parecidos al que aparece documentado en una típica foto periodística que se hizo por entonces en el barrio chino de Manila. Es una foto en blanco y negro en que se ve a unos chinos recostados en colchones o contra la pared, chupeteando pipas de más de medio metro de longitud. En su cara hay una expresión de beatitud petrificada que parece reflejar el estado de euforia mágica que les produce la goma parda.[9] Se conocen escenas parecidas de fumaderos de opio de California y

Nueva York, donde los chinos y los estadounidenses curiosos quemaban sus penas.

Pero entonces el Gobierno de Estados Unidos levantó la mano y tomó una decisión que trajo cola: prohibió la Flor de la Alegría. La historia del narcotráfico mexicano es también la historia de la política sobre estupefacientes de Estados Unidos.

Cuando se ha crecido con la prohibición de las drogas, es fácil creer que su ilegalidad viene de antiguo, como la proscripción del robo y el homicidio. Se tiene la impresión de que es como una ley natural: la Tierra da vueltas alrededor del Sol, la gravedad hace caer los objetos, y los estupefacientes son ilegales: realidades de la vida puras y simples. Pero los investigadores han demostrado que la prohibición es una política de cuño reciente que siempre ha estado rodeada por la polémica, el desacuerdo y la desinformación.

El cuestionamiento básico de la política contra los estupefacientes es claro y rotundo: la mayoría de la población consiente ciertos productos recreativos, como el alcohol, que causa adicción y muerte. Los médicos y los soldados necesitan ciertas drogas, como los opiáceos. Por otro lado, los habitantes de comunidades pobres y sin futuro viven torturados por la adicción a cualquier sustancia embrutecedora que puedan conseguir.

El debate sobre la legislación antidroga ha estado empañado por prejuicios sentimentales, anticientíficos e incluso raciales. Mitos absurdos acaban convirtiéndose en verdades aceptadas. Al principio, los periódicos estadounidenses alegaban que los chinos utilizaban el opio sistemáticamente para violar a las mujeres blancas y que la cocaína daba a los negros sureños una resistencia sobrehumana. En fecha más reciente se han oído bulos sobre la procreación de seres infrahumanos y trastornados a los que llamaban hijos del *crack* y se decía que el LSD hacía creer a los usuarios que podían volar.

En medio del miedo al hundimiento moral, es imposible oír la voz de los médicos y los científicos. Gritando en primera línea encontramos a los grandes cruzados de los tiempos modernos: los guerreros antidroga. Los políticos no tardaron en darse cuenta de que el tema de la droga era una plataforma útil para luchar contra un enemigo malvado y extranjero que no puede replicar. Parecían a la vez implacables y moralizadores, y consiguieron el apoyo de ese grupo decisivo: la preocupada clase media.

El padre de los guerreros antidroga de Estados Unidos es Hamilton Wright, nombrado fiscal especial contra el opio en 1908. Oriundo de Ohio, tenía convicciones puritanas y una inquebrantable ambición política. Hizo de su trabajo una cruzada personal para proteger a los buenos norteamericanos de un peligro extranjero y fue el primero en soñar que Estados Unidos se pondría en cabeza de una campaña global para desterrar el uso de las drogas. Fue un profeta para posteriores guerreros antidroga; sus críticos piensan que empezó su carrera política con mal pie. Hizo sonar las campanas de alarma epidémica en una entrevista que se publicó en el *New York Times* en 1911 con el siguiente titular: «EL TÍO SAM ES EL PEOR TOXICÓMANO DEL MUNDO». Según dijo al periódico:

El hábito se ha apoderado de esta nación hasta un extremo insospechado. Nuestras cárceles y hospitales están llenos de víctimas suyas, ha despojado de sentido moral a diez mil comerciantes y los ha convertido en alimañas que explotan a su prójimo, y sin darnos cuenta es hoy una de las más eficaces causas de infelicidad y pecado en Estados Unidos. [...]

El consumo habitual de opio y morfina es ya una maldición nacional, y de un modo u otro debe frenarse si queremos mantener nuestro elevado lugar entre las naciones del mundo y un nivel digno de inteligencia y moralidad ante nosotros mismos.[10]

En la época de Wright, había, en efecto, un consumo creciente de opio; se calcula que el número de usuarios estadounidenses oscilaba entre cien mil y trescientos mil. Es una cantidad importante, pero se trataba sólo del 0,25 por ciento de la población, un porcentaje que es una bagatela en comparación con el consumo actual. Aunque algunos «toxicómanos» fumaban opio en sombríos fumaderos, muchos se enganchaban por culpa de las prescripciones médicas.

Wright estaba también preocupado por otra droga que ganaba popularidad a principios del siglo XX: la cocaína. Recogió informes policiales sobre el uso de la cocaína por los afroestadounidenses y propaló la idea de que el polvo blanco estaba espoleando los aires de superioridad de los negros. El infundio tuvo amplia resonancia en la prensa. Entre los muchos artículos que se publicaron acerca de los negros que enloquecían por culpa de la cocaína, el más infame apareció en el *New York Times* en 1914. Fue una lamentable muestra de racismo incendiario, aunque para los lectores modernos raya en la autoparodia. Con unos titulares que rezaban «LOS NEGROS COCAINÓMANOS, LA NUEVA AMENAZA SUREÑA» (muy apropiados para llamar la atención del ciudadano que se tomaba el café del domingo por la mañana), el artículo empezaba echando pestes de los negros enloquecidos por la cocaína que acababan matando a los blancos. Seguía la espectacular historia de un jefe de policía de Carolina del Norte que tenía que vérselas con un negro «colocado»:

El jefe fue informado de que un negro, inofensivo hasta la fecha, y al que conocía bien, se estaba comportando como un enajenado, presa de un delirio causado por la cocaína; había querido apuñalar a un tendero, y en aquellos momentos estaba en su casa, propinando una paliza a sus familiares. [...]

Sabiendo que debía matar a aquel hombre o morir él mismo en el empeño, el jefe desenfundó el revólver, apoyó el cañón en el corazón del negro y disparó. «Mi intención era matarlo en el acto», cuenta el jefe de policía, pero el disparo ni siquiera hizo pestañear al otro. [...]

No le quedaban más que tres cartuchos en el tambor y podía necesitarlos para detener después a la muchedumbre. Ahorró pues la munición y «rematé al tipo con la porra».[11]

¡Un negro enloquecido por la cocaína que se había convertido en la Masa! ¡Chinos que utilizaban su pócima extranjera para seducir a las mujeres blancas! Aquello sí que hizo perder los nervios a la sociedad blanca. Wright consiguió en 1914 que trece países firmaran un acuerdo para frenar la circulación de los opiáceos y la cocaína, y en diciembre de aquel mismo año el Parlamento de Estados Unidos publicó la progenitora de la legislación antidroga de este país: la Ley Harrison sobre Estupefacientes. No fue un prohibicionismo total, ya que el objetivo era controlar y no suprimir los productos. La medicina, entonces como hoy, necesitaba cierta cantidad de opiáceos autorizados. Pero la Ley Harrison redundó inmediatamente en la aparición de un mercado negro del opio y la cocaína. Había nacido el narcotráfico.

Allá en Sinaloa no se tardó mucho en hacer números. Una región indómita, adormideras en las montañas y un mercado ilegal de opio en el norte, a 580 kilómetros de allí. Era una operación sencilla: las adormideras de Sinaloa podían transformarse en dólares de Estados Unidos.

Los inmigrantes chinos y sus descendientes tenían imaginación y conexiones para organizar la primera red de tráfico mexicana. Con el paso de los decenios, la comunidad creció desde Sinaloa hasta las ciudades noroccidentales de la frontera. Casi todos hablaban español y chino mandarín, y tenían nombres cristianos. Entre los primeros traficantes detenidos figuraban un Patricio Hong, un Felipe Wong y un Luis Siam. Los chinos construyeron una red capaz de cultivar y cosechar las adormideras, extraer la goma y vender el opio a los vendedores chinos del lado estadounidense. Así como los británicos habían hecho caso omiso de la prohibición china, los chinos desoyeron la legislación estadounidense.

La larga frontera mexicano-estadounidense era ideal para el tráfico, un problema que llevó de cabeza a las autoridades de Estados Unidos durante el pasado siglo. Es una de las fronteras más largas del planeta: 3.200 kilómetros desde San Diego (océano Pacífico) hasta Brownsville (golfo de México). El lado mexicano cuenta con dos grandes metrópolis: Ciudad Juárez, que se alza en el centro de la línea de demarcación, y Tijuana (que al parecer se llamó así por la Tía Juana, una *madame* que regentaba un prostíbulo). Muchos emigrantes que fueron a parar a estas ciudades procedían de las zonas montañosas de Sinaloa y Durango, estableciendo así lazos familiares entre la frontera y los bandoleros de la Sierra Madre.

En la frontera se alzan asimismo unas doce ciudades de tamaño medio, entre ellas Mexicali, Nogales, Nuevo Laredo, Reynosa y Matamoros. Entre ciudad y ciudad, discurren vastas extensiones de campo inculto, desiertos y montes áridos. Con el transcurso de los años ha pasado de todo por esta frontera sin barreras, desde cráneos ceremoniales aztecas hasta ametralladoras Browning y tigres blancos. Los primeros cargamentos de opio pasaron por la divisoria como agua por un colador.

Washington advirtió a México que pusiera fin a este tráfico. Pero México tenía preocupaciones más apremiantes. Porfirio Díaz vetó la democracia durante treinta y cinco años, pero los mexicanos se sublevaron al final y lo derrocaron. Las celebraciones duraron poco, ya que el país fue presa de una sangrienta guerra civil en la que participaron cuatro grandes ejércitos. Las batallas de la revolución, por ejemplo las de Ciudad Juárez y Parral, se libraron sobre todo en el sector noroccidental. Participaron en ellas muchos sinaloenses, entre ellos el verdugo de Pancho Villa, Rodolfo Fierro, famoso por ser uno de los asesinos más sanguinarios del conflicto. La tremenda violencia desatada ocasionó cerca de un millón de bajas, el 10 por ciento de la población mexicana, una herencia de sangre derramada que todavía se siente hoy en la memoria popular y de las familias.

Mientras los mexicanos se preocupaban por sobrevivir, los estadounidenses se preocupaban por el contrabando de opio. La Ley Harrison dio lugar a la fundación de la Dirección de Estupefacientes con objeto de controlar el comercio de la droga, pero no había presupuesto para realizar estudios serios. No obstante, los agentes de aduanas, los consulados y la Secretaría de Hacienda unieron sus fuerzas para llevar a cabo la primera investigación estadounidense de importancia sobre los traficantes mexicanos. Los detalles de la pesquisa fueron exhumados tiempo después por el erudito sinaloense Luis Astorga, que buscó y rebuscó por todo Washington documentos olvidados. La información ponía de manifiesto que los investigadores habían ido derechos a un pozo de serpientes.

La investigación comenzó en septiembre de 1916, cuando un agente especial de aduanas de Los Ángeles envió a Washing-

ton un informe de consecuencias explosivas.[12] Sus informadores, decía, habían seguido la pista de una organización de mexicanos de origen chino que pasaban a California opio de contrabando por Tijuana. En Los Ángeles, la organización vendía el
opio a un chino llamado Wang Si Fee, que también tenía contactos en San Francisco. Con los traficantes trabajaba un sujeto
misterioso llamado David Goldbaum, de nacionalidad descono-
cida. Goldbaum asistió a una reunión nada menos que con el
coronel Esteban Cantú, gobernador del estado de Baja California, cuya ciudad más importante era Tijuana. Tras una acalora-
da discusión, Goldbaum accedió a pagar a Cantú 45.000 dólares a tocateja y 10.000 mensuales a cambio de inmunidad para
que la organización siguiera traficando en el norte de México.

El informe revela que los agentes estadounidenses utilizaban ya por entonces una táctica que sería característica de la lucha oficial contra la droga durante todo el siglo XX: pagar a los
informantes secretos. Por otro lado, el montante del soborno
—45.000 dólares de 1916— indica que ya en aquellos días iniciales se sacaba mucho provecho con el comercio ilegal de droga. El informe dice también que un miembro de la organización criminal conducía un Saxon Six, uno de los coches más
caros que salían de las fábricas de Detroit. Pero los agentes estaban más interesados por la revelación central: había políticos
mexicanos metidos en el ajo.

Se consiguieron más pruebas para el expediente del gobernador Cantú. Un agente de aduanas informó de que la policía
de Baja California practicaba redadas y se incautaba de variables
cantidades de opio, por ejemplo de cuatrocientas latas de goma
que se confiscaron en el puerto de Ensenada; y que esta misma
droga reaparecía luego para la venta. Los agentes de Hacienda
declararon que Cantú vendía opio a un distribuidor llamado
J. Uon, de Mexicali, la capital de la Baja California. Uon distri-
buía luego el opio a través de un establecimiento llamado Casa

Colorada, que pasaba por ser una agencia china de empleo.[13] Otro informe de Hacienda añadía que el propio Cantú era morfinómano. El gobernador se había inyectado el opiáceo tantas veces en los brazos y las piernas que los tenía cubiertos de moraduras, aseguraba la fuente.

Se enviaron a Washington kilos de documentos con testimonios condenatorios. Los funcionarios de aduanas y de Hacienda presionaron al Departamento de Estado para que investigase y presentara una reclamación a México. Los agentes pensaban que el caso no tenía vuelta de hoja. Pero... no ocurrió nada. No hay el menor indicio de que Washington presionara a México por aquel asunto, y Cantú acabó su mandato sin que nadie lo molestase. Puede que Cantú fuera partidario de la alianza que deseaba Washington en aquellos momentos de la Revolución Mexicana. Puede que el Gobierno estadounidense estuviese más preocupado por la guerra que tenía lugar en suelo europeo. Puede que los funcionarios no quisieran cortar el suministro de opiáceos, que se estaban repartiendo a manos llenas entre las tropas de todos los bandos en las ensangrentadas trincheras de Francia.

Fuera cual fuese el motivo, el caso Cantú sentaría un precedente del que los funcionarios antidroga de Estados Unidos se quejarían desde entonces. Cada vez que los agentes iniciaran una investigación en la que hubiera implicados políticos extranjeros, el Departamento de Estado no haría nada e incluso obstaculizaría sus esfuerzos. La guerra contra la droga en el extranjero y la política exterior de Washington eran misiones diferentes con prioridades muy distintas.

El comercio del opio pasó a ser una prioridad más secundaria aún en los años veinte, época en que la policía se concentró en un nuevo demonio público: el alcohol. Mientras el «noble experimento» de la prohibición del alcohol daba origen al gánster de peor fama de Estados Unidos, Al Capone, por otro lado financiaba a los prometedores matones del Río Grande. Las ciudades de la frontera mexicana ya eran célebres por sus prostíbulos y sus clubes de espectáculos sicalípticos. El señuelo del alcohol multiplicó las cantinas que servían whisky y tequila a los sedientos estadounidenses. Los mexicanos con iniciativa también pasaban licor de contrabando a la vasta red de bares clandestinos del otro lado de la frontera. Así como los contrabandistas de Chicago replicaban disparando a los policías que querían incautarse de su botín, también los contrabandistas de la frontera devolvían el fuego.

Un artículo aparecido en *El Paso Times* de 1924 cuenta que una banda de contrabandistas se enzarzó en un tiroteo con aduaneros que quisieron confiscar tres sacos de botellas de tequila y 240 litros de whisky. El drama se centra en el heroísmo de un aduanero llamado simplemente agente Threepersons que se enfrenta solo a dieciséis contrabandistas y consigue matar a un mexicano. O eso dice él. La trepidante acción que tiene lugar en la frontera comienza así:

Los primeros indicios de la batalla se vieron venir a eso de la medianoche del sábado, cuando los agentes de aduanas Threepersons y Wadsworth estaban apostados al final de la calle Uno en espera de un cargamento de licor que iba a cruzar la frontera.

Poco después de situarse al lado de un grueso árbol que se alza junto al monumento, Wadsworth dejó solo a Threepersons para estacionar su automóvil más cerca del escenario de las operaciones. No bien hubo desaparecido Wadsworth cuando llegaron dieciséis mexicanos. [...]

Un hombre se puso en su camino de un salto y lo apuntó con una pistola. Threepersons dijo al hombre que levantara las manos, pero el hombre se negó y disparó al agente a bocajarro. Threepersons disparó su carabina de calibre 30-30 al hombre, que se desplomó en el suelo.

El tiroteo duró más de una hora y se oyó prácticamente en toda la ciudad.[14]

¡Un tiroteo que dura una hora en el centro de la ciudad! ¡Una banda de dieciséis hombres armados! La noticia se asemeja mucho a las que aparecen actualmente en la prensa de la frontera. Sólo que esta batalla se desarrolló en el lado estadounidense, en el centro de El Paso. En aquellos tiempos, sin embargo, con todos los tiroteos y matanzas que se producían a diario en Chicago, la escaramuza de El Paso era una insignificancia, relegada a la página diez del periodicucho local.

Conforme se acercaba el fin de la Ley Seca, los contrabandistas mexicanos buscaron nuevos productos. No tardaron en fijarse en los bonitos beneficios que obtenían los chinos con sus latas de opio y heroína. Los bandoleros de los montes de Sinaloa también envidiaban los coches y las casas grandes de los gomeros asiáticos. Los mexicanos querían una ración del pastel. Pronto se dieron cuenta de que podían quedarse con todo.

Los pérfidos mexicanos robaron a los chinos el negocio del opio en medio de una ola de violencia racial contra ellos. (No es sólo el racismo estadounidense el que ha dado forma al tráfico de drogas.) Hacía decenios que había ido creciendo la hostilidad contra los chinos; los mexicanos calumniaban a los inmigrantes acusándolos de inmorales y sucios, y miraban con envidia la prosperidad de sus tiendas y restaurantes. El racismo llegó al paroxismo espoleado por políticos destacados.

También los delincuentes lo promovían. En 1933, el cónsul estadounidense de Ensenada envió a Washington un informe sobre el crecimiento de la hostilidad contra los chinos. Mencionaba a un informante, un estadounidense que hablaba el mandarín, y que sostenía que entre los principales activistas antiasiáticos había delincuentes conocidos. Entre ellos estaba un contrabandista apodado Segovia, que se movía por los estados de Sonora, Sinaloa y Baja California, repartiendo dinero entre los grupos antichinos violentos. El objetivo de Segovia, decía el informe, era apoderarse de la producción china de adormideras.

La tensión racial estalló en las calles. Entre los que se unieron a las muchedumbres linchadoras había un estudiante universitario llamado Manuel Lazcano. Nacido en 1912 en un rancho de Sinaloa, llegó a ser una figura prominente en la policía y la política, y fue fiscal general de Sinaloa durante tres legislaturas. Más tarde se avergonzó de haber participado en las agresiones raciales y afirmó estar escandalizado por la crueldad desplegada. Sus memorias se cuentan entre las más sinceras que hayan escrito los funcionarios mexicanos y entre las principales fuentes para conocer el tráfico de drogas mexicano de aquellos tiempos. Puede vérsele en una foto: joven, elegante, atractivo, fumando en pipa; en sus memorias describe la marcha de una muchedumbre que llegaba a la plaza central de Culiacán para reclutar seguidores.

> Eran unas ciento cincuenta personas, que para ese entonces en Culiacán representaba una cantidad significativa. Las pancartas eran patéticas: chinos dibujados comiendo ratas, chinos con llagas en la cabeza (por aquello que se decía de que los orientales traían enfermedades sin fin y que además eran muy sucios, que comían reptiles). Era un rosario vergonzante de ataques e infundios. [...] Los muchachos empezaron a empujar, a sugerir, a incitar para que nos involucráramos. Recuerdo sus voces: «Éntrale, éntrale». Y pues le entré: me puse antichino. Es algo que aún hoy me causa malestar.[15]

Lazcano cuenta que el gentío peinaba las calles en busca de chinos. Cuando encontraba víctimas, la muchedumbre las arrastraba hasta una cárcel clandestina que había en una casa cerrada a cal y canto y allí se quedaban, atadas de pies y manos. Cuando capturaban suficientes individuos, los metían en vagones de carga, enganchaban éstos a trenes de mercancías y los expulsaban del estado. Los linchadores se apoderaban de las casas y propiedades de los chinos. La limpieza étnica de Sinaloa se produjo mientras el régimen nazi perseguía a los judíos de Europa. Lazcano no elude la comparación.

Hemos visto películas de la represión brutal de que fueron objeto los judíos, y escenas sugerentes de cómo los trasladaban como animales. Pues igualito ocurrió en Sinaloa, pero aquí con los chinos. Estábamos saturados de ver imágenes en vivo.[16]

Los gánsteres de otras partes de México no se molestaban en buscar furgones: mataban a tiros a los chinos rivales y en paz. En Ciudad Juárez se contaba que un pistolero llamado el Veracruz juntó y mató a once chinos que trabajaban en el negocio del opio. Al parecer, estaba a las órdenes de una mujer de Durango llamada Ignacia Jasso, la Nacha. Los mexicanos empezaban a dominar el comercio de la droga desde las plantaciones de la Sierra Madre hasta las bulliciosas ciudades fronterizas.

Baja, robusta y con cola de caballo negra, la Nacha fue la primera mujer que alcanzó la celebridad en la delincuencia mexicana. Por lo que se sabe, era una empresaria con talento. Se daba cuenta de las cambiantes demandas del mercado y amplió la producción de heroína, y según parece tenía laboratorios improvisados para procesar las adormideras de la Sierra Madre. En vez de cruzar la frontera con las drogas, vendía los paquetes de heroína en su casa del centro de Juárez. Los estadounidenses, entre ellos muchos soldados de la base de El Paso, cruzaban el río para adquirir la mercancía. Otros clientes llegaban de mucho más lejos, por ejemplo de Albuquerque, Nuevo México, en busca de su famoso barro.

El mercado era pequeño en comparación con lo que es hoy, y el barro mexicano se consideraba de calidad inferior a la heroína dominante entonces, la turca. Pero se trapicheaba lo suficiente para que la Nacha fuera una de las personas más ricas de Juárez. Financiaba un orfanato y un programa de desayunos para niños, y además tenía un coche americano de lujo. Y sobornaba a la policía. Según informó el periódico local *El Continental* el 22 de agosto de 1933 acerca de la reina de la heroína:

> La señora Ignacia Jasso viuda de González, alias la Nacha, no ha sido aprehendida aún por las autoridades por posesión y venta de drogas heroicas [heroína], que se dice ha estado llevando a cabo desde hace muchos años en su domicilio, ubicado en la calle Degollado número 218. Se nos informa de que la Nacha se pasea tranquilamente por las calles de Ciudad Juárez en el lujoso automóvil que acaba de comprar, pero parece que goza de grandes influencias y tal vez a eso se deba el que no haya sido capturada.[17]

Una vez más, como en el caso de Cantú, los primeros años del narcotráfico hacían salir a la luz pública historias de corrupción. Pero en la época de la Nacha la corrupción no estaba representada ya por un gobernador poco convencional en medio de la guerra civil. Los años de guerra habían pasado y en México mandaba ahora un partido todopoderoso.

El Partido Revolucionario Institucional, o PRI, ha sido comparado con el Partido Comunista soviético por su apego el poder, ya que gobernó México casi tanto como los bolcheviques en Rusia. Además, tiene el mérito de haber dado a México el período de paz más largo de su historia y de haberlo protegido de los sangrientos conflictos que asolaron Sudamérica durante todo el siglo XX.

El padre fundador del PRI, el general Plutarco Elías Calles, organizó el partido en 1929 después de ser presidente durante un mandato. Su objetivo era restaurar la paz y el orden unificando los sectores básicos de la sociedad —sindicatos, campesinos, empresarios y militares— para que cantaran la misma canción y enarbolaran la misma bandera. Influido por el totalitarismo de los comunistas soviéticos y los fascistas italianos, Calles viajó a Europa para observar a los políticos. No deja de ser curioso que acabase por dedicar más tiempo a observar al Partido Laborista británico y al Partido Socialdemócrata alemán. En cualquier caso, el PRI fue una organización auténticamente mexicana que incluso adoptó los colores verde, blanco y rojo de la bandera nacional. Su idea era que el partido encarnase la nación.

Algunos periodistas estadounidenses creen que era un partido de izquierdas. Se equivocan. Aunque dio algunos presidentes izquierdistas, como Lázaro Cárdenas, también dio capitalistas al ciento por ciento, como Carlos Salinas. Básicamente, al partido le interesaba menos la ideología que el poder. Gran parte de sus métodos procedían directamente del manual de estrategias de Porfirio Díaz. Volvió a crear una red de caciques, que mantenían el orden en sus respectivos territorios. En este mosaico de pequeños feudos se crearon miles de organizaciones policiales. Sin embargo, una diferencia fundamental respecto del régimen de Díaz era que el PRI cambiaba de presidente cada seis años. Gobernaba una institución, no un hombre de hierro. La genialidad de esta organización hizo que el premio Nobel Mario Vargas Llosa dijese que era la «dictadura perfecta».[18]

Para que las cosas marchasen con cierta holgura, el régimen del PRI se basaba en la corrupción. Los empresarios pagaban un diezmo a los caciques de las ciudades medianas, que a su vez pagaban otro diezmo a los gobernadores, que a su vez pagaban al presidente. El dinero subía como la espuma y el poder bajaba como el agua. Todos estaban contentos y todos se ponían en la cola porque todos recibían su paga. Los historiadores han señalado esta paradoja de la política mexicana: la corrupción no era la podredumbre, sino el aceite y el pegamento de la maquinaria.[19] En este sistema, el dinero de la heroína era una mordida más. El mercado de la droga era entonces una fracción de lo que es hoy y los funcionarios no lo consideraban un negocio millonario. Era una simple fechoría, algo similar a como hoy ven muchas personas la música pirateada.

Manuel Lazcano —el estudiante que había estado en los disturbios raciales— recuerda la vigencia de esta actitud mientras ascendía en la maquinaria política del PRI en Sinaloa. Cuenta que conoció a muchas personas que se apoderaban del negocio chino de la droga.

Así empezaron las cosas. Yo quiero pensar —así lo veo— que se creía, que no se tenía conciencia del daño que se estaba haciendo. Acaso al principio el asunto se vio casi como si fuera algo natural, quizá como un delito menor, tolerable, pasable. Semejante al hecho de ir a Nogales a traer de contrabando una caja de coñac sin pagar impuestos.[20]

La producción del opio de Sinaloa creció espectacularmente en los años cuarenta, recuerda Lazcano. Como muchos otros, dice que el crecimiento se debió a un misterioso cliente que pagaba en dólares toda la adormidera que se le diese. Ese generoso cliente, dice, tal vez fuera el propio Tío Sam.

La idea de que el Gobierno estadounidense comprara sistemáticamente el opio de Sinaloa durante la Segunda Guerra Mundial es propia de la aplicación de la teoría clásica de la conspiración a los comienzos del tráfico mexicano. En la Sinaloa actual, los políticos, la policía y los propios traficantes hablan de esas transacciones como de una verdad comprobada. La Secretaría de Defensa mexicana también se hace eco de esa versión en la historia oficial del tráfico de drogas que puede verse en las paredes de su sede en Ciudad de México. Sin embargo, los funcionarios de Estados Unidos la han negado con energía.

La teoría de la conspiración dice que el Gobierno estadounidense necesitaba opio para fabricar la morfina que necesitaban sus soldados en la Segunda Guerra Mundial. El ejército de Estados Unidos enviaba cargamentos enteros de morfina para tratar a los soldados alcanzados por las bombas japonesas y alemanas. El abastecedor tradicional de adormidera de los laboratorios médicos estadounidenses era Turquía. Pero la guerra cortó las rutas de abastecimiento, ya que los submarinos alemanes patrullaban el Atlántico y hundían los buques mercantes. El Gobierno de Estados Unidos se dirigió entonces a los gomeros sinaloenses e hizo un trato con el Gobierno mexicano para que les dejaran plantar sus adormideras.

Lazcano, para confirmar la existencia de dicho trato, recuerda la facilidad con que amigos suyos enviaban pasta de opio al norte en aquellos tiempos.

Yo conocí a varias personas que sembraban. Se trataba de amigos míos que cultivaban amapola y luego de la cosecha se iban a Nogales vestidos como campesinos, con cuatro o cinco bolas en un veliz o en unos morrales, y lo curioso es que en la frontera pasaban por la aduana sin ningún problema, sin ningún peligro. A la vista de los aduaneros. Entregaban su cargamento a donde tenían que entregarlo y regresaban muy campantes; era evidente que los dejaban pasar.[21]

Un periodista estadounidense estuvo en Sinaloa en 1950 y comprobó que sus interlocutores del mundo empresarial y de la administración local confirmaban el acuerdo. Escribió para estar seguro a la Dirección Nacional de Estupefacientes (U.S. Federal Bureau of Narcotics), el organismo fundado en 1930 para coordinar mejor las operaciones antidroga de Estados Unidos. El máximo responsable de la Dirección durante sus primeros treinta y dos años de vida fue Harry Anslinger, un guerrero antidroga de la línea dura. Anslinger respondió personalmente a las preguntas relativas al acuerdo, diciendo que la teoría que circulaba era «totalmente fantástica y desborda la imaginación más desbocada».[22] Tampoco los mejores expertos en drogas de México han conseguido encontrar ninguna prueba concluyente de la existencia del acuerdo, y algunos se preguntan si no lo habrán inventado las autoridades mexicanas para tranquilizar su conciencia.

Contribuyera el Tío Sam o no, el caso es que el negocio del opio sinaloense prosperó. Los sinaloenses adquirieron tal reputación como productores de goma que incluso su equipo de béisbol era conocido con el nombre de Los Gomeros. En los años cincuenta, Lazcano, por asuntos administrativos, fue al mismo municipio montañés donde yo me quedé mirando las bonitas amapolas. Entonces ni siquiera había una mala carretera de tierra para subir. Él fue en avión. Y en las tierras altas, dice, vio campesinos con «*walkie-talkies* [transmisores-receptores portátiles], armas de fuego, coches e incluso latas de comida gringa»,[23] todo fruto de la economía del opio.

Los descendientes de las viejas tribus caníbales, los bandoleros y los campesinos desplazados habían encontrado un cultivo que los sacaba de la miseria. La economía del opio y la heroína acabó integrándose en su cultura, junto con las furgonetas de reparto, los santos folclóricos, y en fecha posterior los fusiles Kaláshnikov. El narcotráfico había arraigado en una comunidad en la que podía crecer como una planta carnívora. En viviendas precarias típicas de este entorno nacieron el Chapo Guzmán y Beltrán Leyva, el Barbas, en 1957 y 1961 respectivamente. Mientras crecían, estalló en el mundo un fenómeno de vasto alcance que acabaría modificando el comercio de la droga, que si hasta entonces había sido un negocio local para alimentar a unas cuantas familias montañesas, se convirtió en un mercado mundial multimillonario: la revolución social de los años sesenta.

3

Hippies

Mira que es curioso. Todos los bastardos que quieren que
se legalice la marihuana son judíos. ¿Qué coño pasa con los
judíos, Bob? ¿Qué pasa con ellos? Supongo que es porque
casi todos son psiquiatras.

RICHARD NIXON, 26 de mayo de 1971,
cintas de la Casa Blanca, hechas públicas
en marzo de 2002

Se dice que el Verano del Amor comenzó el 1 de junio de
1967, cuando los Beatles lanzaron su histórico álbum *Sgt.*
Pepper's Lonely Hearts Club Band, con aquella simbólica cubierta en que aparecían los chicos de Liverpool con uniforme rojo,
magenta, azul y amarillo. El álbum estuvo en el primer puesto
de los «200 Principales» de Estados Unidos *(Billboard 200)* durante quince semanas seguidas, entre otras cosas porque a los
estadounidenses que compraban discos les entusiasmaron las
referencias que se hacían a las drogas. Vistas retrospectivamen-
te, eran referencias ridículamente pacatas. La única vez que se
mencionaba una droga era en clave, concretamente en la can-

ción «Lucy in the Sky with Diamonds» (cuyas iniciales, por si queda alguien que no lo sepa, dicen LSD). Y en la canción final aparecían aquellas palabras, oh, tan rebeldes: «Me gustaría colocarte», que bastó para que la BBC la prohibiese, alegando que podía «promover una actitud permisiva hacia el consumo de drogas». Pero las drogas parecían tan emocionantes aquel verano que bastaba una insinuación para que los muchachos se acercaran corriendo. De la noche a la mañana, las hierbas estupefacientes representaron a la juventud, la revolución y el mundo feliz. Aquel mismo mes se contaban por miles los que fumaban marihuana delante de las cámaras de televisión mientras Jimi Hendrix y Janis Joplin interpretaban nuevas y extrañas formas de rock en el festival californiano de Monterey. El mundo estaba patas arriba.

Pero no en la Sierra Madre. En el verano de 1967, un joven de 16 años llamado Efraín Bautista dormía en el sucio suelo que venía compartiendo con sus ocho hermanos desde que había nacido. En su pueblo de viviendas precarias de cañas y barro nadie sabía nada del Sargento Pepper, de los Beatles, del LSD, de Liverpool, ni siquiera de Monterey, porque nadie tenía radio ni tocadiscos, y no digamos televisor, y los periódicos no llegaban tan lejos ni tan arriba.

Habría sido difícil tener allí un verano de amor porque la gente de aquella parte de las montañas estaba enzarzada en una serie de enfrentamientos mortales. Su familia estaba en guerra con otro clan a causa de una reyerta medio olvidada que había tenido su tío por una mujer. Su tío había acabado matando a un pretendiente rival, y el clan agraviado se había vengado matando a otro tío de Efraín y a un primo suyo. Los dos clanes esperaban el momento oportuno para derramar más sangre. Estas riñas solían exterminar a generaciones enteras de ciertas familias.

A pesar de que Efraín y su aldea estaban en un mundo distinto del de los hippies estadounidenses que sacudían la melena oyendo a Ravi Shankar, estaban intrínsecamente relacionados por una planta verde de capullos pegajosos y un inolvidable olor agridulce. Mientras la sed estadounidense de marihuana se disparaba de manera vertiginosa, la hierba psicodélica corría por el campo mexicano. Como los cultivadores sinaloenses de la droga no podían satisfacer el exceso de demanda, los agricultores empezaron a plantarla en el estado vecino de Durango, luego en Jalisco, luego en la zona sur de la Sierra Madre, en los estados de Oaxaca y Guerrero, que era donde vivía Efraín. Efraín y su familia iban a sufrir una súbita transformación; eran pequeños agricultores y pasaron a ser productores del primer eslabón de la cadena de la droga.

El meteórico aumento del consumo de drogas en Estados Unidos durante los años sesenta y setenta repercutió de manera espectacular en otros países, aparte de México: a saber, en Colombia, Marruecos, Turquía y Afganistán. En menos de diez años, las drogas recreativas dejaron de ser un vicio localizado y se convirtieron en una mercancía global. En México, el aumento de la demanda transformó a los productores de droga: al principio eran un puñado de agricultores de Sinaloa, y acabaron siendo una industria nacional que afectaba a una docena de estados. El Gobierno tuvo que responder a una infracción de la ley que crecía como una mancha de aceite. Pero como la industria empezó a ingresar miles de millones de dólares, los políticos quisieron sacar tajada. El incremento del capital en juego fomentó la aparición de jefes y desató la primera ola de matanzas relacionadas con la droga. El narcotráfico experimentó un repentino y asombroso período de desarrollo.

La familia de Efraín se dio cuenta de que el negocio de la marihuana estaba extendiéndose por las montañas de México cuando un primo suyo empezó a plantarla en una aldea vecina. El padre y el abuelo de Efraín conocían el cáñamo de toda la vida, ya que sus atractivas hojas estrelladas crecían esporádicamente por toda la Sierra Madre. A diferencia de las adormideras, que fueron importadas a fines del siglo XIX, la marihuana se viene consumiendo en México por lo menos desde los tiempos del dominio español, incluso hay quienes aducen que ya la consumían los aztecas. Durante las sangrientas campañas de la revolución, la marihuana ayudó a muchos soldados a sumergir sus pesares en nubes de humo. La hierba también inspiró el pasaje más famoso de la canción popular «La cucaracha», cuya letra dice: «La cucaracha, la cucaracha ya no puede caminar, porque no tiene, porque le falta marihuana que fumar». En épocas de paz, el cáñamo era muy conocido en las cárceles y era consumido por iconos culturales como el muralista Diego Rivera.[1]

Cuando el padre de Efraín vio que su primo sacaba buenos beneficios de la marihuana, quiso plantar él también. El primo le dio semillas con mucho gusto y le presentó a su comprador. Efraín explica la decisión de entrar en el negocio de la droga.

—Mi padre tenía cuatro campos, o sea que éramos una familia acomodada para lo que era la vida en las montañas. Teníamos algunas vacas, cosechábamos maíz y limas y algún que otro producto. Pero aun así era difícil ganar dinero suficiente para alimentar a todos. Entre hermanos y hermanas, éramos nueve en total, y mi padre cuidaba además de los hijos de su hermano, que había muerto en una reyerta. Mi padre era vago, pero inteligente. Buscaba formas de ganar dinero que dieran poco trabajo y muchas ganancias. Por eso probamos con la marihuana.

Efraín sonríe al recordar su juventud mientras comemos huevos con chiles en un restaurante de Ciudad de México. Vive en la capital desde hace décadas, pero conserva ciertas costumbres montañesas: es tosco, pero abierto y sincero. Tiene la piel curtida por el clima y unos ojos claros que él atribuye a ciertos antepasados franceses que se remontan a muchos siglos atrás. A pesar de esta ascendencia europea, está orgulloso de ser de Guerrero, un estado de nombre belicoso que tiene fama de ser uno de los más violentos de México.

—Primero plantamos marihuana en medio campo; en el otro medio crecía maíz. La marihuana es una planta sencilla de cultivar y las montañas son perfectas para eso. La dejamos a merced del sol y la lluvia, y la tierra hizo el resto. Al cabo de unos meses teníamos unas plantas muy crecidas. Medían metro y medio. La cosechamos mi hermano y yo, con el machete. Es fácil de cortar. Llenamos un par de sacos con las ramas. Olía padre, así que imagino que era de buena calidad. La llevamos a la ciudad para venderla.

El centro comercial más cercano era Teloloapán, un pueblo de montaña con calles de piedra que es famoso por sus platos de moles [chocolate y chile] y fiestas en las que los lugareños se disfrazan de diablos. Efraín y su padre encontraron al comprador del primo, que les dio 1.000 pesos por los sacos, que contenían unos 25 kilos de hierba. Aquello representaba sólo 5 dólares por kilo y era una fracción del precio al que se vendería en los patios de Berkeley. Pero para Efraín y su familia fue como si hubieran hallado oro.

—Fue la mejor cosecha que habíamos vendido hasta entonces, y mucho más dinero del que conseguíamos vendiendo maíz, limas o lo que fuese. Lo celebramos por todo lo alto, con carne, y todos nos compramos ropa y zapatos. Así que nos pusimos a plantar marihuana en dos de los cuatro campos, y cada tantos meses vendíamos la cosecha, que era ya de unos 100 kilos. Aún no éramos ricos, pero tampoco pasábamos hambre como antes.

Efraín y su familia llevaban dos años cultivando marihuana cuando llegaron soldados para destruir la plantación. Por suerte, el comprador les había avisado con una semana de antelación, lo que indicaba que la organización que movía la hierba tenía contactos útiles.

—Recogimos la marihuana a toda prisa —recuerda Efraín—. Parte de las plantas había madurado ya y pudimos esconderla en sacos en las montañas. Otra parte había crecido sólo a medias y la tiramos. Cuando llegaron los soldados a la aldea, ni siquiera inspeccionaron los campos. Mi padre se enfadó por haber desperdiciado tanta hierba.

»Al principio no sabíamos adónde iba a parar nuestra marihuana. Lo único que sabíamos es que bastaba con bajar al pueblo y la vendíamos. Pero al cabo del tiempo nos enteramos de que la llevaban al norte [Estados Unidos]. Por entonces hubo gente de las montañas que se dirigió al norte en busca de trabajo. Pero nosotros no quisimos irnos. Queríamos demasiado las montañas.»

Efraín y su familia llamaban a la hierba simplemente marihuana, o *mota*, que es como se dice en jerga mexicana. Pero es muy probable que en Estados Unidos se vendiera utilizando la atractiva marca «Acapulco Gold». Teloloapán está en Guerrero, lo mismo que Acapulco, la ciudad donde Elvis Presley y Johnny Weissmüller, el intérprete de Tarzán, tomaban margaritas en cáscara de cocos en los años sesenta. Con el tiempo circularon toneladas de marihuana entre el sur de la Sierra Madre y el célebre centro turístico, desde donde viajaba al norte en barcos pesqueros. Años más tarde, al entrar en una comisaría de la policía nacional de Acapulco, vi a un agente, que llevaba una cadenita de oro, sentado con toda indiferencia delante de un alijo incautado de 300 kilos de Acapulco Gold, prensada en forma de ladrillos compactos. Exhalaba un perfume tan fuerte que se podía oler desde la calle. Al acercarme vi que tenía ese color dorado verduzco que es la causa de que la llamen *gold*, «oro».

En los años sesenta, la Acapulco Gold era muy buscada por los consumidores estadounidenses, ya que pensaban que era de mejor calidad que la hierba que cultivaban en California o en Texas. En cualquier caso, el mercado estadounidense de la marihuana creció tan aprisa que los traficantes la importaban de donde podían. En resumen, fueron los estadounidenses quienes crearon la demanda y se fijaron en México como país proveedor. Los «pachecos»* (fumadores de marihuana) acudían en manada, pasaban la frontera por Tijuana y compraban hierba de cualquier parte. Un grupo de estudiantes del Instituto de Coronado, San Diego, con su profesor al frente, empezó a pasar marihuana a Estados Unidos por la playa de Tijuana, en tablas de surf. La llamada Compañía Coronado amplió el pasivo y utilizó yates, hasta que la policía nacional los detuvo a todos.[2] Otros consumidores iban a la frontera de Texas, se apostaban en la orilla del Río Grande y esperaban a que los mexicanos les lanzaran bolsas de hierba por encima del agua. Y otros iban a los peores tugurios de El Paso o de Laredo y buscaban mexicanos con aspecto sospechoso con la esperanza de que fueran camellos.

El kilo de marihuana valía en la frontera unos 60 dólares, y en las universidades de la costa atlántica se vendía por 300. Algunos estadounidenses con iniciativa se adentraban en México para conseguir el producto más barato aún. Entre estos aventureros estaba George Jung, un fumeta de Boston que empezó transportando hierba por todo el país. Boston George se pasó luego a la cocaína, consiguió que se hiciera sobre él una película de éxito, *Blow*, y ha acabado siendo un traficante superestar, con un sitio *web*, un club de fans y una colección de camisetas (Smuggler Wear).

Hippie de largo pelo rubio, nariz grande y marcado acento de Boston, George ha contado sus hazañas en numerosos vídeos y memorias escritas en su celda de la cárcel La Tuna, en

---

* En España: fumetas.

Anthony, Texas, donde cumple una condena de quince años. Cuando fue a México por primera vez en busca de marihuana, dice, se inspiró en la película *La noche de la iguana* y por eso se dirigió a Puerto Vallarte, centro turístico de la costa pacífica. Como hablaba sólo un español macarrónico, estuvo vagabundeando dos semanas hasta que encontró algo. No tardó en ganar 100.000 dólares al mes, transportando hierba en una avioneta. Boston George compraba a los intermediarios, que adquirían la marihuana a miles de agricultores como Efraín. Estos intermediarios, dice George, tenían contactos entre los militares mexicanos.

George acabó siendo detenido con el maletero lleno de marihuana en el Club Playboy de Chicago. Por suerte (o por desgracia) coincidió en una celda con el colombiano Carlos Lehder, que lo presentó al Cártel de Medellín y le hizo ganar millones con la cocaína.

El cierre de las operaciones mexicanas de George tuvo poco efecto en la afluencia de hierba hacia el norte. El mercado siguió creciendo hasta que, en 1978, un sondeo de la Casa Blanca reveló que el 37,8 de los alumnos de último curso de los centros de segunda enseñanza admitía haber fumado hierba. Por aquellas fechas también aumentó el consumo de la heroína y, un tiempo después, el de la cocaína. Los guerreros antidroga se basaron en esto para aducir que era una prueba de que la hierba empujaba a los consumidores por una pendiente que conducía a vicios más sórdidos. Puede que tuvieran razón. O puede que las grandes modificaciones de los factores socioeconómicos básicos disparasen la oferta y la demanda de las tres sustancias.

Fueran cuales fuesen los motivos, en la época se produjo un cambio radical en el consumo de drogas en Estados Unidos. En 1966, la Dirección Nacional de Estupefacientes (Federal Bureau of Narcotics) dijo que la droga más lucrativa del país era la heroína, y calculaba que el mercado negro estadounidense mo-

vía al año mercancía por un valor de 600 millones de dólares.[3]
En 1980, se calculaba que el mercado negro tenía un valor de
100.000 millones de dólares. Era ciertamente una modificación
de dimensiones cósmicas que cambió la cara de Estados Unidos, desde las universidades hasta las zonas urbanas deprimidas;
y la de México, desde las montañas hasta los palacios gubernamentales.

Durante la explosión del consumo de drogas en Estados Unidos, el presidente que más influyó en la política de narcóticos
fue sin duda Richard Nixon. El batallador californiano declaró
la Guerra a las Drogas; intimidó a los Gobiernos extranjeros en
materia de producción de estupefacientes; y creó la Drug Enforcement Administration, la DEA, la Agencia Antidroga. Sus
contundentes decisiones definieron la política estadounidense
durante los siguientes cuarenta años; y tuvo una influencia tremenda en México. Sin embargo, como Nixon quedó despresti-
giado por el caso Watergate, los guerreros antidroga posteriores
prefirieron quitar importancia a sus titánicas aportaciones. Pese
a todo, los críticos de la política sobre drogas admiten que, aunque Nixon fue un presidente polémico, concedió más fondos a
los programas de rehabilitación que algunos de sus sucesores
liberales.

Nacido en 1913, Nixon llegó a la edad adulta durante la
campaña contra la marihuana que orquestó el director de la Dirección Nacional de Estupefacientes Harry Anslinger, que sostenía que fumar hierba causaba comportamientos repugnantes e
inmorales e inducía a las personas a matar. Estas ideas se reflejan
en la clásica película de propaganda *Reefer madness* («La locura
de la marihuana», también titulada *Tell your children*, «Cuénte-
selo a sus hijos»), realizada en el punto culminante de la abne-
gada campaña de Anslinger. La película describe las andanzas

de unos virtuosos estudiantes de bachillerato a quienes un «conecte» (camello) incita a fumar marihuana, y desde entonces se dedican a violar, matar y volverse locos. Tiene algunos momentos delirantes, como cuando un estudiante da unas chupadas a un «toque»* y suelta una carcajada de malo hollywoodense.

La idea de que la marihuana incita a las personas a violar y matar quedó obsoleta en los años sesenta. Pero Nixon seguía creyendo que la hierba volvía inmoral a la gente y llegó a decir que descarriaba a la juventud y era responsable de la revolución contracultural que tan obscena le parecía a él. Quedó muy claro lo que pensaba en las cintas de la Casa Blanca que se hicieron públicas en 2002. Las drogas, decía, formaban parte de una conspiración comunista para destruir Estados Unidos. Como dijo en una grabación:

La homosexualidad, las drogas, la inmoralidad en general. Ésos son los enemigos de las sociedades fuertes. Por eso los comunistas y los izquierdistas promueven estas cosas. Tratan de destruirnos.[4]

Nixon también estuvo preocupado por la heroína, a la que culpaba del incremento de la criminalidad desde Washington a Los Ángeles. En su campaña electoral prometió ley y orden. Y cuando ocupó el cargo, en 1969, quiso emprender acciones que demostraran que cumplía lo que prometía. Su primer mazazo fue cerrar la frontera mexicana.

La Operación Interceptación surgió cuando los hombres de Nixon fueron a Ciudad de México para convencer a las autoridades mexicanas de que rociaran con herbicida las plantaciones de

---

* En México: cigarrillo de marihuana. Al acto de fumar se le denomina «darse un toque». En España: canuto, porro.

marihuana y adormidera. Las autoridades mexicanas se negaron, alegando que la utilización del agente naranja en Vietnam estaba causando espantosos efectos secundarios. Según cuenta en sus memorias G. Gordon Liddy, que estuvo presente: «Los mexicanos, utilizando naturalmente un lenguaje diplomático, nos dijeron que nos fuéramos a hacer gárgaras. El Gobierno Nixon no podía aceptar que un Gobierno extranjero nos hiciese comer mierda. Su réplica fue la Operación Interceptación»[5].

Durante la Operación Interceptación, los inspectores de aduanas registraban concienzudamente —«comprobaban», en lenguaje aduanero— todos los vehículos y a todos los transeúntes que querían entrar en Estados Unidos por cualquier punto de la frontera meridional. Entre un puesto y otro, el ejército instaló unidades móviles de radar, mientras agentes antidroga patrullaban en aviones alquilados. La operación causó un caos total, formándose colas que cruzaban Tijuana y Ciudad Juárez. Los mexicanos con permiso de trabajo (*green card*) no podían ir al trabajo, los aguacates se pudrían en los camiones y el consumo que hacían los mexicanos cayó en picado en las ciudades estadounidenses. A pesar de todo, los agentes se incautaron de pocos alijos de droga, ya que los contrabandistas aguardaron al levantamiento del asedio. Al cabo de diecisiete dolorosos días y un diluvio de quejas, Nixon dio marcha atrás a la operación. Estados Unidos y México acordaron que trabajarían juntos en un nuevo plan, la Operación Cooperación.

Los historiadores no se ponen de acuerdo sobre los méritos y deméritos del agresivo experimento de Nixon. Por un lado, puso de manifiesto que Estados Unidos no podía permitirse las consecuencias económicas del cierre de su frontera meridional. Cuarenta años después, con un comercio bilateral mucho más intensivo y con la inestabilidad de los mercados globales, una medida así es impensable. Los aduaneros tienen que enfrentarse a la realidad de que sólo podrían registrar una fracción de los coches e individuos que llegan de México. Y por mucho que confisquen, siempre se colará cierto porcentaje de droga.

A pesar de todo, Nixon proclamó que fue un triunfo. Había dejado claro ante sus bases que quería relaciones comerciales y un México implacable en la lucha contra el tráfico de drogas. Como parte de la Operación Cooperación, México se comprometió a tomar medidas enérgicas contra las plantaciones y permitió que agentes estadounidenses operasen al sur de la frontera. Y se desarrolló un nuevo modus operandi en la guerra contra la droga en el extranjero: obligar a los países implicados a destruir los productos en su lugar de origen.

En 1971 Nixon aplicó esta táctica con Turquía, a cuyo Gobierno presionó para que pusiera freno a la producción de opio, amenazándolo con suprimir las ayudas militares y económicas estadounidenses. También presionó a Francia para destruir la llamada conexión francesa de laboratorios de heroína. Estas medidas tuvieron un serio impacto en la producción turca. Pero fue como agua de mayo para los productores sinaloenses, que ampliaron sus operaciones para cubrir el hueco. El barro mexicano y el alquitrán negro pasaron de ser el último recurso de los yonquis estadounidenses a ser un elemento básico de su dieta.

Durante las elecciones generales de 1972, Nixon hizo de su lucha contra la heroína una piedra angular de su campaña. Era un objetivo fácil. La heroína era un mal, un enemigo extranjero, y no admitía réplicas. Además, desviaba la atención de la realidad de la derrota de la Guerra de Vietnam y le permitía afirmar que ayudaba a los negros de las zonas urbanas deprimidas al mismo tiempo que a sus partidarios blancos. Nixon definió la guerra en términos absolutos, augurando que el adversario sería completamente destruido:

Nuestro objetivo es la rendición incondicional de los comerciantes de la muerte que trafican con heroína. Nuestro objetivo es desterrar por completo el consumo de drogas de la vida estadounidense. Luchamos por la vida de nuestros hijos. Y su futuro es la razón por la que debemos vencer.[6]

Nixon ganó las elecciones llevándose el 60 por ciento de los votos, algo sorprendente. Por supuesto, hubo otros factores que contribuyeron a su victoria, por ejemplo la fortaleza de la economía. Pero los estrategas de todo el mundo aprendieron una valiosa lección: la guerra contra la droga es buena política.

Con la fundación de la DEA en 1973, Nixon dejó una herencia aún más sólida. Fundó la agencia mediante un decreto-ley destinado a «establecer un solo mando unificado que emprenda una guerra total global contra la amenaza de la droga».[7] Y ya teníamos todo un departamento gubernamental cuya única razón de ser era la guerra contra las drogas. Una vez instalada en Washington, la DEA fue consiguiendo un presupuesto creciente con el paso de los años. Al principio contaba con 1.470 agentes especiales y con un presupuesto anual de menos de 75 millones de dólares. Hoy tiene 5.235 agentes especiales, oficinas en 63 países, y un impresionante presupuesto que supera los 2.300 millones de dólares.

En los primeros días de la DEA, días de optimismo, los agentes pensaban en serio que podían alcanzar el objetivo nixoniano de «desterrar por completo» a los traficantes de drogas. El error de tiempos anteriores, argüían los agentes, era que iban detrás de los infelices camellos callejeros. Pero el nuevo equipo estaba capacitado para ir detrás de las grandes conspiraciones... y atrapar al diablo. Los agentes no tardaron en abrir una investigación así en México. Y se metieron en una de las aventuras más singulares de la historia de la DEA, una investigación con la complejidad de una novela de espías de John Le Carré, con una lista de personajes en la que figuraban guerrilleros cubanos, una amante del presidente de México y la Cosa Nostra.

La investigación comenzó cuando los agentes de San Diego realizaron unas confiscaciones gracias a las cuales descubrieron que había grandes cargamentos que entraban en California por Tijuana.[8] Sirviéndose de confidentes pagados, llegaron hasta una residencia palacial de Tijuana, llamada la Casa Redonda. Espiaron la mansión y averiguaron que por ella circulaban invitados bien vestidos que llegaban en caros coches deportivos y un interminable reguero de prostitutas... y prostitutos. La riqueza y el derroche sugerían que no se trataba de simples operaciones de nivel callejero. Al investigar al propietario de la Casa Redonda, averiguaron que ni siquiera era mexicano, se trataba de un estadounidense de origen cubano que se llamaba Alberto Sicilia Falcón.

En una foto puede verse al joven Sicilia, con el pelo negro engominado y aspecto de estrella de cine. Había nacido en Matanzas, Cuba, en 1944, y había huido a Miami con su familia a raíz de la revolución castrista de 1959. Tras un período en el ejército estadounidense, una detención por sodomía y un breve matrimonio con divorcio, se le vio por última vez en San Diego, en 1968. Habían pasado los años, era ya treintañero y había ascendido hasta situarse en la jefatura de una organización de traficantes mexicanos. ¿Cómo diablos lo había conseguido?

Los agentes de la DEA detuvieron a algunos traficantes que trabajaban para Sicilia Falcón y les apretaron las clavijas —en el lenguaje de la agencia—, es decir, los pusieron en el plan de protección de testigos para que delataran al jefe. Según su confesión, Sicilia Falcón compraba por encargo heroína y marihuana a los productores de las montañas de Sinaloa y las transportaba en avioneta a la zona de Tijuana. Allí cruzaba la frontera con ellas, con ayuda de un ejército de «burros», es decir, contrabandistas pagados que en otros países llaman «muleros»; el punto de destino era Coronado Cays, un lujoso barrio de San Diego. Sicilia Falcón también estaba abriendo caminos nuevos para traficar con cocaína de Sudamérica. Según cálculos de la DEA, conseguía 3,6 millones de dólares a la semana, lo que convertía a su grupo en la más importante organización de tráfico que los agentes hubieran visto en México.

La DEA entregó sus pruebas a la policía mexicana, que pareció sorprendentemente contenta de hacerse con el caso. En julio de 1975, Sicilia Falcón fue detenido en una mansión de Ciudad de México. Fue entonces cuando empezaron a suceder cosas extrañas.

La policía registró la casa de Sicilia y encontró pasaportes cubanos, estadounidenses y mexicanos, y libretas de ahorros de bancos suizos en cuyo haber se cuantificaba la cantidad de 260 millones de dólares. Por lo visto, el extravagante bisexual se movía en la alta sociedad mexicana, codeándose con famosos y políticos. Tenía una relación particularmente estrecha con una deslumbrante actriz de cine llamada Irma Serrano, apodada la Tigresa, conocida por ser la amante de un anterior presidente de México. Pero esto era sólo el principio. Después de molerlo a palos y aplicarle electrodos en todo el cuerpo, Sicilia Falcón dijo que era agente de la CIA, que utilizaba el dinero de la droga para abastecer de armas a los rebeldes de Centroamérica. Una historia así podía desestimarse como típica ocurrencia que suelta un sinvergüenza bajo tortura. Pero más tarde repitió aquellas declaraciones en un libro sobre su estancia en la cárcel que presenta ciertas pruebas.[9]

Sicilia escribió que había sido adiestrado por la CIA en Fort Jackson, Florida, como potencial elemento anticastrista. Otro detenido con él era el también cubano José Egozi Béjar, que participó en la intentona de Bahía Cochinos de 1961 para derrocar a Castro.[10] Los funcionarios estadounidenses confirmaron que Sicilia había intervenido en alguna operación de tráfico de armas. Agentes de la ATF (Agencia estadounidense para el control de alcohol, tabaco, armas y explosivos) adujeron que un comerciante de armas de Brownsville, Texas, vendió a la organización de Sicilia millones de cartuchos para armas de fuego.

La policía mexicana descubrió otra curiosa conexión. Ciertas huellas digitales encontradas en una casa visitada por Sicilia coincidían con las del gánster de Chicago Sam Giancana. Sin embargo, Giancana fue muerto a tiros trece días antes de la detención de Sicilia. Documentos desclasificados en fecha posterior han confirmado que Giancana había trabajado con la CIA en una operación para matar a Castro. El retrato de Sicilia que se estaba pintando poco a poco revelaba que vivía en una disparatada zona indefinida transitada por mafias, políticos y guerrilleros.

La historia dio el último giro extraño cuando Sicilia y Egozi se fugaron de la cárcel mexicana en 1976, por un túnel dotado incluso de luz eléctrica. Tres días después fueron apresados gracias a un aviso anónimo que la policía mexicana recibió de la embajada de Estados Unidos. Sicilia fue acusado de pertenecer al crimen organizado, de tráfico de drogas, tráfico de armas y fraude, y se pudrió en una cárcel de México. Sus supuestos vínculos con la CIA no se investigaron y muchas preguntas comprometedoras siguen sin respuesta.

Así pues, ¿qué puede decirnos el extraño caso de Alberto Sicilia Falcón sobre la consolidación del narcotráfico mexicano? ¿Qué era realmente este misterioso personaje? ¿Un cerebro o un cabeza de turco? Los teóricos de la conspiración dicen que su caso demuestra que el tráfico de drogas estaba secretamente controlado por agentes secretos estadounidenses, un tema recurrente en la historia del narcotráfico. Sin embargo, no hay ninguna prueba concreta. Aun en el caso de que la CIA hubiera financiado en otra época a Sicilia y a Egozi para luchar contra

Castro, eso no significa que estuvieran todavía en activo en los años setenta.

No obstante, no deja de tener interés el hecho de que el primer capitoste detenido en México fuera un extranjero, trabajara con agentes secretos o no. Los gánsteres cubanos y estadounidenses tenían una larga experiencia en el crimen organizado, y conocimiento de las redes transfronterizas y del blanqueo de dinero necesario para el creciente tráfico de drogas de los setenta. Si en algún momento tuvieron contactos con los servicios secretos, mejor para ellos. Los bandoleros montañeses de Sinaloa estaban todavía empezando a comprender los movimientos de aquella industria multimillonaria. Los extranjeros les enseñaron cómo funcionaba. Los periódicos mexicanos pintaron a Sicilia como una encarnación del mal, un jefe criminal extranjero y un degenerado sexual. Pero también comentaron su inmensa fortuna, dato que no escapó al público mexicano.

La entrada de dólares estadounidenses había transformado a los gomeros de Sinaloa en un clan más rico y ruidoso. Desde los años cincuenta, los prósperos cultivadores de adormideras solían bajar de las montañas para instalarse en las afueras de Culiacán. En los setenta tenían para sí todo un barrio llamado Tierra Blanca, casas de lujo y camionetas *pick-up* nuevas para recorrer las carreteras sin asfaltar. La prensa sinaloense empezó a llamarlos narcotraficantes o simplemente narcos, y ya no sólo gomeros. El cambio de terminología supone un cambio de condición social: de simples cultivadores de adormideras pasaron a ser contrabandistas internacionales. Las viejas familias de Culiacán trataban con desdén a los zafios narcotraficantes, con sus esclavas [pulseras] de oro, su acento montañés y sus guaraches. Pero también miraban con ansia sus fajos de dólares.

En las calles de Tierra Blanca resonaban los disparos cuando aquellos paletos con sombrero charro se enfrentaban entre sí, cosa que solía suceder a plena luz del día. Durante todo 1975, los periódicos de Sinaloa estuvieron publicando declaraciones de políticos locales que se quejaban de la creciente amenaza de los narcos, alegando que los tiroteos eran ya el pan nuestro de cada día y que los gánsteres se paseaban en coches sin matrícula y con las ventanillas ahumadas. Un titular decía: «SINALOA EN PODER DE LA MAFIA CRIMINAL».[11] Los funcionarios también estaban preocupados por los informes sobre los cultivadores de droga de las montañas, que «tienen armas de sobra para organizar una pequeña revolución». La presión sobre el Gobierno nacional aumentó.

El mazazo cayó por fin en 1976, cuando el Gobierno preparó la Operación Cóndor. Diez mil soldados peinaron el Triángulo Dorado, a Culiacán llegaron nuevos jefes de policía, gente dura, y los aviones fumigaron las plantaciones de droga. El objetivo declarado del Gobierno era aniquilar por completo a los narcos.

La Operación Cóndor fue la mayor ofensiva que se lanzó contra el narcotráfico en los setenta y un años de historia del PRI. Según todos los informes, hirió profundamente a los traficantes. La DEA proporcionó aviones para fumigar las plantaciones: en las de adormidera utilizaron ácido 2.4-D, y en las de marihuana, el herbicida tóxico Paraquat. Se permitió que agentes de la DEA sobrevolaran la zona en misiones de verificación para comprobar los daños. Uno de estos agentes, Jerry Kelley, describió aquellas misiones a la corresponsal del *Time* Elaine Shannon:

> Sobrevolamos cada palmo de terreno y así sabíamos lo que hacían y lo que había allí. No importaba quién fuera el corrupto. No había manera de ocultar lo que hacían.[12]

Fue la primera operación fumigadora que se hizo con respaldo estadounidense en la guerra contra la droga y ensayó una táctica que se repetiría en todo el mundo, desde Colombia hasta Afganistán. La historia ha demostrado ya que la fumigación por sí sola no destruye la industria de la droga. Pero algunos traficantes mexicanos cometieron al parecer un error fatal: cosecharon marihuana fumigada y la enviaron al norte. Las pruebas de laboratorio realizadas por la administración estadounidense encontraron Paraquat en la hierba mexicana. Quién sabe cuánta marihuana envenenada ha entrado desde entonces en el mercado. Pero bastó hablar de ello para que se echaran a temblar los legisladores estadounidenses, preocupados por la posibilidad de que sus hijos universitarios se intoxicaran. El Departamento de Salud hizo pública una advertencia dirigida a los consumidores de marihuana, avisando que podía causar daños pulmonares irreversibles.

La mala prensa obligó a los distribuidores a buscar nuevas fuentes de hierba para millones de hippies hambrientos. No se tardó en encontrar un país con tierra, trabajadores y desorden para llenar el hueco: Colombia. Los agricultores venían plantando marihuana en la colombiana Sierra Nevada desde principios de los años setenta. Cuando México se vino abajo, los colombianos intensificaron el cultivo, dando lugar a un período de expansión de la propia industria que los historiadores locales llamaron «bonanza marimbera».[13] Los agentes de la DEA no tardaron en localizar la Santa Marta Gold por todas partes, desde los festivales de rock del Medio Oeste hasta las universidades de la Ivy League. Este desplazamiento geográfico de la producción de droga ha acabado conociéndose con el nombre de efecto globo. Según este símil, cuando se aprieta una parte del globo del narcotráfico, el aire se limita a desplazarse y a hinchar el resto.

En Sinaloa, las tropas machacaron a los narcos en tierra y desde al aire. Los habitantes de la Sierra Madre guardan todavía dolorosos recuerdos de los soldados que peinaban las aldeas, derribaban puertas a patadas y sacaban a rastras a centenares de jóvenes. Se recibieron tantos informes sobre los malos tratos que se dispensaban a los sospechosos que la asociación de abogados de Culiacán envió a un equipo para que investigara. Sus miembros entrevistaron a 457 personas encerradas por acusaciones relacionadas con las drogas y todas se quejaron de haber sido golpeadas y torturadas. Los malos tratos consistían en aplicación de electrodos, quemaduras e inyecciones de agua con picante en las fosas nasales. Otros detenidos adujeron haber sido violados por policías. Ningún agente fue recriminado.

Puede que la táctica fuese brutal, pero fue efectiva para pararles los pies a los narcos. Las tropelías de los soldados en las montañas incitaron a muchos plantadores y otros agricultores a huir de las aldeas y refugiarse en los barrios bajos urbanos. La policía nacional también mató a tiros a varios sospechosos clave, como el cacique Pedro Avilés, muerto en 1978. Los lugartenientes de Avilés huyeron del avispero de Sinaloa y se instalaron en Guadalajara. El veneno del narcotráfico se había extendido. La narcotribu sinaloense se expandió y llegó desde las montañas hasta la segunda ciudad más grande de México.

Así pues, ¿por qué el Gobierno mexicano orquestó la Operación Cóndor? ¿Habían comprendido repentinamente los políticos que el tráfico de drogas era inmoral y peligroso?

Desde la óptica de la táctica del palo y la zanahoria, un incentivo clarísimo fue la zanahoria estadounidense. Los jefazos de la DEA y la Casa Blanca de Jimmy Carter entonaron encendidos cánticos a los esfuerzos mexicanos contra la droga, calificándolos de «programa modelo». Yendo más al grano, México se quedó con el equipamiento que Estados Unidos le suministró para las fumigaciones. En menos de dos años, México compró treinta y nueve helicópteros Bell, veintidós avionetas y un reactor para ejecutivos, consiguiendo así el mayor parque de vehículos policiales de toda América Latina. La labor antidroga se convirtió en el nuevo método para que los Gobiernos consiguieran de Estados Unidos ayuda y potencia aérea.

El Gobierno mexicano se sirvió igualmente de la Operación Cóndor para ajustar cuentas con los grupúsculos de izquierdistas revoltosos. Estudiantes y trabajadores desafectos se habían rebelado en los años sesenta para protestar contra el régimen totalitario. El PRI reaccionó adoptando una actitud tranquila y dialogante: en 1968, rodeó de fusileros una manifestación y ordenó abrir fuego contra la multitud. En la triste plaza Tlatelolco de Ciudad de México pueden verse aún dibujos de los muertos. Incapaces de enfrentarse al sistema mediante protestas, los izquierdistas han formado grupos guerrilleros que esporádicamente cometen secuestros y ataques contra instalaciones gubernamentales. Se volvieron muy molestos a mediados de los años setenta, precisamente cuando se puso en marcha la Operación Cóndor.

Los soldados de las operaciones antidroga detenían a los sospechosos de pertenecer a la guerrilla, que casualmente eran abundantes en Sinaloa y Chihuahua, es decir, los estados donde se concentró la operación. Los izquierdistas eran detenidos con frecuencia, acusados de estar relacionados con las drogas. Cientos de activistas han desaparecido para siempre. Los mexicanos hablan precisamente de «los desaparecidos» cuando se refieren a estas personas. Cuando las operaciones antidroga se desplazaron hacia otros estados, ocurrió lo mismo con la guerra sucia contra los izquierdistas. Sin embargo, en la guerra contra la droga se establecía otro modus operandi, pues era una tapadera efectiva de las operaciones contra la insurgencia.

Casualmente, también la CIA había llamado en clave «Ope-

ración Cóndor» a su propia operación regional contra los comunistas de los años setenta. Observando la campaña mexicana
de erradicación, la CIA se dio cuenta de que el Gobierno mexicano utilizaba al equipo antidroga para realizar trabajos políticos. Como se dice en un desclasificado memorando para la Casa
Blanca:

> El ejército aprovechará igualmente la campaña de erradica-
> ción para localizar cualquier tráfico de armas y cualquier
> actividad guerrillera. [...] Las fuerzas militares de erradica-
> ción podrían dedicar tanto esfuerzo a la seguridad interior
> como a la erradicación misma. Sin embargo, no disponen
> de infraestructura para el apoyo aerotransportado y podrían
> pedir helicópteros y otro equipo a las limitadas fuentes de
> erradicación del Fiscal General.[14]

El resto del memorando está tachado con rotulador. Nada
cuesta suponer que ahí están las partes realmente jugosas. Pero
no hay que temer nada. No nos dejan verlas por nuestra propia
seguridad.

Parece que después de dos años de la Operación Cóndor el Gobierno mexicano quedó satisfecho y dejó de machacar a los narcos. En marzo de 1978 los funcionarios mexicanos avisaron a
los agentes de la DEA para que no hicieran más vuelos de verificación. La campaña de erradicación proseguiría oficialmente
—y aún sería elogiada por la Casa Blanca—, pero sin la supervi-
sión a vista de pájaro. El presidente Carter, acorde con su menos polémica actitud hacia las drogas, no puso objeciones. Pero
los agentes destacados se quejaron a sus superiores de que allí
había una maniobra de ocultación. Los agentes de la DEA del
lado estadounidense también se dieron cuenta de que la mari-

huana mexicana volvía a entrar a raudales; al parecer, se había olvidado el miedo a la hierba tóxica.

Otro acontecimiento posterior vino a manchar la herencia de la Operación Cóndor. El fiscal Carlos Aguilar había dirigido la detención de capos en Culiacán y había sido tratado como un Eliot Ness mexicano. Su recompensa fue dirigir las operaciones antidroga en todo el noreste de la nación. Sin embargo, al cabo de unos años, abandonó el servicio e invirtió un dineral en un hotel y otras empresas en la ciudad fronteriza de Nuevo Laredo. En 1984 fue detenido con seis kilos de heroína y cocaína, pero salió bajo fianza y huyó del país. En 1989 unos agentes judiciales de Texas lo detuvieron en Harlingen y lo entregaron a la policía mexicana, pero se las arregló para no ir a la cárcel. Finalmente fue abatido de un tiro en la cabeza en su propia casa, en 1993, por motivos tal vez relacionados con la droga.

Así pues, ¿qué fue realmente de la Operación Cóndor? ¿Sintieron los altos funcionarios mexicanos la tentación de los narcodólares? ¿Había vuelto el país a la política de detener a cierta cantidad de traficantes y aceptar que el tráfico prosiga? ¿O había sido toda la operación un ejercicio para poner en su sitio a los narcotraficantes y demostrarles quién mandaba allí? Una vez que aprendieron la lección, los gánsteres volvieron a traficar, pero sabiendo ya que eran los políticos quienes dirigían el espectáculo.

Las preguntas de más arriba ponen de manifiesto la naturaleza compleja de la corrupción y el tráfico de drogas en México. Es un delicado baile de sobornos, detenciones y cambios de chaqueta. En casi todas partes se acepta que durante el Gobierno del PRI el dinero de la droga entraba en el sistema como el agua subterránea en un pozo. No otra cosa demuestra el incesante reguero de policías y funcionarios detenidos por cohecho. Pero queda sujeto a debate hasta dónde llegaba la corrupción y hasta qué punto y con qué sistematismo estaba organizada.

Dice un dicho popular de México que «Si tienes a Dios, ¿para qué necesitas a los ángeles? Y si tienes a los ángeles, ¿qué falta te hace Dios?» Este adagio se aplica a la corrupción y el tráfico de drogas. En unos casos los traficantes contaban con la complicidad de un policía patrullero; era el ángel; no necesitaban tener entonces en nómina a los jefes del policía. Pero en otros casos podían contar con la complicidad de un jefe de policía o un gobernador —Dios—, y entonces no hacía falta sobornar a sus subordinados. En algunas ocasiones contaban con la ayuda de Dios y de los ángeles, y entonces era como estar en el cielo.

Naturalmente, el sistema era delicado. Un hombre que sobornaba a un policía podía acabar detenido por otro; o los agentes podían bajarle los humos a un bribón que sobornaba a su jefe. No obstante, las cosas estaban controladas gracias a la estructura de poder del PRI. El policía de base podía reexpedir dinero cadena de mando arriba. Los altos funcionarios ni siquiera necesitaban saber de dónde venían los sobornos ni tener contacto directo con los gánsteres. Todos respetaban la jerarquía, y si un funcionario no guardaba las formas, era reemplazado por otro aspirante a miembro del PRI.

En el contexto de la complicada corrupción del PRI apareció el sistema de «plazas» para controlar el tráfico. La idea de plaza es fundamental para entender la moderna guerra mexicana de la droga. Parece que, en relación con la droga, se mencionó por primera vez a fines de los años setenta, a propósito de las ciudades fronterizas. En los noventa había ya referencias a las plazas en todo México, desde las costas caribeñas del sur hasta las cimas de la Sierra Madre.

La palabra «plaza» describe en México una jurisdicción que depende de una autoridad policial, por ejemplo Tijuana o Ciudad Juárez. Sin embargo, los contrabandistas se apropiaron del término para referirse al territorio concreto que servía de pasillo para realizar el tráfico. Cuando el tráfico que discurría por estos territorios pasó de varios kilos a varias toneladas, la organización de las operaciones se volvió más compleja. En cada «plaza» apareció una figura para coordinar el tráfico y negociar la protección de la policía. Este jefe de plaza podía mover su propia droga y al mismo tiempo imponer sus condiciones a cualquier otro que quisiera pasar mercancía por el pasillo en cuestión. A cambio de mantener la concesión, pagaba la correspondiente «mordida» a la policía y a los soldados.

Según consta, la policía era la parte favorecida en estas transacciones.[15] Los agentes podían machacar a los gánsteres, y si éstos se daban aires de importantes —o se dejaban ver en los radares de la DEA—, quitárselos de en medio. La policía también podía detener a cualquiera que no pagara sus deudas, haciendo como que estaban luchando contra la droga y practicando confiscaciones y detenciones. El sistema garantizaba el control del delito y que todo el mundo cumpliera.

Allá en las alturas de la Sierra Madre, Efraín Bautista y su familia sobrevivieron a los cambios producidos en los años setenta y siguieron vendiendo tranquilamente sus cosechas de marihuana en el mercado de Teloloapán. Efraín decía que en su aldea no había guerrilleros izquierdistas, y de ese modo se libraban de las incursiones militares dirigidas contra los insurgentes. En la comunidad vecina de El Quemado, los soldados irrumpieron en busca de guerrilleros y se llevaron a todos los varones físicamente aptos. Muchos no volvieron. Efraín decía también que como sus cosechas estaban en alturas inaccesibles, entre rocas escarpadas y bosques, se libraron de la fumigación con Paraquat. Sin embargo, las incesantes reyertas acabaron por obligarlo a huir.

Cuenta Efraín que conforme entraba en su comunidad el dinero de la marihuana, muchos jóvenes compraban armas más eficaces, sobre todo fusiles Kaláshnikov. El ruso Mijaíl Kaláshnikov inventó el fusil de asalto AK-47 durante la Segunda Guerra Mundial porque era de fácil mantenimiento y para que los campesinos soviéticos defendieran la patria de los saqueadores extranjeros. Al igual que los campesinos rusos, los agricultores de la Sierra Madre abrazaron el fusil con entusiasmo, llamándolo cariñosamente Cuerno de Chivo, porque su cargador era curvo. Efraín recuerda el momento en que su familia tuvo uno.

En las montañas, la gente tenía escopetas, o viejos Colts estadounidenses, o Winchesters de los tiempos de la Revolución. Librábamos nuestras batallas con estas armas, incluso con machetes. Pero de pronto empezamos a ver Cuernos de Chivo [subfusiles Kaláshnikov]. Eran unas armas increíbles que disparaban ráfagas en pocos segundos y daban en el blanco desde 500 metros de distancia. Preguntamos a los que nos compraban la marihuana y nos dijeron que ya veríamos. Y un día se presentaron con un AK-47 nuevo, y nos quedamos con él a cambio de toda la cosecha. Nos lo llevamos a la montaña y lo utilizamos para matar serpientes y coyotes. Y de pronto nos vimos en la necesidad de utilizarlo para defender a la familia.

El clan de Efraín había soportado varias reyertas en los últimos años. Muchos beligerantes vendían marihuana, pero los enfrentamientos eran por problemas que nada tenían que ver con la hierba, por ejemplo mujeres o faltas de respeto. A finales de los años setenta la familia de Efraín se vio desbordada. El conflicto empezó por una discusión entre borrachos que jugaban a las cartas y acabó siendo una pelea a muerte.

En la familia con la que nos enfrentamos había un tipo que era un auténtico criminal. Tenía una cara inocente e infantil que hacía creer que no iba a hacer daño a nadie. Pero era un asesino nato. Mató a un hermano mío y a dos primos. No tuve más remedio que huir con mi familia para no morir.

Efraín se instaló en una zona de viviendas precarias de Mixcoac, en la parte sur de Ciudad de México. Cuando llegó, tenía 25 años, esposa y tres niños pequeños a los que mantener. Había vendido marihuana durante diez años, abasteciendo de toneladas a los consumidores de Estados Unidos. Pero no había ahorrado nada y tuvo que empezar de cero. Era uno más entre los millares que habían entrado y salido del negocio durante las décadas de crecimiento de la industria de la droga.

Estábamos en la ruina y teníamos que vender chicles por las calles para poder comer. Trabajamos duro y ahorrábamos todo lo que podíamos. Yo encontré trabajo en la construcción y me pasaba las horas transportando ladrillos y cemento. Al cabo de los años conseguí tener dinero suficiente para comprar un taxi y empezamos a vivir bien. Mi hijo menor pudo terminar la secundaria y ponerse a trabajar en una oficina. Pero echo de menos las montañas. Allí es donde está mi corazón.

4

Cárteles

Cartel o cártel. (Del al. *Kartell*).
1. m. Organización ilícita vinculada al tráfico de drogas o de
armas.
2. *Econ.* Convenio entre varias empresas similares para evitar
la mutua competencia y regular la producción, venta y precios en determinado campo industrial.

Diccionario de la Real Academia Española,
22ª ed., 2001.

En el terrible desierto de Colorado, empotrada entre cactos
solitarios y ranchos abandonados, se alza la prisión más segura del planeta. Llamada el Alcatraz de las Rocosas, o simplemente Supermax, tiene un método infalible para impedir que los
475 reclusos se maten entre sí o que se fuguen: están siempre
encerrados y pasan las veinticuatro horas del día en celdas indivi-
duales de tres metros y medio por dos. Las organizaciones defen-
soras de los derechos humanos se han quejado en el sentido de
que los años de aislamiento conducen a los reclusos a la locura.
Los funcionarios replican que tienen lo que se han buscado.

La lista de reclusos de Supermax se lee como un diccionario biográfico de los peores terroristas y criminales del mundo. Los autores de los ataques del 11 de septiembre en Nueva York y Washington; Theodore Kaczynski, alias Unabomber; Barry Byron Mills, que fundó la sanguinaria banda carcelaria Hermandad Aria; Salvatore Gravano, llamado Sammy el Toro, un jefecillo de la mafia neoyorquina; Richard Reid, alias el Zapato-Bomba; Ramzi Yousef, responsable, entre otros, de las bombas del World Trade Center en 1993; y otros asesinos, violadores, pirómanos, extorsionistas y terroristas que llenan aquel infierno del estéril desierto.

Entre esta colección de máximos granujas, hay un viejo latino de pelo rizado gris y tez oscura al que llaman, no sin razón, el Negro. El Negro lleva más de veinte años aislado, y sólo le faltan otros 128 para cumplir la condena de siglo y medio que le impusieron en el primer juicio; entonces podrá empezar a cumplir las diversas condenas que le cayeron en otro. Con una sentencia tan exageradamente larga podría pensarse que los fiscales estaban personalmente resentidos con él. Y lo estaban. Su imperdonable delito, alegan, fue conspirar para secuestrar al agente de la DEA Enrique Camarena, alias Kiki, que fue violado y asesinado en México en 1985. El asesinato, dijo la DEA, se ordenó para proteger al primer cártel mexicano de la droga.

Curiosamente, el único cacique del primer cártel mexicano que se encuentra en una prisión estadounidense no es mexicano, es hondureño y se llama Juan Ramón Matta Ballesteros. Los agentes judiciales estadounidenses lo secuestraron en su casa de Honduras en 1988, se lo llevaron del país en avión y lo entregaron a los tribunales de Estados Unidos. La operación no sentó bien en Honduras. Los secuaces del señor de la droga, para vengarse, incendiaron la embajada estadounidense.

Matta estuvo en el centro del bum de la cocaína de los años setenta y ochenta, lo que significa que también estuvo en el centro de un laberinto de teorías de la conspiración, maniobras golpistas y revoluciones relacionadas con aquél. En aquellos vertiginosos días, la cocaína corría por Estados Unidos como un reguero de pólvora y llegaba a los suburbios en forma de *crack*. El excitante producto químico dio pie a la famosa ola de crímenes de Miami, que inspiró la clásica película *Scarface* [*El precio del poder* en España, *Caracortada* en Hispanoamérica] de 1983; desató la guerra de bandas de Los Ángeles, que inspiró la clásica *Boyz N the Hood* (*Los chicos del barrio* y *Los dueños de la calle*), de 1991; y disparó una violencia mucho peor en Colombia, demasiado sangrienta para que se hicieran películas. Además, financió a los guerrilleros nicaragüenses apoyados por Estados Unidos, a los generales hondureños apoyados por Estados Unidos, y al picoso dictador de Panamá, Manuel Noriega. En realidad, con tantas conspiraciones, guerras, gánsteres e historias secundarias sobre la cocaína que hubo en los años ochenta, es fácil perderse por una docena de desviaciones.

Pero la línea más decisiva en el desarrollo del narcotráfico mexicano es la aparición de lo que la gente empezó a llamar cárteles de la cocaína. Estas organizaciones eran maquinarias multimillonarias que revolucionaron el negocio de la droga. Y Matta fue un elemento clave. Su papel básico fue vincular a los principales traficantes de México con los mayores productores de cocaína en Colombia, y le vino muy bien que su patria, Honduras, quedara oportunamente entre los dos países.

Empecé a interesarme por Matta cuando llegué a Honduras, horas después del golpe militar de 2009. El caluroso país centroamericano, que dio lugar a la expresión «república bananera»,[1] tiene una larga historia de golpes protagonizados por bigotudos generales que fuman puros. Pero el golpe de 2009 llamó la atención de un modo especial porque, una vez acabada la Guerra Fría, los políticos decían que vivíamos en una edad de oro de la democracia en la que los militares ya no podían tomar el poder en América Latina al frente de dudosos ejércitos. Al ver a los soldados disparar en la calle contra los manifestantes no había más remedio que pensar lo contrario.

Mientras cubría esta desdichada historia conocí a una periodista local que dijo que conocía a la familia del traficante más célebre de Honduras. Le pedí que me concertara una cita con dicha familia, pero lo más que esperaba era que mandasen a paseo a un entrometido reportero británico. Ante mi sorpresa, Ramón Matta, hijo del gánster que agonizaba en el Alcatraz de las Rocosas, se presentó en el salón de mi hotel.

Ramón era un personaje carismático y amable de 35 años, llevaba barbita de chivo muy arreglada y vestía ropa de buen gusto. Respondió a mis preguntas con entusiasmo y charlamos durante horas mientras tomábamos litros de fuerte café. Ramón me contó las cosas buenas que se derivan de ser hijo de un señor latino de la droga —de adolescente voló a España para ver los Mundiales de fútbol de 1982—, y también las cosas malas: era difícil conseguir un empleo, e incluso contratar un seguro para el coche. Pero lo que más le preocupaba era la salud de su padre y los problemas de la familia para visitarlo.

«Es inhumano que tengan allí a mi padre aislado durante tantos años. Los seres humanos necesitan relacionarse entre sí. Es ya un anciano y no representa ninguna amenaza para nadie. Pero siguen teniéndolo en aquel agujero del desierto, sufriendo», me dijo.

Además de la entrevista con Ramón, conseguí polvorientos papeles judiciales, informes confidenciales y periódicos antiguos. El nombre del gánster aparecía en una infinita serie de lugares. Lo normal es que se refieran a él como miembro del cártel de Guadalajara. Pero también se cree que tuvo estrechos lazos con los máximos jefes del cártel de Medellín, y a veces hablan de él como si formara parte de esta organización criminal. En su patria pasa por haber sido el más importante patrón privado de todo el país. Su nombre aparece incluso en el escándalo de la colaboración de la CIA con traficantes de droga para financiar a la contra nicaragüense. Un hombre muy ocupado, sí señor.

Como en el caso de todos los señores de la droga, muchos detalles de la vida de Matta están rodeados de oscuridad y contradicciones. Empezando por su nombre. Aunque normalmente aparece citado con los apellidos Matta Ballesteros, en la Supermax está registrado como Matta López. Aparece a veces como Matta del Pozo y José Campo. En todos los informes figura la misma foto en blanco y negro, que se tomó a fines de los ochenta. Aparece sentado ante una mesa y levanta la mano derecha con energía. Tiene abundante pelo rizado y rasgos toscos y fuertes: frente poderosa, ojos hundidos y nariz ancha.

Matta nació en 1945 en un barrio pobre de Tegucigalpa, una ciudad caóticamente construida que se extiende por montañas, entre selvas y plantaciones bananeras. No le hacía gracia trabajar recogiendo plátanos por un dólar al día. Así que a los 16 años hizo lo que muchos jóvenes hondureños: viajar al norte en pos del Sueño Americano. Trabajó en un supermercado de Nueva York y se mezcló en un gueto cosmopolita con cubanos, mexicanos, colombianos, nicaragüenses y muchos otros atraídos por las luces de la Gran Manzana. Se casó con una colombiana, y cuando fue expulsado de Estados Unidos, alegó curiosamente ser colombiano, de modo que fue deportado a la nación andina, donde empezaba a florecer la industria de la coca.

Desde 1914, en que la Ley Harrison había prohibido la cocaína en Estados Unidos, no habían faltado contrabandistas que pusieran el polvillo bajo la nariz de los consumidores que esnifaban fuerte. Estos tempranos traficantes de cocaína procedían de varios países, entre ellos Perú —que estaba en el centro de la región donde se cultivaba la coca—, Cuba y Chile.[2] Cuando llegó Matta, los colombianos estaban construyendo sus laboratorios, sobre todo alrededor del área de Medellín.

Matta volvió pronto a Estados Unidos, donde fue detenido por falsificación de pasaporte y encerrado en un campo de prisioneros de la base aérea de Eglin. Pero el «campo» no tenía las vallas suficientemente altas para impedir que el joven granuja escapara en 1971 y se fuera a trabajar con los colombianos que estaban organizando el mercado estadounidense de la cocaína. Uno de sus primeros clientes, informa la DEA, fue el estadounidense de origen cubano Alberto Sicilia Falcón, el gánster bisexual de Tijuana. Matta entregó a Sicilia cocaína colombiana, prosigue la DEA, que Sicilia descargó en California. El hondureño de pelo crespo se dio cuenta de que era más sensato quedarse él en América Central o en América del Sur y que otros arriesgaran su libertad en los puertos de Estados Unidos.

Una vez que la cocaína estaba en suelo estadounidense, eran los propios ciudadanos de Estados Unidos quienes la distribuían entre el mayor número de consumidores. Ni colombianos ni mexicanos tenían el menor acceso a los estadounidenses blancos de las zonas residenciales de las periferias urbanas. Entre los estadounidenses que se enriquecieron con el bum del polvo blanco hay que señalar a Boston George Jung, a Max Mermelstein, a Jon Roberts y a Mickey Munday.

La cocaína se vendía fácilmente. A diferencia de la heroína o el LSD, no producía trances interiores, sino que incitaba a la fiesta, al sexo prolongado, y no dejaba una resaca espantosa. En realidad, lo único que hacía era insensibilizar al consumidor, que no sentía ningún cansancio durante un par de horas; luego, esnifaba otra raya y proseguía. Ése es el truco de la cocaína, que no tiene nada de especial. Pero esta droga de discoteca consiguió tener imagen de limpia, prestigiosa, sexy y de moda. Y conquistó Estados Unidos. Como recuerda Boston George:

Pensaba, como todo el mundo, que la cocaína era una droga fantástica. Una droga fabulosa. Te daba chorros de energía. Podías estar despierto durante días enteros, era sencillamente maravillosa y no pensaba que fuera perjudicial, en absoluto. La ponía casi en la misma categoría que la marihuana, sólo que era muchísimo mejor. Era una patada de energía colosal.

Se volvió un producto aceptado, como la marihuana. Quiero decir que la promovía Madison Avenue. La industria del cine. La industria discográfica. Quiero decir que, si tenías dinero y eras de la *jet set*, estaba bien esnifar cocaína. Quiero decir Studio 54 de Nueva York, todo el mundo esnifaba cocaína, todo el mundo reía, se lo pasaba bien y esnifaba cocaína.[3]

Las rayas de polvo blanco en espejitos de mano eran un producto de consumo básico en los Estados Unidos de los años setenta, como las discotecas de *Fiebre del sábado noche* y las superproducciones de Hollywood. El público de los cines se tronchaba de risa cuando Woody Allen estornudaba sobre una raya de coca en *Annie Hall*, de 1977. La plantilla de los Pittsburgh Steelers estuvieron de fiesta toda la noche con el traficante Jon Roberts, se concentraron un par de días y ganaron la Super Bowl de 1979. En 1981, la revista *Time* publicó una cubierta en que se calificaba a la cocaína de «LA DROGA GENUINAMENTE AMERICANA».

El bombo publicitario ayudaba a los traficantes a vender la coca a unos precios demencialmente elevados. Ésa es la sencilla belleza de la cocaína, que es asquerosamente cara. Entre los años setenta y los primeros del siglo XXI, el precio del gramo al por menor ha pasado de 50 dólares a 150. Los distribuidores y camellos tienen mucho más margen de beneficio con la cocaína que con cualquier otra sustancia psicoactiva, con lo que los traficantes consiguen unos beneficios alucinantes. La dama blanca ha logrado más dinero del que habrían soñado la heroína y la marihuana, miles y miles de millones de dólares.

Matta contribuyó a canalizar este dinero hacia los gánsteres de Medellín, que no tardaron en ser los delincuentes más ricos del planeta. Nadie sabe cuánto ganan los reyezuelos de la droga, probablemente ni los mismos gánsteres lo saben. Pero los traficantes de Medellín fueron seguramente los primeros contrabandistas de droga que se hicieron multimillonarios. La revista *Forbes* calculó tiempo después que la fortuna personal del contrabandista medellinense número uno, Pablo Escobar, llegaba a 9.000 millones de dólares, lo que lo convertía en el delincuente más rico de todos los tiempos. Se calculaba que el número dos era su colega Carlos Lehder, con 2.700 millones. Quién sabe en qué datos se basó *Forbes* para hacer esas especulaciones. Pero si se equivocó tuvo que ser por poco: los jinetes de la cocaína eran asquerosamente ricos.

A principios de los ochenta, los gánsteres de Medellín eran ya figuras visibles y poderosas. Escobar construyó toda una urbanización para los sin techo y fue elegido diputado del Parlamento de Colombia en 1982, aunque fue inhabilitado poco después por sus actividades delictivas. Por esta época los gánsteres empezaron a denominarse cártel de Medellín; era la primera vez que la palabra «cártel» se utilizaba para describir el tráfico de drogas. Dicha palabra daba a entender que los traficantes se habían convertido en un bloque político omnipotente. Era una idea que asustaba. Pero ¿era verdad?

La expresión «cártel de la droga» ha merecido el desprecio de algunos eruditos, que aducen que confunde a la gente porque les hace creer que los traficantes se dedican a fijar precios. Pero a pesar de sus quejas, la expresión ha arraigado con firmeza en los treinta últimos años, la utilizan los agentes de Estados Unidos, los periodistas y, sobre todo, muchos traficantes. En consecuencia, la idea de cártel ha tenido una gran influencia en cómo concibe el tráfico en Latinoamérica tanto la población que participa en él como la que no.

No está claro quién acuñó la expresión. Pero es casi seguro que influyó el uso de la palabra cártel para describir la estructura de la OPEP, la Organización de Países Exportadores de Petróleo, que estuvo muy presente en los medios en los años setenta. La OPEP representaba los intereses de los explotados países tercermundistas que se unían para fijar los precios del crudo y ejercer su poder sobre los países ricos. Del mismo modo, el cártel de Medellín proyectaba la imagen de unos hombres de la forcejeante Latinoamérica que amenazaban al adinerado norte. El mismo Escobar explotó esta idea, vistiéndose como el revolucionario Pancho Villa[4] y calificando la cocaína de bomba atómica que arrojaba sobre Estados Unidos.

Para la DEA, la idea de cártel fue muy útil a la hora de perseguir judicialmente a los gánsteres. Muchos casos tempranos que se incoaron contra los contrabandistas latinoamericanos se basaron en la llamada ley RICO (Racketeer Influenced and Corrupt Organizations [ley contra las organizaciones corruptas e influidas por el crimen organizado], que se había ideado para combatir a la mafia italoestadounidense. Para aplicar la ley RICO había que demostrar que los sospechosos formaban parte de una organización criminal en activo. Era mucho más cómodo dar a esa organización un nombre, sobre todo un nombre que sonara tan amenazador como cártel de Medellín, que decir que era sólo una red informal de contrabandistas.

Más tarde, los fiscales atacaron a los traficantes con la ley contra la conspiración para distribuir sustancias oficialmente controladas. Una vez más, que las conspiraciones tengan nombre facilita mucho las cosas, y las acusaciones formales contra los traficantes mexicanos citan por lo general el nombre del cártel. Por ejemplo, la sentencia que envió a Matta al Supermax dice: «Las pruebas han demostrado que Matta Ballesteros era miembro del cártel de Guadalajara y que participó en algunas reuniones con otros miembros del cártel...»[5]

Un hombre que conocía bien a los gánsteres de Medellín era su abogado, Gustavo Salazar. Probablemente el narcoabogado más famoso de todos los tiempos, Salazar ha representado a veinte capos de primera magnitud, entre ellos Pablo Escobar, y a unos cincuenta lugartenientes. Ha vivido para contarlo. En la actualidad sigue trabajando con la última generación de contrabandistas colombianos de cocaína.

En el curso de una visita que hice a Colombia, llamé al bufete de Salazar y dejé un mensaje a la secretaria diciendo que quería hablar con él de los cárteles de la droga. Dos días después me llevé una sorpresa, pues recibí una llamada de Salazar, comunicándome que se reuniría conmigo en cierto café de Medellín. Cuando le pregunté cómo lo reconocería, me dijo: «Me parezco a Elton John». En efecto, cuando llegué me encontré con un auténtico doble del cantante inglés. Tras tomar unos crepes colombianos, Salazar dijo que la idea de cártel era una ficción ideada por los agentes estadounidenses: «Los cárteles no existen. Aquí no hay más que una serie de traficantes de drogas. Unas veces trabajan juntos y otras no. Los fiscales estadounidenses los llaman cárteles para facilitar sus imputaciones. Todo es parte del juego».

Los medios también se apresuraron a utilizar la etiqueta de cártel. Es más fácil dar un nombre a un grupo que una descripción pormenorizada. A los reporteros también les gustó la aliteración: cárteles colombianos de la coca. Todo servía para animar las noticias.

Treinta años después, la idea de cártel ha adquirido un significado concreto en las ensangrentadas calles de México. Todos los días se encuentran cadáveres cerca de tarjetas de visita de organizaciones como el cártel del Golfo, CDG en lenguaje abreviado. Estas redes de sicarios y traficantes son mucho más que simples bandas callejeras. Y evidentemente tratan de reducir la competencia, como en la acepción económica de la palabra cártel. Además, son más bien federaciones de gánsteres que organizaciones monolíticas. El *Diccionario de la Real Academia Española* hace bien en dar una definición aparte del término, porque así refleja mejor en qué ha degenerado.

A principios de los ochenta, el cártel de Medellín enviaba casi toda su cocaína a las costas de Florida. Era un trayecto de casi 1.500 kilómetros desde la costa septentrional de Colombia, y a cielo abierto. Los colombianos y sus socios estadounidenses soltaban la carga aerotransportada en el mar, desde donde se llevaba a tierra en lanchas motoras, aunque también se soltaba en zonas rurales de la Florida continental.

Los traficantes de ahora sonríen al ver las despreocupadas historias de aquellos tranquilos días. En el documental titulado *Cocaine cowboys*,[6] el contrabandista Mickey Munday —un agricultor reaccionario de Florida con un feo tupé— recuerda haber pilotado una motora con 350 kilos de cocaína y remolcado una lancha aduanera cuyo motor se había estropeado. En otra ocasión, una carga de cocaína lanzada desde el aire atravesó el techo de una iglesia de Florida mientras el predicador estaba pronunciando un sermón antidroga. Fue mejor que la ficción.

El comercio de la coca también inundó de dólares la economía de Florida. Nadie sabrá nunca con cuánto dinero blanqueado se construyeron los rascacielos de Miami. En cualquier caso, la riada pecuniaria dejó rastros imborrables. En el año

1980, la sucursal de Miami del Federal Reserve Bank de Atlanta
era la única del sistema de reserva estadounidense que eviden-
ciaba un superávit de líquido: la friolera de 4.750 millones de
dólares.[7] Las autoridades no estaban muy preocupadas por
aquellos billetes. Pero se pusieron chulas cuando silbaron las
balas.

Durante los primeros cinco años del bum de la cocaína el
índice de homicidios del condado de Miami-Dade casi se triplicó:
si habían pasado de doscientos en 1976, en 1981 llegaron a más
de seiscientos.[8] La violencia no se debió sólo a la droga. La llegada de ciento veinte mil cubanos, muchos procedentes de las cárceles de la isla, contribuyó a disparar el crimen. Además, los asesinatos de los gánsteres tenían poco que ver con los jefazos de
Medellín y mucho con el personal local de los distribuidores colombianos, por ejemplo con una vendedora psicótica llamada
Griselda Blanco. Esta baja y fornida colombiana había sido prostituta de niña y luego secuestradora de adolescentes en Medellín,
antes de trasladarse a Estados Unidos para vender coca. Se carga-
ba a todo el que la cabreaba de un modo u otro, incluyendo a
tres maridos, por lo que acabaron llamándola la Viuda Negra. Era
ciertamente un método más rápido que ir a los juzgados a divor-
ciarse. Pero allá en Medellín los jefazos la maldecían por poner al
rojo vivo sus operaciones multimillonarias.

Este intenso calor llegó hasta las paredes de la Casa Blanca de
Ronald Reagan. Si su antecesor Jimmy Carter, más interesado
por cuidar las formas que por hacer la guerra, había adoptado
una política poco agresiva contra los narcóticos, el bueno de
Ronnie empuñó el timón y lo primero que hizo fue culpar a
Carter del bum de la coca. Las acusaciones trajeron cola y los
guerreros antidroga estuvieron décadas señalando a Carter y a
los liberales años setenta como grandes errores de la historia.

Aquellos nefastos años de tolerancia habían pasado, rugió el triunfante Reagan. Ya era hora de ponerse duros con los malvados camellos. Y Miami era el epicentro.

En enero de 1982, Reagan dio luz verde a la creación del Grupo Operativo Florida Sur para machacar a los barones de la cocaína. Dirigido por el vicepresidente George Bush, el grupo incluía fuerzas del FBI, el ejército de tierra y la armada. Era una guerra real, dijo Reagan, así que luchemos con soldados reales. Aviones de vigilancia y helicópteros cañoneros nublaron de pronto el cielo de Florida, mientras agentes del FBI atacaban los bancos corrompidos. El estado quedó tan al descubierto que no tardó en haber resultados. En menos de ocho meses la incautación de cocaína subió un 56 por ciento. Reagan y Bush se felicitaron por su éxito y posaron sonrientes mientras los fotografiaban rodeados de toneladas de nieve confiscada.

Allá en Colombia, los caciques sintieron el mordisco del grupo operativo. Las confiscaciones representaban pérdidas de cientos de millones de dólares; el cártel de Medellín necesitaba replantearse su estrategia. Y recurrió a Matta para que solucionase el problema.

Matta había utilizado inicialmente el trampolín mexicano para introducir drogas en Estados Unidos a principios de los setenta, cuando vendía cocaína al estadounidense de origen cubano Alberto Sicilia Falcón. Después del encarcelamiento de Sicilia, Matta había estrechado las relaciones con las estrellas que sobresalían entre los gánsteres de Sinaloa. Estos mexicanos podían aportar una gran solución a los reyes de la cocaína: ¿por qué arriesgarlo todo en Florida cuando podían repartir la mercancía por otros 3.200 kilómetros de frontera terrestre? Los mexicanos ya tenían rutas de contrabando, así que para Matta y los colombianos sólo era cuestión de entregarles la cocaína y recogerla al norte del río. El director de la región andina de la DEA, Jay Bergman, lo describe así:

La primera etapa de la negociación fue: «Somos los colombianos, el producto es nuestro y nuestra la distribución de coca en Estados Unidos. Los mexicanos tienen su hierba y su heroína alquitrán negro. La distribución de coca desde las soleadas playas de Los Ángeles hasta las miserables calles de Baltimore, eso es nuestro. En eso es en lo que trabajamos. Vamos a hacer algo por ustedes y ese algo es negociar. Vamos a darles cocaína y ustedes la transportarán desde cualquier lugar de México a cualquier lugar de Estados Unidos, y luego nos la entregarán, la entregarán a los emisarios del cártel». Así es como empezó.

Nunca se subrayará lo suficiente la importancia histórica de este acuerdo. Una vez que miles de millones de dólares de cocaína entraron en México, el tráfico de drogas se hizo más grande y más sangriento de lo que nadie había imaginado. Los mexicanos empezaron siendo correos pagados. Pero en cuanto pillaron un pellizco, quisieron quedárselo todo.

Los amigos mexicanos de Matta eran antiguos actores del narcoescenario sinaloense, y muchos tenían vínculos consanguíneos con los primeros contrabandistas. Entre ellos figuraba Rafael Caro Quintero, un vaquero montañés, forajido desde la adolescencia. Tres tíos suyos y un primo habían sido traficantes de heroína y marihuana. Caro Quintero los superó a todos.

Por encima de Caro y otros montañeses con grandes hebillas en el cinturón había un sujeto de Culiacán que vestía pantalón blanco de calidad y camisas de diseño. Miguel Ángel Félix Gallardo acabó siendo el contacto más importante entre Matta y los señores colombianos de la droga. Muchos sinaloenses pensaban que Félix Gallardo era el capo mexicano más grande de la historia, el indiscutible rey del hampa mexicana de su época.

También la DEA lo tenía fichado como uno de los mayores traficantes del hemisferio occidental. En términos generales se cree que la canción «Jefe de jefes», de los Tigres del Norte, quizá el narcocorrido más célebre de todos los tiempos, se refiere a Félix Gallardo. Sin embargo, como suele suceder en el turbio mundo de los gánsteres mexicanos, no queda claro si su poder y riqueza reales eran tan grandes como su nombre.

Nacido en Culiacán en 1946, Félix Gallardo siguió el ejemplo de muchos delincuentes sinaloenses con iniciativa y se unió a las fuerzas de seguridad. En una antigua foto lo vemos pulcro y elegante con un ancho sombrero de agente. En una foto posterior aparece recién salido del cuerpo, ya un gánster con aspecto desenvuelto, con las típicas gafas de sol grandes de los años setenta, sentado en una moto Honda recién salida de fábrica.[9] Delgado, con rasgos angulosos y 1,88 metros de estatura, era un tipo alto para la media mexicana.

Cuando la Operación Cóndor machacó Sinaloa, Félix Gallardo y otros granujas se instalaron en Guadalajara, la segunda ciudad más grande de México. Adornada con una bonita serie de plazas coloniales atestadas de mariachis y cantinas folclóricas, Guadalajara era un sitio ideal para que los narcos escaparan del fuego y compraran algunas villas de lujo. Apagada la Operación Cóndor, no tardaron en organizar envíos de droga más ambiciosos que antes.

Para maximizar los beneficios hicieron lo que hace cualquier empresario listo: practicar la economía de escala. En vez de comprar la marihuana a los pequeños cultivadores familiares, prepararon plantaciones gigantescas. La DEA tuvo noticia de la existencia de una plantación en el desierto de Chihuahua y presionó al ejército mexicano para que la desmantelase. La redada estableció un récord mundial que no ha sido superado desde entonces. La plantación abarcaba kilómetros de desierto y la hierba se secaba en más de veinticinco cobertizos, casi todos mayores que un campo de fútbol. En total había más de 5.000 toneladas de hierba. Miles de campesinos habían trabajado allí por seis dólares diarios. Cuando llegó el ejército, todos los jefes habían volado, aunque los campesinos seguían vagando por allí, sin agua ni comida.[10]

Cantidades tan colosales de droga representaban montañas de dólares. Pero los beneficios de la cocaína eran aún mayores. La documentación sumarial señala que Matta y su socio Félix Gallardo ingresaban personalmente unos cinco millones de dólares semanales filtrando cocaína por los conductos mexicanos. Cuando los gánsteres mexicanos entregaban la mercancía en Estados Unidos, dicen los documentos, Matta, gracias a una red de distribuidores, la introducía en Arizona, California y Nueva York. El capo siguió utilizando personal anglosajón para vender la coca entre los clientes de las discotecas. El jefe de la red de Arizona era John Drummond, que al final recurrió al programa de protección de testigos para delatar al cerebro.[11]

Es probable que Matta, Félix Gallardo y otros nunca se considerasen un cártel ni dieran a la estructura de su banda un nombre particular. En su diario carcelario, escrito en fecha posterior, Félix Gallardo dice: «En 1989 no existían los cárteles [...], fueron las autoridades encargadas de combatirlos quienes empezaron a hablar de "cárteles"».[12]

Pero al margen de lo que dijeran los propios gánsteres, los agentes de la DEA destacados en México empezaron a llamarlos cártel de Guadalajara en informes enviados a Washington ya en el año 1984. Como ya se apuntó más arriba, es mucho más fácil perseguir judicialmente a una organización si tiene nombre. Además, los agentes de la DEA en México estaban deseosos de recuperar el interés de sus superiores, que al parecer se habían olvidado del país para concentrarse en Colombia y Florida. Los agentes gritaban que también había cerebros en México. Decir que había un «cártel» era decir que había una amenaza tan poderosa como en Medellín.

A pesar de las quejas de estos agentes, el trampolín mexicano tenía confundido al Gobierno Reagan. Aunque el grupo operativo exhibía sus lanchas cañoneras en los cayos de Florida, el precio de la cocaína en las calles de Estados Unidos bajaba. Los agentes de la DEA se quejaban de que la guerra de Reagan daba demasiado dinero a los militares y poco a los elementos experimentados que podían realmente detener a los jinetes de la cocaína.

A mediados de los años ochenta, Matta y los gánsteres de Guadalajara parecían invencibles. El mercado de la cocaína marchaba viento en popa, el trampolín mexicano parecía una catapulta en un asedio, y el Gobierno Reagan estaba comprometido en tres guerras centroamericanas. Parecía que las cosas no podían ir peor. Pero entonces se confiaron: en febrero de 1985 los sicarios de Guadalajara secuestraron al agente de la DEA Enrique Camarena, llamado Kiki; lo torturaron, lo violaron y lo mataron a golpes.

Para los agentes de la DEA, el asesinato de Camarena es el episodio más negro de la historia de sus operaciones en México. Su foto adorna las oficinas de la DEA de todo el mundo como suele hacerse con un héroe caído, en este caso un musculoso hispano de casi 40 años, con una cara sonriente que revela a un hombre avispado, aunque quizás algo ingenuo y optimista.

Elaine Shannon ha contado detalladamente su vida en un libro de 1988 titulado *Desperados*. Nacido en Mexicali y educado en California, Camarena había sido una estrella del fútbol estudiantil y *marine* antes de ingresar en la DEA. Tras realizar algunas importantes detenciones en Estados Unidos, recibió el sobrenombre de Dark Rooster [el Gallo Moreno] por su carisma y su combatividad. Era una presa muy fácil en las calles mexicanas.

Al llegar a Guadalajara, en 1980, Camarena vio con frustración el crecimiento de la fuerza y el poder de los traficantes. Para contraatacar, recorría las cantinas más siniestras y las calles más peligrosas, organizando una red de informadores. Investigó las operaciones industriales de las plantaciones de marihuana y no dudó en participar personalmente en las redadas del ejército mexicano. Su cara empezó a ser conocida. Pero no se dio por satisfecho. Él y sus colegas enviaban a Washington mensajes en los que se quejaban de que los gánsteres de Guadalajara contaban con protección policial. Estados Unidos no podía desentenderse ni tolerar tamaña corrupción. Estaba muy enfadado. Y se arriesgaba peligrosamente.

La gota que colmó el vaso cayó a fines de 1984, cuando las autoridades mexicanas y estadounidenses llevaron a cabo varias operaciones contra la banda de Guadalajara. Entre ellas, la ocupación de la plantación de hierba que superaba todas las marcas. Pero también se dieron serios golpes a la ruta de la cocaína en el lado estadounidense de la frontera. En Yucca, Arizona, un detective de vacaciones localizó huellas recientes de avión en un aeródromo de los tiempos de la Segunda Guerra Mundial. Cuando dio parte, la policía montó un control de carretera en el desierto y no tardó en confiscar 700 kilos de cocaína en bonitos ladrillos envueltos en papel de estaño de vivos colores navideños.[13]

La buena suerte del detective no tuvo nada que ver con Kiki Camarena, pero los gánsteres no lo sabían. Para los contrariados caciques que perdían decenas de millones de dólares, los agentes de la DEA se estaban pasando de listos. Y se enfadaron mucho. Según se declaró en el juzgado, los principales actores, a saber, Matta, el elegante Félix Gallardo y el contrabandista y pistolero Caro Quintero, celebraron reuniones para decidir qué hacer. En los documentos del caso se declara:

Los miembros de la organización, entre ellos Matta Balles-teros, se reunieron y comentaron las confiscaciones de la DEA, así como un informe policial sobre una de las confis-caciones de marihuana más importantes, que había tenido lugar en Zacatecas, México. Se volvió a hablar del agente de la DEA responsable de las confiscaciones. La organiza-ción celebró otro encuentro [en el que] se sugirió que fuera apresado el agente de la DEA cuando se conociera su iden-tidad.[14]

Mientras Kiki Camarena iba andando por la calle tras haber estado en el consulado estadounidense de Guadalajara, fue asal-tado por cinco hombres que le cubrieron la cabeza con una chaqueta y lo metieron en una furgoneta Volkswagen. Un mes después dejaron su cadáver en una carretera, a cientos de kiló-metros de allí. El cadáver, ya en estado de descomposición, lle-vaba puesto un calzoncillo tipo slip y tenía las manos y las pier-nas atadas. Lo habían molido a golpes, de pies a cabeza, y tenía un palo metido en el recto. La causa de la muerte había sido un golpe producido con un instrumento contundente que le había hundido el cráneo.

Los agentes de Estados Unidos, encolerizados, exigieron justicia. Pero la investigación se perdió en un laberinto de esce-narios inutilizados y chivos expiatorios. La policía mexicana asaltó un rancho de sospechosos y mató a tiros a todos los pre-sentes, y luego acusó de homicidio a los agentes de la redada. Aparecieron cintas grabadas mientras torturaban e interrogaban a Camarena. Le preguntaban por policías y políticos corruptos, así como por acuerdos sobre drogas.

Los agentes estadounidenses siguieron la pista del jinete

Rafael Caro Quintero hasta Costa Rica, donde fue detenido por
fuerzas especiales y deportado a México. Desde entonces está
en la cárcel. Los agentes de la DEA localizaron entonces a Matta
y pensaron que habían encontrado oro; lo encontraron por una
llamada realizada desde un teléfono intervenido a una casa de
Ciudad de México. «He pagado mis impuestos», oyeron decir a
Matta, que al parecer se refería a sobornos policiales. Pasaron la
información a los investigadores mexicanos, pero le pesquisa se
estancó. Mientras los agentes de la DEA vigilaban la casa un
sábado por la noche, salieron cuatro hombres que se fueron en
un coche. Cuando la policía nacional mexicana derribó la puerta el domingo por la mañana, sólo encontró a una mujer que
dijo que Matta se había marchado la noche anterior. Los agentes de la DEA estaban pálidos de ira.[15]

Matta reapareció en las playas de Cartagena de Indias, Colombia. La DEA pasó la información a la policía nacional colombiana, y esta vez una unidad llegó a tiempo y lo capturó.
Pero ni siquiera la cárcel paró los pies al delincuente de pelo rizado. Consiguió salir cruzando siete puertas cerradas, según se
dijo, después de repartir millones de dólares entre los guardianes. «Me abrieron las puertas y yo las crucé», citó un periódico
de Honduras. Matta volvió a su patria y se instaló en una mansión palacial del centro de Tegucigalpa. Honduras no tenía tratado de extradición con Estados Unidos.

Mientras el caso Camarena se prolongaba indefinidamente, la
guerra de Estados Unidos contra la droga pisó el acelerador. En
1986, dos estrellas del deporte, Len Bias y Don Rogers, murieron por sobredosis de cocaína. ¡Dios mío!, exclamaron los periódicos, parece que la cocaína mata, después de todo. Luego
los medios descubrieron el *crack*. No era una novedad. El uso
de la pasta básica de la coca había venido creciendo con una

serie de nombres distintos desde que se había inventado en las Bahamas, en los años setenta. Pero *Time* y *Newsweek* publicaron artículos de portada, y CBS lanzó un reportaje especial, «48 horas en Crack Street», que figuró entre los de mayor audiencia de la historia de la televisión. Decididamente, el *crack* vendía.

Ronald Reagan hizo suyo el tema al acercarse las elecciones legislativas de 1986. «Mi generación recordará de qué modo entraron en acción los ciudadanos de este país cuando fueron atacados en la Segunda Guerra Mundial —exclamó—. Ahora estamos librando otra guerra por la libertad.»[16] Su palabrería bélica se convirtió en un arma de fuego en la Ley contra el Consumo de Drogas de aquel año. Esta ley combatió a los traficantes en las playas y calas de desembarco facilitando la confiscación de bienes y haberes mientras se dictaban sentencias con un mínimo obligatorio, sobre todo contra los vendedores de crack. El Gobierno también aumentó los recursos de la DEA y las aduanas. La guerra contra los estupefacientes chorreaba hormonas.

A pesar de todo, la DEA aún tenía delante un gran obstáculo en América Central: la Guerra Fría. Durante los años ochenta, la región fue un frente en la lucha contra el comunismo, una palestra en la que los agentes secretos y los conservadores creían luchar contra la amenaza soviética en las mismas puertas del continente. La CIA invirtió más que nada en la red derechista de la contra nicaragüense, que se armaba y entrenaba en la vecina Honduras. Tanto los guerrilleros de la contra como los oficiales hondureños sacaban dinero de la cocaína.

El apoyo de la CIA a la derecha centroamericana relacionada con el tráfico de drogas se ha venido documentando sólidamente desde entonces, y sería interesante pasar de la teoría de la conspiración a la comprobación de datos. A algunos estadounidenses empapados de sentimiento patriótico todavía les cuesta aceptarlo. Las conexiones son complicadas. Para confundir el debate, unos autores lanzan acusaciones indemostradas contra la CIA, mientras otros tergiversan las acusaciones.

Se pueden seguir varias pistas, pero la más infame y conocida fue denunciada por el periodista Gary Webb en su serie de artículos *Dark Alliance* [Alianza oscura], que apareció en 1996 en el *San José Mercury News*.[17] Webb reveló que un destacado vendedor de *crack* de Los Ángeles obtenía el producto a través de dos nicaragüenses, que a su vez financiaban a la contra. La noticia desencadenó una reacción atómica. Los afroestadounidenses de Los Ángeles convocaron una manifestación en Watts y desfilaron gritando que la CIA estaba complicada en la epidemia de *crack*.

Dark Alliance fue aplaudida al principio y calificada de notición de la década. Pero luego empezó a recibir ataques de los principales periódicos. Webb había cometido algunos errores. Había dicho que la cocaína de Nicaragua era la principal fuente de droga de los barrios negros de Los Ángeles. En realidad, la coca había estado entrando desde hacía decenios. Los críticos también arremetieron contra Webb por cosas que no había dicho. Se le echaron encima por acusar a la CIA de vender directamente el *crack*. Nunca había escrito una cosa así. Pero como la conspiración ya era un poco confusa, era muy fácil alegar que los artículos contaban que los agentes de la CIA estaban en las esquinas vendiendo piedras y luego acusar al articulista de estar loco.

La presión de los medios acabó obligando a Webb a abandonar el periódico y, en un triste capítulo final, se suicidó en 2004. Desde entonces son muchos los que han reivindicado la labor de Webb y afirmado que su crucifixión mediática fue un momento oscuro del periodismo estadounidense. Aunque Webb pudo equivocarse en algunos detalles, nadie ha podido desmentir los hechos básicos: que un importante vendedor de *crack* conseguía drogas de hombres que daban dinero a un ejército organizado por la CIA. *Los Angeles Times* y el *New York Times* deberían haber investigado estas pistas en vez de limitarse a buscar agujeros.

Pero por muchos ataques que recibiera, *Dark Alliance* encendió dos potentes reflectores. Primero, llamó la atención lo suficiente para que una subcomisión de Relaciones Exteriores del Senado investigara en los años ochenta las conexiones entre la contra y los traficantes de cocaína. Segundo, obligó a la CIA a llevar a cabo su propia investigación interna, cuyos hallazgos se hicieron públicos en 1998. Así pues, para guiar nuestra historia contamos actualmente con hechos establecidos por el Gobierno. Los dos informes confirman que los vendedores de cocaína canalizaban dinero hacia la contra pagada por la CIA. Y hay un nombre que destaca en los dos informes: el de Juan Ramón Matta Ballesteros, alias El Negro.

Para entregar armas al ejército de la contra, la CIA contrató los servicios de la compañía aérea hondureña SETCO, al parecer fundada ni más ni menos que por el amigo Matta. El informe del Senado afirma: «Los pagos efectuados por el Departamento de Estado [...] entre enero y agosto de 1986 fueron como sigue: SETCO, por servicios de transporte aéreo, 186.924 dólares con 25 centavos». Unas páginas después añade: «Los ficheros policiales de EE.UU. informan de que SETCO fue fundada por el traficante de cocaína hondureño Juan Matta Ballesteros».[18]

Puede que los agentes de la CIA no se enterasen de que estaban trabajando con traficantes de drogas. El informe interno de la agencia aduce que no hay pruebas concluyentes de que lo supieran, exonerándolos así de complicidad. No obstante, afirma con frases largas y divagatorias que «el conocimiento por parte de la CIA de imputaciones o de información que indicara que organizaciones o individuos han estado complicados en tráfico de drogas no impide su empleo por la CIA. En otros casos, la CIA no ha operado para verificar las imputaciones o informaciones relativas al tráfico de drogas cuando tenía la oportunidad de hacerlo».[19]

En otras palabras, no ver nada, no oír nada.

¿Qué conclusiones podemos sacar sobre los espías estadounidenses y la aparición del tráfico de drogas mexicano? Decir que la CIA era el Dr. Frankenstein que inventó el monstruo del narcotráfico parece exagerado. Las fuerzas del mercado habrían creado el comercio latinoamericano de la coca con o sin la ayuda de agentes secretos. Además, la geografía habría garantizado que este comercio pasara por México, fueran cuales fuesen los traficantes que recibieran ayuda de los sonrientes espías.

Sin embargo, el papel de la CIA es crucial para entender la historia de la cocaína. Pone de manifiesto que el Gobierno estadounidense no ha sabido tener una política unificada en su guerra contra la droga en el extranjero. Mientras que la misión de la DEA era combatir el tráfico, la de la CIA era fortalecer a la contra, y era inevitable que las dos agencias se estorbaran. Es de temer que la situación se haya repetido en otros lugares de conflicto, como Afganistán, dado que se ha acusado de traficar con drogas a miembros de la Alianza del Norte, que es aliada de Estados Unidos. Además, el asunto demuestra que donde hay un tráfico ilegal de drogas que mueve miles de millones, habrá grupos rebeldes que correrán a explotarlo. En unos casos podrán ser aliados de Estados Unidos, como la contra nicaragüense o la Alianza del Norte, pero en otros podrían ser enemigos, como las FARC de Colombia o los talibanes. Y un día este dinero podría caer en manos de adversarios aún más peligrosos.

Por desgracia para los jinetes de la coca (y por suerte para América Central), la Guerra Fría no fue eterna. El 23 de marzo de 1988 la contra y el Gobierno sandinista de Nicaragua firmaron un alto el fuego, con un balance final de sesenta mil personas muertas en las hostilidades. Doce días después, agentes estadounidenses llegaron a Honduras en busca de Matta. No pudieron detenerlo legalmente porque no había tratado de extradición. Pero se lo llevaron de manera ilegal. Las fuerzas especiales hondureñas y los agentes judiciales de Estados Unidos habían hecho un pacto para apoderarse del señor de la droga.

Poco antes del amanecer del 5 de abril, los Cobras hondureños y cuatro agentes judiciales *(marshals)* de Estados Unidos irrumpieron en el palacete de Tegucigalpa en que vivía Matta. Se necesitaron seis Cobras para sujetar al fornido señor de la droga, de 43 años por entonces, esposarlo, taparle la cabeza con una capucha negra y tenderlo en el suelo del coche que aguardaba. Incluso dentro del vehículo siguió Matta forcejeando; tuvieron que inmovilizarlo entre un agente estadounidense y un agente hondureño mientras lo conducían a una cercana base militar de Estados Unidos. Los agentes judiciales estadounidenses lo llevaron a la República Dominicana y de aquí a Estados Unidos, donde fue encerrado en Marion, Illinois. Durante la travesía aérea, los agentes judiciales le dieron una paliza y le dispararon con pistolas eléctricas en los pies y los genitales, según dijo Matta después. El rápido secuestro ahorraba evidentemente un largo proceso de extradición. Matta pasó de su casa hondureña a una penitenciaría estadounidense en menos de veinticuatro horas.

En Tegucigalpa, mientras tanto, la ira se extendió por los barrios donde el querido Matta había construido escuelas y regalado bienestar. También los estudiantes estaban irritados porque su Gobierno había infringido la Constitución hondureña para ayudar a los gringos. Dos días después de la detención se concentraron unas dos mil personas delante de la embajada de Estados Unidos. Después de gritar «Queremos a Matta en Honduras» y «Arde, arde», lanzaron piedras y cócteles Molotov. Los guardias privados de seguridad dispararon contra la multitud desde el interior y mataron a cuatro estudiantes. No pudieron impedir el incendio. La embajada se quemó hasta los cimientos; las llamas prendieron en un coche y acabaron con la vida de otra persona. El Gobierno hondureño decretó la ley marcial en grandes sectores del país.[20]

Una vez dentro de la maquinaria carcelaria de Estados Unidos, Matta recibió un alud de acusaciones: por traficar con cocaína, por secuestrar a Camarena, incluso por fugarse de la base aérea de Egin allá en 1971. Sin embargo, según su hijo Ramón, los fiscales le ofrecieron un trato. Le dijeron que si testificaba contra el presidente panameño Manuel Noriega, le garantizaban una condena llevadera. Noriega, valioso peón de la CIA en otros tiempos, había estado ayudando descaradamente a los traficantes de cocaína y era el objetivo de una operación de primera magnitud. Matta se negó. Fuera lo que fuese, no era un soplón.

Los jueces admitieron que Matta había sido sacado ilegalmente de su patria. «El Gobierno no discute que ha sido secuestrado por la fuerza en su casa de Honduras», se dijo en la sala. Pero añadieron que aquello no afectaba al proceso. El caso Matta se cita hoy como precedente de secuestro justificado de sospechosos en países extranjeros. Las acusaciones contra Matta se basaron además en dudosos testigos que se acogieron el programa de protección, entre ellos varios vendedores de cocaína estadounidenses que tuvieron un trato especial por declarar.

Matta recibió varias condenas por conspirar para traficar con cocaína y conspirar para secuestrar a un agente nacional. Sin embargo, fue absuelto de la imputación de haber matado personalmente a Camarena. Pudriéndose en la peor cárcel de

Estados Unidos, se ha convertido en una amenaza útil para los fiscales estadounidenses que tratan con traficantes latinoamericanos. «Si no haces un trato —parecen decir— acabarás como Matta.» El arquitecto del trampolín mexicano desapareció en el tórrido desierto de Colorado. Pero allá en México una nueva generación de traficantes heredó el trampolín de mil millones de dólares y ha construido otros más grandes, más elásticos, más sangrientos.

5

Magnates

Es periodista el señor,
escribe lo que sucede,
él sigue con su misión
aunque la mafia lo agrede.
Ha denunciado al cártel,
ha criticado al Gobierno
es hombre de mucha fe,
que busca la paz del pueblo.

Es muy valiente el señor,
no cabe la menor duda,
pone a temblar la nación,
con una sencilla pluma.
El periodista es el rey,
lo dicen los analistas,
prensa de primer nivel,
el zar de narconoticias.

Los Tucanes de Tijuana, «El periodista», 2004

Acariciada por la fresca brisa marina de Tijuana, al sur de la Avenida Revolución, entre clubes de pornoespectáculos, bares especializados en tequila y tiendas de sombreros charros, se alza una casa reformada con ventanas de barrotes y puerta de seguridad. Se diría que es una casa franca [vivienda clandestina] o un cuartelillo de la policía, pero en realidad es la redacción de una revista. Al entrar se ve una antigua máquina de escribir oxidada bajo una foto con marco de madera del director que la fundó, Jesús Blancornelas, un viejo con barba gris rala, gafas de cristales redondos y montura de oro, y mirada penetrante.

En el piso de arriba, los reporteros prosiguen la labor periodística iniciada por Blancornelas, adentrándose más que nadie en el turbio mundo del narcotráfico. La revista que fundó ha pagado un elevado precio por sus informaciones. Dos de sus directores fueron muertos a tiros, y el propio Blancornelas sobrevivió a cuatro balazos, hasta que murió de cáncer en 2006, tal vez a causa del plomo recibido.

La historia del crecimiento del narcotráfico es también la historia de los periodistas mexicanos que arriesgaron su vida por informar de lo que sucedía. La prensa estadounidense y británica no llegaría a ninguna parte con sus reportajes especiales o esos artículos sobre la situación mexicana que aspiran al premio Pulitzer si no se basara en el trabajo de los reporteros, fotógrafos y cámaras mexicanos que cubren diariamente lo que sucede en todo el país. Los rastreos y denuncias rutinarios de los anónimos peones del periodismo local han llegado a ser la principal fuente informativa de las investigaciones de la policía mexicana y los agentes estadounidenses. Por salarios tan bajos como 400 dólares al mes, los reporteros se enfrentan a las agresiones y las intimidaciones para denunciar la corrupción y buscar justicia.

Como es lógico, la historia de los medios mexicanos que han cubierto el narcotráfico también tiene sus puntos negros.

Algunos periodistas aceptan sobornos de los cárteles. A cambio impiden que el nombre de los gánsteres aparezca en los periódicos y publican el de los rivales, o prestan una atención especial a la narcopropaganda. A algunos periodistas corruptos se los reconoce por sus coches nuevos o las lujosas ampliaciones de sus casas.

Pero en términos generales, los medios mexicanos han sido un obstáculo crítico y decisivo para la expansión del narcotráfico y aparecen bajo una luz más positiva que otras instituciones del país, como la policía o los políticos. Ningún periodista encarna mejor este espíritu crítico que Jesús Blancornelas. Con el oído siempre atento a lo que se decía en la calle, olfateando con la nariz lo que se cocía en los pasillos del poder y con las manos siempre dispuestas a escarbar, Blancornelas publicó miles de artículos y varios libros sobre los cárteles, la corrupción y las matanzas, estableciendo la tónica del periodismo mexicano en el amanecer del nuevo milenio. Su valor, además de disparos, consiguió multitud de recompensas internacionales, entre ellas ser nombrado Héroe de la Libertad de Prensa Mundial por el Instituto Internacional de la Prensa. ¿Y cuántos periodistas pueden jactarse de ser protagonistas de un corrido mexicano?

Blancornelas cubrió el desarrollo de los cárteles de la droga durante treinta años, aunque sus mejores trabajos datan de la última década del siglo XX. Este dinámico decenio se caracterizó por el fin de la Guerra Fría y la entrada de México en el libre comercio globalizado. Las compañías estatales se vendían por docenas, y un nuevo grupo de multimillonarios mexicanos surgió de la nada. Este espíritu de empresa fue más intenso en la frontera con Estados Unidos, donde crecieron rápidamente plantas de montaje, la NAFTA cuadruplicó el tráfico de mercancías y brotaron nuevos y gigantescos suburbios. En este período, el poder de los traficantes de droga pasó de Sinaloa y Guadalajara a la frontera, sobre todo a tres cárteles: el de Tijuana, el de Juárez y el del golfo de México. El narcotráfico consolidó su poder en medio de la fiebre del oro de la globalización.

Blancornelas dedicó casi todos sus esfuerzos al cártel de Tijuana, no dando cuartel a la mafia y denunciando a sus capos, los hermanos Arellano Félix. Sus artículos fueron tan decisivos que casi todos los informes e historias sobre el cártel de Tijuana lo citan (y si no, deberían citarlo). A cambio, los hermanos Arellano Félix ordenaron matarlo y enviaron a diez sicarios para borrarlo del mapa.

Cuando llegué a México, en 2000, trabajé en la vieja redacción del *Mexico City News*, un periódico en lengua inglesa que se imprime en el centro histórico de la capital. Por un espléndido salario de 600 dólares al mes, otros periodistas hambrientos y yo preparábamos artículos para nuestro decreciente público en unos ordenadores viejos y con manchas de café que utilizaban líneas telefónicas que pitaban ruidosamente cada tres segundos. Era el mejor trabajo que había tenido en mi vida. Tenía a mi cargo la crónica de sucesos de Ciudad de México, lo que suponía ir detrás de una gorda vendedora de *crack* apodada Ma Barker y pasarme una semana sentado en la sala mientras sometían a consejo de guerra a unos generales corruptos.

Muy pronto empecé a leer los artículos de Blancornelas y lo llamaba por teléfono para pedirle consejo. El veterano periodista fue muy paciente con el verde reportero británico que le hacía preguntas idiotas. Siempre respondía a mis llamadas semanales, a pesar de los apretadísimos plazos que le daban, y me aclaraba todos los temas que yo pugnaba por entender. Cuando lo llamaba para preguntarle por un traficante concreto, respondía con sus habituales metáforas deportivas:

—Grillo, si ese traficante sobre el que escribe estuviera jugando al béisbol, estaría en las ligas menores.

—¿Y ese tal Ismael Zambada? —preguntaba yo muy tímidamente.

—Bueno, Zambada jugaría con los Yanquis de Nueva York.

Estas metáforas suyas eran espontáneas, ya que había pasado años informando sobre deportes antes de escribir sobre gánsteres. Al salir de la universidad entró de redactor jefe de la sección de deportes en un periodicucho de su estado natal, San Luis Potosí, y al cabo del tiempo se trasladó más de 1.500 kilómetros al norte, a la ciudad de Tijuana, a la sazón en desarrollo. La gente puede reinventarse a sí misma en la frontera, y Blancornelas estuvo entre los muchos que emprendieron una nueva vida en la ciudad que los californianos llaman TJ. En 1980, con 44 años, Blancornelas se asoció con otros dos periodistas y fundaron el primer semanario mexicano especializado en el narcotráfico. Lo bautizaron *Zeta*, por la letra Z (sin nada que ver con la banda de los Zetas).

En 1988 se derramó la primera sangre de *Zeta*. No fue por drogas, sino por cuestiones de poder. El codirector Héctor Félix escribió unas columnas criticando al empresario de Tijuana Jorge Hank, hijo de uno de los políticos más poderosos de México. Jorge Hank era propietario de un concurrido hipódromo y Félix escribió que amañaba las carreras y sacaba provecho de las apuestas. El guardaespaldas de Hank y algunos empleados del hipódromo siguieron a Héctor Félix cuando salió del trabajo, una tarde lluviosa. Un vehículo le salió al paso y otro se detuvo junto a él. Blancornelas escribió lo que ocurrió a continuación:

El guardaespaldas de Hank disparó desde la camioneta Toyota. Una vez, dos veces. Con mucha precisión. Un balazo en el cuello, otro en las costillas. [...]

Esto no es el guión de un serial dramático: su corazón quedó totalmente destrozado.

Su chaqueta gris de Members Only quedó hecha jirones, con olor a pólvora, empapada en sangre y carne.[1]

Blancornelas y su equipo denunciaron a los asesinos y consiguieron que los detuvieran y encarcelaran. Pero el periodista quería que el propio Hank se sentara en el banquillo. Los fiscales no tocaron al hijo de un político tan poderoso, así que *Zeta* publicó una carta semanal, exigiendo justicia, impresa en una página en negro. «Jorge Hank, ¿por qué me mató tu guardaespaldas?», empieza la carta, que firma Félix. *Zeta* sigue apareciendo actualmente. Jorge Hank fue después alcalde de Tijuana durante un mandato. Niega tener nada que ver con el asesinato.

El año que mataron a Félix, México eligió otro presidente. Conforme se acercaba el gran día, parecía que lo impensable pudiera ocurrir: el candidato izquierdista Cuauhtémoc Cárdenas estaba en condiciones de derrotar al PRI. Cárdenas no era en el fondo un revolucionario. Su padre había sido el legendario Lázaro Cárdenas, presidente por el PRI allá en los años treinta, y él mismo había militado muchos años en el partido gobernante. Pero intuyendo que el Gobierno había perdido el contacto con la gente, había dimitido y ahora se enfrentaba al PRI en el primer duelo auténtico a dos bandas que se celebraba desde 1929.

El día de la votación, los mexicanos no daban crédito a sus ojos: Cárdenas iba en cabeza en el recuento. Todo indicaba que el combate no se había amañado. Era demasiado bueno, parecía mentira. Los votos se amontonaban en favor de Cárdenas. Y de pronto, *crac*. Se produjo un inesperado fallo en el ordenador. Había sido ciertamente demasiado bueno. Un mes después se notificó que había ganado el candidato del PRI, Carlos Salinas de Gortari. Nada había cambiado. Cárdenas dijo a sus partidarios que se alejaran de las calles. No quería derramamiento de sangre y menos aún una revolución. De todos modos, hubo derramamiento de sangre cuando los pistoleros acribillaron a balazos a docenas de militantes izquierdistas que apoyaban a Cárdenas. Antes de transcurridos dos meses, los asesinados se contaban por centenares.

A pesar del apaño de las elecciones, Salinas de Gortari adquirió buena prensa en Estados Unidos. Bajo, con una calvicie característica, con orejas grandes y un fino bigote, el presidente Salinas cortejó a los políticos estadounidenses con su inglés perfecto y su doctorado por Harvard. Era otro PRI y otro México. El nuevo PRI se pasó al libre comercio y al capitalismo moderno, aunque tuvo que recurrir a los chanchullos de siempre para dejar fuera de las votaciones a los comunistas. Empresas y bienes del Estado fueron vendidos a precio de ganga: compañías telefónicas, ferrocarriles, la televisión.

De pronto apareció una nueva clase de magnates mexicanos que se desplazaba en reactores particulares. En 1987, cuando *Forbes* empezó a publicar su lista anual de multimillonarios, había un mexicano en ella. En 1994, cuando Salinas dejó el cargo, había veinticuatro. ¿De dónde había salido aquel dinero? Salinas negoció además con Bill Clinton el Tratado de Libre Comercio de América del Norte [NAFTA], que produjo igualmente unos resultados espectaculares. En 1989, el comercio transfronterizo fue de 49.000 millones de dólares; en 2000 era ya de 247.000 millones.[2] Los mexicanos salieron de las cabañas rurales para trabajar en las plantas de montaje de la frontera. Durante los años noventa, Tijuana y Juárez crecieron a razón de una manzana de viviendas al día y los barrios periféricos se extendieron por las montañas, barrios que luego serían el centro de la guerra de la droga.

Salinas también quiso reorganizar el comercio de estupefacientes. Cuando llegó a la presidencia, el indiscutible padrino de México era Miguel Ángel Félix Gallardo, el sinaloense que había sido socio de Matta Ballesteros en el tráfico de coca. En 1989, por orden de Salinas, el jefe de la policía Guillermo González Calderoni detuvo al jefazo Félix Gallardo, de 43 años a la sazón, en un restaurante de Guadalajara. No se disparó ni un solo tiro.

Félix Gallardo escribió luego en su diario de cárcel que se había reunido con Calderoni cinco veces antes de la detención, y que el jefe de la policía incluso le había regalado unos guacamayos. El día de la detención, escribió Félix Gallardo, en realidad fue al restaurante para reunirse con Calderoni y hablar de negocios.[3]

Fuera verdad o no lo que contó el capo, que el Gobierno mexicano pudiera atrapar al mayor gánster del país sin disparar un solo tiro era revelador. En 1989, los gánsteres aún confiaban en la policía para sus operaciones y los agentes podían eliminar a los narcos cuando les hacía falta. La detención del principal pez gordo recordó a los traficantes quién mandaba en el país.

A raíz de la detención, los capos mexicanos celebraron una cumbre gansteril en Acapulco. Parecerá una escena de *El padrino*, pero estas narcoconferencias se celebran realmente. El periodista Blancornelas hizo pública la noticia que después fue confirmada por diversas fuentes. Blancornelas dijo que la había organizado Félix Gallardo desde la cárcel. Sin embargo, Félix Gallardo escribió que fue el jefe de la policía Calderoni quien arregló el oportuno encuentro. Es posible que lo convocaran los dos. Blancornelas describe así la escena:

> [Rafael Aguilar Fajardo] alistó el chalet cercano a Las Brisas. Desde allí se veía como en cinemascope y a todo color la hermosa bahía de Acapulco, alejados del tráfico inacabable de la Costera, ningún vendedor encimoso de condomi-

nios, sin la molestia de los ruidajos en las discotecas habilitadas junto a la playa, lejos de la mirada policiaca. Rafael fue tan espléndido como inteligente, logró rentar la casa que en algunas ocasiones ocupó el sha de Irán; quién sabe cómo le hizo.[4]

Durante la cumbre, que duró una semana, los capos de vacaciones analizaron el futuro del hampa mexicana. Casi todos los invitados eran de la antigua narcotribu de Sinaloa, un puñado de familias unidas por lazos matrimoniales, amistosos y comerciales. En la reunión había otros actores que serían decisivos en la remodelación del tráfico durante los veinte años siguientes. Entre ellos estaban el maleante de la Sierra Madre Chapo Guzmán y su viejo amigo Ismael Zambada, el Mayo. Cada capo poseería una plaza en la que podría mover su droga e imponer sus condiciones económicas a cualquier otro contrabandista que operase allí.

A todos les pareció una buena idea. Pero el pacífico acuerdo no funcionó. Sin la jefatura del encarcelado padrino, Félix Gallardo, los capos intrigaron y se apuñalaron por la espalda para conseguir un pedazo mayor del pastel. Como escribió Blancornelas:

> Nunca en la historia mexicana del narcotráfico [habría] alguien como él [Félix Gallardo] para operar. Era hombre de palabra, de tratos antes que de disparos, de convencimiento y no de ejecuciones. [...]
>
> Si [los capos] hubieran seguido sus instrucciones, ahora existiría el cártel más poderoso del mundo; pero la ausencia de un líder y la presencia de varios jefes sintiéndose todos superiores al de enfrente hizo brotar la desorganización.[5]

De este caos surgieron tres cárteles que consiguieron imponer-se: en Tijuana, en Juárez y en el Golfo. Aunque tenían sus propias jerarquías, el tráfico en los 1.500 kilómetros que hay entre el este de Juárez y la costa del Pacífico quedó controlado por los sinaloenses. Los hermanos Arellano Félix, que dirigían el cártel de Tijuana, y Amado Carrillo Fuentes, que mandaba en Juárez, eran de la zona de Culiacán y estaban profundamente arraigados en el viejo escenario del narcotráfico. En el imperio sinaloense se movieron distintos caciques, colaborando en los cargamentos, compartiendo policías corruptos y cediéndose personal. Para ver la lógica de la actual guerra mexicana de la droga, es decisivo entender los vínculos que había dentro del reino sinaloense.

El sicario Gonzalo, al que entrevisté en la cárcel de Juárez, estuvo al servicio de este imperio en los años noventa. Dijo que hizo trabajos en Durango, Culiacán, Tijuana, Juárez y otras ciudades controladas por otros cárteles. Los capos, que se conocían entre sí, se limitaban a hacerle sugerencias. Los agentes de la DEA admitían igualmente la cooperación entre toda clase de gánsteres en el noroeste de México. Un informe clasificado de los equipos de información en activo y que data de los años noventa hacía las siguientes observaciones sobre la organización:

En general se acepta el esquema típico del cártel, aunque desvirtúa el poder y la fuerza auténticos de los traficantes de drogas mexicanos. Entre los casos de individuos con habilidad para trascender los límites del «cártel» está Amado Carrillo Fuentes.

Joaquín Guzmán-Loera y Carrillo Fuentes gestionaron conjuntamente partidas de toneladas de cocaína de Bolivia y Colombia con destino a Sonora, México, y luego a Estados Unidos a través de Arizona. Durante este tiempo Carrillo Fuentes también trabajó estrechamente con Ismael Zambada García, abriendo rutas de contrabando por Tijuana, Baja California.[6]

Aunque el clan sinaloense trabajaba unido, era muy pendenciero. El roce más importante de principios de los años noventa se produjo entre los hermanos Arellano Félix y Joaquín Guzmán, el Chapo, por el tráfico destinado a California. No estalló una guerra tan violenta como las del siglo XXI, con unidades paramilitares. Pero hubo enfrentamientos de matones, tiroteos y atentados, que dejaron tras de sí docenas de cadáveres.

Al mirar atrás podemos detectar ya por entonces los primeros indicios de que el Gobierno mexicano no iba a ser capaz de contener al monstruo del narcotráfico, de que el derramamiento de sangre llegaría a escapársele de las manos. Pero estas observaciones suelen hacerse a posteriori, sabiendo ya lo que ocurrió. Como dicen los historiadores profesionales, siempre resulta peligroso leer la historia hacia atrás. En aquella época ningún elemento del Gobierno mexicano parecía preocupado. «Hay violencia, pero son narcos que matan a otros narcos», decían los políticos suspirando. En cualquier caso, los traficantes no atacaban al sistema, sino que competían entre sí por conseguir los mejores favores de los personajes sobornables. El Gobierno podía sentarse a esperar y a cobrar, ganara quien ganase.

En medio de este conflicto hubo un homicidio en concreto que sacudió la conciencia nacional, y fue el asesinato del cardenal Juan Jesús Posadas Ocampo, en mayo de 1993. Muchos conocen la explicación oficial: el eclesiástico, de 66 años, se dirigía a Guadalajara para tomar un avión, y cayó casualmente en una refriega entre matones de Arellano Félix y el Chapo Guzmán. Cuando llegó el cardenal Posadas en su Grand Marquis blanco, los pistoleros le dispararon, pensando que era el Chapo Guzmán en persona. Sin embargo, esta explicación no fue aceptada por el Vaticano, que preguntó cómo era posible que los pistoleros confundieran a un clérigo alto y con alzacuello con un gánster que medía 1,68 metros. Los teóricos de la conspiración asomaron la cabeza y aseguraron que el cardenal había sido asesinado porque tenía información explosiva sobre la corrupción del Gobierno.

Aunque el caso Posadas probablemente no se aclarará nunca, fue un hecho históricamente importante porque puso a la mafia de la droga en el centro de la atención pública. La mayoría de los mexicanos no había oído hablar hasta entonces de los «cárteles de la droga», y sin duda fue la primera vez que la mafia de Arellano Félix y el Chapo Guzmán recibieron tanta cobertura. Que estas organizaciones pudieran eliminar a un miembro destacado de la milenaria Iglesia católica indicaba que eran muy poderosas. Pese a todo, muchos mexicanos escépticos siguieron pensando que aquellos «cárteles» debían de ser cabezas de turco inventadas para tapar los crímenes del Gobierno. Cuando se vive en un país dominado durante setenta años por un partido único, y dado a las conspiraciones, es fácil creer que su mano está en todo lo que ocurre. Y muchas veces está.

La atención mediática obligó al Gobierno mexicano a detener a algunos capos. Luego, por arte de magia, dos semanas después del asesinato del cardenal, la policía de Guatemala detuvo al Chapo Guzmán y lo deportó a México, donde fue encerrado en una cárcel de máxima seguridad. Los hermanos Arellano Félix habían superado definitivamente, en armas y en sobornos, a su rival.

Los hermanos Arellano Félix eran un clan de siete varones y cuatro mujeres que se reinventaron en Tijuana, como muchos otros que llegaban a la frontera; en Sinaloa y en Guadalajara habían sido empleados; ahora eran patrones. Al frente del clan había dos varones: Ramón Arellano Félix, un psicótico con cara de niño que pasó a ser el jefe del brazo armado, y Benjamín Arellano Félix, el segundogénito de la familia y el cerebro de la organización. Blancornelas los comparaba con los hermanos de la familia de la serie *El padrino*. Ramón, decía, era como el impulsivo y violento Sonny Corleone, interpretado por James Caan. Benjamín era el frío y calculador Michael Corleone, encarnado por Al Pacino. Otro hermano, Francisco, era Fredo Corleone, poca cosa para el negocio y un mujeriego impenitente.

Blancornelas me enseñó un antiguo vídeo de la familia filmado mientras celebraban una barbacoa en Tijuana, en sus primeros tiempos. Parecían un grupo alegre y feliz, los hombres con el negro pelo cortado según su propia versión del estilo *mullet* o salmonete y con vistosas camisas hawaianas metidas por dentro del pantalón. Bebían cerveza Tecate en lata mientras una horda de niños saltaban en un trampolín. En la calle, sin embargo, tenían una reputación espeluznante.

Ramón Arellano Félix organizó un temible batallón de sicarios con pandilleros chicanos de San Diego y aburridos niñatos de familias ricas de Tijuana, un cuadro que acabó conociéndose con el nombre de «narcojuniors». La mezcla no dejaba de tener gracia: chicos pobres de Estados Unidos y chicos ricos de México. Pero sus víctimas no reían. Los sicarios quitaban de en medio a todo el que se pusiera en el camino de los jefes, y no sólo lo mataban, sino que además deshacían el cadáver con ácido. El objetivo del castigo no era tanto destruir las pruebas del homicidio como aterrorizar psicológicamente a la familia de las víctimas. Ramón incluso tenía fama de arrojar los cadáveres a una hoguera, asar unos filetes encima y quedarse allí con sus secuaces, comiéndose la carne, tomando cerveza y esnifando cocaína. No se sabe si todo esto era verdad, pero al nivel de la calle, los rumores de toda esta crueldad era un poderoso factor disuasorio.

Ramón ideó además una nueva y sangrienta táctica: el «encobijado». Se trataba de envolver un cadáver en una sábana y arrojarlo en un lugar público, por lo general con una nota de amenaza. El asesinato se exhibía para que toda la ciudad lo viera. Ramón había creado el primer ejército de verdugos e inició el terrorismo gansteril en México, una ominosa invención en la historia del narcotráfico.

En el capitalismo moderno, las grandes empresas no dejan de crecer, y utilizan los beneficios para ampliar su imperio y devorar a los pequeños competidores. Los cárteles mexicanos de la frontera se expandieron así en los años noventa. Su riqueza y su poder crecieron hasta el extremo de sustituir a los cárteles iniciales de Colombia. Al desplazar a los colombianos, las bandas mexicanas pasaron a ser las organizaciones criminales dominantes en toda América Latina.

Para entender mejor cómo los traficantes mexicanos consiguieron ganar la partida a los colombianos, hablé con Jay Bergman, el director de la DEA para la región de los Andes. Bergman estudió aquel tremendo desplazamiento mientras trabajaba en docenas de detenciones masivas e investigaciones en todo el continente. Pero Bergman no resultó ser el típico agente de la DEA que trata de glorificar la política de la agencia o impresionar con historias de heroicas detenciones de narcotraficantes. Parecía más bien un intelectual que había leído mucho sobre teoría económica para entender la dinámica de las mafias del contrabando. Cuando me senté con él, me soltó una parrafada sobre el desplazamiento del poder con la energía del escritor que tiene en el cerebro un libro que pugna por salir. Explicó: «Lo interesante es que la toma del poder se produjo sin hostilidades ni violencias. En cada paso, los cárteles colombianos decidían conscientemente la cesión de más parcelas a los mexicanos.

Hasta que llegó un momento en que los mexicanos empezaron a tener la última palabra».

Los colombianos, al principio, dejaron que los mexicanos metieran la mano en el pastel de la cocaína. Reagan había tomado medidas enérgicas en Florida y la nueva situación obligó a los cárteles a concentrar el contrabando en la frontera mexicano-estadounidense. En 1990, me contó Bergman, los agentes estadounidenses habían ideado ya la forma de cerrar por completo el pasillo del contrabando en Florida, sirviéndose de vehículos navales y aéreos para tener vigilado un cuello de botella de 150 kilómetros de anchura. Los colombianos no tuvieron más remedio que confiar casi toda la mercancía a los correos mexicanos, que acabaron moviendo el 90 por ciento de la cocaína que entraba en Estados Unidos. Esta maniobra desplazó las rutas de la dama blanca hacia el Pacífico, un amplio tramo de agua sin cuellos de botella naturales y con una presencia menos acusada de la marina estadounidense. Era típico de la lucha contra la droga: la solución de un problema había creado otro mayor.

Los agentes estadounidenses se lanzaron entonces sobre el supremo mandamás colombiano, Pablo Escobar, para poner freno al flujo de la coca. El final de la Guerra Fría los ayudó en esta misión. Al no haber comunistas que perseguir, los agentes secretos y soldados estadounidenses se sintieron motivados para combatir el tráfico de droga, al menos durante un tiempo (hasta que descubrieron a los militantes islámicos). En vez de ponerse zancadillas mutuamente, el Pentágono, la CIA y la DEA trabajaron juntos, pasando a la policía colombiana la información de los soplones de la calle y de los satélites espías.[7]

Escobar se había convertido en un foco de atención especial a causa de sus tácticas terroristas: había llegado incluso a poner una bomba en un avión, en el que murieron ciento diez pasajeros, para impedir que lo extraditaran a Estados Unidos. La brutal violencia que desplegó contra sus rivales le creó tantos enemigos que las víctimas organizaron un grupo paramilitar para capturarlo. Se formó una curiosa alianza entre policías, soldados y criminales colombianos y también espías, agentes antidroga y soldados estadounidenses, con objeto de dar con el pez gordo. Escobar tenía los días contados. Los policías colombianos acabaron encontrándolo en una casa de Medellín, lo frieron a tiros y posaron sonrientes junto al cadáver. Los guerreros antidroga aprendieron un nuevo modus operandi: que a veces es mejor olvidarse de las detenciones e ir a matar directamente.

Presionados por todas partes, los colombianos empezaron a pagar a los correos mexicanos con cocaína en vez de con dinero. Los colombianos tenían unos márgenes de beneficios enormes. Un kilo de cocaína, vendido al por mayor, valía 25.000 dólares en Estados Unidos, pero a los colombianos les costaba sólo 2.000 en un laboratorio. Los magnates mexicanos de la frontera se dieron cuenta del negocio que representaba cobrar en especie y no en metálico. Podían venderla en la calle por mucho más y construir sus propias redes de distribución.

La DEA no tardó en atacar otra vez a los colombianos, detuvo a los vendedores de Nueva York y Miami y utilizó estos casos para acusar a los jefazos de conspiración. Ante la perspectiva de acabar en una cárcel estadounidense, los colombianos hicieron un nuevo pacto con los mexicanos: salieron todos de Estados Unidos y dejaron que los mexicanos vendieran allí la droga. Bergman explica el porqué: «Pensaron: "¿Cómo reducir las posibilidades de que me extraditen? ¿Por qué no lo dejo todo en manos de los mexicanos? Seguiré ganando dinero a espuertas y reduciré las posibilidades de que me extraditen porque la droga ya no será mía. Salgo del negocio porque hay demasiada presión para continuarlo en Estados Unidos. Y al mismo tiempo que entro en el mercado europeo, gano dinero a manos llenas en Europa y gano toneladas de dinero en México.

Que sean los cárteles mexicanos los que se enfrenten con la DEA, el FBI y los aduaneros estadounidenses".

»Sin embargo —prosigue Bergman—, las leyes estadounidenses se cambiaron para que los fiscales pudieran extraditar colombianos, aunque no estuvieran directamente relacionados con los vendedores en Estados Unidos. Un individuo que vendiera drogas en el extranjero podría ser procesado sólo por saber que la droga en cuestión iba destinada a territorio estadounidense. Al mismo tiempo, la policía nacional colombiana empezó a machacar a los barones de la droga por la retaguardia.

»Les salió el tiro por la culata. Los colombianos no sólo ganaron menos dinero, no sólo dejaron que los mexicanos se hicieran los dueños, sino que fueron extraditados en masa y acusados de más y peores delitos. En ningún momento entendieron lo que pasaba. Siempre habían jugado a las damas y nunca al ajedrez. Eran incapaces de prever más allá de un par de movimientos.»

La consecuencia fue que los cárteles mexicanos recaudaron más dinero que nunca. Los informes daban cuenta de fiestas monstruo que se celebraban entre Tijuana y el golfo de México, con invitados que llegaban en reactores particulares, tigres que se exhibían en jaulas y reinas de la belleza que ofrecían cocaína. Fueron años de fiesta para la frontera. A cambio, el sistema recibió sobornos más enjundiosos que nunca.

En los setenta años de gobierno del PRI, las acusaciones más enérgicas de narcocorrupción que se hicieron en las altas esferas fueron para el presidente Salinas de Gortari. Nada se ha probado de manera concluyente. Pero las investigaciones no pasan por alto las profundas sospechas que ha habido sobre el papel del Gobierno en el mantenimiento del crimen organizado a fines del siglo XX.

El principal sospechoso era el hermano del presidente, Raúl Salinas. Durante el mandato de Carlos, entre 1988 y 1994, Raúl tuvo un empleo gubernamental con un salario anual de 192.000 dólares. Era un dineral en un país cuyo salario mínimo es de cinco dólares diarios. Pero Raúl resultó que era además una hormiguita ahorrando. En 1995 se averiguó que tenía 85 millones de dólares en un banco suizo, y se supo porque su mujer quiso retirarlos y la detuvieron. Pero esto no era más que la punta del iceberg. Los investigadores descubrieron que tenía la friolera de 289 cuentas bancarias en instituciones tan tangibles como Citibank. La policía suiza calculó que poseía en total más de 500 millones de dólares.[8]

Un político mexicano tiene muchas formas de esquilmar dinero, aparte de la droga. Pero la policía suiza, que entrevistó a noventa asociados de Raúl Salinas, incluso a traficantes de droga ya sentenciados, concluyó que la fuente principal de sus ingresos había sido el narcotráfico. El informe empezaba:

> Cuando Carlos Salinas de Gortari fue nombrado presidente de México, en 1988, Raúl Salinas de Gortari se hizo con el control de casi todos los envíos de droga que pasaban por México. Gracias a su influencia y a los sobornos que pagaba con dinero de la droga, oficiales del ejército y agentes de la policía defendieron y protegieron el próspero negocio de la droga.

Raúl y su presidencial hermano han negado sistemáticamente estas acusaciones, alegando que son calumnias y efectos de la mala información. Pero cuando Carlos Salinas terminó su mandato, en 1994, Raúl Salinas fue detenido en México por planear un homicidio y pasó diez años en la cárcel hasta que fue absuelto y puesto en libertad. Pesan sobre él todavía las acusaciones de blanqueo de dinero que se le hicieron en Suiza.

Acabado el mandato presidencial, Carlos Salinas se fue de México y se instaló en la República de Irlanda. Por lo visto, le gustan la lluvia y la cerveza negra fuerte. Los mexicanos han acabado por demonizarlo y lo representan como a un manipulador afín al emperador del mal de la serie *La guerra de las galaxias,* y se temen que sea suya la mano oculta que está detrás de todo, desde los ataques guerrilleros hasta el mal tiempo.

Tras la marcha de Salinas, su milagro económico se vino abajo como un castillo de naipes. En 1995, meses después de la investidura del nuevo presidente, Ernesto Zedillo, el dinero salió de la economía y el peso mexicano cayó en picado, disparando una inflación de dos cifras. De la noche a la mañana, los veinticuatro multimillonarios mexicanos quedaron reducidos a doce. Por debajo de ellos, la clase media se quedó sin ahorros, muchas empresas fueron a la quiebra y se perdieron millones de puestos de trabajo. Bill Clinton, que había trabajado estrechamente con Salinas, corrió fielmente al rescate con un salvavidas de 50.000 millones de dólares, para impedir el hundimiento del país.

La crisis disparó el delito. A pesar de que el narcotráfico no había hecho más que crecer, el México moderno no había sido un país peligroso hasta entonces. Los índices de atracos y robos habían sido relativamente bajos incluso en los años ochenta, y los mexicanos paseaban por las calles de las grandes ciudades a todas horas. Pero aquellos buenos tiempos acabaron bruscamente. Los atracos, los robos de coche con intimidación y el abyecto crimen del secuestro crecieron de manera vertiginosa, sobre todo en la capital. De súbito, todos los habitantes de Ciudad de México tenían alguna anécdota que contar sobre algún pariente al que le habían apoyado una pistola en la cabeza y obligado a vaciarse los bolsillos. La policía se sentía impotente para detener aquella ola de delitos, y creó un clima de impunidad que preparó el camino para la actual insurgencia criminal.

Sólo una industria mexicana no resultó afectada por la crisis del peso. El tráfico de drogas siguió ingresando miles de millones y, como cobraba en dólares, la devaluación del peso dio más poder al narcotráfico. Dado el desempleo vigente, los cárteles pudieron reclutar soldados por menos dinero que antes. El narcotráfico se atrincheró aún más en los barrios bajos de todo el país.

Por esta época se produjo otra transformación decisiva: el consumo de la droga dura se multiplicó. Durante mucho tiempo, los mexicanos habían considerado la cocaína y la heroína como vicios gringos. La broma local decía: «Los colombianos la fabrican, los mexicanos la comercializan y los gringos la esnifan». Pero a fines de los noventa México tuvo que admitir que tenía su propio ejército de yonquis y consumidores de *crack*.

La difusión de estas drogas era consecuencia directa del tráfico. Para maximizar beneficios, los capos mexicanos empezaron a pagar a sus segundos con ladrillos de cocaína y bolsas de heroína, además de con dinero. Muchos de estos granujas de medio pelo vendían su mercancía en las calles de México para conseguir dinero rápido.

Los niveles más altos de consumo del país se registraron en Tijuana, donde los asociados de los Arellano Félix instalaron centenares de «tienditas» para vender droga, sobre todo en el centro y en los barrios bajos de la zona este. Los matones del cártel protegían a estos minoristas, añadiendo así una nueva dimensión a la violencia generada por la droga. Ya no era sólo por pasar toneladas por la frontera; era también por pasar *crack* a los adictos.

Los enfrentamientos en las esquinas urbanas hizo crecer los índices de violencia a finales de los noventa, llegándose a unos trescientos asesinatos anuales en Tijuana y a otros tantos en Juárez. Eran índices comparables a los de las ciudades estadounidenses donde prosperaban las bandas, como Los Ángeles, Washington, D.C. y Nueva Orleans. Los medios estadounidenses empezaron a detectar aquel derramamiento de sangre y, por primera vez, a hablar del peligro de la «colombianización» del país o de la posibilidad de que en las puertas mismas de Estados Unidos estallara una guerra de la droga en toda regla. Casi todo el mundo tachó a estos pesimistas de profesionales del alarmismo. Pero el tiempo demostró que los profesionales del alarmismo tenían razón.

Los medios estadounidenses también se dieron cuenta del efervescente carácter de los hermanos Arellano Félix, de sus juergas con cocaína, sus veladas discotequeras y que disolvían a sus víctimas en ácido. La revista *Time* publicó un reportaje sobre ellos,[9] y la película *Traffic* presentaba personajes basados en ellos que hacían tratos sobre cocaína con Catherine Zeta-Jones. Junto con la atención de los medios hubo una serie de imputaciones y recompensas en Estados Unidos. Y cada vez que alguien mencionaba a los hermanos Arellano Félix, el nombre del periodista Blancornelas saltaba por algún sitio. Estaban realmente enfadados con él.

Blancornelas cree que lo que hizo estallar a Ramón Arellano Félix no fue ningún artículo que escribiera él, sino una carta que publicó. Cierto día, una mujer de aspecto angustiado entró en la redacción de *Zeta* y quiso publicar un anuncio. Cuando le dijeron el precio, la mujer respondió con voz apagada que no tenía suficiente dinero. El empleado de la revista, lleno de curiosidad, le preguntó qué quería publicar y cuando le mujer se lo dijo, el empleado llamó inmediatamente a Blancornelas. El periodista leyó la carta y se conmovió tanto que accedió a publicarla gratis.

La mujer había escrito una carta dirigida a Ramón Arellano Félix, que había ordenado el asesinato de sus dos hijos. Los jóvenes habían caído en una trifulca callejera con un lugarteniente de Ramón. La madre escribió sin miedo, por amor a los dos hijos perdidos:

> Mis adorados hijos fueron víctimas de la envidia y la cobardía de ustedes, los Arellano. [...] No merece morir todavía. Que la muerte no sea su precio ni su castigo. Que viva muchos años más y que conozca el dolor de perder hijos.[10]

La mujer desapareció de Tijuana al publicarse la carta. Blancornelas cree que huyó para que la mafia no la matase. El indignado Ramón Arellano Félix dirigió entonces su ira contra el periodista.

Diez matones tendieron una emboscada a Blancornelas cuando éste iba en coche con su guardaespaldas, Luis Valero. Acribillaron el vehículo, matando a Valero en el acto. Blancornelas recibió cuatro impactos, pero no murió. El jefe de los matones se acercó para darle el tiro de gracia. Pero mientras el sicario avanzaba, hizo un disparo, la bala rebotó en el asfalto y le dio en el ojo al sicario, que murió al instante. El resto del grupo abandonó al jefe en un charco de sangre. Blancornelas se salvó de milagro.

> Ramón ordenó matarme. Dios no lo quiso. [...], pero desgraciadamente asesinaron a mi compañero y protector Luis Valero Elizaldi.[11]

El jefe de los matones fue identificado; se llamaba David Barrón, era un gánster chicano de San Diego y se sabía que trabajaba para los Arellano Félix. Barrón tenía catorce cráneos tatuados en los hombros y el diafragma, al parecer uno por cada hombre que había matado. Los reporteros de *Zeta* identificaron a otros seis matones, que eran compañeros de andanzas de Barrón y del barrio Logan Heights de San Diego. A pesar de que *Zeta* presentó montones de pruebas a la policía mexicana, no se acusó a los matones, a quienes se vio en libertad por San Diego. Algunos siguen allí.

Los tres magnates que dominaban la frontera en los años noventa acabaron cayendo. Juan García Ábrego, del cártel del Golfo, fue detenido en 1996. Se entregó él mismo sin disparar un solo tiro cuando lo fueron a buscar a un rancho cercano a Monterrey. Como buen capo de la vieja escuela, respetaba in extremis el sistema mexicano, en el que el Gobierno tenía la última palabra. Un año después moría Amado Carrillo Fuentes en un hospital de Ciudad de México, a consecuencia de unas complicaciones que se presentaron durante una operación de cirugía plástica. ¿O no murió? Gánster de dimensiones mitológicas en vida, todo quedó en nada. En las calles de Juárez la gente susurra que todo es una artimaña; Amado está realmente en el Caribe, pasándolo en grande y bebiendo margaritas. O puede que esté trabajando en una gasolinera de Texas, con Elvis Presley.

Los que más duraron fueron los hermanos Arellano Félix. Ramón, el psicópata de cara de niño que inició el narcoterrorismo en México, vivió para ver el siglo XXI, aunque no mucho. En 2002 un policía del centro turístico de Mazatlán lo mató de un tiro cuando aquél detuvo el coche en un cruce de calles. Una muerte poco espectacular para un forajido legendario. Algo serio había tenido que pasar con la red de protección policial. Blancornelas escribió la crónica de la muerte del hombre que había querido matarlo, señalando: «Si alguna de sus muchas víctimas pudiera hablar desde la sepultura, tal vez le diría a Ramón: "Como se ve, me vi. Como me veo, se verá"».[12]

Un mes más tarde, fuerzas especiales del ejército detenían a Benjamín Arellano Félix en la casa donde tenía a su mujer y a sus hijos. Parece que los ayudantes del jefe de jefes no se olieron la trampa. El capo está actualmente en una cárcel mexicana de máxima seguridad, luchando para que no lo extraditen a Estados Unidos. Falto de sus dos dirigentes, el clan Arellano Félix siguió adelante con el resto de la familia, pero estaba seriamente debilitado.

Blancornelas no pudo celebrar mucho tiempo la desaparición de su mortal enemigo. En 2004, Francisco Ortiz, tercer fundador de la revista *Zeta*, fue muerto a tiros por un grupo de sicarios. Salía de una clínica del centro con su hijo y su hija cuando los pistoleros le metieron cuatro balas en el cuello y en la cabeza. Los dos pequeños gritaron «¡Papi, papi!» mientras el padre moría junto a ellos, según declaró un testigo. Esta vez, la revista *Zeta* ya no estaba tan segura de quién había ordenado el crimen.

Blancornelas se desesperaba. Aunque su trabajo podía haber contribuido a detener a un puñado de canallas, los cárteles se volvían más poderosos y violentos. Él era uno de los pocos que sabían que su fin se acercaba. Como dijo en una entrevista, poco antes de morir:

El narcotráfico florecía antes en algunos estados. Pero ha crecido y ahora abarca toda la República. No tardará en llamar a la puerta del palacio presidencial. Llamará a la puerta del despacho del fiscal general. Y esto representará un gran peligro.[13]

6

Demócratas

Si la perra está amarrada,
aunque ladre todo el día,
no la deben de soltar;
mi abuelito me decía
que podrían arrepentirse
los que no la conocían.

Por el zorro lo supimos,
que llegó a romper los platos
y la cuerda de la perra
la mordió por un buen rato.
Y yo creo que se soltó
para armar un gran relajo.

Los Tigres del Norte, «La granja», 2009

E l mundo vio surgir algunos héroes intrépidos y representa-tivos de la democracia a fines del siglo XX. En Polonia tu-vieron a Lech Walesa, el endurecido sindicalista que resistió años de represión antes de dirigir a su pueblo a la rebelión y a la derrota del comunismo autoritario. En Sudáfrica, Nelson Mandela sobrevivió veinte años en una isla-prisión, y luego libró al mundo del pestilente estigma de la segregación racista y evitó una venganza posiblemente sangrienta que habría estremecido al país. Y México tuvo a... al señor Vicente Fox.

El hombre que protagonizó el definitivo adiós al autoritario PRI y condujo a México a la democracia multipartidista fue el personaje más inesperado. No procedía ni de la izquierda socialista ni de la derecha católica, las dos facciones que planteaban problemas a la hegemonía del PRI. Por el contrario, era un rico hacendado y ejecutivo de la Coca-Cola que entró casualmente en política a los 46 años, y siete años más tarde fue gobernador de su estado natal de Guanajuato. Aunque se integró en una formación conservadora, el Partido de Acción Nacional, no fue nunca un correligionario auténtico. Más que una ideología, defendía los valores patrios del trabajo duro y la honradez. Era conocido por sus sinceros comentarios de hombre del campo que a veces meaba fuera del tiesto. En cierta ocasión dijo: «Los mexicanos hacen en Estados Unidos el trabajo que ni siquiera los negros querrían hacer»,[1] y de las mujeres dijo que eran «lavadoras con patas».

Fox tenía un talento político apto para aquel momento de la historia. Los mexicanos estaban hartos de políticos maniobreros que habían saqueado el país. Fox parecía ajeno a todo esto, un tipo de fiar que podía reparar la estropeada maquinaria política como quien arregla un tractor. A diferencia de los tediosos discursos de los presidentes del PRI, Fox hablaba con un lenguaje cotidiano que la gente entendía. Cuando invocaba la democracia, era como si creyera en ella en el fondo de su corazón. Durante todo el ciclo electoral, tanto para que su partido lo nombrara candidato como para competir por la presidencia, estuvo en vena. Decía las palabras justas en el momento oportuno. Pero cuando ganó, de pronto perdió la onda.

Parecía un zorro acorralado, desbordado y sin saber bien qué hacer.

Abierto con la prensa, Fox transmitía una sensación cálida y familiar, como si fuera el vecino con el que cambiamos impresiones de vez en cuando o un viejo amigo de la universidad. Alto, desgarbado y con bigote, tenía un aire algo cómico, parecido al del actor inglés John Cleese, aunque Fox calzaba botas de vaquero y yo nunca lo vi con sombrero hongo. Su voz era profunda y potente, lo cual lo convertía en un orador carismático.

«Me siento muy feliz de estar al frente de este movimiento que ha liberado a México del yugo del autoritarismo», me dijo Fox en cierta ocasión, reflexionando sobre su labor presidencial durante una entrevista que le hice en su patria chica.[2]

Lo realmente notable es que el PRI le permitiera ganar y no anunciara ningún fallo del ordenador en medio del recuento de votos. El último presidente del PRI, Ernesto Zedillo, era un personaje curioso, un hombre que venía de una familia necesitada, que llegó a ser un tecnócrata educado en Yale y que accedió a la presidencia del país porque el candidato anterior había sido asesinado. Zedillo, que no quiso ceder a las presiones de su propio partido, estaba resuelto a permitir la transición democrática. Si México hubiera sido la Unión Soviética, Zedillo habría sido el dinámico reformista Mijaíl Gorbachov, y Fox el menos chispeante Borís Yeltsin, que empuñó las riendas.

Zedillo tomó valientes medidas contra la corrupta clase dirigente: autorizó la detención de Raúl Salinas por presunto homicidio; la detención del gobernador del estado de Quintana Roo por tráfico de drogas; incluso la detención de su propio zar antidroga, el general Jesús Gutiérrez Rebollo, por estar en connivencia con los gánsteres. Zedillo convenció además al PRI para que aflojara la tenaza con que se aferraba al poder antes de que cediera la presidencia. El colegio electoral nacional consiguió la autonomía en 1996, y el PRI perdió la mayoría en el Parlamento en 1997. Se había vuelto más difícil amañar unas elecciones, por mucho que lo quisiera el PRI.

Estos movimientos reestructuraron totalmente el hampa de la droga y el sistema de protección policial y política. Los gánsteres se reorganizaron con cautela y se quedaron a la expectativa para ver qué hacía un presidente democrático. Cuando Fox juró el cargo, las líneas de fuerza del poder mexicano se movieron; el final de los setenta y un años de dominio del PRI supuso un auténtico terremoto político.

Desde el inicio mismo de su mandato se puso de manifiesto que Fox no tenía una dirección clara en muchos asuntos, entre ellos el tráfico de drogas. Proponía planes una y otra vez, y cuando tropezaba con obstáculos, cambiaba de rumbo o capitulaba. Juró encarcelar a los funcionarios del antiguo régimen que habían sido responsables de la guerra sucia que había causado la «desaparición» de quinientos izquierdistas. Pero como el PRI no quiso cooperar, dejó los sumarios a medias y se limitó a publicar un informe. Prometió modernizar radicalmente la economía y el sistema judicial. Pero como la oposición lo abucheó en el Parlamento, evitó tratar con el cuerpo legislativo todo lo que pudo. Promovió los derechos de los emigrantes, y fue el primer mexicano que habló ante una reunión plenaria del Congreso de Estados Unidos y que pidió que se revisara el estatuto de los trabajadores extranjeros. Pero cuando se produjeron los atentados del 11 de septiembre, los estadounidenses aparcaron el tema de la inmigración.

Fox, por lo visto, abandonó pronto los programas domésticos para dedicarse a recorrer mundo y a agasajar a dignatarios de otros países. Naciones Unidas, la Organización de Estados Americanos, la Organización Mundial del Comercio y muchos otros grupos celebraron cumbres en las que los críticos hablaban de «Foxilandia». Cuando Fox parecía más contento era cuando acogía y presidía estos acontecimientos, cantando las maravillas del pluralismo y la difusión de la democracia.

Había hablado poco de drogas durante su campaña electoral, ya que se había concentrado en echar al PRI del poder. Los guerreros antidroga estadounidenses esperaban que un presidente democrático inaugurase una nueva era de cooperación. Los días de la policía corrupta que intrigaba para matar a agentes de la DEA habían pasado. México podía ahora ayudar a los agentes a anotarse detenciones y confiscaciones, tal como hacían los colombianos. Fox aceptó el reto con entusiasmo e hizo una muy citada promesa en la primera entrevista que concedió a la televisión estadounidense después de su triunfo electoral. Dijo en *Nightline* de ABC: «Vamos a librar la madre de todas las batallas contra el crimen organizado en México. No lo duden».[3]

Fox había prometido echar a los militares de la guerra contra las drogas. Pero tras una reunión inicial con funcionarios estadounidenses, que pensaban que los soldados eran los elementos más fiables en aquella guerra, cambió de idea. Los estadounidenses quedaron contentos. Aquél era un tipo con el que se podía trabajar.

El primer indicio de que la política antidroga de Fox tal vez no fuera tan eficaz como esperaban los estadounidenses se vio dos meses después de formar gobierno. El 21 de enero de 2001, el archimafioso Chapo Guzmán se fugó de una cárcel de alta seguridad de Guadalajara. El padrino de Sinaloa había vuelto.

Según información conseguida por el periodista José Reveles, el Chapo consolidó su poder dentro de la cárcel sobornando a funcionarios durante varios años.[4] A cambio de los sobornos adquirió el derecho de llevar mujeres a la celda; de elegir a mujeres del personal de la limpieza para tener relaciones sexuales con ellas; y de tener relaciones con una presa llamada Zulema Hernández, una rubia treintañera y alta que estaba encerrada por atraco a mano armada. El Chapo, además, introducía Viagra de contrabando en la penitenciaría. Más consecuente con lo que hacía, aprovechó la red de corrupción para escapar. Zulema Hernández entregó después al periodista Julio Scherer una carta de amor del Chapo en la que el señor de la droga le decía que su fuga era inminente. El autor de la carta, fuera el Chapo o alguien que la escribió por encargo, como algunos han sugerido, decía:

> Todo tiene su razón de ser, preciosa, el hecho de que no nos podamos ver tan seguido como quisiéramos y de que ahora la trasladen y nos separemos por un tiempecito quizáz [sic] es para que los dos valoremos lo que somos el uno para el otro, cuánto es el amor que le tengo, cuánto la necesito y cuánto debo hacer por pronto tenerla a mi lado viviendo ambos la vida en libertad.[5]

Dos guardianes ayudaron al Chapo a salir de la cárcel. Para ganárselos, el capo pagó una operación médica al hijo de uno, y al otro lo relacionó con una guapa chica sinaloense. Este último sacó personalmente al preso en la camioneta de la lavandería.

Cuando se hizo pública la noticia de la fuga, el avergonzado Fox puso anuncios en los periódicos y carteles en las calles con un teléfono de línea directa para que llamaran los ciudadanos que supieran algo. Se recibieron casi cien llamadas cada hora. Pero todas daban información falsa o inútil, y en muchos casos se oían risas al fondo. A niños y adultos les parecía ridículo que un presidente pidiera ayuda. Los mexicanos no acababan de entender aquello de que los ciudadanos podían contribuir a mantener el orden.[6]

Así pues, ¿qué nos dice realmente la fuga de Guzmán sobre la presidencia de Fox? Los teóricos de la conspiración la citan como prueba de que el Gobierno Fox estaba asociado con Guzmán y sus amigos del hampa sinaloense. Si le habían abierto las puertas, decían, era porque se habían recibido órdenes de arriba. El objetivo secreto de Fox era renovar el cártel de Sinaloa para convertirlo en el grupo mafioso más fuerte, con Guzmán en el puesto de padrino nacional, tal como lo había sido en los años ochenta el capo Miguel Ángel Félix Gallardo. Después de liberar al Chapo, Fox eliminó a sus rivales, como los hermanos Arellano Félix, y permitió que el Chapo se expandiera por el país. Esta política de apoyo a Guzmán, alegaban estos teóricos, prosiguió cuando fue investido Felipe Calderón.

Este mensaje conspirativo, presentado de diversas formas, ha perjudicado a los dos presidentes de la era democrática. Los gánsteres lo han plasmado en carteles y pancartas, los políticos lo han voceado, y ha llenado muchas columnas periodísticas.[7] Pero ¿hay algo de verdad en todo esto?

Desde luego, no hay ningún indicio que relacione directamente con el Chapo Guzmán ni a Fox ni a Calderón. Más sólida que la teoría de la conspiración es aquí la teoría de la chapuza. Es posible que Fox no tuviera nada que ver con la fuga de Guzmán ni con su ulterior encumbramiento. Sencillamente, Guzmán y sus socios mafiosos fueron muy eficaces y supieron construir una red de funcionarios corruptos en todos los departamentos de la administración. Ni Fox ni Calderón podrían controlar todo el Estado. Con la desaparición del PRI había desaparecido también el sistema básico de poder. Y ésta ha sido la clave del desmoronamiento de México.

Vista en perspectiva, la fuga del Chapo Guzmán parece un acontecimiento histórico. Pero en 2001 fueron pocos los que lo vieron como un hecho con consecuencias. Era sólo un gánster más y un ejemplo más de lo mal que funcionan las prisiones latinoamericanas. Un tribunal de Arizona había acusado al Chapo de extorsión en 1993, y otro de San Diego de conspiración para importar cocaína en 1995. Pero allí no daban aún siete millones de dólares de recompensa por él. Casi todos los observadores de México estaban concentrados en acontecimientos totalmente distintos: la llegada a Ciudad de México de un pacífico convoy de rebeldes zapatistas, y las investigaciones que se estaban realizando sobre la antigua guerra sucia del PRI. Como dijo Fox en una entrevista posterior cuando le pregunté por la fuga del Chapo: «Es importante, pero no es la prioridad de mi Gobierno. Una golondrina no hace verano. Mis oponentes y mis enemigos políticos lo esgrimen hoy como un asunto enigmático».

En el curso de los tres años siguientes, Estados Unidos aplaudió la política antidroga de Fox. En 2002, la policía municipal mató a tiros al psicópata de Tijuana Ramón Arellano Félix, y el mes siguiente los soldados detuvieron a su inteligente hermano Benjamín. Luego, en 2003, las fuerzas de seguridad apresaron al jefe Armando Valencia, en el estado de Michoacán, y al capo Osiel Cárdenas en el de Tamaulipas. Para los agentes antidroga de Estados Unidos, que aplaudían las detenciones y confiscaciones, las cosas no podían ir mejor. A principios de 2004 estuve hablando con tres agentes de la DEA en la embajada de Ciudad de México. Estaban extasiados con el Gobierno Fox. Un agente me dijo: «En comparación con los borrascosos tiempos de Kiki Camarena, es la diferencia que va de la noche al día. México ha dado un giro copernicano en la lucha contra los narcotraficantes. Este país tiene un gran futuro por delante».

Y entonces empezó la guerra.

Empezó por una bagatela en la ciudad fronteriza de Nuevo Laredo, en otoño de 2004. Casi todos los informes mediáticos tergiversan este detalle y dicen que la guerra de la droga empezó en diciembre de 2006, cuando Felipe Calderón fue investido presidente. Esto viene muy bien. Aunque las simplificaciones ayudan a entender el cuadro general, también pueden generar ideas falsas y peligrosas, por ejemplo que esta guerra está totalmente relacionada con la presidencia de Calderón, y que cuando la deje se acabará por arte de magia. La verdad es que el conflicto empezó antes de Calderón y probablemente seguirá después de él.

Pocos entendieron el significado de las luchas internas que estallaron en Nuevo Laredo. Pero el conflicto introdujo una serie de tácticas inéditas: el uso de grupos paramilitares, los ataques generalizados contra la policía y los secuestros en masa. Estas tácticas se difundieron por todo México a una escala espantosa y definieron los métodos con que se libraría la guerra.

En el centro de la batalla de Nuevo Laredo estaba la banda más sanguinaria de México, la de los Zetas. Los ex soldados de fuerzas especiales militarizaron el conflicto, transformando la «guerra contra las drogas» en una «guerra de la droga». De pronto, la gente empezó a ver criminales detenidos con uniforme de campaña y armas pesadas. ¿De dónde habían salido aquellos militares? Para entender cómo surgieron los Zetas, necesitamos saber cómo se produjo la radical transformación del tráfico de drogas en la zona de Nuevo Laredo.

El noreste de México había sido un pasillo para el contrabando desde los tiempos de la Prohibición [la ley seca] estadounidense, en que un criminal con iniciativa llamado Juan Nepomuceno pasaba alcohol de contrabando.[8] Conforme la organización de Nepomuceno se transformaba en el cártel del Golfo, el área conocida como «pequeña frontera» crecía en importancia estratégica gracias a la rápida expansión de las ciudades estadounidenses de Dallas y Houston. En el lado mexicano de la pequeña frontera no había grandes metrópolis, a diferencia de la parte alta del río, donde estaba Juárez. Pero por allí pasaba más cargamento real. En 2004, sólo por Nuevo Laredo —que no tenía más que 307.000 habitantes— pasaban al año mercancías de circulación legal por valor de 90.000 millones de dólares. Era más del doble de los 43.000 millones que circulaban por la creciente Ciudad Juárez, y cuatro veces los 22.000 millones que cruzaban Tijuana.

Este volumen de negocios significaba que por la ciudad pasaban al día diez mil camiones y dos mil vagones de ferrocarril. En el lado estadounidense, Laredo (Texas) es la terminal de la autopista I-35, que conduce a Dallas. Las drogas pasaban en medio de todo este tráfico de vehículos y se distribuían rápidamente por Texas, de donde se enviaban al resto del sur y a la costa oriental. Laredo era el sumidero del tráfico. Y era el único punto de la frontera que no controlaban los sinaloenses.

En 1997, Osiel Cárdenas, antiguo ladrón de coches y ya medio calvo, había llegado a la jefatura del cártel del Golfo matando a todo el que se cruzaba en su camino. Le habían puesto el apodo de Mataamigos a causa de su maquiavelismo para hacerse con el poder, ya que apuñalaba por la espalda a sus aliados. Para asegurarse el puesto de gran jefe de la pequeña frontera, tuvo la idea de organizar un cuerpo especial que fuese más temible que los sicarios que pudieran ir a buscarlo. Había visto que los hermanos Arellano Félix importaban gánsteres chicanos para proteger sus narconegocios. Él quería algo mejor. Y no se le ocurrió otra cosa que dirigirse al propio ejército mexicano.

Cárdenas hizo amistad con un mando de las fuerzas especiales llamado Arturo Guzmán Decena, que había sido enviado a Tamaulipas para tomar medidas contra las bandas de traficantes. Según todos los testimonios, Guzmán Decenas era un oficial con talento e iniciativa. Una foto suya de cuando era un joven alistado lo muestra ancho de espaldas, recién afeitado y en buena forma, con la mano derecha en el pecho, que es el saludo nacional mexicano. Sus ojos miran al frente con fijeza, con determinación militar, y en su cara hay cierto aire de joven inocente. Pero algo tuvo que suceder para convertir a este joven en un frío narcosicario llamado en clave Z-1.

Arturo Guzmán procedía de una aldea del estado de Puebla, al sur de México, y se alistó en el ejército para huir de la pobreza. Su historial es típico de los militares mexicanos. La institución no está controlada por oficiales aventureros de clase alta, como en el caso británico; ni es una reserva de la derecha ideológica, como en el caso español; es más bien un ejército formado por ex campesinos que han salido de las tierras pobres del sur.

Elemento destacado y brillante, Guzmán se alistó en el GAFE (Grupo Aeromóvil de Fuerzas Especiales), el equivalente de los Boinas Verdes estadounidenses. Es tradicional en las fuerzas especiales que los oficiales pongan a los soldados en situaciones de resistencia límite y les inculquen una mentalidad resuelta y fanática. El lema de la unidad es: «Ni la muerte nos detiene, y si la muerte nos sorprende, bienvenida sea». El entrenamiento del GAFE corrió a cargo de unidades de élite de todo el mundo. Los soldados aprendieron tácticas de las Fuerzas de Defensa israelíes, cuyas experiencias en el Líbano y en la orilla occidental del Jordán las hicieron acreedoras a figurar entre las mejores en lucha urbana. Pero la principal influencia que recibió el GAFE llegó de más cerca, de los militares estadounidenses.

Estados Unidos ha venido adiestrando a los soldados latinoamericanos en tácticas de guerra y antiinsurrección, desde finales del siglo XX, en la tristemente célebre Escuela de las Américas de Georgia y en Fort Bragg (Carolina del Norte). Cuando los manuales que se daban a los alumnos se desclasificaron, en 1996, despertaron la indignación. Impresos sólo en español, los manuales de instrucción explicaban el uso de la guerra psicológica para contrarrestar las rebeliones. Un manual especialmente polémico, titulado *Manejo de fuente* [sic], instruye a los oficiales latinoamericanos sobre cómo utilizar a los informantes. En términos fríos y clínicos, detalla la presión que debe ejercerse sobre los informantes, con violencia contra ellos y sus familias. Según se dice literalmente en la página 79:

> El agente de CI [contrainsurgencia] podría causar el arresto o detención de los parientes del empleado [informante], encarcelar al empleado o darle una paliza como parte del plan de colocación de dicho empleado en la organización de las guerrillas.[9]

Allá en México, Guzmán y sus compañeros pusieron en práctica lo que habían aprendido cuando el levantamiento zapatista sorprendió al mundo en 1994. Encabezados por el subcomandante Marcos, revolucionario y fumador en pipa, unos tres mil rebeldes zapatistas se apoderaron de los ayuntamientos del empobrecido estado meridional de Chiapas. La insurrección fue básicamente una protesta simbólica contra la pobreza y el Gobierno unipartidista; los rebeldes eran pobres mayas autóctonos, armados con escopetas viejas y fusiles del calibre 0,22, y se batieron en rápida retirada hacia la jungla en cuanto llegó el ejército. Sin embargo, y a pesar de la nula amenaza militar que representaban, el Gobierno mexicano quiso replicar con dureza y lanzó al GAFE en persecución de los zapatistas.

Las unidades de ataque los alcanzaron mientras los insurrectos se retiraban por Ocosingo, una destartalada población que se alza en los límites de la jungla. Al cabo de unas horas, treinta y cuatro rebeldes yacían muertos. El subcomandante Marcos dijo en un comunicado que los muertos se habían rendido y habían sido ejecutados en el acto, aunque los militares replicaron que habían muerto combatiendo. Al día siguiente los soldados capturaron a otros tres rebeldes en la vecina comunidad de Las Margaritas. Sus cadáveres fueron arrojados en la orilla de un río; les habían cortado la nariz y las orejas. Aquella carnicería estremeció al movimiento rebelde y Marcos se apresuró a firmar un alto el fuego doce días después del inicio de la sublevación. Desde entonces, los zapatistas han optado por las protestas no violentas, aunque siguen manteniendo un pequeño ejército guerrillero en el interior de la jungla.[10]

Estrella en ascenso y soldado que contaba ya con un inmejorable entrenamiento y un historial de sangre, Guzmán se trasladó a la pequeña frontera. Chabacanas narcomansiones se alzaban en calles de tierra donde se celebraban ruidosas fiestas que duraban toda la noche, y millares de prostitutas bailaban en crecientes zonas de tolerancia. Fue un cambio tremendo para el joven oficial que había pasado su juventud chapoteando en los barrizales de la selva.

Los investigadores dicen que los primeros trabajos que hizo Guzmán para Cárdenas consistieron en aceptar sobornos a cambio de hacer la vista gorda ante los cargamentos de droga del cártel del Golfo. Aquellas mordidas eran típicas. Pero aunque hacía tiempo que los soldados esquilmaban a los traficantes, era inconcebible que desertaran para asociarse con ellos. Los oficiales aún se consideraban defensores de la república, y había tantas posibilidades de que se asociaran con los narcos como de que un soldado de Estados Unidos se pasase a las filas de los rebeldes en Irak. Los soldados consideraban los sobornos como una especie de beneficio indirecto por su trabajo. Pero Guzmán hizo trizas este modelo. Dejó el cuartel definitivamente y reapareció como narcomercenario.

¿Qué impulsó a Guzmán a dar un paso tan espectacular en su carrera castrense? Se ha dicho, a modo de explicación, que se sintió tentado por el brillo del oro, que veía que los ostentosos gánsteres ganaban más en un año que muchos militares profesionales en toda su vida. Pero él también habría podido vivir bien en el ejército como joven promesa. Al unirse al cártel se convertía en un fugitivo que se arriesgaba a morir o a ir a la cárcel.

Un factor decisivo pudo ser el cambio radical que estaba descomponiendo el orden anterior. La transición democrática puso muy nervioso al ejército, que no sabía qué lugar iba a tener en el nuevo México. Los oficiales galardonados estaban particularmente preocupados porque les exigían que eliminaran los abusos propios del antiguo régimen. Las familias de los «desaparecidos» se manifestaban diariamente en la capital y varios oficiales fueron juzgados por violar los derechos humanos o ser cómplices del tráfico de drogas. Cuando un juez condenó al general Gutiérrez Rebollo a cincuenta años de prisión por aceptar sobornos de los narcos, todo el ejército quedó a la expectativa. En medio de esta confusión, el oficial Guzmán decidió que era mejor salir del sistema.

Cuando Osiel Cárdenas contrató a Guzmán, no quería un pistolero más. Cárdenas pidió a su nuevo empleado que organizara la compañía de sicarios más feroz que encontrase. Cárdenas era un intrigante, y tenía imaginación de sobra para concebir lo que podía ser una banda de matones con instrucción militar. Pero gran parte de la iniciativa para organizar una fuerza paramilitar en toda regla procedió probablemente del propio Guzmán. La policía nacional mexicana hizo pública tiempo después una conversación conseguida al parecer por un confidente y que se refería a la formación de la nueva unidad:

—Quiero los mejores hombres. Los mejores —decía Cárdenas.
—¿Qué clase de hombres necesita? —preguntaba Guzmán.
—Los que mejor sepan manejar armas.
—Ésos sólo se encuentran en el ejército.
—Quiero a ésos.[11]

De acuerdo con aquellas órdenes, Guzmán reclutó a docenas de soldados de élite. Algunos medios han comentado que los Zetas se organizaron a raíz de una deserción en masa de una sola unidad militar. Pero los archivos militares contradicen esta versión. Los soldados dejaban los cuarteles para trabajar con Guzmán durante unos meses y procedían de varias unidades, por ejemplo el 7º Batallón de Infantería y el 15º Regimiento de Caballería Motorizada. Pero también hubo mucho personal procedente del GAFE en la unidad en ciernes, que se denominó «los Zetas» por una señal de radio utilizada por los boinas verdes mexicanos. A todos los miembros se les daba un número con la clave Z, empezando por Guzmán, que era Z-1. En unos meses Z-1 tenía bajo su mando a 38 ex soldados.

Apoyado por la nueva unidad, Osiel Cárdenas se sintió más poderoso que nunca. La arrogancia lo empujó a cometer un error que le costó caro: amenazó a los funcionarios estadounidenses. Los agentes en cuestión —uno de la DEA, otro del FBI— iban en coche por Matamoros en noviembre de 1999 con un confidente que iba a indicarles dónde se encontraba una propiedad de los narcotraficantes. Al advertir que los seguían, pisaron el acelerador del coche, que llevaba matrícula consular, pero fueron bloqueados por ocho vehículos entre turismos y camiones. Se apearon unos quince hombres, entre ellos algunos Zetas, y rodearon el coche consular, al que apuntaron con fusiles Kaláshnikov. Cárdenas en persona salió de entre el grupo y exigió a los agentes que le entregaran al informador. Los estadounidenses se negaron y recordaron a Cárdenas que si mataban a unos agentes de Estados Unidos el crimen no quedaría impune. Según la declaración de los agentes, Cárdenas replicó con furia: «Éste es mi territorio, gringos. No pueden controlarlo. ¡Así que largo de aquí!»[12]

Los agentes se dirigieron directamente a la frontera y llegaron ilesos a Estados Unidos. En marzo de 2000, un gran jurado con competencia nacional, reunido en Brownsville, Texas, declaró que Cárdenas era culpable de agredir a los agentes y de traficar con drogas, y la DEA puso precio a su cabeza: dos millones de dólares. Cuando Vicente Fox fue investido presidente, Osiel Cárdenas estaba en el primer puesto de la lista de gánsteres buscados por Estados Unidos.

Sin embargo, a diferencia de los capos de la vieja escuela, Osiel Cárdenas se negó a negociar su rendición. Lejos de ello, llamó a su unidad de Zetas para que lo defendiera con las armas en la mano. Cárdenas creyó que podía enfrentarse al Gobierno para impedir su detención y se convirtió en el primer narcoinsurgente. El modus operandi que había regulado el comercio de la droga durante décadas había periclitado y el telón volvía a subir para la representación de la inminente guerra.

Los Zetas, para engrosar su contingente, reclutaron a más soldados, así como a ex policías y a otros gánsteres. Las calles de Tamaulipas presenciaron batallas muy reñidas entre el ejército y los Zetas. Enfurecido por esta resistencia, el ejército pidió refuerzos para atrapar a Cárdenas; la consigna era disparar primero y preguntar después. Esta política de andarse sin miramientos redundó en la eliminación de Z-1. Guzmán estaba comiendo en una marisquería de la playa con algunos hombres de su séquito, en noviembre de 2002. En esto entraron soldados con los fusiles vomitando plomo y Arturo Guzmán fue alcanzado antes de poder responder. En total recibió cincuenta balazos, en la cabeza, el pecho, los brazos y las piernas. El joven oficial prometedor y fundador del primer grupo paramilitar de los cárteles mexicanos acabó acribillado en el suelo de un restaurante.

Los soldados siguieron la pista de Osiel Cárdenas, que fue localizado en marzo de 2003 en una casa franca. Esta vez los guardaespaldas Zeta tuvieron ocasión de replicar al fuego, disparando miles de balas y lanzando granadas de fragmentación contra los sitiadores. Pero los gánsteres eran muy inferiores en número y estaban rodeados por todas partes. Al cabo de media hora, los soldados irrumpieron por la puerta y detuvieron al cacique. Los Zetas, sin embargo, no se rindieron y gracias a los refuerzos que llegaron siguieron lanzando ataques para liberar a su jefe. Los soldados se abrieron paso a tiros hasta el aeropuerto y volaron con Cárdenas a Ciudad de México. En otra época, la policía detenía a los capos pacíficamente en los restaurantes; las cosas eran ya muy distintas y acabó creándose una nueva tónica.

Osiel Cárdenas, con las manos esposadas, fue un magnífico trofeo para el presidente Fox. Pero las consecuencias de la existencia de los Zetas no se entendieron plenamente. Casi todos los periodistas los vieron como una extraña banda armada, aunque con un historial curioso. Tampoco los traficantes rivales supieron comprender la amenaza que representaba el grupo paramilitar. Antes bien, con Z-1 muerto y Cárdenas en la cárcel, la banda sinaloense pensó que el cártel del Golfo estaba acabado y se trasladó a su territorio.

La mafia sinaloense convocó una narcocumbre para planificar la expansión. Los detalles de este encuentro histórico se saben por un traficante que se acogió al programa de protección de testigos y que estuvo en la reunión.[13] Según sus declaraciones, los gánsteres de Sinaloa, entre ellos el fugado Chapo Guzmán y Beltrán Leyva, el Barbas, se sentaron a comentar su plan de dominio. Los sinaloenses ya controlaban la frontera desde Juárez hasta el Pacífico, dijeron. Y ahora podían hacerse con las lucrativas rutas del este de Texas. ¿Quiénes eran los paletos del noreste de México para impedirlo? Los gánsteres sinaloenses se dirigieron al noreste para reclamar el territorio. La primera fase de la guerra mexicana de la droga consistió en el enfrentamiento del poderoso cártel de Sinaloa con los insurgentes Zetas.

En 2004, poco antes de que estallara la guerra interna, conseguí un empleo consistente en informar sobre México para el *Houston Chronicle*. El director era un texano generoso y no le importó trabajar con un reportero que tenía un tonto acento británico. Claro que si no entendía mi media lengua, siempre podíamos comunicarnos por correo electrónico. Lo único que yo tenía que hacer era saber qué le gustaba y no le gustaba a Bubba, el típico texano. «A Bubba no le gusta la palabra *bourgeois* [burgués]. Usa otra más breve», me decía. Me puse a escribir sobre la transición democrática de México. Por entonces se amontonaban los cadáveres en el lado mexicano de la frontera texana: no tardaría en haber veinte, luego cincuenta, y luego un centenar de homicidios. Tuve que volar a Nuevo Laredo. Bubba quería saber qué diantres pasaba allí.

Conforme aumentaba el número de muertos en 2005, los tres principales rotativos texanos —el *Houston Chronicle*, el *Dallas Morning* y el *San Antonio Express*— trataron de sacar jugo periodístico a la situación. Sin darnos cuenta nos enzarzamos en una batalla por las primicias, al viejo estilo. «¡Vete allí e informa como si fuera una guerra!», me gritó el director. Pensé que exageraba. Pero al evocarlo ahora me doy cuenta de que estábamos en el comienzo de un conflicto de muy serias consecuencias. Tuve la suerte de trabajar con dos veteranos que figuraban entre los mejores reporteros que había tenido el *Chronicle* en toda su historia: Dudley Althaus y Jim Pinkerton. Pero aun así, mientras estuve en Nuevo Laredo me esforcé por comprender la lógica de la guerra interna. Era frustrantemente difícil conseguir información fidedigna: la policía, los fiscales, el alcalde, todos contaban la versión prevista. Intenté otras formas de acercarme a los hechos. Había conocido a multitud de drogadictos allá en Gran Bretaña; sin duda podría encontrar en la frontera a más de uno que supiera algo de lo que se cocía. Busqué en los centros de rehabilitación, en las calles, en las cantinas. Y no tardé en localizar a camellos y contrabandistas al por menor que me describieron la batalla desde abajo.

Trabé amistad con un tipo de 28 años llamado Rolando. Era delgado, nervudo y el benjamín de los diez hijos que había tenido un jefe de la policía local. Rolando había pasado marihuana a Estados Unidos y había estado un tiempo en una cárcel de Texas, donde había aprendido a hablar muy bien el inglés. Además tenía dos nefastas drogadicciones: la heroína y el *crack*. Nos sentábamos en una pequeña habitación de la casa de su novia, se inyectaba heroína y fumaba una piedra de *crack* inmediatamente después. Nunca he entendido por qué la gente emprende el vuelo y se tira al suelo al mismo tiempo. Pero a Rolando parecían funcionarle bien las dos cosas y se ponía a divagar sobre la familia, sobre temas filosóficos y cualquier otro tema que surgiese.

Se ganaba la vida en un barrio de Nuevo Laredo que los estadounidenses llamaban Boy's Town (Ciudad de los Muchachos), y los mexicanos la Zona (por «zona de tolerancia»), cuatro manzanas amuralladas con anchas calles de tierra, burdeles y bares de estriptis. Según cuenta la leyenda, Ciudad de los Muchachos fue fundada por el general estadounidense John Pershing para que todos los soldados puteros se concentrasen en un solo lugar. Un siglo después, los camioneros estadounidenses y los adolescentes texanos que querían perder la virginidad visitaban aquel antro de pecado. Rolando hacía valer su conocimiento del inglés para conducir a los puteros a los mejores bares y presentarles a las chicas más guapas a cambio de una propina. Se gastaba casi todo el dinero en drogas. Además, tenía una novia que trabajaba de estríper. El día que supo que su novia estaba embarazada lo celebramos bebiendo cerveza y escuchando música en la máquina de discos de una mugrienta cantina de Ciudad de los Muchachos. La siguiente vez que lo vi, me dijo que su novia había perdido el niño. Para conmemorarlo vi que tomaba su dosis habitual de *crack* y heroína.

Yo lo acompañaba cuando iba a comprar las dosis, a los «conectes» (camellos) de Ciudad de los Muchachos o a las «tienditas» de los barrios. Me contó que cuando era pequeño la gente vendía drogas y se quedaba con el dinero. Pero ahora todos los camellos tenían que pagar un impuesto a los Zetas. Con mucha cautela me señaló a unos elementos de los Zetas que merodeaban por Ciudad de los Muchachos. Eran sujetos fornidos apostados cerca de los clubes nocturnos, charlando por teléfono móvil o vigilando la calle. Ciudad de los Muchachos, como todo Nuevo Laredo, era territorio suyo.

Cuando llegaron los sinaloenses, me contó Rolando, también ellos quisieron extorsionar a los camellos y contrabandistas. Algunos matones locales pensaron que iba a ser ventajoso. Los Zetas eran un grupo de represión. Puede que les fuera mejor con los nuevos amos. Así que ayudaron a los forasteros a organizar casas francas y a meter las zarpas en la ciudad. Pero otros eran leales a los Zetas y señalaban con el dedo a cualquiera que pasara información a los invasores. A quien pillaban trabajando con la competencia lo secuestraban, torturaban y dejaban muerto en la calle. La guerra entre empresas por una misma clientela es un negocio feo.

Los sinaloenses subestimaron peligrosamente a sus rivales. Muchos reclutas de los sinaloenses eran matones de la Mara Salvatrucha de El Salvador y Honduras. Los gánsteres tenían una reputación terrible. Pero no estaban a la altura de los Zetas, que estaban muy bien armados y organizados. En una casa franca de Nuevo Laredo aparecieron cinco cadáveres de estos reclutas centroamericanos, en cuyos hombros y brazos se veían los reveladores tatuajes de la MS. Junto a ellos había una nota garabateada con la confusa caligrafía de los narcosicarios. «Chapo Guzmán y Beltrán Leyva. Mandar más pendejos como éstos pa que los chinguemos.» Los Zetas estaban aplicando su táctica militar: sembrar el terror en las calles. Las bandas restantes no tardarían en hacer lo mismo.[14]

El presidente Fox envió a Nuevo Laredo setecientos soldados y policías nacionales para acabar con la violencia. La ofensiva recibió el nombre de Operación México Seguro, una campaña que Fox incorporó luego a sus planes antidroga para todo el país. Nuevo Laredo fue un laboratorio para la estrategia del Gobierno, así como una táctica contra el cártel.

Las tropas no tardaron en detener a las unidades de matones Zetas y pusieron en fila a diecisiete elementos para que la prensa sacara fotos. La intención era humillarlos, para demostrar que quien mandaba era el Gobierno. Pero produjo el efecto contrario. Los matones aparecieron en todos los televisores de México, de pie, con la espalda muy tiesa y mirando sin parpadear los fusiles que les apuntaban, los chalecos antibalas y los *walkie-talkies*. Todo el mundo supo así que los Zetas eran una banda a la que había que temer.

Al frente de los Zetas estaba Heriberto Lazcano, Z-3, lla-mado el Verdugo. Natural del estado agrícola de Hidalgo,[15] el musculoso Lazcano tenía los mismos orígenes campesinos que su amigo y mentor Guzmán, Z-1. También él se alistó en el ejército de adolescente y consiguió pasar a las fuerzas especiales. Cuando Guzmán desertó, el leal Lazcano siguió pronto su ejemplo. Pero Lazcano, que se puso al frente de los Zetas a los 28 años, resultó más sanguinario que su maestro.

Los guardianes de la penitenciaría de Matamoros se nega-ron a pasar artículos de lujo ilegales a algunos presos Zetas. Lazcano recurrió a la presión. Una noche, cuando seis trabaja-dores de la cárcel acabaron su turno, los Zetas que los espera-ban los secuestraron uno por uno. Horas después, un horrori-zado guardián de la puerta encontró los cadáveres de los seis empleados en un Ford Explorer. Les habían vendado los ojos, esposado las manos y disparado en la cabeza. Los Zetas tenían su propio método para negociar con las autoridades. Hasta en-tonces la policía acosaba a los criminales hasta que éstos paga-ban. Pero las tornas habían cambiado.

El presidente de la Cámara de Comercio, Alejandro Do-mínguez, estaba deseoso de manifestarse contra aquella ola de terrorismo. Hablé con él en su despacho del centro, a unas ca-lles de unas tiendas de recuerdos turísticos y de bares de tequila muy frecuentados por los ciudadanos texanos. Era alto, con una mata de pelo plateado y modales agradables. Adujo que la vio-lencia estaba oprimiendo a los vecinos, que necesitaban recupe-rar el dominio de la ciudad: «Este baño de sangre se está llevan-do nuestra libertad. La gente está demasiado asustada para pasear de noche por la calle. Pero la gente tiene que recuperar sus calles. Tiene que recuperar sus parques. No podemos entre-gar tranquilamente la ciudad a los criminales».

Seis semanas después, el alcalde nombró a Domínguez jefe de la policía de Nuevo Laredo. Prestó el juramento del cargo en una ceremonia pública, poniéndose la mano derecha en el pecho y prometiendo proteger y servir a la ciudad. Un periodista local le preguntó si no tenía miedo de morir. El nuevo jefe de policía le respondió con toda seriedad: «Creo que son los funcionarios corruptos los que deben asustarse. Yo sólo trabajo para el pueblo».

Aquella tarde Domínguez fue a su despacho del centro, el mismo donde yo lo había entrevistado. A eso de las siete cerró y se dirigió a su coche deportivo. Dos pistoleros le dispararon y le metieron cuarenta balas en el cuerpo. Sólo había durando seis horas en el cargo de jefe de la policía local. El atentado fue noticia en muchos países y fue una de las primeras veces en que la naciente guerra de la droga llamaba la atención.[16]

Los terroristas empezaron a tender emboscadas a los policías en todo Nuevo Laredo. Luego la policía nacional y la local empezaron a tirotearse entre sí. La podredumbre de México estaba saliendo a la superficie.

Recibí una llamada concerniente a un tiroteo un sábado por la mañana, mientras desayunaba en mi hotel. Corrí al lugar de los hechos y me encontré a un agente nacional sangrando en una camilla. Venía del aeropuerto en coche con otros agentes cuando un policía local los paró y les dijo que quería registrar el vehículo. Discutieron, luego se liaron a puñetazos y acabaron disparándose. El agente nacional recibió varios disparos, pero sobrevivió.

Al día siguiente, agentes nacionales y soldados entraron en la jefatura de policía y detuvieron a los setecientos agentes del cuerpo. Las tropas nacionales irrumpieron en una casa franca y se encontraron con un espectáculo espeluznante: cuarenta y cuatro prisioneros atados, amordazados y sangrando. Los prisioneros dijeron que los habían detenido los policías locales y que los habían entregado en calidad de cautivos a los temidos Zetas.

La comprobación de que la policía local trabajaba para los insurgentes Zetas representó al principio un auténtico escándalo, pero no tardó en volverse lúgubremente habitual en el país. Una y otra vez las tropas nacionales peinaban las ciudades y acusaban a la policía local de estar en connivencia con los gánsteres. Los funcionarios ya no se limitaban a hacer la vista gorda ante el contrabando, sino que colaboraban como secuestradores y verdugos por derecho propio, lo que suponía una seria desintegración del Estado. Para agravar el problema se descubrió que muchos funcionarios nacionales trabajaban también para los gánsteres, por lo general para distintas facciones del cártel de Sinaloa. Así que cuando las tropas nacionales detenían a los Zetas, los observadores preguntaban al servicio de quién estaban, del público o de los capos sinaloenses.

Estas revelaciones acentúan un problema central que se arrastra en la guerra de la droga. Los años del PRI se caracterizaron por una delicada danza de la corrupción; en los años de la democracia se ha vuelto una corrompida danza de la muerte. En los viejos tiempos, los policías estaban corrompidos, pero al menos trabajaban juntos. En la democracia, la policía trabaja para mafias rivales y se enfrentan activamente entre sí. Los gánsteres eliminan tanto al buen policía que se interpone en su camino como al mal policía que trabaja para la competencia. Para los artífices de la política se ha vuelto un nudo gordiano.

A este espinoso tema de la corrupción hay que añadir otro más fundamental, y es el de la represión del tráfico de drogas. Cada vez que se detiene a un traficante se está ayudando a sus rivales. De este modo, cuando la policía nacional asaltaba las casas francas de los Zetas, estaba concediendo victorias a los sinaloenses, les gustara o no. Las detenciones no reducían la violencia, sólo la acentuaban.

La guerra interna de Nuevo Laredo prosiguió durante el largo, cálido y sangriento verano de 2005. En otoño la violencia se propaló a otras partes de México. Aunque seguían combatiendo por su territorio, los Zetas se expandieron, ocupando muchas áreas tradicionalmente controladas por la mafia sinaloense. La mejor defensa es el ataque.

Para incrementar sus fuerzas reclutaron a más personal. La fama sanguinaria que ya tenían les ayudó. Miles de jóvenes matones se dieron cuenta de que el nombre «Zeta» significaba poder y estaban deseosos de enrolarse en el equipo de los más malos. Y para estimularlos, el Verdugo tuvo la audacia de publicar anuncios ofreciendo trabajo: sus hombres los escribían en mantas y colgaban éstas de los puentes.

«El grupo operativo de los Zetas le llama, soldado o ex soldado —decía un rótulo—. Ofrecemos buen salario, comida y atención a su familia. Nunca más pasará hambre ni sufrirá malos tratos.» Otro decía: «Únanse a las filas del cártel del Golfo. Ofrecemos beneficios, seguro de vida, casa para sus familias e hijos. Dejen de vivir en barriadas y de viajar en autobús. Un coche o camión nuevos, elijen ustedes».

Los Zetas también viajaron al extranjero en busca de sicarios inteligentes. Encontraron a los mercenarios más dispuestos en Guatemala, antiguos miembros de los comandos de élite kaibiles que arrasaban las aldeas rebeldes en la guerra civil. Al lado de los curtidos kaibiles, las fuerzas especiales mexicanas parecían *boy scouts*. Con su lema «Si retrocedo, máteme», fueron adiestrados para sacarse ellos mismos las balas del cuerpo en pleno combate. El ejército mexicano mató a cientos de insurgentes de izquierdas, pero los kaibiles exterminaron a docenas de miles de rebeldes con sus familias.

El cártel del Golfo gastó millones de narcodólares en financiar el rápido crecimiento de los Zetas. Pero para que la expansión fuera más rentable, las unidades Zetas generaron sus propios ingresos. Matones con cantidades industriales de armamento conocían una forma rápida de conseguir dinero: la extorsión. Al principio exigieron impuestos a todo el que estaba metido en el negocio de la droga, incluyendo a los cultivadores de marihuana y a los camellos de la calle. Luego diversificaron las actividades y explotaron a todo bicho viviente.

Efraín Bautista, que cultivó marihuana durante muchos años al sur de la Sierra Madre, vio los cambios que se producían en su antigua comunidad. Aunque se había trasladado a Ciudad de México a principios de los años ochenta, volvía para visitar a la familia, y aún tenía primos y sobrinos que plantaban marihuana en los campos próximos a Teloloapán, en el estado de Guerrero. Cuenta así la llegada de los Zetas:

En Teloloapán no había habido nunca peleas por la marihuana. Si querías cultivar mota, la plantabas y la vendías a los traficantes de la ciudad. Así había sido siempre desde los años sesenta, cuando empezamos a cultivar nosotros.

Pero entonces aparecieron esos Zetas y dijeron que todo el que plantaba marihuana debía pagarles. Los de mi parte de las montañas tienen malas pulgas y les dijeron a aquellos cabrones que se fueran a chingar a su madre. Y entonces aparecieron cadáveres en las calles. Y la gente empezó a pagar.

Cuando los policías detenían a soldados Zetas de la región, descubrían que muchos eran hombres locales que se habían alistado en las bandas del noreste. Los agentes mexicanos de inteligencia explican que las células Zetas son como las franquicias. Como en el caso de las tiendas McDonald's, los reclutas locales reciben entrenamiento y las mejores marcas de la empresa. Luego, un jefe local, al que los Zetas llamaban segundo comandante, puede dirigir su propio punto de venta mientras

Democratas

paga las cuotas al cuartel general. Las unidades paramilitares que surgieron en Colombia en los años noventa operaban con un parecido nivel de autonomía local.

Las nuevas células Zetas se enfrentaron con los sinaloenses y sus socios de todo México. La violencia llegó inesperadamente a la playa turística de Acapulco; los cadáveres se amontonaron en el estado vecino de Michoacán; un convoy de Zetas se desplazó cientos de kilómetros para llevar a cabo una matanza en el estado de Sonora. Con la intensificación de la guerra se endureció la táctica. En el México moderno apenas se había oído hablar de decapitaciones. En abril de 2006 se arrojaron delante del Ayuntamiento los cráneos de dos policías de Acapulco. Los agentes habían matado a tiros a cuatro pistoleros en una larga refriega, y los gánsteres quisieron darles una lección especial.

Sigue sin estar claro qué inspiró esta brutalidad. Muchos señalan la influencia de los kaibiles guatemaltecos que trabajaban con los Zetas. En la guerra civil de Guatemala los soldados le cortaban la cabeza a los rebeldes delante de sus vecinos, para disuadirlos mediante el terror de unirse a la insurgencia izquierdista. Convertidos en mercenarios en México, es posible que los kaibiles reanudaran su infalible táctica para aterrorizar a los enemigos del cártel. Otros sugieren la influencia de los vídeos de decapitaciones de Al Qaeda, que se pasaban completos por algunos canales de la televisión mexicana. Y ciertos antropólogos incluso remiten a la práctica precolombina de la decapitación, utilizada por ejemplo por los mayas para demostrar su dominio absoluto sobre sus enemigos.

Los Zetas no pensaban como gánsteres, sino como un grupo paramilitar que controla un territorio. Su forma de combate se difundió rápidamente en todos los frentes de la guerra de la droga. En septiembre del mismo año, personal de la banda La Familia —que trabajaba con los Zetas en el estado de Michoacán— lanzó cinco cabezas humanas a la pista de

baile de una discoteca. A finales de 2006 había habido ya docenas de decapitaciones. En el curso de los años siguientes
hubo centenares.

Los gánsteres de todo México imitaron además la organización paramilitar de los Zetas. Los sinaloenses crearon sus propias células de guerreros, con muchas armas y uniformes de
combate. Tenían que responder al fuego con el fuego. Beltrán
Leyva, el Barbas, dirigía pelotones de la muerte bien armados.
Un pelotón fue detenido tiempo después en una casa de vecinos de Ciudad de México. Encontraron veinte fusiles automáticos, diez pistolas, doce lanzagranadas M4 y chalecos antibalas
con el logotipo de la empresa: FEDA, siglas de Fuerzas Especiales De Arturo.

Mientras los montones de cadáveres pasaban de la frontera a las
playas turísticas, los reporteros corrían a los lugares donde se
había cometido un asesinato al estilo de una ejecución o habían
arrojado un cadáver. El Gobierno mexicano hacía tiempo que
se guardaba de facilitar información sobre el número de homicidios. Pero los periódicos llevaban la cuenta de los asesinatos y
publicaban sus cálculos en una especie de «ejecutómetros» no
poco truculentos. Algunos tabloides regionales adornaban estos
cálculos con gráficas como las deportivas. Los cálculos recibían
críticas a causa de su carácter deshumanizado. Pero fueron útiles en la medida en que fueron los primeros termómetros decisivos de la violencia. En 2005 se atribuyeron al crimen organizado mil quinientos asesinatos cometidos en todo el país. En
2006 hubo dos mil.

Aquella creciente ola de homicidios disparó la preocupación. Pero a nivel internacional el conflicto interesó poco, ya
que todavía se consideraba un problema de criminalidad interior con algunas emocionantes anécdotas sobre canallas que

perdían la cabeza. La prensa extranjera se concentraba en las primeras elecciones presidenciales desde la caída del PRI y en cómo cedería Fox el testigo. Por ley, Fox no podía presentarse para otro mandato.

Se había dicho que iba a ser una competición muy reñida entre muchos candidatos, pero resultó una carrera de dos caballos entre el conservador Felipe Calderón, del Partido de Acción Nacional de Fox, y el canoso Andrés Manuel López Obrador, del Partido de la Revolución Democrática, de ideología izquierdista. Sin embargo, las calumnias y las intrigas echaron a perder las elecciones y empañaron la joven democracia mexicana.

López Obrador era un carismático animal político con grandes dotes para hablar en público, y enardecía a las multitudes con largas parrafadas contra el injusto México en que los pobres trabajaban y los ricos robaban. La clase dirigente le lanzó de todo, por ejemplo vídeos tomados con cámara oculta que revelaban que sus asesores recibían sobornos. Pero no se arredró por eso. En un último intento de cerrarle la boca la fiscalía le acusó de una oscura disputa por unas tierras, lo que lo dejó fuera del sorteo. Fue claramente un acoso político. Sus incansables seguidores celebraron una manifestación de protesta en la que participaron cientos de miles de personas, y la prensa de Londres y Washington acusó a Fox de sabotear la democracia. Al darse cuenta de que corría peligro su propia herencia, Fox despidió al fiscal general y retiró las acusaciones.

El caso se había cerrado. Pero dejó una terrible cicatriz. Durante los años que siguieron, todos los políticos acusados de algún delito replicaban que eran víctimas de un acoso político. Este problema dificultó aún más la labor de limpiarle la cara a la podrida clase dirigente de México. La izquierda hizo bien en defender a López Obrador. Pero luego se puso a defender y a apoyar a políticos sobre los que pesaban acusaciones más verosímiles de colaborar con la mafia. Con la policía tenida por un instrumento político, la confianza pública en la justicia se vino abajo.

Conforme se acercaban las elecciones presidenciales, las tensiones alcanzaron un punto límite. López Obrador dijo que la clase dirigente era una banda de capitalistas mafiosos. Calderón replicó describiendo a López Obrador como a un populista loco y mesiánico que llevaría la crisis a México. Su pegadizo eslogan, «López Obrador, un peligro para México», resultaba muy efectivo para asustar a un país que iba de crisis en crisis.

En el recuento oficial, Calderón ganó por una diferencia del 0,6 por ciento de los votos, lo que convirtió aquellas elecciones en las más reñidas de la historia del país. López Obrador alegó que se había amañado la votación y organizó campamentos de protesta en la capital. Mientras tanto, en el estado meridional de Oaxaca, una huelga de maestros se transformó en una insurrección sin armas contra el impopular gobernador del PRI. La crisis duró cinco meses, durante los cuales los manifestantes quemaron autobuses y levantaron barricadas, y la violencia política mató al menos a quince personas, la mayoría manifestantes izquierdistas. Después del asesinato del periodista de American Indymedia Brad Will,[17] Fox envió a cuatro mil policías nacionales para tomar la ciudad de Oaxaca. Según Calderón, México era el caos. Cuando juró el cargo, en diciembre, el ex abogado estaba decidido a restaurar el orden.

Acabado su mandato, Fox se retiró a su rancho y siguió haciendo comentarios sinceros a los periodistas. Su presidencia había sido testigo del inicio de la guerra de la droga. Sin embargo, sería injusto acusar a Fox de esto (como han hecho algunos). Vicente Fox, estimulado por Estados Unidos, emprendió puntualmente la difícil lucha contra los cárteles de la droga. Pocos preveían en el año 2006 que México estaba al borde del abismo.

Un interesante aspecto secundario del problema es que Fox se convirtió en defensor de la legalización de las drogas. «Legalizar en este sentido no quiere decir que las drogas sean buenas o no dañen a quien las consuma —escribió desde su rancho en 2010—. Más bien tenemos que verlo como una estrategia para golpear y romper la estructura económica que les permite a las mafias generar enormes ganancias en su comercio, lo que a su vez les sirve para corromper e incrementar sus cotos de poder.»[18] El hombre, cuya «madre de todas las batallas» fue aplaudida por los agentes de Estados Unidos, había llegado a la conclusión de que luchar era inútil.

7

Señores de la guerra

Herimos a la serpiente, no la matamos. Curará y será la misma mientras nuestra triste maldad sigue bajo el peligro de su prístino diente. [...] Antes comeremos con miedo y dormiremos con la aflicción de estos sueños terribles que nos agitan de noche. Mejor estar con el difunto a quien, por ganar la paz, hemos dado la paz.

Shakespeare, *Macbeth*, acto III, esc. II

E l 1 de diciembre de 2006 los diputados de la nación discutían acaloradamente en el Parlamento mexicano horas antes de que Felipe Calderón entrase en la Cámara para ser investido presidente. Peleaban por el espacio. Los diputados de izquierdas alegaban que su candidato, Andrés Manuel López Obrador, había ganado las elecciones, pero había sido despojado de su legítima victoria. Querían hacerse con la tribuna de oradores para impedir que Calderón pronunciara el juramento y entrara en funciones. Los diputados conservadores defendían la tribuna para que el futuro presidente jurase el cargo. Los conservadores ganaron la trifulca. Eran más y parecían mejor alimentados.

Entre los asistentes a la ceremonia estaban el ex presidente de Estados Unidos George Bush (Bush I) y el gobernador de California Arnold Schwarzenegger. Yo cubría la entrada del Congreso y repartía preguntas conforme llegaban los invitados. Bush el Viejo pasó cojeando con seis guardaespaldas de cabeza calva y con micrófonos en la boca. Le pregunté qué pensaba del alboroto que había en la Cámara.

—Bueno, espero que los mexicanos sepan resolver sus diferencias —respondió con diplomacia.

Schwarzenegger también pasó por allí sin ningún guardaespaldas. Le pregunté qué le parecían los guantazos que se habían dado. Terminator se volvió, me miró con fijeza y murmuró:

—*It's good action!* [¡Buena movida!]

Repetí sus declaraciones por teléfono a la oficina central y aparecieron en un artículo de agencia. De pronto, la declaración de Schwarzenegger se oyó en todas las cadenas de televisión de California. Luego la BBC empezó su noticiario con ella: «Hace falta mucho para impresionar a Arnold Schwarzenegger, pero hoy, mientras estaba en México...» Recibí telefonazos frenéticos de la oficina del gobernador en Los Ángeles. ¿Se estaban citando sus palabras quizá fuera de contexto? Bueno, repliqué, yo le pregunté a bocajarro y él me respondió a bocajarro.

Para el presidente Calderón, la buena movida en su primer día de ejercicio fue una auténtica prueba. Tuvo que colarse por la puerta trasera, jurar el cargo a toda velocidad mientras sus diputados repelían a los izquierdistas, y luego salir por piernas otra vez, defendido por policías con equipo antidisturbios. A pesar de todo, lo consiguió. Y gracias a eso, insufló tranquilidad en una situación complicada y acalló cualquier queja relativa a no haber jurado el cargo debidamente. En un México caótico, parecía ser un hombre activo y decidido.

Diez días más tarde, declaró la guerra a los cárteles de la droga. Vaya, volvió a pensar el público. Aquí tenemos un hombre activo y decidido.

Al cabo de cuatro años, sabiendo que la guerra de Calderón ha dado lugar a 35.000 asesinatos, a coches bomba, a ataques con granadas contra grupos de juerguistas, a docenas de atentados políticos, a una matanza especial con 72 víctimas y a una interminable lista de atrocidades, la decisión presidencial de atacar a los cárteles parece un momento revolucionario. Todo el mundo imagina que debía de tener un plan maestro. Pero es muy fácil leer la historia hacia atrás. En aquella época, Calderón probablemente no tenía la menor intención de seguir adelante con su ofensiva cuatro años después, y desde luego no contaba con que el país le estallase en la cara. Como abrirse paso hasta la tribuna del Congreso, su declaración de guerra fue una reacción momentánea y una exhibición de fuerza y decisión. Y al igual que con el juramento, esperaba resolver rápidamente una situación confusa. En lo primero acertó. Pero en la guerra de la droga se equivocó de medio a medio.

Calderón es del mismo grupo conservador, el Partido de Acción Nacional, que Vicente Fox, pero tienen poco más en común. Fox entró en política ya cuarentón, mientras que Calderón nació con ella. Su padre, Luis Calderón, era un católico practicante que se unió a la rebelión de los Cristeros a fines de los años veinte para defender a la Iglesia de la represión de los generales revolucionarios. La Guerra de los Cristeros se cobró noventa mil vidas en tres años y fue el último gran enfrentamiento bélico que hubo en México hasta la guerra de la droga. Terminó en tregua: los católicos seguirían practicando su religión libremente, pero el Gobierno sería laico. En 1939, Luis Calderón fundó con otros el Partido de Acción Nacional como fuerza política para luchar por los valores espirituales. El viejo Calderón creía en un catolicismo político que pedía justicia social al mismo tiempo que fe, y era una tercera vía entre el socialismo ateo y el capitalismo protestante de la época.

Como el PRI mantenía al margen de toda acción de gobierno a los políticos de Acción Nacional, Luis Calderón educó a sus hijos en una casa de clase media que contrastaba vivamente con las grandes haciendas de los incondicionales del partido gobernante. El presidente la describía diciendo que era un entorno fuertemente politizado, y cuatro hermanos de los cinco que eran entraron en política y se integraron en las filas del creciente PAN. «Mi casa era con frecuencia un "cuartel de campaña". Doblábamos propaganda impresa en lo que entonces se llamaba "papel ferrocarril". En la cocina hervían constantemente grandes ollas ("calderones", para acabar pronto) de engrudo. Mis hermanos y yo salíamos por las noches a pegar propaganda.»[1]

Felipe Calderón, que era el menor de los hermanos, obtuvo una beca para ir a un colegio marista antes de estudiar derecho en una universidad privada; luego hizo un máster en economía y finalmente otro en administración pública en Harvard. Una educación de tan amplio espectro lo calificó para ser un buen tecnócrata. Entró en política con plena dedicación a los 26 años, fue diputado nacional, presidente del PAN, ministro de Energía, y finalmente fue elegido para el cargo máximo a sus 43 maduros años.

La política de Felipe Calderón difería de forma notable de la de su padre en que su catolicismo era básicamente privado. Conforme subían los peldaños del poder, los políticos de Acción Nacional llegaron a la conclusión de que no querían parecer fanáticos religiosos y se concentraron en promover políticas económicas de libre mercado. Los izquierdistas acusan injustamente al PAN de ser un partido fascista de extrema derecha. El PAN lo niega, alegando que es centrista, y acusa a la izquierda de ser descaradamente populista. Calderón pasó la campaña electoral tachando a López Obrador de lunático mesiánico que hundiría al país en la crisis.

El público conocía poco a Calderón antes de ser elegido, de modo que carecía de antecedentes susceptibles de ser atacados por la oposición. Los rivales se concentraron entonces en lo más viejo y pedestre de toda campaña: el aspecto físico del otro. Calderón es bajo, casi calvo y lleva gafas. En el primer debate presidencial, Roberto Madrazo, candidato del PRI, se volvió hacia él y puso la mano en el aire, a un metro del suelo:

—No está usted a mi altura —dijo con sonrisa de suficiencia—, no da la talla.[2]

El aspecto de enano del presidente no tardó en ser el motivo fundamental de los chistes políticos. Se veía al pequeño Calderón forcejeando dentro de un uniforme militar para parecer un tipo aguerrido; lo dibujaban sentado en un tanque, esforzándose por ver por encima del volante; y en fecha posterior lo dibujaron empequeñecido por el largo presidente gringo Barak Obama, que le daba palmaditas en la cabeza. Cuanto más hablaba de guerra en tono agresivo, más se burlaban de él los humoristas. Lo dibujaban como un enano que va a la guerra... como otros belicistas paticortos que parecen repetirse en la historia.

La declaración de guerra fue hecha el 11 de diciembre por el nuevo gabinete de seguridad de Calderón, compuesto por el ministro de Defensa, el fiscal general y el secretario de Seguridad Pública. El primer golpe se daría en el estado natal de Calderón, Michoacán, donde La Familia, banda asociada a los Zetas, había dejado regueros de cadáveres decapitados. La Operación Michoacán, anunció el gabinete, movilizaría a seis mil quinientos soldados de tierra, apoyados por helicópteros y lanchas cañoneras de la Armada. Los ministros repitieron mucho la expresión «reconquistar territorio». Fue un mensaje clave de la campaña de Calderón que se oiría una y otra vez, una ofensiva para recuperar partes de México donde los gánsteres se habían hecho demasiado fuertes. «Es para recuperar la tranquila vida cotidiana de los mexicanos», dijo el presiente.[3]

Corrí con otros reporteros para seguir a los soldados a la batalla, dejando atrás los magníficos lagos de Michoacán y subiendo hasta las peligrosas comunidades montañesas que producían droga. La ofensiva, desde luego, tenía buen aspecto. Largas columnas de vehículos militares y *jeeps* llenos de policías nacionales con pasamontañas desfilaban por las carreteras. Las calles del pueblo montañés de Aguililla, conocido desde hace tiempo como semillero de traficantes, fueron tomadas por los soldados que registraban camionetas y abrían puertas a patadas mientras los helicópteros zumbaban sin cesar en las alturas. Estas imágenes recorrieron la nación en los noticiarios diarios. Ya tenían un presidente que se tomaba las cosas en serio, observaba la gente. El Gobierno demostraba su poder.

Calderón amplió la ofensiva a otros estados. Siete mil soldados cayeron sobre la playa turística de Acapulco, tres mil trescientos policías nacionales y soldados entraron en Tijuana, otros seis mil peinaron la Sierra Madre. Unos cincuenta mil hombres —casi todo el contingente de la policía nacional y buena parte de los efectivos militares— fueron movilizados en la guerra contra la droga en una docena de estados.

Otro movimiento temprano fue la extradición masiva de jefes. Llevaba Calderón poco más de un mes de presidente cuando un avión despegó de Ciudad de México con destino a Houston, Texas, con quince traficantes encadenados y vigilados por «federales» (policías nacionales) con pasamontañas. Entre ellos estaban Osiel Cárdenas, jefe del cártel del Golfo, y Héctor

Palma, alias el Güero, del cártel de Sinaloa, dos de los delincuentes más buscados en Estados Unidos. Fue otro movimiento clave que se vio en todas las pantallas de televisión y tuvo importantes consecuencias.

Calderón se dirigió en avión a una base militar de Michoacán. En contra de la tradición, pasó revista a las tropas con gorro de soldado y guerrera verde oliva del ejército de tierra. Los presidentes mexicanos han eludido la indumentaria militar desde los años cuarenta, cuando los políticos civiles del PRI ocuparon el lugar de los generales revolucionarios. Las fotos de Calderón en la base se hicieron políticamente simbólicas: el presidente con la mano derecha levantada y con el gorro calado hasta las gafas, empequeñecido por su musculoso ministro de Defensa. Para asegurarse de que el ejército estaba de su parte, Calderón defendió en el Congreso que les subieran el sueldo, y cada vez que tenía ocasión los elogiaba diciendo que eran héroes de la República. Como dijo a los soldados en la base militar número uno a los dos meses de ser presidente:

> Los instruyo a perseverar en el ataque hasta alcanzar la victoria, y al hacerlo escribirán nuevas páginas de gloria. [...] No nos vamos a rendir, ni ante provocaciones ni ante ataques contra la seguridad de los mexicanos. No daremos tregua ni cuartel a los enemigos de México.[4]

Fue ciertamente un discurso enérgico. Pero ¿era diferente la ofensiva de Calderón de las políticas del Gobierno Fox? Conforme proseguía la guerra, Calderón seguía arguyendo que él había inaugurado un nuevo capítulo. Los presidentes anteriores habían dejado que el narcotráfico creciera hasta convertirse en un monstruo, mientras que él era el primero en hacerle frente.

Si había violencia, subrayaba, la culpa era de quienes lo habían precedido.

Pero en muchos aspectos, las diferencias entre la política antidroga de Fox y la de Calderón afectaban más al estilo y a la escala que a la esencia. También Fox mandó soldados a luchar contra las bandas, también él realizó importantes detenciones y batió marcas en el tema de las extradiciones. Los actos más novedosos de Calderón eran aumentar la presencia militar en las zonas urbanas y dar mucha publicidad a todas sus medidas antidroga. Además, rodeaba los golpes contra los cárteles de una retórica más agresiva: era una lucha del bien contra el mal, decía; una lucha contra los enemigos de la nación; una batalla en la que se está con nosotros o contra nosotros. Su estilo era en gran parte su guerra. Estaba comprometido con la lucha.

Calderón había aprendido de los ejemplos de Nixon y Reagan que la guerra contra la droga era buena política. Los dos presidentes estadounidenses, en cuanto llegaron al poder, afinaron su retórica y llevaron a cabo movilizaciones espectaculares, y los votantes se decantaron por ellos por ese motivo. Calderón también tenía el precedente de la Operación Cóndor de los años setenta. En aquella ofensiva, el Gobierno mexicano había hecho morder el polvo a los narcos durante un año y los había metido en cintura. Calderón probablemente imaginaba que la suya iba a ser una campaña breve y rápida, un error frecuente en muchos conflictos que se vuelven interminables. A los soldados británicos que cruzaron el Canal para participar en la Primera Guerra Mundial se les prometió que estarían de vuelta para comer el pavo de Navidad.

Como en la Operación Cóndor, también Calderón podía servirse de su guerra contra la droga para lanzar una advertencia a los militantes izquierdistas. Durante los seis años anteriores, Calderón había visto que Fox se cruzaba de brazos mientras los movimientos de inspiración izquierdista ponían en apuros al

Gobierno. En San Salvador Atenco, un grupo se manifestó contra los planes de construcción de un aeropuerto secuestrando policías y amenazando con matarlos, hasta que el Gobierno cedió y dio marcha atrás. En Oaxaca, los manifestantes tomaron la capital del estado durante cinco meses. Y en Ciudad de México, los partidarios de López Obrador bloquearon el centro durante dos meses. Los izquierdistas argüían que estaban luchando contra un sistema injusto que favorecía a los ricos y perjudicaba a los pobres. Calderón desdeñaba lo que él consideraba vestigios de un México anárquico y atrasado. No iba a tolerar tales barbaridades. Durante sus primeras semanas de mandato, la policía nacional detuvo a un importante líder rebelde de Oaxaca, y un juez condenó a un manifestante de Atenco a cincuenta años de cárcel. Calderón hablaba una y otra vez de la necesidad de restaurar el orden y reafirmar la autoridad del Estado. Este mensaje se refería tanto a las barricadas y disturbios callejeros como a las decapitaciones de los narcos.

Como siempre, la zanahoria estadounidense estaba de oferta. A los tres meses de jurar el cargo, Felipe Calderón se sentaba en Mérida con su homólogo George W. Bush y juntos improvisaron las condiciones de la famosa Iniciativa Mérida, que concedía ayuda estadounidense para la guerra. Se acordó que Estados Unidos entregaría 1.600 millones de dólares en material y adiestramiento en el curso de tres años.[5] La ayuda incluía trece helicópteros Bell, ocho Black Hawk, cuatro aviones de transporte, y los más recientes escáneres gamma y aparatos para intervenir teléfonos.

La iniciativa se comparó inmediatamente con el Plan Colombia, que fortaleció al país andino en su lucha contra los cárteles y los guerrilleros. No obstante, hay algunas diferencias fundamentales. Con el Plan Colombia se dio más dinero a un país más pequeño y se contribuyó a transformar las fuerzas de seguridad, que estaban al nivel de los Keystone Kops, en una potencia regional. La Iniciativa Mérida sólo dio unos 500 millones de dólares anuales a México, cuyo presupuesto nacional total para la seguridad era ya de 15.000 millones.[6] El dinero aportado por los estadounidenses no podía cambiar gran cosa el equilibrio de fuerzas. Sin embargo, los defensores de la Iniciativa arguyeron que la ayuda demostraba al menos que Estados Unidos se estaba responsabilizando de sus consumidores de drogas. Ahora bien, era una ofensiva con apoyo estadounidense, y cualquier cosa que hicieran los soldados mexicanos en el terreno pasaba a ser asunto estadounidense.

La ofensiva de Calderón no tardó en surtir efectos importantes con las redadas. Los agentes nacionales irrumpieron en una mansión de Ciudad de México y confiscaron 207 millones de dólares que al parecer procedían de la venta de metanfetamina. Era la mayor cantidad que se había confiscado en todo el mundo hasta la fecha. En octubre de 2007, los infantes de marina mexicanos establecieron otro récord. Los soldados hicieron una redada sorpresa en el puerto industrial de Manzanillo, que se encuentra aproximadamente en el centro del litoral del Pacífico. Los militares cruzaron el puerto y asaltaron el navío llamado *La Esmeralda*, un buque portacontenedores con bandera de Hong Kong que había llegado del puerto colombiano de Buenaventura. Los soldados inspeccionaron la cubierta y notaron algo sospechoso. La rompieron y... bingo. Ladrillos de cocaína por todas partes. Tardaron tres días en contarlos. En total encontraron 23.562 ladrillos de un kilo, es decir, más de 23,5 toneladas de dama blanca, el mayor alijo de cocaína que se confiscaba en toda la historia. Ardió en la mayor hoguera de cocaína que ha visto el mundo.

Cuesta imaginar una cantidad de cocaína tan grande. Para hacernos una idea, se trata de veintitrés millones de papelinas de un gramo, unos doscientos millones de rayas en doscientos millones de espejos. Vendida al precio que tiene el gramo en las calles de Estados Unidos, valdría unos 1.500 millones de dólares, y eso antes de cortarse con harina. Calderón se estaba ganando a pulso su reputación de ser el Eliot Ness de México. Y los gánsteres empezaban a cabrearse en serio.

Durante el primer año de presidencia de Calderón, la violencia siguió en las calles de México como en el último año de Fox. Los Zetas combatían contra el cártel de Sinaloa y sus socios en media docena de estados. Ambos bandos hacían cada vez más vídeos *snuff* [con grabación de asesinatos reales] y dejaban cadáveres decapitados en lugares públicos. Pero el número total de víctimas superó por muy poco al de 2006.

De pronto llegaron noticias asombrosas en agosto: los Zetas y el cártel de Sinaloa habían convenido en hacer un alto el fuego. Como muchos acontecimientos que se producen en la guerra mexicana de la droga, el primer indicio de la tregua fue un rumor procedente de una fuente sin nombre, en este caso un agente de la DEA. Los funcionarios mexicanos, entre ellos el fiscal general, no tardaron en confirmarlo. Y el narco Edgar Valdez, llamado la Barbie por su pelo rubio, hizo una declaración grabada en vídeo en la que describía los detalles del encuentro en que se había fraguado la tregua.[7]

La cumbre de la narcopaz tuvo lugar en Monterrey, ciudad industrial del norte, entre las oficinas centrales de la tercera compañía de cemento más grande del mundo y la fábrica de cerveza Sol. Asombra que unos capos que habían estado cortándose la cabeza unos a otros pudieran sentarse para charlar amistosamente. Pero los negocios calman el resentimiento. Las dos mafias acordaron dejar de matarse y reorganizar el mapa de sus respectivos territorios, contó la Barbie. El cártel del Golfo y sus Zetas seguirían controlando el noreste de México, incluidos Nuevo Laredo y el estado oriental de Veracruz; el cártel de

Sinaloa conservaría sus antiguos territorios, incluido Acapulco, y además se quedaría con San Pedro Garza, un municipio del área metropolitana de Monterrey y el más rico de todo México. Beltrán Leyva, el Barbas, sería el encargado sinaloense de mantener la paz con los Zetas.

A finales de 2007 hablé con el fiscal general Eduardo Medina Mora, un hombre lleno de optimismo. En los meses posteriores a la tregua se habían reducido los asesinatos; el año terminó con dos mil quinientos homicidios relacionados con la droga. Más que en 2006, señaló Medina, pero la guerra se había encauzado por fin en la buena dirección. El Gobierno había conseguido decomisos históricos, había extraditado a jefes de importancia fundamental y estaba recuperando el control. Los agentes antidroga de Estados Unidos decían que ahora trabajaban con el mejor presidente de la historia mexicana, y los helicópteros Black Hawk no tardarían en llegar de Estados Unidos. Después de un año de presidencia de Calderón, la guerra contra el narcotráfico se estaba ganando. El presidente decía que había que ponerse ya a pensar en otros asuntos, como la reforma de la industria del petróleo.

Y entonces México explotó.

En 2008, la guerra de la droga se intensificó bruscamente y se convirtió en una rebelión criminal declarada. En 2007, la media de homicidios relacionados con la droga era de doscientos al mes. En 2008 subió a quinientos. Durante todo el año se sucedieron agresiones contra policías y funcionarios, y el conflicto empezó a afectar seriamente a la vida de los ciudadanos, como en el ataque con granadas contra unos juerguistas en el curso de las celebraciones del Día de la Independencia. Los tiroteos prolongados en zonas residenciales y matanzas con quince o más víctimas a la vez se volvieron habituales. En el curso de aquel año, las cadenas de televisión estadounidenses se hicieron eco de lo que sucedía y la prensa empezó a decir que en México se estaba librando una guerra con todas las de la ley (aunque seguían dudando sobre qué clase de guerra era).

La localización geográfica de los enfrentamientos de 2008 se puede identificar con facilidad. Nuevo Laredo estuvo relativamente en paz, aunque bajo el puño de hierro de los Zetas. El 80 por ciento de los asesinatos se produjo en tres estados noroccidentales que forman un triángulo entre la Sierra Madre y la frontera con Estados Unidos: Sinaloa, Chihuahua y Baja California. Era la región controlada desde hacía mucho por la narcotribu sinaloense. Aunque los capos de este reino siempre se habían llevado como el perro y el gato, era la primera vez que se atacaban con tantos efectivos. Así, mientras que la primera fase de la guerra de la droga había sido sinaloenses contra Zetas, la segunda fase era una guerra civil dentro del imperio sinaloense.

En aquella guerra había tres puntos críticos: Ciudad Juárez, Tijuana y Culiacán. Los jefes del cártel de Sinaloa, Joaquín Guzmán, el Chapo, e Ismael Zambada, tenían intereses en los tres frentes. En Juárez se enfrentaban al sinaloense Vicente Carrillo Fuentes; en Tijuana, apoyaban al sinaloense Teodoro García contra los herederos del cártel (también sinaloense) de los Arellano Félix; y en el centro de Sinaloa, luchaban contra su viejo amigo y aliado Beltrán Leyva, el Barbas. Se comprendía que una guerra civil así pudiera causar tantas bajas. Pero ¿por qué reventó el imperio en 2008?

Para explicarlo se suelen esgrimir dos argumentos fundamentales. El primero lo expuso el Gobierno mexicano con apoyo de la DEA. Según esta tesis, la guerra fue resultado de la continua presión de Calderón sobre los cárteles. Con las históricas confiscaciones como la de las 23,5 toneladas de cocaína,[8] dicen, los gánsteres estaban perdiendo miles de millones de dólares. Esta situación los empujó a pelearse entre sí por conseguir las cuotas de las plazas y para ver quién reponía las toneladas de droga perdidas. Los sinaloenses siempre habían sido un clan pendenciero, cuyas familias se peleaban entre sí en reyertas de montaña o se tiroteaban en el gueto de Tierra Blanca. Gracias a las iniciativas de Calderón, las tensiones estallaron en una guerra abierta entre ellos mismos, y en desesperados intentos por replicar a la policía. La violencia fue, pues, un indicio de éxito, argüía el Gobierno, e indicaba que los cárteles se estaban debilitando.

El otro argumento venía de los propios gánsteres y tenía el apoyo de muchos periodistas e investigadores mexicanos. Según este enfoque, la guerra estaba relacionada con la corrupción del Gobierno. El cártel sinaloense de Chapo Guzmán y Zambada, alias el Mayo, decían, se envalentonó en virtud de una alianza con funcionarios nacionales para apoderarse de todo el tráfico de México, con ayuda de la policía y el ejército. Chapo Guzmán ayudó a detener a sus rivales, uno de ellos fue el hermano del Barbas, Alfredo Beltrán Leyva, a quien los soldados detuvieron en Culiacán el 21 de enero de 2008. Los dolidos capos reaccionaron devolviendo el golpe contra la policía nacional por estar colaborando con el Chapo. Esta acusación se formuló en centenares de mensajes llamados «narcomantas» porque se escribían en mantas que se colgaban de puentes. Una típica nota, colgada en Juárez, decía literalmente:

Esta carta es para la ciudadanía: para que se den cuenta y para los que ya tienen conocimiento, el Gobierno federal protege al Chapo Guzmán y su gente, que son los causantes de la masacre de gente inocente. Para el Gobierno federal sólo hay [...] cárteles que son enemigos del Chapo Guzmán, que es el protegido de los panistas [Partido de Acción Nacional] desde que Vicente Fox entró al poder, y todavía sigue el compromiso hasta la fecha a pesar de las masacres que hacen. ¿Qué es eso de matar gente inocente en las discotecas? La pregunta es por qué lo hacen. ¿Porque no se pueden defender? ¿Por qué no pelean con nosotros frente a frente? ¿Cuál es su mentalidad? Invitamos al Gobierno federal a que ataque a todos los cárteles.[9]

El Gobierno menosprecia estas acusaciones y las califica de garabatos de gánsteres ignorantes que ni siquiera firman con sus nombres. Calderón incita a los medios a no reproducir la narcopropaganda. Y, como ya he dicho, no hay ninguna prueba sólida que relacione a Calderón con el cártel de Sinaloa.

En cambio, sí hay pruebas de que algunos funcionarios nacionales apoyaron la ofensiva del Chapo Guzmán. Hacia fines de 2008, una investigación gubernamental llamada en clave Operación Limpieza puso al descubierto una red de veinticinco funcionarios nacionales en la nómina del cártel de Sinaloa. Entre ellos había militares, jefes de la policía nacional y agentes. Sin embargo, para contradecir la teoría de la conspiración, los indicios sugieren que algunos de estos funcionarios nacionales trabajaron con rivales del Chapo Guzmán. Como parte de la misma operación, la policía detuvo a cincuenta agentes que al parecer trabajaban para Beltrán Leyva, el Barbas.

Como ya he dicho, prefiero la teoría de la chapuza a la teoría de la conspiración. Puede que Calderón sea sincero, pero declaró la guerra a los cárteles de la droga con un aparato administrativo corrupto, un aparato que no podía controlar plenamente. Gracias a su empuje, policía y soldados golpean a los gánsteres con más fuerza que nunca, pero los cuerpos y fuerzas de seguridad del Estado siguen siendo sensibles al soborno. En consecuencia, la ofensiva de Calderón no hizo sino atizar el fuego. La violencia relacionada con la droga venía creciendo desde 2004. Y como el agua que se pone a calentar, la violencia acabó llegando al punto de ebullición.

Durante todo el año de 2008, mi teléfono no dejó de sonar con llamadas que me hacían desde números desconocidos de todo el mundo. Cuando respondía, oía a nerviosos productores de televisión, de Tokio o de Toronto, deseosos de ponerse a filmar la guerra mexicana de la droga.

«Queremos subirnos a un tanque mexicano durante un mes para captar la acción en primera línea —solicitaban—. Queremos una entrevista con el Chapo Guzmán. —Pero también querían medidas de seguridad absoluta—. Tenemos que estar seguros de que el equipo vuelve ileso. ¿Puede usted garantizarnos al ciento por ciento que no serán tiroteados ni secuestrados?»

Las cadenas enviaron a sus curtidos corresponsales de guerra para aquella misión. Los veteranos llegaron contando anécdotas de correrías con las milicias bosnias, de haber escapado a las bombas en Chechenia, de haber cruzado Kuwait mientras ardían los campos de petróleo. Muchos acababan de estar con el ejército estadounidense en Irak y Afganistán. Querían llegar a un acuerdo parecido con el ejército mexicano. Pero no tardaron en darse cuenta de que la guerra mexicana era un conflicto completamente diferente. No había ninguna unidad de élite mexicana como la Battle Company de Afganistán, a la que pudieran seguir durante la acción, hablando con los experimentados soldados y filmando con cámaras de visión nocturna los ataques con lanzacohetes. No podían quedarse vigilando en los valles los puestos avanzados insurgentes.

El ejército y la policía de México se movían libremente por el campo; pero también podían ser atacados desde cualquier punto. No los atacaban con bombas ni cohetes desde el aire, sino con fusiles Kaláshnikov y algunas granadas. Un día podían ser abatidos siete policías nacionales en Culiacán; al día siguiente, podían encontrarse con cadáveres amontonados en Tijuana; al siguiente, un jefe militar podía sufrir un atentado en su casa de Ciudad de México. Nadie podía adivinar cuál era el lugar indicado para captar la acción.

Aproveché mis mejores contactos en Sinaloa y me concentré en cubrir la guerra desde allí. Todos los meses iba a Culiacán con distintos equipos de televisión para filmar la guerra entre los matones que trabajaban para Chapo Guzmán y los que trabajaban para Beltrán Leyva, el Barbas. Sinaloa fue testigo de 1.162 homicidios en 2008, casi todos cometidos en Culiacán, así que los equipos de filmación tenían asegurada la observación de una docena de cadáveres como mínimo. Triste y sucio oficio informar sobre la muerte.

A un humorista de Culiacán le desconcertaba tanto ver a los altos y pálidos gringos correteando con chalecos antibalas que ideó una tira cómica sobre ellos. «Dada la imprevista aparición en nuestro estado de reporteros, cámaras, periodistas y fotógrafos de todo el mundo y dadas sus dificultades para descifrar la jerga tan peculiar de las crónicas de sucesos, hemos decidido echarles una mano y presentar esta guía de culichi-inglés para corresponsales de guerra», escribió en el cómic sinaloense *La Locha*. Y a continuación hacía una divertida traducción de la narcolengua de Culiacán, como la que sigue:

Sicario: forma elegante de llamar al asesino a sueldo.
Cártel: familia numerosa.
Ejecutado: resultado final de los juicios sumarísimos a que
se somete a los miembros del cártel rival.

Balacera o tiroteo: ensalada de tiros. ¡Corre, o no lo cuentas![10]

Para estar más cerca de los acontecimientos de Culiacán, trabajaba con el curtido fotógrafo de sucesos Fidel Durán. Cuarentón de tamaño osuno, Fidel tenía barba poblada, esclava de oro de san Judas Tadeo y un marcado acento sinaloense que lo hacía parecer un típico macho local. Había hecho fotos de víctimas de la mafia durante decenios y conocía muy bien las entretelas del conflicto. Tras llenar las páginas de sucesos de varios periódicos locales, creó con un colega un sitio web llamado Culiacán AM, donde publicó multitud de fotos de asesinatos y derramamiento de sangre. Algunos criticaron la página por su mal gusto. Pero tuvo un amplio número de visitantes, no sólo de Sinaloa, sino de todo México y de Estados Unidos. También consiguió una envidiable cantidad de anunciantes que ofrecían de todo, desde teléfonos móviles hasta clubes de espectáculos porno.

Fidel parecía conocer a todos los habitantes de Culiacán y a los policías del estado, a todos les daba abrazos y les estrechaba la mano cordialmente antes de ponerse a charlar con ellos de la familia y los amigos. Los policías nacionales y los soldados, en cambio, eran «extranjeros» que llegaban de otras partes de México. Éstos trataban a los fotógrafos sinaloenses de sucesos con suspicacia; a cambio, los fotógrafos los tenían por forasteros que querían saquear la ciudad. Cuando los fotógrafos seguían las operaciones de los agentes nacionales, decían que estaban vigilando para cerciorarse de que los soldados no robaran en las casas ni hicieran daño a la gente.

Fidel también había cubierto las hazañas de los gánsteres locales. Incluso en cierta ocasión había viajado con unos reporteros hasta la casa familiar del Chapo Guzmán, en las montañas, para hacerle una entrevista a su madre. La señora vivía en la destartalada aldea de La Tuna, en una casa muy sencilla, aunque tenía una criada. Mamá Guzmán se quejaba de que a su hijo lo acusaran de tantas fechorías; la fuga de la cárcel había sido para ella «irse de permiso sin autorización». A continuación hizo la comida para los periodistas.

Cada vez que había un asesinato, un tiroteo o una redada, Fidel era de los primeros en llegar al lugar de los hechos. Su *walkie-talkie* nunca dejaba de zumbar. Policías, colegas o su inacabable colección de amigos lo llamaban por teléfono para informarle de tiroteos, del hallazgo de cadáveres o de explosiones de granadas. Siempre lo llamaban mientras estábamos comiendo; Fidel comía como una lima, y yo me encargaba de que los equipos de televisión que llegaban de fuera nos llevasen a las mejores marisquerías de Sinaloa o a los mejores antros donde servían pollo a la brasa. Cuando llamaban avisando de algún tiroteo, salíamos a toda velocidad, y Fidel no se olvidaba de recoger algunos langostinos y trozos de algún pez mientras se llevaban los platos. Ya en camino, quemaba los neumáticos como si fuera un corredor de NASCAR. Los fotógrafos mexicanos de sucesos son los conductores más temerarios que he visto en mi vida, pues moverse aprisa es clave para conseguir la foto. Nos saltábamos los semáforos, y cuando llegábamos, veíamos otro corro de gente que miraba los casquillos del suelo, otro ensangrentado montón de cadáveres, otra familia llorando.

Si había creído que la guerra interna de 2005 en Nuevo Laredo era trágica, la de Culiacán en 2008 fue terrorífica. Los capos rivales se atacaban por toda el área urbana como si jugaran con soldaditos de plomo. Los pistoleros del Chapo Guzmán atacaban la casa franca de Beltrán Leyva con granadas y bombas incendiarias. Beltrán Leyva devolvía el golpe al día siguiente, repartiendo en camioneta cadáveres mutilados de empleados del

Chapo. Los pistoleros del Chapo ametrallaban entonces un bar donde bebían los hombres del Barbas. Los sicarios de Beltrán Leyva entraban en un taller de desguace de coches robados que pertenecía a algún socio del Chapo y acababan con todo el que había dentro.

¡El Chapo (chaparro) contra el Barbas! Los dos hombres habían crecido juntos en las montañas, juntos habían pasado drogas de contrabando durante años, y juntos habían hecho la guerra contra los Zetas. Y ahora se enfrentaban en una guerra de exterminio. Mientras habían cooperado, habían atesorado información crucial sobre el otro: sabían dónde estaban sus casas francas, a qué policías tenían en nómina, qué compañías de tapadera eran suyas. Esto explicaba la facilidad y rapidez con que las dos bandas se atacaban y contraatacaban, y también por qué la lucha era tan sangrienta.

Los dos gánsteres eran físicamente opuestos. El Chapo era bajo y llevaba bigote o la cara afeitada; Beltrán Leyva era un coloso y hacía honor a su apodo llevando barba. El Chapo dirigía personalmente sus operaciones; Beltrán Leyva trabajaba con sus cuatro hermanos, todos unos bribones de siete suelas. Era cosa de familia.

El 9 de mayo, Beltrán hizo la guerra aún más personal: sus hombres mataron al hijo del Chapo. Edgar Guzmán era un universitario de 22 años de quien decían los lugareños que no tenía ningún papel activo en la organización de su padre. Estaba con dos amigos en el estacionamiento de un centro comercial de Culiacán, hablando delante de su Ford Lobo a prueba de balas. Quince pistoleros se lanzaron al ataque y dispararon quinientos proyectiles contra los tres jóvenes. Un cámara local llegó poco después y filmó el cadáver de Edgar Guzmán caído en el asfalto; con la mano derecha empuñaba una pistola de fabricación belga, conocida como matapolicías. Cuando los habitantes de Culiacán vieron la filmación, supieron que aquello significaba catástrofe.

Dicen que el Chapo Guzmán compró todas las rosas del noroeste de México para acompañar a su hijo al cementerio; puso cincuenta mil flores en su tumba. Y se compuso un corrido sobre su muerte. A continuación, el Chapo fue a la guerra. Hubo refriegas en todo el centro de Culiacán. Una noche estalló un tiroteo a una manzana de un restaurante de la plaza central de Culiacán. Todos los comensales se escondieron debajo de las mesas. Los ciudadanos declararon su propio toque de queda y se quedaron en casa por la noche durante los meses de mayo y junio, dejando las calles a merced de los pistoleros. Luego la gente recuperó poco a poco sus costumbres de antes y asimiló el nuevo nivel de violencia que había aparecido en su vida.

Horas antes de que los pistoleros mataran al joven Edgar, otro narcosicario llevó a cabo otro atentado de consecuencias mortales a 1.000 kilómetros de allí, en Ciudad de México. Edgar Millán, el director de la policía nacional, entraba en su casa, sita en la colonia (barrio) Guerrero, cuando el sicario que lo aguardaba le disparó a bocajarro. El guardaespaldas de Millán replicó e hirió al agresor. El agonizante director de la policía empleó su último aliento para interrogarlo. «¿Quién te ha enviado? ¿Quién te ha enviado?», preguntó. Millán falleció antes de que el sicario respondiera.

La policía nacional detuvo a una serie de sospechosos, entre ellos un funcionario corrupto que había dado al sicario las llaves de la casa. Acabados los interrogatorios, los «federales» anunciaron que el cerebro del atentado había sido Beltrán Leyva. La agresión había sido la revancha por la detención de su hermano en enero. El Barbas se estaba volviendo un insurgente más osado aún que los Zetas.

Para la clase dirigente mexicana, el asesinato del director de la policía nacional fue una llamada de alerta. ¿Cómo era posible que mataran a un funcionario de tal categoría, en su propia casa y en la capital? Ya no era un problema del hampa; era un problema de seguridad nacional.

La policía nacional cayó sobre Culiacán en busca de los matones de Beltrán Leyva. Una unidad acabó en un barrio de clase media mientras perseguía a un sospechoso. Una banda de pistoleros emboscados acribilló a los agentes con fuego de fusiles automáticos. Siete agentes fueron destrozados a balazos; los asesinos huyeron en medio de la noche. La rebelión de Beltrán Leyva iba a toda máquina.

Yo estuve en el lugar de la emboscada. Los pistoleros habían disparado a través de la puerta metálica de un garaje, donde estaban escondidos. La puerta estaba completamente agujereada y parecía un rallador de queso. Otros pistoleros habían disparado por las ventanas, rociando de plomo a los policías desde arriba. La casa estaba abandonada, así que entré y husmeé. Los sicarios habían dejado su pequeña basura esparcida por el edificio: cajas de *pizzas*, pasteles a medio comer y revistas pornográficas muy manoseadas. Era fácil representarse la escena: una docena de matones escondidos en el edificio y masticando *pizza*, hojeando revistas de señoras desnudas y esperando para matar «federales».

En la casa contigua vivía un pescadero. Los hombres que se habían introducido en el vacío garaje le habían parecido sospechosos, pero había sido prudente y no había dicho nada. Cuando estalló el tiroteo, estaba en el suelo del dormitorio, con su mujer y dos hijos, rezando para que no entraran balas perdidas por la ventana.

Conforme proseguía la guerra interna en Culiacán aquel caluroso verano, los vecinos se esforzaron por volver a su vida normal. Pero las balas alcanzaban cada vez a más civiles. Quienes perdían a seres queridos se sentían destrozados, asustados, aislados. No se atrevían a hablar con la policía o con la prensa por miedo a las represalias. Pero algunas madres de niños asesinados empezaron a reunirse y a compartir su dolor. Juntas se sentían más fuertes para denunciar las muertes y exigir justicia.

Me reuní con estas familias y traté de convencerlas de que contaran su historia a los equipos de televisión con los que trabajaba. Pero las madres temían que las vieran hablando con periodistas extranjeros. Estaban preocupadas por si las espiaban los gánsteres, la policía, los espías del Gobierno. ¿Molestaría a alguien con poder la historia de sus hijos muertos? ¿Se atreverían a poner a sus otros hijos en peligro? Les dije que había que documentar lo ocurrido para que el Gobierno hiciera algo al respecto. Sólo el 5 por ciento de tales asesinatos se resolvía, aduje, pero la presión de los medios obligará al Gobierno a resolver más. No hablé con sinceridad absoluta. Yo quería que llorasen ante las cámaras; pero no sabía si aquello iba a tener alguna influencia en las investigaciones del Gobierno.

La madre más valiente y franca era Alma Herrera, empresaria de 50 años y madre soltera. Estaba muy bien conservada para su edad, parecía tener quince años menos, su piel morena clara carecía de arrugas y vestía con elegancia. Hablaba con un acento sinaloense dulce y melodioso, y señalaba a los responsables de la situación con tanta vehemencia que yo sentía miedo por ella. Me recordaba a la valiente madre de Tijuana que escribió la carta a la revista *Zeta*, acusando a Arellano Félix de haber matado a sus hijos. Como decía Alma: «Han matado a nuestros hijos en la flor de la edad. Les han arrebatado la vida muy pronto. Y no vemos que se haga justicia. ¿Tienen miedo las autoridades de descubrir la verdad de lo ocurrido? ¿Tienen miedo porque hay muchos policías y políticos de Sinaloa compinchados con la mafia?»

Alma había vivido con sus dos hijos, César, de 28 años, y

Cristóbal, de 16. César era un muchacho rechoncho y cordial, de manos carnosas y pelo negro y abundante; Cristóbal era delgado y muy sociable.

Una noche se estropearon los frenos del coche familiar. César era un manitas con los coches, pero no pudo arreglar el mecanismo del freno, en vista de lo cual prometió llevar el coche al mecánico al día siguiente. Lo primero que él y Cristóbal hicieron por la mañana fue llevar el coche a un taller, conduciendo con cuidado. Era un miércoles muy caluroso, una mañana del todo normal. Había cola en el taller y los dos hermanos esperaron, hablando y bromeando con otros clientes. En total había diez personas.

De súbito, a las once, entró en el taller un pelotón de pistoleros. En el momento en que entraron, César estaba debajo de su coche, mirando los frenos. Cristóbal, los otros ocho clientes y los mecánicos estaban al descubierto. *Bang, bang, bang.* Los sicarios dispararon contra todos, acribillándolos con centenares de balas. En cuestión de segundos, nueve personas, entre ellas Cristóbal, habían muerto.

Como César estaba debajo del coche, los asesinos no lo vieron. Aquello le salvó la vida. No obstante, dos proyectiles le habían alcanzado la pierna. Ni siquiera sentía las heridas. Lo único que podía pensar era: «Si me ven, soy hombre muerto». Sentía en el bolsillo el bulto del teléfono móvil. Si sonaba, los pistoleros lo oirían y sería hombre muerto. Y si intentaba apagarlo, podía emitir un pitido y sería hombre muerto. A un sicario se le cayó un cargador al lado del coche. «Si se agacha a recogerlo —pensó César—, seré hombre muerto.»

Los minutos parecían horas. Los pistoleros recorrieron el taller, comprobando que no quedaban supervivientes que pudieran identificarlos. No vieron a César de milagro. Y se marcharon.

El muchacho esperó una eternidad. Luego salió reptando

de debajo del coche y se quedó mirando los cadáveres. Eran nueve, dos más que en la matanza del día de San Valentín en Chicago. Y no era más que un incidente perdido en la guerra mexicana de la droga. Un cadáver era el de Cristóbal. No podía hacer nada por su hermano menor, el muchacho al que había visto crecer desde que había nacido hasta los 16 años.

César tenía dos balas en la pierna, pero también demasiada adrenalina en el aparato circulatorio para sentirlas. Salió corriendo a la calle y se las arregló para alejarse antes de que llegase la policía y precintara el escenario del crimen. Los asesinos estaban causando más alboroto, disparando a un coche de la policía local mientras cruzaban la población a toda velocidad.

El joven anduvo unas manzanas y se introdujo en el hervidero de gente que se dirigía a su rutina diaria —comprar, recoger a los niños en la escuela, preparar la comida—, ajena a la matanza. El nivel de adrenalina empezó a descender. César se detuvo. Lo primero en que pensó no fue en ir a un hospital a curarse la pierna, sino en su hermano y en su madre. Telefoneó a ésta.

—Mamá, hubo un tiroteo en el taller. Yo estoy bien. Pero no sé dónde está Cristóbal. —Es difícil decirle a la propia madre que su hijo ha muerto.

Alma recogió a César y lo llevó al hospital. Un cirujano le extrajo los proyectiles y el joven respondió bien. Podría andar, aunque nunca más podría correr. Un periódico local se equivocó e informó de que había muerto en la matanza. No quiso que rectificaran la noticia; no necesitaba llamar la atención sobre su presencia en el taller. No había visto nada desde su escondite. Pero otros podrían creer lo contrario. Sus amigos se mantuvieron a distancia. Temían que fueran a rematarlo y no querían estar cerca para no recibir un balazo.

Alma había perdido a su hijo menor. Nadie debería enterrar a sus hijos y menos cuando tienen 16 años y gozan de buena salud. Tengo otro amigo que perdió a una hija pequeña y me lo explicó con estas palabras: «No hay nada peor que perder a un hijo».

Filmé a Alma llorando junto a la tumba de Cristóbal, con una foto suya en la mano, una imagen que titiló unos segundos en los televisores de tierras lejanas.

César y Alma supieron después que el taller de reparación de automóviles formaba parte de la red económica de un traficante de drogas. Un equipo rival había organizado la matanza en el marco de la guerra entre clanes. Acabas con el enemigo destruyendo toda su infraestructura: su protección policial, sus soldados y sus bienes. Pero ¿realmente necesitaba morir para eso un inocente de 16 años? ¿Hacía más victorioso a un capo?

Después de recibir muchas presiones por parte de Alma y otras familias, la fiscalía general de la nación acabó haciéndose cargo del caso. Al cabo de dos años seguían sin resultados. El Gobierno tiene ante sí 35.000 asesinatos relacionados con la droga, entre ellos el de un destacado candidato a gobernador, y los de docenas de alcaldes y jefes de policía. La matanza del taller de Culiacán ocupa un lugar muy bajo en su lista de prioridades. Alma y otras madres se desplazaron a Ciudad de México para protestar en la plaza central. Estuvieron en medio de un mar de gente, una manifestación más en una metrópolis abarrotada de manifestaciones diarias.

El Chapo y Beltrán Leyva estuvieron haciéndose la vida imposible durante todo el año de 2008. En 2009, las fuerzas nacionales y los agentes estadounidenses empezaron a estrechar el cerco alrededor del Barbas. Los «federales» hicieron una redada en una narcofiesta en la que tocaban músicos famosos, pero el Barbas escapó por los pelos. En diciembre de aquel año, agentes de inteligencia de Estados Unidos siguieron la pista de Beltrán

Leyva y lo localizaron en un bloque de viviendas de Cuernava-
ca, una población turística a una hora en coche de Ciudad de
México y donde el conquistador Hernán Cortés había creado
una gran plantación en el siglo XVI. El Barbas utilizaba la verde
hierba de la zona para el aterrizaje de aviones con cocaína.

Los agentes estadounidenses pasaron la dirección de la casa
franca de Beltrán Leyva a los infantes de marina mexicanos, una
fuerza de élite que había sido adiestrada en el Northern Command
de Estados Unidos. Doscientos hombres rodearon el edificio y un
helicóptero lo sobrevoló. Beltrán Leyva llamó por teléfono a su
antiguo amigo y protegido Edgar Valdez, la Barbie, para pedirle
pistoleros con que romper el cerco y huir. La Barbie replicó que la
situación era desesperada y aconsejó al Barbas que se entregase.
Beltrán Leyva repuso que nunca se entregaría por las buenas.

Los soldados intentaron entrar a tiro limpio. Beltrán Leyva
y su banda de forajidos replicaron disparando desde las ventanas y lanzando granadas. Dos horas después los militares conseguían entrar en la casa y se llevaban por delante todo lo que veían.
Beltrán Leyva y cinco colaboradores quedaron hechos picadillo.
El Barbas acabó sus días como Al Pacino en *Scarface* [*Caracorta-
da/El precio del poder*], con más agujeros que un colador.[11]

Alguien decidió divertirse un poco con el cadáver. Puede
que fueran los victoriosos infantes de marina, puede que fuera el
equipo forense. Le bajaron los pantalones hasta los tobillos y lo
decoraron con billetes de un dólar. Los gánsteres jugaban con los
cadáveres de los policías muertos, así que ¿por qué no iban a hacer lo mismo los buenos para humillar a sus víctimas? Se invitó a
los fotógrafos para que tomaran instantáneas del mancillado
cuerpo del Barbas. Horas más tarde, todo estaba en Internet.

El Gobierno Calderón cometió el error de celebrar en público el entierro de un militar muerto en la redada. Hombres de
uniforme bajaron el ataúd al fondo de la fosa y dispararon salvas
de homenaje. Al día siguiente, la familia del soldado celebró un

velatorio en El Paraíso, población del estado meridional de Guerrero. Los pistoleros irrumpieron en el lugar iluminado con velas y mataron a la madre del militar, a su tía, su hermano y su hermana. Calderón llamó «cobardes» a los asesinos. Pero le costó ahogar el claro mensaje: si vienes por nosotros, liquidaremos a toda tu familia. Desde entonces se mantiene en secreto la identidad de los infantes de marina.

Los miembros de la familia enterraron al Barbas en los Jardines del Humaya de Culiacán, un camposanto abarrotado de tumbas grandiosas de generaciones de narcos sinaloenses. La policía y los soldados se quedaron esperando que aparecieran sus canallescos hermanos. Todos se mantuvieron alejados y sólo asistieron al entierro las mujeres y los niños. Unas semanas después apareció una cabeza cortada encima de la tumba del Barbas. Una truculenta foto la muestra con detalles gráficos; la víctima es un hombre de unos treinta y tantos años, con bigote; el cráneo yacía entre dos enormes ramos de flores. Ni siquiera con la muerte terminaba del todo el conflicto.

El fin del Barbas, uno de los traficantes mexicanos más poderosos de todos los tiempos, representó una gran victoria para Calderón. Pero no detuvo la violencia. Antes bien, incitó a las mafias locales a apoderarse de los rentables territorios de Beltrán, extendiendo la guerra desde el noroeste hasta el centro y el sur del país. Los belicistas cambiaron de aliados, se traicionaron unos a otros y se vengaron de un modo sangriento, exacerbando el ya enredado conflicto. La guerra de la droga entró así en su tercera fase, más sangrienta que las anteriores: ahora se libraba en una docena de estados entre una docena de señores de la guerra.

Mientras tanto, la rivalidad entre los capos sinaloenses siguió causando estragos en Ciudad Juárez y la guerra interna por una población alcanzó una intensidad insólita. Miles de pandilleros de las crecientes zonas deterioradas se vieron arrastrados al conflicto y unos barrios pelearon contra otros. En 2009, Juárez se convirtió en la ciudad con más asesinatos del planeta, sobrepasando a Mogadiscio, a Bagdad y a Ciudad del Cabo.[12] Docenas de miles de personas provistas de papeles cruzaron corriendo la frontera para vivir en El Paso. Este éxodo sangró la economía, dejando a sus espaldas más jóvenes sin empleo que acababan en las filas de los cárteles. Era un círculo vicioso. Juárez se convirtió en un caso ejemplar de fracaso urbano.

A fines de 2009 parecía que las cosas no podían ir peor. Y, sin embargo, empeoraron. Mientras el ejército y la policía eran arrastrados a la guerra sinaloense del noroeste, los Zetas se habían multiplicado por todo el este del país, hasta los estados meridionales de Oaxaca y Chiapas y hasta el otro lado de la frontera con Guatemala. Muchos Zetas habían sido chicos pobres del campo y ahora reclutaban a miles como ellos, organizando células en todas las poblaciones pequeñas, aldeas y barrios por donde pasaban. En 2010 se calculaba que los Zetas tenían más de diez mil soldados.[13] Allí donde iban extorsionaban, secuestraban y saqueaban sin piedad. Los antiguos jefes del cártel del Golfo no podían contenerlos; eran un ejército dirigido por sicarios como Lazcano, el Verdugo. La violencia ya no era una forma de control, sino un lenguaje básico de comunicación. Cometían atrocidades que ponían enfermos incluso a los curtidos jefes del cártel, como la matanza de setenta y dos emigrantes. Se habían pasado de la raya.

Muchas personas, tanto de los servicios de seguridad como de los antiguos cárteles, pensaban que los Zetas eran un movimiento psicótico y antisocial que había que eliminar. Los gánsteres ponían mensajes en mantas y en páginas web pidiendo un esfuerzo nacional para destruirlos. Esto dio lugar a algunas de las peores batallas registradas hasta la fecha, sobre todo en el noreste, principal foco de los Zetas. Éstos se enfrentaron a unidades del ejército y a pelotones de asalto del cártel rival con ametralladoras de grueso calibre y lanzacohetes. Los combates hicieron que la guerra de la droga empezara por fin a parecerse a una guerra tradicional, con batallas que duraban seis horas y dejaban docenas de muertos. En 2010, aumentaron vertiginosamente los asesinatos relacionados con la droga, llegándose a fin de año a la espeluznante cantidad de quince mil muertos.

Desesperado, Calderón incrementó la ofensiva militar con más recursos y su recurrente consigna: «No retrocederemos ante los enemigos de México». Pero cuando sus tropas contraatacaban, le producían inevitablemente otros quebraderos de cabeza, ya que acababan causando víctimas entre la población civil. Cuando se lanza a los soldados a combatir contra bandas criminales, siempre acaban cayendo civiles. Ha ocurrido en las llamadas misiones de paz en Afganistán, en Irak, en Irlanda del Norte, por mencionar unos pocos casos. Es verdad que los soldados mexicanos no eran extranjeros, como los estadounidenses que arrasaron Faluya. Pero eran de diferentes estados, por lo general del depauperado sur de la nación, y les encomendaban misiones en la rica franja septentrional. Peleaban contra un enemigo integrado en comunidades, como los insurgentes de Bagdad, Kandahar o Belfast. Los soldados pasaban enseguida a desempeñar el papel de fuerzas de ocupación que miraban a todos los lugareños como a narcosicarios en potencia. Y muchos lugareños, en efecto, eran espías de las mafias de la droga.

Como los soldados destacados en Irak o Irlanda del Norte, las fuerzas de seguridad mexicanas se enfrentaban a un enemigo que utilizaba tácticas guerrilleras. Entre los peores ataques que sufrieron hay que destacar el secuestro y asesinato de diez soldados en Monterrey; la emboscada y muerte de cinco soldados en Michoacán; y un coche bomba en Ciudad Juárez que acabó con un agente de la policía nacional y otras dos personas. Más agotadores eran los secuestros y emboscadas diarios de agentes en pequeños grupos. Los soldados se mostraban irritados, asustados y agresivos, y abrían fuego sobre los coches que se acercaban demasiado despacio a los controles, como ocurrió en Sinaloa, donde mataron a dos mujeres y a tres niños. En otras ocasiones, disparaban sin darse cuenta contra civiles en medio de una refriega con pistoleros de los cárteles, como sucedió en Monterrey, donde cayeron dos estudiantes. Peor aún, se acusaba a los soldados de crueldades premeditadas, como torturas, violaciones y asesinatos. Por ejemplo, cuatro chicas adolescentes de Michoacán declararon haber sido conducidas a un cuartel militar y haber sido violadas varias veces. Cuatro años después de iniciada la ofensiva de Calderón, las balas de la policía y el ejército habían matado a más de cien civiles inocentes.[14]

Calderón estaba en una situación insostenible. La guerra que había promovido triunfalmente durante su primer año de mandato se le había escapado de las manos como un perro rabioso. Varias veces había tratado de dar prioridad a otras cosas, incluso decía que se estaba concentrando en otros asuntos. Pero siempre había matanzas o atrocidades que saltaban a los titulares de la prensa y tenía que olvidarse de lo demás. Los soldados y la policía nacional seguían deteniendo a peces gordos, pero la violencia no menguaba. Calderón se alejó de la retórica belicista, aduciendo que al fin y al cabo sólo era un problema de criminalidad. Culpaba a los medios de dedicar demasiado espacio al derramamiento de sangre y de dar mala fama a México. Prometió, pero sin convencer a nadie, que cuando hubiera un nuevo presidente, en 2012, ya habría acabado él con el narcotráfico. La Constitución prohibía repetir mandato presidencial, y los presidentes por lo general se volvían incompetentes hacia el final de sus respectivos mandatos.

El Gobierno Obama estaba confuso en lo que respectaba a México. Los funcionarios seguían aplaudiendo en público la campaña de Calderón. Pero en WikiLeaks podía verse que los diplomáticos, en privado, tenían serias reservas acerca del rumbo que había tomado la guerra. En enero de 2011, la secretaria de Estado Hillary Clinton se desplazó a México para decir que Calderón estaba ganando la guerra; era parte de una gira para reducir los perjuicios causados por WikiLeaks. Pero en febrero el mandatario civil número dos del ejército de Estados Unidos, Joseph Westphal, contradijo a Clinton alegando que los insurgentes criminales podían acabar controlando México:

> Existe la posibilidad de que el Gobierno quede en manos de individuos corruptos y con proyectos diferentes. [...] No quisiera ver una situación en la que tuviéramos que mandar soldados para sofocar una sublevación en nuestra frontera.[15]

El Gobierno mexicano repitió que no se estaba luchando contra una sublevación, y Westphal se retractó de sus declaraciones. Pero el giro del Gobierno Obama envió un mensaje revelador: que cada vez las tenía menos consigo en lo referente a México y que su apoyo a la estrategia del momento titubeaba.

Los intereses de Estados Unidos en la guerra de la droga crecieron cuando en febrero de 2011 fue asesinado en el estado de San Luis Potosí el agente Jaime Zapata. Zapata, que trabajaba en el Servicio de Inmigración y Aduanas (ICE) de Estados Unidos, fue atacado por presuntos Zetas, que rodearon su coche en la carretera. Zapata señaló la matrícula diplomática de su vehículo y un pistolero replicó: «Me vale madre» [Me importa un carajo]. Los Zetas dispararon contra Zapata y además hirieron a su compañero, que recibió dos balazos. No estuvo claro si se buscó deliberadamente a los dos agentes del ICE o si fue un incidente casual por cruzar una zona Zeta. Fuera cual fuese el motivo, el primer asesinato de un agente estadounidense desde el caso Camarena concentró la atención pública en la misión de Estados Unidos al sur del río.

Mientras los candidatos presidenciales competían por el timón mexicano en 2012, los asesores políticos de ambos lados de la frontera se preguntaban qué nueva estrategia podía aplicarse en la guerra contra la droga. ¿Por qué la creciente cantidad de detenciones y confiscaciones aumentaba la violencia? ¿Por qué las bandas de la droga parecían tener un inagotable ejército de sicarios? Para responder a estas preguntas hay que observar el funcionamiento interno del negocio de la droga y por qué su consecuencia es el asesinato sin fin. Hay que ponerse en la piel de los narcotraficantes.

SEGUNDA PARTE

Anatomía

8

Tráfico

Así terminó mi profesión de contrabandista; profesión que, aunque calculada para compensar mi tenacidad y mi espíritu emprendedor y poner en juego todas las latentes energías de mi alma, está plagada de dificultades y peligros; y en cuya prosecución han sido muchos y variados los expedientes a que he tenido que recurrir con objeto de evitar que me descubrieran, burlar a mis perseguidores y eludir la vigilancia de los infatigables pícaros que por todas partes infestan nuestras costas.

John Rattenbury, *Memorias de un contrabandista*, 1837

Para un fanático de las drogas, la sala de pruebas de la base militar de Culiacán, Sinaloa, sería como un fantástico sueño erótico; contiene suficientes cristales de metanfetamina, cocaína, hierba, pastillas y heroína para que una persona se coloque, viaje, flote, se arrastre, pierda el conocimiento y vea hadas volando durante un millón de años. Y bastantes más.

Es una fortaleza dentro de otra fortaleza, protegida por alambradas y cámaras de circuito cerrado que, según se nos avisó, estarían grabando la visita periodística que hicimos aquella soleada tarde de diciembre. Aunque la llaman «sala» de pruebas, en realidad tiene el tamaño de un almacén, se cierra con una sólida puerta de acero y no tiene ventanas. Cada vez que se abre, agentes nacionales cortan unos precintos especiales y, cuando se cierra, ponen otros nuevos, para convencerse y convencernos de que ningún soldado roba manjares. En las calles de las ciudades estadounidenses aquel oculto tesoro valdría cientos de millones de dólares.

El general Eduardo Solórzano nos guía por la cámara de las sustancias pecaminosas. Es un cincuentón chaparro, de quijada cuadrada, con gafas apoyadas en la punta de la nariz y un chaleco negro que alberga buscapersonas, *walkie-talkies* y teléfonos móviles por los que no cesa de hablar con un tono seco y autoritario. Ameniza la visita con comentarios en comedido lenguaje militar, aunque se entusiasma ocasionalmente, cuando ve muestras de estupefacientes raros en medio de las bolsas, los ladrillos y los paquetes.

Al entrar nos recibe un combinado de olores místicos y tóxicos. A la izquierda, las torres de marihuana envuelta en plástico adherente sobrepasan nuestras cabezas. A la derecha, hay grandes sacos de cogollos de marihuana, muy troceados, y semillas suficientes para plantar un bosque de cáñamo. Seguimos andando y nos encontramos con un montón de pucheros de los que se utilizan en los restaurantes mexicanos para preparar pozole y consomé. El general Solórzano levanta la tapa de uno y esboza una sonrisa de sabiduría: «Cristales», dice. El barro blanco de la metanfetamina pura llena el puchero como un maloliente guiso de helado y leche agria. En un rincón vemos un producto sinaloense mucho más antiguo, la heroína llamada alquitrán negro, que parece plastilina negra y rezuma de unas latas amarillas.

Un inventario lista limpiamente el nombre de cada droga al lado de una cantidad expresada en kilos; en estos momentos suman en total más de siete toneladas. De manera periódica, un burócrata en una oficina de alguna parte firma una orden para que cierta cantidad de heroína, o marihuana, o cristales de metanfetamina, sea trasladada y quemada en una hoguera. Pero las existencias se reponen rápidamente gracias a la entrada regular de nuevas cantidades de productos, obtenidas en redadas semanales en casas francas repartidas por todo Culiacán, y en aldeas y ranchos de los alrededores.

La tarde de nuestra visita llega muy oportunamente uno de aquellos cargamentos para que lo fotografiemos. El camión se acerca a la entrada y unos soldados jóvenes se dedican a descargar con disciplina militar cientos de paquetes marrones que se dejan en el almacén. El general Solórzano coge uno, saca un cúter del chaleco y abre un triángulo en el paquete para que veamos que contiene polvo blanco comprimido en forma de ladrillo. «¡Cocaína!», exclama con voz de triunfo. Un técnico de laboratorio comprueba inmediatamente que es así. El especialista, que viste bata blanca, hace la prueba con un equipo portátil que parece una caja de herramientas para coche. Selecciona un tubo de solución rosa, la mezcla con un pellizco del polvo confiscado y al instante se vuelve azul: resultado afirmativo.

El general Solórzano, que mide 30 centímetros menos que yo, pero que tiene las espaldas el doble de anchas, me mira a los ojos. «Pruébela —dice muy serio—. Adelante.» Miro a los oficiales, agentes y técnicos que me rodean para ver si está bromeando. Todos me miran impasibles y con mucha seriedad. Introduzco el dedo en el ladrillo de cocaína y me lo llevo a la boca. La cocaína tiene un inconfundible sabor agridulce, ni sabroso ni repugnante, como una medicina que se traga con precaución y se comprueba con alivio que no sabe tan mal.

—Notará que la lengua se le duerme —dice el general, que ahora ha vuelto a sonreír—. Es cocaína pura, sin cortar.

En efecto, noto que la lengua se me entumece. Y también siento cierto mareo. Pero quizá se deba a que me ha dado mucho el sol. O quizá sea un efecto retardado de algo que ha ocurrido antes: cuando mirábamos a unos soldados que habían recogido toda la marihuana de un campo confiscado y la habían quemado en una hoguera de llamas verdes y doradas que liberaba nubes de humo que volaban hacia las áridas y escabrosas montañas del horizonte.

En cierta ocasión entrevisté al jefe del FBI de una importante ciudad del lado estadounidense de la frontera con México. Antes de llegar yo, se había tomado la molestia de leer algunos artículos míos. Con marcado acento neoyorquino me contó que había pasado quince años cerca del Río Grande buscando pruebas contra traficantes de drogas. Añadió:

—Me han gustado sus artículos. Cuando me manden más hombres, les diré que así es como no hay que entender el negocio de la droga.

Aquello me picó y creo que se me notó en la cara. ¿En qué me había equivocado?, pregunté. Replicó que no se trataba de que me hubiera equivocado. Era que los aspectos en que yo me fijaba no servían para reunir pruebas. Con nuestro enfoque periodístico vemos historias de jefes pintorescos y mapas cambiantes del territorio del cártel. Pero al nivel del suelo el comercio de la droga no se ve así. Se trata de estupefacientes en movimiento, nada más. Drogas que se producen, se transportan, se venden y se consumen. Siga la droga y reunirá pruebas, dijo. Olvide las leyendas populares sobre los jefes y los concienzudos mapas de las fronteras del cártel.

No fue mal consejo. Reducido a sus rasgos básicos, el narcotráfico no es más que una industria. Y como en cualquier industria, la mecánica de preparar y vender productos es más decisiva que las empresas y los ejecutivos que salen en las fotos. La sala de pruebas de la base militar de Culiacán es un fastuoso escaparate de esta industria. Muestra los colosales resultados del tráfico de drogas: toneladas de productos en cientos de envases. ¿Quién sabe cuántos cárteles o jefes invierten en esas mercancías? ¿Y a quién le importa? Estas sustancias psicoactivas han pasado por millares de manos en campos, laboratorios, barcos, aviones y camiones. Y todas han acabado por coincidir en una sala donde se enseñan a unos periodistas para demostrar que México lucha contra el tráfico, pero que tienen el efecto contrario de ilustrar lo increíblemente productiva que es la industria del país.

La narcoindustria de México nunca duerme. Veinticuatro horas al día, 365 días al año, crecen nuevas plantas en alguna parte, se aplican productos químicos, los transportistas acarrean cargamentos, los muleros («burros» en México) cruzan la frontera. Y todos los días, en muchos lugares de Estados Unidos, los ciudadanos compran drogas que han llegado de México y la inhalan, la esnifan o se la inyectan en las venas. Los jefes se encumbran y caen, los adolescentes experimentan, y los viejos adictos toman sobredosis; y todo el tiempo la maquinaria de la droga sigue marchando con el mismo ritmo inmutable con que la Tierra da vueltas alrededor del Sol.

Todos sabemos que el comercio de la droga es tan lucrativo en México que es una de las fuentes de riqueza más importantes del país. Rivaliza con las exportaciones de crudo para ayudar a estabilizar el peso. Proporciona miles de puestos de trabajo, muchos en las zonas rurales pobres que más los necesitan. Sus beneficios se extienden a otros sectores, en particular la hostelería, la ganadería, carreras de caballos, sellos discográficos, equipos de fútbol y compañías cinematográficas.

Pero tenemos pocos datos fiables sobre él en tanto que industria. Casi todo se basa en estimaciones. Hay que hacer estimaciones basadas en estimaciones, factores X multiplicados por factores Y que generan números confusos y dudosos que circulan como estadísticas. Tanto los medios como la Administración contribuyen a alimentar la máquina de la desinformación. A todos nos gusta adornar con cifras un reportaje o un comunicado de prensa. La revista *Forbes* calcula que el Chapo Guzmán vale 1.000 millones de dólares, y qué oportuno que se dé la cifra exacta con una ristra de ceros pelados. ¿Cuál es la fórmula mágica para adivinar la cantidad? Pues en grandísima medida, lanzar una conjetura al aire. Allá en los años setenta, una vez desmantelada la «conexión francesa», la DEA decía que los mexicanos controlaban por el momento las tres cuartas partes del mercado estadounidense de la heroína. Un año después, ya desmantelada la infraestructura mexicana, decía que los traficantes colombianos de marihuana controlaban las tres cuartas partes del mercado estadounidense de la hierba. ¡Qué casualidad! ¡Cómo coinciden las estadísticas! ¿O es que las tres cuartas partes son sólo una estimación típica que en realidad significa toda la droga?

Sin embargo, la industria mexicana de la droga es tan importante que tenemos que aceptar su magnitud. Las cifras más sólidas son las de las confiscaciones llevadas a cabo en la frontera sur de Estados Unidos. Se trata de cantidades tangibles de droga de una magnitud que podemos comparar año tras año. Y son cantidades que vienen de México para proveer a usuarios estadounidenses.

Las confiscaciones totales confirman, por si alguien lo duda, que hay cantidades astronómicas de estupefacientes que se transportan al norte. En 2009, los agentes de aduanas destacados en los pasos fronterizos y encargados de inspeccionar coches y peatones se incautaron de un total de 298,6 toneladas de marihuana, heroína, cocaína y cristales de metanfetamina. En ese mismo período, las patrullas que vigilaban los tramos fluviales y desérticos de la frontera confiscaron la enormidad de 1.159 toneladas de marihuana, más diez de cocaína y tres de heroína. Drogas suficientes para colocar a cientos de millones de personas y que habrían valido miles de millones de dólares en las calles. Pero nadie sabría decir cuántas toneladas de drogas no se confiscaron. Esa cantidad, la más importante, se ha convertido en otra incógnita.

Estas confiscaciones fronterizas se producen año tras año. En 2006 se aprehendieron 211 toneladas de droga; en 2007 fueron 262; en 2008 se bajó a 242; en 2009 se experimentó otro aumento, 298.[1] Los agentes aduaneros dicen que el último aumento podría deberse a la presencia de más agentes, pero no están seguros, ya que podría significar simplemente que los contrabandistas están más atareados. Lo que está claro es que la guerra contra la droga del presidente Calderón y los millares de tiroteos, detenciones y matanzas no decrecen el flujo de estupefacientes hacia el norte.

En la frontera de Ciudad Juárez las confiscaciones cayeron mientras la violencia crecía: de 90 toneladas en 2007 se pasó a 75 en 2008 y a 73 en 2009. Pero siguen estando por encima de las 50 aprehendidas en 2006, cuando los atentados eran muy inferiores. En los pasos entre San Diego y Tijuana, las confiscaciones, que se fijaron en 103 toneladas en 2007, subieron a 108 en 2008, año en que los enfrentamientos entre facciones rivales del cártel dejaron montones de cadáveres sin precedentes.

Podría parecer que jugamos con números para consolarnos. Pero no es así. Estas frías cantidades tienen espantosas consecuencias humanas: los cárteles de la droga aún trabajan a pleno rendimiento mientras libran sangrientas batallas entre sí y contra el Gobierno. Por lo que parece, la economía de guerra funciona a la perfección en el negocio de la droga. Los gánsteres están en condiciones de seguir con sus refriegas con los soldados en el centro de la ciudad, dejar montones de cabezas cortadas y transportar la misma cantidad de droga. Mala señal para la paz.

Costaría mucho superar la fórmula que tienen los mexicanos para ganar dinero con la droga.

Pensemos en la cocaína. Un agricultor colombiano podría vender por 80 dólares un fardo de hojas de coca de un campo de una hectárea. Las hojas pasan luego un sencillo proceso químico en laboratorios rurales que en Colombia llaman «chagras», y el kilo de pasta de coca obtenida se puede vender por 800 dólares en las montañas colombianas. La pasta vuelve a procesarse para que cristalice y se convierta en un ladrillo de cocaína pura de un kilo, como el que me enseñó el general Solórzano. Según Naciones Unidas, uno de estos ladrillos, en los puertos colombianos, valía 2.147 dólares en 2009, una cantidad que podría alcanzar los 34.700 cuando llegara a la frontera de Estados Unidos, y los 120.000 cuando se vendiese en las calles de Nueva York.[2] El tráfico y distribución de la droga, la parte que corre a cargo de los gánsteres mexicanos, obtiene un beneficio neto del 6.000 por ciento entre el vendedor y la nariz del consumidor. Si se calcula el coste desde que sale del campo, el beneficio es del 150.000 por ciento. Es uno de los negocios más rentables del planeta. ¿Quién más daría tanto por cada dólar desembolsado?

Los cárteles mexicanos tienen en Colombia embajadores que hacen los pedidos de cocaína. Pero aquéllos consiguen que sean los propios colombianos los que les entreguen el polvo discotequero en México o en América Central, sobre todo en Panamá y en Honduras. Tal como se ha desarrollado el negocio, los traficantes mexicanos están por encima de los productores colombianos. El director de la oficina andina de la DEA, Jay Bergman, me lo explicó recurriendo nuevamente a las metáforas: «¿Quiénes tienen la última palabra en una economía global donde impera la ley de la oferta y la demanda? ¿Los cárteles mexicanos o los abastecedores colombianos de cocaína? ¿Los fabricantes o los distribuidores?

»En un modelo económico legítimo, ¿quién tiene la última palabra, Colgate (producto) o Walmart (cadena de comercios)? En realidad, es Walmart quien dice: "Quiero pagar tanto por esto, el precio por unidad será tanto, quiero que me lo entreguen tal día, y así es como ha de ser", y la postura de Colgate es: "Mientras saquemos beneficio, mientras no perdamos dinero, trabajaremos en esas condiciones. Y cuanto más muevan ustedes nuestro producto, mayor descuento les haremos y tendrán realmente la última palabra. Dígannos dónde lo quieren, dígannos cómo lo quieren, lo pondremos en las estanterías que ustedes quieran, pero véndanlo" [...] Éste es el moderno mercado de la cocaína con el que estamos tratando.»

Desde América Central, los gánsteres mexicanos transportan la cocaína en barcos, submarinos o avionetas. El general Solórzano me enseña los aviones que han capturado en Sinaloa. Son sobre todo Cessnas monomotores comprados en Estados Unidos a unos 50.000 dólares la unidad. El ejército protege ahora estos aparatos, porque cuando estaban en una base de la policía, los gánsteres se colaron allí y los robaron. En los dos últimos años los soldados se han apoderado de doscientas avionetas. El tamaño de la flota, vista desde un coche que rodea el aeródromo, parece impresionante. Y éstos son sólo los capturados.

Mientras la droga se dirige a Estados Unidos, individuos de todos los pelajes ganan dinero con ella. Se subcontrata a gente para que la embarque, la transporte en camión, la almacene y finalmente la pase al otro lado de la frontera. Para complicarlo aún más, la mercancía suele comprarse y venderse muchas veces por el camino. Quienes la manejan no saben por lo general a qué jefe o cártel pertenece y sólo conocen a los contactos con quienes tratan directamente. Preguntad a un camello que vende coca en Nueva York quién la introdujo en el país. Lo normal es que no tenga ni la menor idea.

Todo esto explica por qué el comercio de la droga es una red tan complicada y por qué desorienta tanto a periodistas y policías por igual. Averiguar quién exactamente tocó un cargamento a lo largo de su recorrido es muy difícil.

Pero esta dinámica industria tiene un sólido centro de gravedad: los territorios o plazas. Las drogas, para entrar en Estados Unidos, han de pasar por un territorio concreto en la frontera, y quien manda en la plaza en cuestión recibe un impuesto por cada cosa que entra y sale. Las plazas fronterizas se han convertido en cuellos de botella que no se ven en otros países productores de drogas, como Colombia, Afganistán o Marruecos. Es una de las razones fundamentales por las que las guerras internas de México son tan sangrientas.

Los enormes beneficios del comercio de la droga atraen a toda clase de personal: campesinos, adolescentes de barrios depauperados, estudiantes, profesores, empresarios, niñatos ricos que se aburren y muchos otros. A menudo se ha señalado que la gente de los países pobres se dedica al comercio de la droga por desesperación. Es verdad. Pero también prueban fortuna muchos elementos de la clase media y de la clase pudiente. En el sur de Inglaterra, donde me crié, conocí a docenas de personas que movían y vendían drogas y procedían tanto de colegios privados como de urbanizaciones subvencionadas por el Ayuntamiento. En Estados Unidos nunca ha habido escasez de ciudadanos deseosos de transportar y vender drogas. Lo esencial es que las drogas son buen negocio incluso para los ricos, y pocos tienen problemas morales para dedicarse a ellas.

Irán Escandón es uno de los miles de individuos que han transportado dama blanca hacia el norte. Me lo encuentro en la prisión municipal de Ciudad Juárez, tocando el teclado con la banda de la iglesia de la cárcel. Buscando la lógica del comercio mexicano de la droga, he entrevistado a docenas de traficantes en celdas, cantinas y centros de rehabilitación. Pero Irán destaca en mis recuerdos porque da la impresión de ser inocente. Puede parecer gracioso que diga una cosa así; Irán no niega haber traficado con cocaína. Pero parece inocente en el sentido de que es inofensivo o ingenuo. Nunca perteneció a ninguna banda ni ha consumido drogas, como tantísimos contrabandistas; tampoco ha sido policía ni asesino, como tantísimos otros. Lo detuvieron con 40 kilos de cocaína cuando sólo tenía 18 años. De la noche a la mañana desapareció su juventud y la cayeron diez años de cárcel. Cuando lo conozco le faltan cuatro para salir.

Habla con una voz tan suave que tengo que estirar el cuello para oírlo. Una cazadora acolchada beis cubre una magra complexión que contrasta con la de otros reclusos, que exhiben pechos musculosos y tatuados que fortalecen levantando bloques de hormigón bajo un sol que abrasa. Tiene ojos grandes y cordiales. Mientras me cuenta su historia se mece suavemente en el extremo del catre de una celda que comparte con otros seis.

—Los coches me trajeron aquí. Me gustaban los coches nomás. Me gustaba arreglarlos, armarlos. Me gustaba correr con ellos. Los coches eran mi pasión.

Creció en Cuauhtémoc, una ciudad de cien mil habitantes que se alza entre haciendas ganaderas y huertos de manzanos, a cinco horas al sur de Juárez. Cuando tenía 17 años, dejó los estudios secundarios y se puso a trabajar en un taller de reparación de automóviles que tenía un amigo cerca de la plaza del mercado. Durante catorce horas al día desmontaba depósitos de gasolina, reforzaba motores, pintaba capós con pistola.

—Recogíamos coches viejos y los arreglábamos para convertirlos en máquinas que corrían como balas. Aprendí muy rápido a trabajarlo todo, deportivos, camionetas, *jeeps*.

Sus ojos desbordan de felicidad cuando recuerda los buenos tiempos pasados; tiempos anteriores a vivir encerrado en una cárcel de la ciudad más criminal del planeta; tiempos que ahora le parecen a siglos de distancia, como un recuerdo muy lejano, un sueño que espera recuperar algún día.

Su familia era comprensiva, pero humilde; el padre era un esforzado trabajador manual y un predicador, se había convertido al protestantismo evangélico, que se estaba difundiendo muy deprisa por el país. Al igual que su padre, Irán dice que cree en una relación personal con Jesús. También cree en el trabajo duro y se esfuerza por mejorar. Eso eran para él las competiciones callejeras. Los sábados por la noche, Irán y sus amigos recogían los coches que habían apañado en el taller y competían con automóviles de otros talleres. Estas carreras ilegales que se hacen en las calles se llaman en México «arrancones». Cuando le hablo de *Rápido y furioso* (en España *A todo gas*), se echa a reír.

—No se parecían a las carreras que se ven en el cine. No había bandas con valijas de dinero ni Uzis [subfusiles israelíes]. Sólo éramos grupos de amigos a quienes nos gustaba correr. Armábamos máquinas con todo lo que encontrábamos. Era una forma de crear, de saber utilizar recursos. Y éramos capaces de derrotar a los otros talleres, que tenían más dinero que nosotros. Era una gran sensación.

Una tarde en que Irán estaba con la cabeza entre motores sucios se presentó un cliente para que le reparasen el vehículo. Era un cuarentón de Guadalajara, bien vestido, que hablaba con mucha educación. Cuando le repararon el coche preguntó a los jóvenes si querían hacerle un servicio, conducir un coche hasta el norte del estado, por 10.000 pesos (unos 900 dólares). Los neumáticos estarían rellenos con cocaína colombiana pura.

—Pensamos: vaya suerte. Diez mil pesos sólo por ir en coche al norte del estado. Con diez mil pesos podríamos armar un coche de lo más chingón y podríamos ganar las carreras. No se nos ocurrió que fuéramos a hacer nada malo. Sólo éramos unos recaderos.

Una vez realizado el servicio, Irán y sus compadres lo celebraron por todo lo alto. Una semana después reapareció el hombre y les propuso hacer otra entrega. Al cabo de unos días llegó un socio de Sinaloa con otro paquete. Cuando se dieron cuenta, transportaban al norte varios paquetes a la semana. Lo que transportaban en cada viaje eran alijos de 120 kilos de cocaína, por cada uno de los cuales ganaban 50.000 pesos, unos 4.500 dólares. Aquel dinero era una pequeña fortuna para aquellos chicos de 17 y 18 años. Pero era una diminuta fracción de lo que el polvo blanco recaudaría en los clubes nocturnos de Estados Unidos.

—En unos pocos meses cambié de no tener nada a tener más dinero del que podía gastar. Armamos buenos coches para los arrancones. También ayudé a mi familia. Tenía varios coches para mí: un Escort, un Jetta, un Mustang. Cuando tenemos dinero, las chavas se interesan. Empecé a vivir con una novia.

Los días de gloria duraron poco. Al poco de cumplir Escandón los 18 años, aceptó el encargo más ambicioso que le habían hecho hasta entonces: transportar 40 kilos desde Cuauhtémoc hasta Colorado, cruzando la frontera, por la principesca suma de 15.000 dólares. Al entrar en Ciudad Juárez lo pararon los soldados para registrarlo. Tragó una profunda bocanada de aire cuando los soldados miraron debajo del capó y dentro de los neumáticos. Y encontraron el cargamento.

—Era una pesadilla. Encontraron la cocaína y se me paró el

corazón. Era como un juego, como una fantasía. En seis meses hicimos todo, de nada a la riqueza. Y ahí se terminó todo.

Los contrabandistas no volvieron a ponerse en contacto con él ni le reprocharon haber perdido la droga. Puede que todo estuviera planeado, dice suspirando, para que otro cargamento mayor pasara la frontera, era un viejo truco de traficantes. Mientras su pandilla transportaba drogas al norte, otros equipos a los que no conocían sin duda transportaban cocaína por la misma carretera para los mismos gánsteres.

La cárcel de Juárez fue una experiencia aterradora y brutal para un esmirriado chico de 18 años. En aquel ambiente se volcó de lleno en el evangelismo de su padre. Entre rejas no podía trabajar con coches, así que dedicó todas sus energías a aprender a tocar el teclado con la banda de la iglesia.

—Perdí a mi familia. Perdí muchas cosas. Tuve que adaptarme a un lugar duro y violento. Aquí he tenido que crecer y hacerme hombre. Cuando salga, quiero estudiar música. Quiero compartir la música de Dios. No puedo arrepentirme más. Los años han pasado. Tengo que ver el futuro. Por lo menos sigo vivo.

En las ciudades fronterizas mexicanas todo el mundo conoce a alguien que ha estado involucrado en el comercio de la droga: un primo, un hermano, un compañero de estudios, un vecino. Todo el mundo tiene historias que contar. Un taxista recogió a un hombre que le enseñó diez kilos de cocaína que llevaba debajo del jersey; la policía hizo una redada en la casa del vecino de un asistente social y encontró un millón de dólares en billetes; el hermano y el padre de una camarera están en sendas cárceles estadounidenses cumpliendo cadena perpetua por tráfico; el primo de un empresario se puso a pasar droga y acabó disuelto en una bañera llena de ácido.

Todo el mundo sabe también que las drogas son una forma rápida de ganar dinero. Si hemos perdido un empleo y andamos a la caza de otro, tenemos problemas para pagar la casa o necesitamos con urgencia otro coche, siempre hay posibilidades de pasar las vacaciones trabajando de «burro» o de «mulero», es decir, pasando droga por la frontera. Mientras hacía una película sobre la juventud de Ciudad Juárez, hablé con adolescentes y gente veinteañera de los barrios que habían aceptado la oferta. El cártel ofrecía una tarifa plana: 1.000 dólares por pasar 30 kilos de marihuana a Estados Unidos; más si se trataba de heroína, cocaína o metanfetamina. Se podía usar el propio coche u otro prestado. El trabajo duraba unas tres horas y a continuación se cobraba en metálico; y se ganaba tanto como si se estuviera un mes sudando en una planta de montaje de Juárez. Se podía traficar una vez y dejarlo. O se podía repetir cuatro, cinco veces a la semana, y empezar a ganar dinero en serio.

Los muleros más buscados son los ciudadanos de doble nacionalidad o los mexicanos con permiso de residencia en Estados Unidos. Yo entrevisté a un joven de 20 años que vivía en El Paso y que había hecho varios servicios de 1.000 dólares, un dinero que había empleado en ayudar a su madre a salir adelante y en adquirir un equipo de estudio para grabar música. Pero lo habían pillado y condenado a cinco años; estaba en libertad condicional y tenía que quedarse en casa por la noche, llevar un dispositivo de seguridad y se le había prohibido entrar en México. Le pregunté qué era lo que más le fastidiaba. Respondió que morirse de aburrimiento en El Paso y no poder ir a Juárez a saludar a los amigos.

La televisión estadounidense ha dedicado muchos programas al inagotable ingenio de los contrabandistas mexicanos. En México hay toda una industria dedicada a fabricar los llamados coches trampa, que tienen compartimentos secretos en los neumáticos, en el depósito de gasolina y debajo de los asientos.

Hay camiones con contenedores metálicos herméticamente cerrados, con aspecto de cisternas para combustible, que los agentes de aduanas tienen que abrir con soplete para inspeccionar por dentro. Desguazar un vehículo con fuego es muy pesado en un lugar como Laredo, por donde pasan diariamente diez mil camiones. Y para los agentes tiene que ser muy embarazoso quemar un coche que a lo mejor no contiene nada.

Muchos traficantes evitan los puestos fronterizos y cruzan el desierto andando. Las bandas incluso fabrican mochilas resistentes, especialmente hechas para llevar el máximo de paquetes de marihuana o cocaína. Dado que hay cientos de miles de emigrantes que cruzan la frontera a pie, para los contrabandistas es fácil seguir las mismas rutas: práctica por la que los grupos de presión estadounidenses que piden «militarizar la frontera» ponen el grito en el cielo.

Otros no pasan por las puertas ni las rodean, sino que se cuelan por debajo. Los contrabandistas han construido una extensa red de túneles que rivaliza con la de la Franja de Gaza. Para las patrullas fronterizas es como jugar a *Invasores del espacio*: cada vez que tapan un pasadizo con cemento, se abre otro. No son simples conejeras. Los cárteles contratan a ingenieros profesionales que construyen túneles con puntales de madera, suelos de hormigón, luz eléctrica, e incluso vagonetas y raíles para transportar la droga. Un pasadizo que llegaba hasta Otay Mesa, California, tenía 700 metros de longitud.[3] Otro medía 150 y tenía la salida detrás de una chimenea de Tecate, México, de aspecto totalmente inocente.

También está el arte del disfraz. Imaginemos todas las formas posibles de camuflar un estupefaciente y descubriremos en la vida real formas más raras aún. Los contrabandistas han escondido cocaína debajo de la capa de chocolate de los dulces y dentro de melones, y han metido cocaína mezclada en muñecas prefabricadas de fibra vítrea, incluso dentro de una imitación de la Copa de los Mundiales de fútbol. Un contrabandista fue más lejos y metió heroína en dos láminas de carne artificial que se pegó en los glúteos. La heroína se le filtró hasta la sangre y le causó la muerte.

En un hotel de Culiacán una joven de 21 años llamada Guadalupe enseña un nuevo método de esconder marihuana. Trabaja para unos gánsteres de Sinaloa, que accedieron a que hablase con periodistas e incluso fuera filmada con la droga, al parecer sin ninguna clase de indemnización. Puede que les gustara demostrar que eran muy listos. Evidentemente, no temían revelar grandes secretos.

Guadalupe incrusta una vela verde en una botella de vidrio y poco a poco ahueca la cera de la punta con una cucharilla de metal. A la derecha tiene un periódico con un montón de cogollos que inspecciona y mete en bolsas de plástico transparente. Luego coge un carrete de película Fuji, saca la cinta y la enrolla alrededor de una bolsita de cogollos. Introduce el pequeño cilindro en el hueco de la vela y lo tapa con la cera. Y listo, ya tenemos una vela de aspecto normal pero rellena de droga. Y todo se ha hecho con la rapidez de un chef famoso que prepara una receta.

—Es una nueva técnica y está entre las más efectivas. El olor de la vela es fuerte y la policía no quiere sacar toda la cera. Crearon esta técnica un grupo de personas que tiene el trabajo sólo de pensar en nuevas maneras de transportar la mercancía.

Ya he oído hablar de estos ingenios. Los llaman «cerebros», y son personas que trabajan para los gánsteres inventando trucos para camuflar la droga. En el mundo empresarial serían esos superdotados que se reúnen para tomar café con leche mientras se devanan los sesos ideando nuevos envases para un dentífrico o un eslogan pegadizo para la Big Mac.

—Al principio me dio miedo —prosigue Guadalupe—. Aprendí a controlar el miedo para que no me traicionara y me detuvieran. Si me hubieran agarrado, no estaría aquí.

Guadalupe tiene la voz sedosa y el pelo negro y reluciente. Muchas chicas de Sinaloa llevan ropa ceñida y tacones altos, y se cubren de collares de oro y joyas. Pero ella viste con modestia: tejanos negros y una camisa roja con círculos blancos. Dice que lo mejor es vestirse informalmente para no llamar la atención. Un amigo de la escuela secundaria la introdujo en el negocio de la droga cuando tenía 17 años.

—Le platiqué que tenía ciertos problemas económicos. Él me comentó que estaba involucrado en todo esto y me invitó a conocer a más amigos suyos. Me mostró que se gana más dinero y más rápido. Al principio pensaba que todos eran hombres en este negocio, pero ves que las mujeres también se involucran. Probablemente es por la difícil situación económica que sufre el país.

Las mujeres jóvenes y guapas tienen un valor especial para la mafia. Son buenas para establecer contactos, dice la joven, y saben espiar. Además de ir a recoger drogas a un puerto de Sinaloa, Guadalupe ha sido enviada muchas veces a recoger información: sobre rivales, sobre la policía, sobre políticos, sobre cualquier cosa que al cártel le interese averiguar. En cierta ocasión fue enviada a pasar unos días en Rusia, para que viese cómo trabajaban allí los delincuentes y juzgar si era posible hacer negocios con ellos.

—Fui a observar todo su sistema de mafia, cómo se mueven los negocios con ciertos mafiosos rusos. Fui a observar para saber si podíamos hacer tratos con ellos, para saber si podíamos enviar droga allí. Pero fue imposible. Tienen sus propios métodos y están muy organizados. No podíamos unir fuerzas.

En otra ocasión, en México, ordenaron a Guadalupe que sedujera y durmiese con un hombre, para espiarlo y sondearlo en busca de información.

—Era como una obligación. Era como un compromiso que tú tienes que cumplir por estar ahí. Fue lo más grave que hice en este negocio, para mí como persona: seducir a alguien para sacarle información.

Los estadounidenses gastan más dinero en drogas ilegales que los restantes habitantes del planeta. No es de extrañar. También gastan más en *jeeps* Wrangler, en Big Macs, en videoconsolas Xbox. México no saca provecho de las ventas de las Xbox, pero el macabro don del negocio de la droga va directamente al otro lado del Río Grande.

El mejor indicador del consumo de drogas en Estados Unidos es un estudio anual que hace el Departamento de Sanidad y Servicios Humanos, un organismo de nivel ministerial.[4] Los investigadores llaman a las puertas y preguntan a la gente si ha fumado *crack* recientemente o si alguna vez ha fumado marihuana. Van de acá para allá entre Alaska y Brownsville y encuestan a 67.500 personas de más de 12 años. El método presenta un fallo evidente. No se sabe si la gente ha mentido o no; tampoco se sabe si los depravados yonquis que encontrarán en una casa mandarán a paseo a los encuestadores mientras los testigos de Jehová que viven al lado estarán contentísimos de contarles su vida. Pero al menos puede esperarse que el margen de error sea parecido año tras año.

Según este sondeo, el consumo total de drogas en Estados Unidos se ha mantenido estable desde el año 2000, esto es, en el período en que estalló y creció la guerra mexicana de la droga. Sin embargo, entre 2008 y 2009 la cantidad de personas que admitió haber consumido drogas recientemente subió siete décimas, del 8 al 8,7 por ciento. En total, según la encuesta, se calculaba que 21,8 millones de estadounidenses habían consumido alguna clase de sustancia psicoactiva en 2009. Si más estadounidenses consumen, no parece probable que el derramamiento de sangre en México esté restringiendo la oferta.

Pese a todo, la encuesta estima que el consumo de cocaína, que es el más rentable, ha descendido: si en 2006 había 2,4 millones de esnifadores estadounidenses, en 2009 había 1,6. Este dato ha permitido aducir a algunos observadores que la reducción del mercado es una de las causas básicas de la carnicería mexicana. Presionados por el descenso de los beneficios, prosigue esta línea argumentativa, las bandas han multiplicado los asesinatos. Este argumento juega con muchos factores desconocidos, pero la hipótesis podría ser correcta. Si es así, la ecuación pone a México en un terrible dilema: cuando los beneficios de la droga aumentan, los gánsteres se vuelven más poderosos; cuando disminuyen, se vuelven más violentos. Es la lógica del diablo.

Así pues, en cuanto al dinero contante y sonante que cuesta el consumo estadounidense, estamos condenados a las conjeturas. Las estimaciones más aireadas figuran en los informes encargados por la oficina del zar antidroga. Cuando se piensa en los problemas que han de afrontar los expertos para compilar estos estudios, la pregunta inevitable es cómo diantres lo hacen. Se desconocen muchísimos factores; la cantidad que se consume varía de un modo asombroso (tenemos casos como el de Bill Clinton, que dio una chupada a un «toque» (un porro), pero no se tragó el humo, y el del ex jugador de los Gigantes de Nueva York Lawrence Taylor, que dijo haberse gastado casi millón y medio de dólares en coca en un año); y los precios varían de ciudad en ciudad e incluso de camello en camello. Pero las encuestas, que se titulan «Cuánto gastan en drogas ilegales los consumidores de Estados Unidos», hacen valientes esfuerzos para llegar a una plausible serie de estimaciones.

Los informes se acompañan de tablas que muestran toda clase de hechos fascinantes sobre el consumo. Así, sabemos que en 1988 los consumidores de marihuana fumaron una media de 16,9 «toques» por mes y que los canutos pesaban una media de 0,416 gramos, mientras que en el año 2000 fumaron 18,7 porros, que pesaban una media de 0,423 gramos. Oooh, eso es hilar fino. Los analistas también tratan de establecer un método preciso que contrarreste el hecho de que los yonquis y consumidores de *crack* son unos zumbados que incluso se mienten a sí mismos. Como dice el informe:

Dado que los consumidores niegan con frecuencia que consumen, necesitamos medios para exagerar las declaraciones y eliminar las minimizaciones. Hacía falta, pues, una estimación de las probabilidades que había de que un consumidor crónico dijera la verdad cuando se le preguntaba por su consumo. Para establecer esa estimación, seleccionamos a todos los neoyorquinos que dieron positivo en el análisis de cocaína y calculamos la proporción que admitía haber consumido alguna droga ilegal en los treinta días previos a su detención. [...] Los índices de veracidad diferían de año en año y de sitio en sitio, pero en términos generales fueron considerados sinceros alrededor del 65 por ciento de consumidores de cocaína. Lo llamamos índice provisional de veracidad.

También podría denominarse brujería estadística. Ninguna ecuación matemática puede compensar el imprevisible comportamiento de los drogadictos. Aunque también es verdad que se trata sólo de estimaciones.

Las encuestas tienen datos sobre el mercado de la droga desde 1988, cuando se calculaba que movía 154.300 millones de dólares, hasta 2000, en que se estima que movió 63.700

millones. Este paulatino descenso se cree que no sólo refleja la reducción del consumo estadounidense, sino también el hecho innegable de que la cocaína y la heroína eran mucho más baratas en las calles de Estados Unidos; en 2000, chutarse una dosis de heroína costaba menos de la mitad de lo que habría costado en 1988.[5]

En la primera década del siglo XXI, las estimaciones más o menos aleatorias se han incorporado al informe sobre drogas de Naciones Unidas, que calcula que el mercado estadounidense de la droga se ha mantenido razonablemente estable alrededor de los 60.000 millones de dólares. Los analistas pasan esta cantidad por más cribas estadísticas y calculan que alrededor de la mitad, 30.000 millones, van a parar a los bolsillos de los gánsteres mexicanos. Una vez más, hay que recordar que no es una ciencia exacta. Pero todo el mundo está de acuerdo en que los cárteles mexicanos pelean por una presa que arrastra diez ceros como mínimo.

Entonces, ¿adónde van a parar los otros 30.000 millones de narcodólares en negro?

Los banqueros creen que el narcotráfico contribuyó, sin duda, a mantener el peso a flote durante la crisis económica mundial de 2008 a 2009. En efecto, si analizamos otras fuentes de divisas —en 2009, las exportaciones de petróleo alcanzaron un valor de 36.100 millones de dólares;[6] el dinero enviado a México por los emigrantes ascendió a 21.000 millones;[7] y el turismo extranjero aportó 11.300 millones—, vemos que el dinero de la droga estaría en el segundo lugar de la lista.

Pero no habría que entusiasmarse demasiado con su influencia. México no es Bangladés. En el país hay once multimillonarios, varias compañías multinacionales y una economía total valorada en un billón de dólares. Si la cifra de 30.000 millones de dólares es cierta, entonces el tráfico de drogas supone alrededor del 3 por ciento del producto interior bruto.

El dinero, sin embargo, representa un porcentaje mucho mayor en determinadas comunidades y grupos sociales. En los barrios depauperados del oeste de Ciudad Juárez o en las montañas de Sinaloa, la mafia que controla el tráfico es probablemente la principal creadora de empleo. Si nos fijamos sobre todo en los sectores pobres, 30.000 millones de dólares tienen un efecto particularmente potente.

Treinta mil millones de dólares también dan para corromper a las instituciones del país. El secretario de Seguridad Pública, Genaro García Luna, dijo en un discurso que los cárteles podrían emplear alrededor de 1.200 millones de dólares al año para triplicar el salario de todas las fuerzas de la policía municipal de la nación.[8] Esto es cierto como posibilidad matemática. Pero es asimismo otro factor X. Nadie sabe realmente cuántos agentes están en la nómina del cártel, ni si el policía que nos para por exceso de velocidad se gana un sobresueldo trabajando para la mafia o sólo quiere una mordida de los conductores.

En un plano físico, gran parte del líquido entra y sale por la frontera en valijas llenas o en los mismos compartimentos secretos que las drogas. Los policías y soldados mexicanos que con tanta frecuencia derriban puertas a patadas encuentran millones de dólares en billetes decorando salones y cocinas. En total, las tropas de Calderón confiscaron más de 400 millones en los primeros cuatro años de su ofensiva. Ese considerable pellizco hizo que el Gobierno mexicano ganara millones en intereses. Pero es sólo una pequeña fracción del total de los 120.000 millones que se estima que los cárteles movieron en el mismo período. Al norte del río, y en el mismo tiempo, la policía estadounidense confiscó otros 80 millones relacionados con los cárteles mexicanos, una meada en el océano aún más corta.

Una vez en México, se cree que los miles de millones van directamente a las cámaras de seguridad de los bancos. El profesor Guillermo Ibarra, de la Universidad Autónoma de Sinaloa, calculó el dinero generado por la economía normal del estado y lo comparó con el que había en los bancos. Encontró más de 680 millones de dólares en depósitos bancarios sin justificar. Y Sinaloa es un páramo económico en comparación con los monstruos financieros de Ciudad de México, Guadalajara y Monterrey.[9]

Los gustos ostentadores de los gánsteres también vierten mucho dinero en las empresas locales. Culiacán alardea de haber vendido las mayores cantidades de coches deportivos y *jeeps* del hemisferio, ayudando a sostener marcas como Hummer. Al mismo tiempo, las chabacanas mansiones que bordean las colinas contratan a arquitectos y constructores que puedan satisfacer los extravagantes gustos de los capos y a quienes no les importe trabajar para clientes superestresados.

Pero el dinero de verdad funda compañías de tapadera. El Departamento del Tesoro de Estados Unidos tiene en la lista negra más de doscientas empresas mexicanas que al parecer blanquean dinero de la droga. Las hay de todas clases, desde una importante central lechera de Sinaloa hasta casas de lavacoches, pasando por floristerías y tiendas de ropa.[10]

Fui a Ciudad de México para ver algunas de las empresas de la lista negra del Tesoro estadounidense. Mi primera parada fue una clínica de salud situada en el lujoso barrio de Las Lomas. Al cruzar la puerta me recibieron unas jóvenes muy cordiales vestidas con holgados uniformes blancos, mientras señoras cuarentonas y cincuentonas hojeaban revistas ilustradas en la sala de espera. La directora dijo que allí no sabían nada de cárteles de la droga ni de las listas negras del Departamento del Tesoro estadounidense, pero sí mucho de implantes de mama y liposucciones. Señalándome el estómago, me preguntó si me interesaba un masaje para reducir peso. Para aumentar mi gordura fui a otra empresa listada, una taquería para *gourmets* que se encontraba entre las oficinas de unas importantes empresas mexicanas y estadounidenses. El restaurante estaba especializado en platos sazonados con chile habanero, el más picante de todos los chiles. Después de zamparme tres tacos, noté el ardiente calor del chile..., pero no averigüé nada sobre jefes mafiosos.

La lista negra del Tesoro prohíbe a los estadounidenses entablar relaciones comerciales con estos lugares (yo no soy estadounidense, de modo que no cometí ningún delito). Pero cerrarlos correspondería al Gobierno mexicano. Y evidentemente no los cerraban. Y las supuestas blanqueadoras de dinero seguían aumentando el volumen de los pechos y sirviendo platos superpicantes.

De aquí viene un reiterado reproche que se hacía a la potente guerra de Calderón. Pudo haber machacado a los gánsteres con un buen martillo. Pero no siguió «el rastro del dinero». Mientras el dinero líquido siga fluyendo, gritan los críticos, los malos seguirán sacándole provecho.

Calderón ha tratado de remediarlo con más medidas para poner restricciones a los depósitos de dólares en metálico y presentando una importante ley sobre el blanqueo de dinero en 2010. El objeto de la ley es vigilar a los bancos, las inversiones y los fondos; en pocas palabras, hacer todo lo que los críticos estadounidenses estiman necesario. Es de esperar que si la ley se aprueba, limitará la economía de los gánsteres mexicanos en el futuro.

Sin embargo, en un planeta globalizado, México no podrá impedir totalmente que los barones de la droga muevan dinero líquido. Aunque salga de los bancos, el dinero puede ir a otra parte, por ejemplo a Estados Unidos, o a los paraísos fiscales, o a China. Ya hay grandes cantidades en estos sitios. Las reformas para facilitar los movimientos de capital en todo el planeta han hecho más difícil vigilar el dinero. En 1979 había unos setenta y cinco bancos en paraísos fiscales; hoy hay más de tres mil. Cada día hay setenta mil transferencias internacionales que mueven un billón de dólares. Antonio María Costa, director ejecutivo de la Oficina para Drogas y Delito de Naciones Unidas, ha escrito:

> El blanqueo de dinero se produce por doquier y prácticamente no conoce impedimentos. [...] En una época de grandes quiebras bancarias, si el dinero no huele, los banqueros parecen creerlo. Los ciudadanos honrados, que se esfuerzan en una época de dificultades económicas, se preguntan por qué no se confiscan los ingresos del delito, que se convierten en fincas ostentosas, coches, yates y aviones.[11]

El dinero negro mexicano no es más que una rebanada del enorme pastel del blanqueo de dinero en el mundo.

Los ríos que conectan los narcodólares mexicanos con los vastos mares financieros tienen un buen ejemplo en tecnicolor en el extraño caso de Zhenli Ye Gon. El señor Ye Gon nació en China en los años sesenta y se nacionalizó mexicano en 2002. El mismo presidente Fox le entregó los papeles de ciudadanía y estrechó la mano de aquel hombre que parecía ser un empresario farmacéutico con iniciativa. Ye Gon habla español con marcado acento chino, pronunciando las erres como eles, lo que ha generado multitud de chistes sobre él en México. Al igual que a muchos empresarios, le gusta jugar al póquer apostando fuerte. También le gusta decorar su casa con montañas de dólares en billetes. Montañas altas, inmensas.

La medicina de Dios. Adormideras de la Sierra Madre Occidental. (Fernando Brito)

Mezclando pasta de coca en un laboratorio clandestino de Putumayo, Colombia.
(Oliver Schmieg)

El producto acabado. Un ladrillo de kilo de coca pura. Las marcas indican a qué cártel pertenece. (Oliver Schmieg)

Economía de escala. Soldados arrancando una plantación de marihuana de tamaño industrial en Sinaloa. (Fernando Brito)

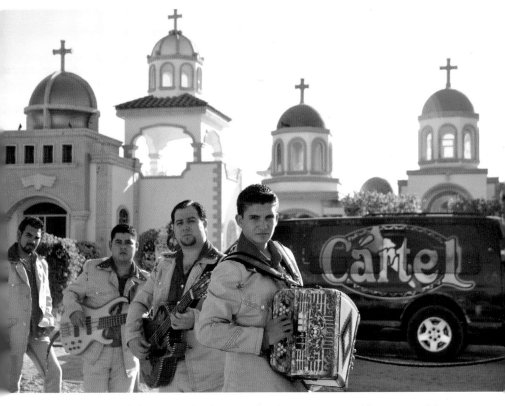

Los intérpretes del Grupo Cártel, especializados en narcocorridos, posan delante del cementerio del Humaya de Culiacán. Los mausoleos del fondo son de narcotraficantes muertos. (Fernando Brito)

La Santa Muerte. El devoto reza, baila y fuma delante de un altar de la Santa Muerte de Tepito, Ciudad de México. (Keith Dannemiller)

El Eliot Ness de México. El presidente Felipe Calderón explica su estrategia
en la guerra contra la droga. (Keith Dannemiller)

Sinaloa. Un soldado en el escenario de un crimen del cártel. (Fernando Brito)

Medellín. El sicario Gustavo en un piso franco del cártel. (Oliver Schmieg)

No te muevas o te mato. Fuerzas especiales colombianas detienen una furgoneta cargada de cocaína. (Oliver Schmieg)

Guerra urbana. Soldados corriendo hacia el escenario de un crimen en Culiacán.
(Fernando Brito)

Sinaloa. Una víctima del cártel. (Fernando Brito)

Duelo diurno. Miembros de la familia despiden a un policía asesinado en Sinaloa.
(Fernando Brito)

El cuerpo es el mensaje. Cadáver arreglado por los gánsteres en Sinaloa.
(Fernando Brito)

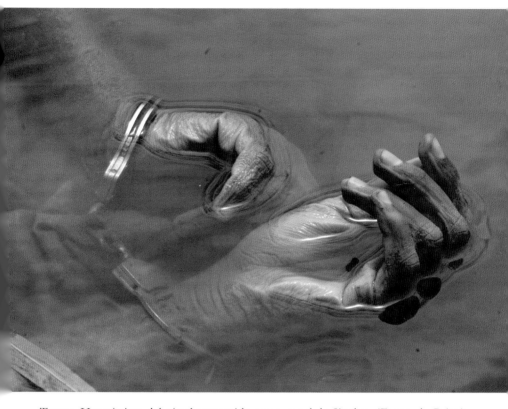

Terror. Una víctima del cártel sumergida en un canal de Sinaloa. (Fernando Brito)

¿Paz en el futuro? Colegialas de Culiacán en una manifestación contra la violencia. Llevan fotos de víctimas inocentes. (Fernando Brito)

Los «federales» encontraron esta decoración en 2007 cuando registraron la mansión que tenía en Lomas de Chapultepec, zona residencial de lujo de Ciudad de México: 205,6 millones de dólares en billetes de cien. Había tanto dinero que los montones de billetes se salían del salón y se podían encontrar en los pasillos e incluso en la cocina. Los agentes de la DEA dieron una triple voltereta lateral y dijeron que era el mayor alijo en metálico del mundo aprehendido hasta la fecha.

También había grandes montones de pesos. La policía mexicana informó de que había 157.000 dólares en pesos, pero los periodistas analizaron las fotos y adujeron que parecía haber mucho más. Ah, pues es verdad, replicó la policía, que rectificó diciendo que los pesos sumaban millón y medio de dólares. El mayor alijo en metálico del mundo resultó mayor de lo que se pensaba. Cuando al final se contó, había más de 207 millones de dólares.

Zhenli Ye Gon estaba en Las Vegas en el momento de la redada, practicando su deporte favorito: apostar. Los agentes nacionales mexicanos lo iban siguiendo, y seguramente llamaron su atención cuando confiscaron toneladas de seudoefedrina en un puerto mexicano del Pacífico en diciembre. El empresario importaba este producto, alegaron los agentes, y lo vendía a los gánsteres, que lo transformaban en cristales de metanfetamina. Zhenli Ye Gon compraba el producto químico a una empresa farmacéutica de la República Popular China.

Zhenli Ye Gon concedió una entrevista a Associated Press en Nueva York.[12] En medio de una perorata que se filmó con videocámara, se puso a hacer acusaciones sin ton ni son para defenderse. Admitió que el dinero había estado en su casa, pero dijo que un político mexicano le había obligado a guardarlo allí, amenazándole con que, si no lo hacía, moriría. También dijo que tenía miedo de volver a México porque seguramente lo matarían. No obstante lo dicho, sus alegaciones más sorprendentes se refirieron a Estados Unidos. Afirmó que había perdido 126 millones de dólares en Las Vegas, pero que le habían devuelto el 40 por ciento y que además le habían regalado coches de lujo. Lo que estaba explicando era un sencillo método para introducir en el sistema maletas llenas de dólares en papel moneda: adquiría fichas de casino por valor de varios millones de dólares y recuperaba las pérdidas en cheques y coches.

La policía estadounidense detuvo a Zhenli Ye Gon en un restaurante de la periferia de Washington y lo acusó de conspiración para importar cristales de metanfetamina. Sin embargo, un testigo clave de Las Vegas se retractó, el Gobierno chino se negó a entregar documentos, y los fiscales estadounidenses acordaron retirar los cargos con la condición de que fuera extraditado a México y juzgado allí. Ye Gon seguía oponiéndose a la extradición en 2011, alegando que no tendría un juicio justo al sur de la frontera. Admitía que había importado productos químicos de China, pero alegaba que no sabía que sirvieran para preparar los cristales que el general Solórzano me enseñó.

El caso demuestra que, aunque el viaje de una raya de cocaína desde la plantación hasta la nariz puede resultar extraño, el viaje de un narcodólar puede serlo aún más. Imaginemos a un empleado de Walmart que trabaja en Nebraska, es adicto a la metanfetamina y compra una dosis de cristales con cinco billetes de diez dólares. Los arrugados billetes pasan de los camellos locales a los distribuidores mexicanos, y luego viajan al sur cruzando la frontera en un coche trampa. Uno termina en la mansión de un narco de las colinas de Sinaloa; otro, en una mansión de Ciudad de México, cubriendo un suelo y esperando una redada que hará historia; otro se va a China para pagar los ingredientes en bruto; otro vuelve a cruzar la frontera y compra fichas en Las Vegas.

El libre comercio puede ser surrealismo puro en este siglo. Así es el capitalismo mafioso en su faceta más espectacular. Todo es dinero. Es el motivo por el que los matones cortan cabezas y las arrojan a las pistas de las discotecas. Y en esto es en lo que se emplea el quinto billete de nuestro adicto de Nebraska: en pagar el segundo producto que genera el narcotráfico después de la droga: el asesinato.

9

Asesinato

Llegó un matón al infierno,
a inspeccionar un trabajo,
sin saber que sus muertitos
ya lo estaban esperando.
No más cruzó aquella puerta,
no se la andaba acabando.

Grupo Cártel, «Llegó un matón al infierno», 2008

U n tiroteo de veinte segundos. Cuatrocientas treinta y dos
balas. Cinco policías muertos.

Cuatro estaban caídos de cualquier manera sobre una reluciente camioneta Dodge Ram, tan agujereada por los balazos que parecía un colador. Los cadáveres estaban doblados y
torcidos, con las posturas antinaturales de los muertos; los brazos arqueados hacia atrás, sobre el espinazo, las piernas abiertas de lado; con la desmaña de los cuerpos que caen como
muñecos de trapo cuando les disparan.

Después de haber visto tantos escenarios de crímenes, suelo
sentirme embotado cuando miro los montones de carne llenos

de plomo que yacen en el asfalto, en las carreteras de tierra, en los asientos de los coches. Las imágenes se confunden en una sola. Pero luego me vuelven a la mente los pequeños detalles: los codos doblados en la espalda, las cabezas sobre los hombros. Recuerdo estas imágenes cuando pienso en los escenarios de los crímenes; y esas imágenes se cuelan en las pesadillas, mientras duermo a mil kilómetros de allí.

He visto este escenario concreto un caluroso atardecer de diciembre, en Culiacán. Los policías estatales habían parado en un semáforo próximo a un centro comercial cuando los atacaron los pistoleros. *Bang, bang, bang.* Les dispararon por el costado y por detrás, soltando ráfagas en fracciones de segundo. Un Kaláshnikov personalizado con cargador circular puede disparar cien proyectiles en diez segundos. Es una guerra relámpago. La gente tiende a encogerse de hombros ante los gánsteres que empuñan lanzacohetes. Pero el AK es mucho más mortal.

El quinto policía muerto es un suboficial musculoso, de 48 años, que yace a tres metros de la camioneta, bañado en su propia sangre. Tiene la mano derecha doblada hacia arriba y empuña con ella una pistola de nueve milímetros, en una posición de muerte que habría podido ser un decorado para una película de Hollywood. Cuando los sicarios dispararon, el suboficial se las arregló para bajar de un salto y correr pistola en mano. Pero los asesinos lo siguieron con su lluvia de proyectiles y acabaron con él en el borde de la acera.

El suboficial tiene facciones pronunciadas, pómulos altos, y una nariz ancha encima de un bigote finamente recortado. Tiene los ojos muy abiertos y mira a las alturas. Tiene el lado izquierdo de la cara, por debajo de la oreja, agujereado por un proyectil de Kaláshnikov que le ha desfigurado la expresión. De cerca parece una máscara de caucho y no una cara de ser humano. Cuesta comprender la muerte.

Llegamos diez minutos después del tiroteo y la policía aún tiene que acordonar el área y cubrir los cadáveres con sábanas de plástico. No tardará en llenarse la manzana de soldados con ametralladoras, policías de homicidios con pasamontañas y equipos forenses. Pero por el momento podemos pisar los casquillos de la munición disparada y fotografiar a las víctimas con la cámara pegada a sus rostros.

Los mirones se agolpan en la calle. Cuatro adolescentes analizan el ataque jadeando. «Esa bala es de Kaláshnikov. Esa otra de un AR-15», dice un crío delgaducho con gorra de béisbol, señalando un largo casquillo plateado que hay junto a otro dorado y más corto. Con ellos, hay parejas cuarentonas, ancianos, madres con niños pequeños que miran boquiabiertos el morboso espectáculo. Los chicos de la prensa local acreditada se apelotonan en la acera, comprueban las fotos en los visores para asegurarse de que tienen las mejores imágenes para las páginas de la policía. Están relajados, animados; es el pan suyo de cada día.

Treinta minutos después del atentado, un abollado Ford Focus se abre paso entre el gentío y frena con un chirrido ante el precinto policial. La esposa de una víctima baja de un salto y chilla histéricamente a los soldados de uniforme verde oliva que custodian el escenario. Su hermano, con los ojos enrojecidos por el llanto, le sujeta los brazos. Yo y mi cámara estamos a un metro de ambos, de modo que le pongo la mano en el hombro y lo aparto para que no reciba una bofetada de algún entristecido e irritado pariente. Sólo cuando veo la dolorida expresión de sus rostros me doy cuenta cabal de que se han perdido vidas humanas. Los gritos reflejan el sufrimiento de quienes conocían al hombre en sus mejores y peores momentos, como marido en el altar, como padre que bailó con su hija al cumplir ésta 15 años, como amante en la oscuridad de la noche.

Otro día. Otro asesinato. Se ha vuelto tan común esta violencia en la guerra mexicana de la droga que matar a cinco policías en un semáforo sólo merece una breve nota en la sección de crímenes locales. Las víctimas son nuevos sumandos para la prensa y la cuenta del Gobierno; su perfil humano y las familias que sufren no tardan en olvidarse.

Estas matanzas de tipo emboscada son el modelo de casi todas las muertes que origina el conflicto. Se las llama «ejecuciones». Incluso la designación produce escalofríos; viene a significar que alguien ha dictado una sentencia de muerte contra la víctima. Los pistoleros raramente fallan. México no tiene pena de muerte, pero en los peores días ha habido más de sesenta ejecuciones: dos docenas en Ciudad Juárez, y otras que se perpetraron en Michoacán, en Guerrero, en Tamaulipas, en Sinaloa, en Durango, en Tijuana. La siguiente categoría de víctimas de la guerra es la de los secuestrados que luego son asesinados y arrojados a la vía pública. Los muertos en tiroteos representan un pequeño porcentaje. Ésta es una guerra librada por sicarios. Es muy difícil defenderse de su típica táctica de agredir y salir corriendo.

El atentado era en México un negocio lucrativo y muy especializado a mediados del siglo XX. Los sicarios se llamaban entonces «gatilleros». Eran profesionales hábiles que estaban en servicio hasta los cincuenta y tantos años, utilizaban pistola, y despachaban a las víctimas disparándoles de cerca, a menudo en la oscuridad de la noche.

Uno de los primeros gatilleros fue Rodolfo Valdés, un sinaloense al que llamaban el Gitano. Valdés dirigía una banda de pistoleros, los Dorados; los terratenientes les pagaban para que acabasen con los campesinos sublevados de los años cuarenta. Así surgieron muchas bandas de sicarios en Sinaloa, para proteger de la reforma agraria las plantaciones y propiedades de los ricos. Se cuenta que el Gitano mató a más de cincuenta personas. Se dice que también eliminó al gobernador de Sinaloa, a quien cosieron a balazos en 1944, en el carnaval de Mazatlán. El gobernador Rodolfo Loaiza traía a mal traer a los terratenientes a causa de sus abundantes expropiaciones. Parece que también molestaba a los plantadores de adormideras, confiscándoles las cosechas.[1]

Otros gatilleros profesionales trabajaban en Ciudad de México al servicio de políticos veteranos y de funcionarios de seguridad. Se encargaban del trabajo sucio que no quedaba registrado en los archivos. El pistolero del Gobierno más famoso fue José González, que escribió un libro sobre sus hazañas en 1983. Hijo de españoles, González afirmaba haber perpetrado más de cincuenta homicidios para varios funcionarios, sobre todo para Arturo Durazo, alias el Negro, jefe de la policía de Ciudad de México. El Negro Durazo acabó encarcelado por extorsión y otros delitos.

González era por excelencia el sicario profesional de antaño. Tenía un título universitario, no empezó a matar hasta los 28 años, y siguió matando hasta que fue cincuentón. En sus memorias atribuye su capacidad para matar a sangre fría al hecho de que su padre muriera en una reyerta de bar. «Yo creo que ahí se sembró en mi alma el desprecio por la vida de los demás y mi afán de desquite», escribió.[2]

La mafia colombiana revolucionó la profesión de matarife en los años ochenta. El artífice de su maquinaria asesina fue Isaac Guttnan Esternberg, un colombiano descendiente de alemanes que trabajaba para los traficantes de Medellín. Guttnan inventó la «escuela de los sicarios en moto», en la que se matricularon millares de jóvenes de los barrios pobres. Se dio cuenta de que se podía conquistar a la juventud marginada por un salario algo más que decente y un objetivo en la vida. Los sicarios todavía utilizaban pistola, pero atacaban en equipos que iban en moto, uno conducía y el que iba detrás disparaba. Ellos empezaron a ser llamados «sicarios», una palabra con cierta tradición literaria en España e Italia que se remonta al derecho romano (*sicarius*), en el que designaba por antonomasia a los fanáticos judíos que llevaban una daga (*sica*) escondida para agredir a los soldados romanos.

En 1986, el propio Guttnan fue eliminado por un sicario.[3]

Recorrí Medellín en coche para reunirme con un sicario. Es una ciudad agradable situada en un valle de montaña. Una brisa fresca impide que haga demasiado calor en ella. Las despejadas plazas están adornadas con esculturas de personas cómicamente gordas, basadas en cuadros del pintor medellinense Fernando Botero. Las mujeres más hermosas del mundo pasean por sus anchas aceras.

En 1991, Medellín era la ciudad con más asesinatos per cápita de todo el planeta, 6.500 entre una población de dos millones. Los laureles han pasado actualmente a Ciudad Juárez. Pero aunque en Medellín se ha reducido la cantidad de asesinatos, sigue siendo muy violenta. En 2009, por ejemplo, hubo 2.899 homicidios.[4]

El hombre al que voy a ver ha apretado el gatillo en varios atentados. El fotoperiodista alemán Oliver Schmieg concierta la entrevista. Es oriundo de Múnich, lleva once años en Colombia y ha hecho fotos impresionantes de laboratorios clandestinos de cocaína y de guerrilleros en combate con el ejército. A mí me alucina su tenacidad y determinación. Trabaja con una red de narcos, chivatos de la policía y matones callejeros. Pero su mejor contacto es un ex soldado que acabó siendo jefe de seguridad de un destacado jefe paramilitar de Medellín. El contacto tira de algunos hilos y Oliver no tarda en tener al sicario al teléfono. El asesino tiene que pedir antes a su jefe directo autorización para la entrevista, así que nos indica que volvamos a llamarlo. Oliver lo llama otra vez a la mañana siguiente y el tipo dice que podemos vernos. Acudimos a la dirección con algún nerviosismo.

Llegamos a una finca de viviendas de Envigado, un barrio de clase media que desde hace mucho es el centro de operaciones de la mafia de Medellín. Un portero llama al piso y nos conduce arriba. Nuestro hombre abre la puerta y nos invita a sentarnos a una ancha mesa de madera. El piso es grande y tiene pocos muebles, pero hay un televisor último modelo con pantalla de plasma y una consola PlayStation 3.

Gustavo tiene 24 años y es muy delgado, un poco moreno y lleva el pelo muy corto. Viste una camisa verde de manga corta, muy a la moda, pantalón corto hawaiano, y calza botas de lona de color verde brillante. Vive con otro sicario, un voluminoso amigo de su infancia que se pasea por la habitación sin camisa, dejando al descubierto los tatuajes de la espalda. Gustavo se sienta con nosotros y clava los codos en la mesa mientras juguetea con una cajetilla metálica de tabaco. Al principio está un poco nervioso, pero conforme hablamos se vuelve más cordial y abierto. Conversamos durante horas. Cuanto más charlamos, mejor me cae el tipo. Es listo y carismático, aunque sin perder la humildad. Acabo olvidando que es un asesino a sueldo. Luego me pregunto a mí mismo si está mal simpatizar con un sujeto que arrebata vidas humanas. ¿De veras puedo aislar el lado humano de una persona, haciendo abstracción de los actos que ha cometido?

El lujoso apartamento en que estamos contrasta con el mísero barrio en que creció Gustavo. Nació en las comunas que serpentean por las faldas de las montañas que dominan Medellín. En aquellas barriadas de casas de hormigón sin pintar y con techumbre metálica, vivían sin permiso miles de personas que habían llegado de las cumbres, valles y selvas de Colombia. Muchos habían huido de las bombas y tiroteos que intercambiaban el Gobierno y la guerrilla comunista. Otros sólo buscaban ganar suficiente dinero para alimentar a sus familias.

Gustavo fue el segundo de los tres hijos que tenía un trabajador de la construcción. Éste solía ganar lo suficiente para alimentarlos, pero no para salir del gueto. Cuando Gustavo tenía un año, había tiroteos diarios en su comuna. Cuando tenía ocho, la policía mató a Pablo Escobar en Medellín.[5] Ya de niño lo sabía todo sobre el capo de la cocaína.

—Allá en las comunas, Pablo era como un rey. Era más importante que el presidente de Colombia —dice Gustavo.

El sicario habla con el melódico acento de los barrios bajos de su ciudad y utiliza muchas palabras de la jerga mafiosa local. Las pistolas son fierros; los fusiles, guitarras; la cocaína, perico, y las víctimas de los asesinatos, muñecos. Pero a pesar de la jerga, pronuncia bien las palabras y no suelta exabruptos.

Después de la muerte del Rey Escobar, los máximos traficantes de Medellín se reunieron para hablar de negocios en un garaje subterráneo de Envigado. A raíz de esta infame cumbre nació la llamada Oficina de Envigado, una organización que supervisa las operaciones delictivas de Medellín. Para evitar los derramamientos de sangre inútiles, la oficina procuraría que todas las deudas entre traficantes se pagaran, y cobraría el 33 por ciento por el servicio.

Al frente de la Oficina estaba Diego Murillo, alias Don Berna, antiguo jefe de una banda de sicarios. Don Berna estipuló que para que alguien cometiera un homicidio, la Oficina tenía que autorizarlo. Fue uno de los motivos fundamentales por los que el índice de asesinatos decreció. Cada barrio tenía un «comandante» que respondía ante el capo. La organización también se conocía en la calle con el nombre de mafia. Los agentes estadounidenses la llamaban cártel de Medellín.

Cuando Gustavo llegó a la adolescencia, su padre se esforzó

para que él y sus hermanos se alejaran de la mafia. Pero era difícil convencerlos de que la vida honrada valía la pena.

—Veías a tu padre sudando la gota gorda todo el día a cambio de unos míseros pesos. Y a veces estaba meses sin trabajo. Y los tipos del barrio que trabajaban para la Oficina manejaban carros [automóviles] y motocicletas de último modelo, e iban con viejas.

Gustavo empezó a ir con muchachos mayores relacionados con la mafia, y el padre se enfadaba con él. Al final el padre lo pilló fumando marihuana cuando tenía 13 años y lo echó de la casa.

—Fue un poco severo —recuerda Gustavo—. Vivimos en la capital mundial de la cocaína y mi viejo me bota de casa por fumar un bareto.

Dormía en casa de amigos y a veces en las sucias calles del barrio; no pasaba frío gracias al calor tropical. Y poco a poco se fue introduciendo entre el personal de la mafia. Además de pasar drogas de contrabando, los gánsteres de Medellín hacían servicios de protección y vendían vehículos robados. Gustavo empezó a crearse una reputación como experto ladrón de coches, la misma rama delictiva en la que se inició Pablo Escobar.

—Iba al centro de la ciudad y robaba carros o motocicletas. Podía entrar en cualquier parte. Me gustaba robar. Acabó siendo una adicción.

A pesar de que robaba día y noche, siguió yendo al colegio hasta que cumplió 17 años. Por entonces ya ganaba más que la mayoría de los adultos de su comuna y dejó los estudios para dedicar todo su tiempo a la banda. Se ganó la confianza de los jefes y le encargaron transportar ladrillos de cocaína o paquetes de dinero, que unas veces eran dólares y otras euros. El polvo blanco procedía de plantaciones y laboratorios del norte y el oeste de Medellín. Pero los jefes de la ciudad lo controlaban y pasaban toneladas por los barrios bajos, camino de los puertos del Pacífico o del Caribe.

—Probé a esnifar perico, pero nunca me gustó. A algunos amigos les gustaba. Yo siempre preferí la hierba.

Gustavo se fue acercando a los elementos de la cúpula mafiosa de Medellín, y en una entrega se vio cara a cara con el jefazo Don Berna.

—Fue muy cordial. Naturalmente, era un hombre muy poderoso. Pero no era arrogante. Se comportó como una persona normal —recuerda Gustavo con un ligero temblor respetuoso en la voz. Poco después de aquel encuentro recibió el visto bueno para empezar a adiestrarse como sicario. Acababa de cumplir 18 años.

Nos mira con fijeza mientras explica las técnicas de los atentados:

—Normalmente, atacamos con un equipo en motocicleta y otro en carro. En la moto van un conductor y un tirador. El carro bloquea el camino de la víctima y la moto se pone a su lado. El tirador dispara rápido y entrega el arma a los del carro, que la guardan en un compartimento secreto.

Gustavo empezó conduciendo la moto de su mentor, un sicario veterano.

—Me enseñó cómo se hacía, qué había que hacer para mantenerte firme, para estar concentrado y, por encima de todo, para no fallar el blanco. Hay que disparar a la cabeza y al pecho para estar seguro de que lo matas.

»Cuando hice mi primer trabajo, me acerqué demasiado y disparé demasiadas balas. La sangre y las tripas del tipo me saltaron encima. Tuve que quitarme la ropa y lavarla a conciencia. Aquella noche tuve pesadillas. No dejaba de recordar que disparaba al tipo y que la sangre saltaba.

Gustavo hizo más trabajos y las pesadillas desaparecieron. Le encargaban una nueva misión cada pocas semanas. Mataba sobre todo en Medellín, pero también lo enviaban a otras ciudades como Bogotá y Cali. En poco tiempo mató a diez personas, luego a quince, luego a veinte. Luego perdió la cuenta.

Le pregunto si piensa en las víctimas. Niega con la cabeza.

—Me concentro y hago mi trabajo. Antes de salir rezo a Jesús y me aclaro las ideas. Nunca tomo drogas ni bebo antes de un trabajo, porque necesito disponer de mis cinco sentidos. Cuando vuelvo, me relajo, me fumo un bareto y escucho música.

Gustavo dice que no sabe o no pregunta quiénes son las víctimas. Se elige un blanco y otro equipo sigue sus movimientos hasta dar con el mejor momento para atacar. Entonces se llama a los sicarios.

—Recibo una llamada y me dicen: «Ahí va el muñeco. Encárgate de él». Me dan una foto del objetivo. Y entonces nos ponemos en marcha y lo buscamos.

Gustavo dice que todo es por dinero. Recibe un salario base de unos 600 dólares al mes, más una comisión que oscila entre 2.000 y 4.000 por cada trabajo que realiza. Aunque estas cantidades distan una eternidad del dinero que tienen los traficantes multimillonarios con sus mansiones engastadas en diamantes y sus flotas de aviones privados, es un hombre rico en comparación con lo que es normal en los barrios bajos de Medellín. Además, con el 22 por ciento de parados menores de 26 años que hay en Colombia es sin duda el empleo mejor pagado que podría conseguir.[6]

—Hay quienes matan porque les gusta, porque realmente disfrutan matando y se vuelven adictos a la sangre. Pero yo lo hago por necesidad.

Con el dinero de la sangre ha sacado a su familia del gueto. Además de pagar el alquiler del piso en que estamos, Gustavo ha comprado una casa a su familia en un barrio de clase media baja. Las discusiones que tenía con sus padres cuando era adolescente se han olvidado hace mucho y ahora los ve varias veces a la semana. Su hermano mayor trabaja también para la mafia, pero entre los dos le están pagando un colegio privado al hermano menor con la esperanza de que encuentre un trabajo decente y legal.

Aparte de apoyar a su familia, a Gustavo le gusta gastar sus ganancias en ropa de diseño y en motos japonesas de alta tecnología. También es un hincha de la Premier League inglesa de fútbol, y tiene televisión por cable para ver todos los partidos que puede; además, juega al fútbol con la PlayStation 3.

—Soy fan del Wigan porque ahí juega de delantero el colombiano Hugo Rodallega. Reconozco que el Manchester United también juega bien. Pero el Arsenal, por ejemplo, no me gusta.

Las referencias a los equipos de fútbol de mi lejano país parecen una asociación de ideas un tanto surrealista para venir de este pistolero colombiano. Luego publico la entrevista con Gustavo en un periódico británico, y un grupo de hinchas del Wigan sube el artículo a su página web. Les parece divertido que un sicario colombiano sea forofo de su equipo.

Gustavo me cuenta que le gusta la música salsera romántica, pero que evita los clubes nocturnos de Medellín para no tropezar con sicarios rivales. También es fan de la música electrónica de baile, y una vez fue con una prima suya a Bogotá para ver al *disc jockey* de Londres Carl Cox.

—Todos los que había en la disco bebían agua y bailaban como locos. Le pregunté a mi prima qué pasaba y me dijo que todos habían tomado éxtasis. Pero yo no quise tomarlo porque temía que fuera demasiado fuerte. He oído que el LSD también es peligroso. Yo respeto a la gente que toma esas cosas, pero no sé si quiero arriesgarme.

La referencia al pinchadiscos británico me parece otra

conexión surrealista con el mundo del que procedo. Ser sicario ha permitido a Gustavo acceder al estilo de vida consumista propio de los ricos países occidentales: ver fútbol por cable, jugar a videojuegos, vestir ropa de diseño, ir a clubes nocturnos; los típicos pasatiempos con que se entretiene cualquier estudiante, trabajador de la construcción o botones de oficina de mi país. También le da cierta sensación de éxito: ser alguien en un barrio lleno de nulidades. Incluso le otorga una posición social que hace que dos tontos periodistas europeos se sienten delante de él y disfruten con cada palabra que dice.

Pero se consigan los beneficios que se consigan, Gustavo lo tendría muy difícil fuera de la mafia. No hay planes de jubilación para los matones del cártel.

—Los jefes no dejan que te vayas porque sabes demasiado. Cuando alguien quiere irse, puede acabar muerto. La única forma es desaparecer sin decir nada.

Afirma que no teme la cárcel, donde ya estuvo una breve temporada cuando lo pillaron con un coche robado. Su jefe (su comandante) cuidó de él, le mandaba comida, y todas las semanas conseguía que le dejaran estar con chicas. Hizo los exámenes finales de la enseñanza secundaria entre rejas y aprobó con notas apreciables. Le pregunto si hay algún otro trabajo que le gustaría hacer con sus aptitudes.

—Me gustaría ser policía de homicidios —dice con expresión muy seria—. Pero no puedo a causa de mis antecedentes penales.

Le pregunto por su futuro, por la posibilidad de casarse y tener hijos. Tiene varias novias, pero dice que no quiere atarse todavía.

—Puede que me comprometa cuando llegue el momento. A las chicas de Medellín les gustan los sicarios. Buscan novio en la mafia porque saben que tienen mucha plata para gastar.

¿No siente remordimientos por las personas que ha matado?, le pregunto. ¿Cómo compagina lo que hace con su catolicismo?

—Sé que está mal —dice—. Pero lo hago por necesidad.
Lo hago para ayudar a mi familia.

También sabe que su trabajo puede conducir a su propia
muerte. Pero se esfuerza por guardar el temor muy dentro
de sí.

—Necesito estar fuerte y concentrado. No puedo pasarme
el tiempo preocupado por si van a matarme. Todo el mundo
muere al final.

Los sicarios colombianos se hicieron famosos en todo el mundo, especialmente en México. Mientras los mexicanos trabajaban con sus socios trasladando la dama blanca al norte, también
analizaban la canallesca maquinaria de matar colombiana. El
respeto por los sicarios colombianos puede verse en muchos
narcocorridos sinaloenses, como el titulado «De oficio pistolero», cuya segunda estrofa empieza: «Son las mafias colombia-
nas/que no perdonan errores».[7]

Los pistoleros mexicanos copiaron muchas técnicas colombianas y también ellos empezaron a llamarse sicarios. Al
igual que sus socios, los capos reclutaban jóvenes de los barrios bajos. También ellos utilizaban coches para cerrar el paso
a sus víctimas. A diferencia, sin embargo, de los colombianos,
que utilizaban motos, los mexicanos tendían emboscadas con
jeeps y coches deportivos. Y mientras los colombianos empleaban pistolas, los mexicanos mataban con sus queridos fusiles
Cuerno de Chivo.

Conforme se recrudecía la guerra de la droga, los emboscados con AK-47 empezaron a gastar cantidades delirantes de
proyectiles. Las víctimas aparecían a menudo hasta con cin-

cuenta balas en el cuerpo, y a su alrededor se veían otras trescientas. Estas supermatanzas aseguran la muerte de la víctima.
También supermultiplican las posibilidades de alcanzar a personas ajenas al hecho. Empecé a encontrarme con una creciente cantidad de escenarios donde se había herido a gente que
pasaba: una empresaria que iba detrás de la víctima con un
Volkswagen Escarabajo; un hombre que preparaba tacos junto
a la carretera; una madre que paseaba a su pequeño en un co-
checito. La prensa mexicana empezó a llamarlas víctimas de
«balas perdidas». Estas muertes de personas ajenas al conflicto
se cuentan por centenares.

Pero los sicarios siempre dan en el blanco. Y casi siempre
escapan sin que nadie haga nada. Yo me quedaba de piedra al
ver que los sicarios mexicanos podían atacar en tres puntos de
Culiacán o de Ciudad Juárez en medio de cientos de policías y
soldados y a continuación esfumarse como si nada. Y me mara-
villaba la eficacia con que los gánsteres secuestraban a las víctimas en sus casas, en sus puestos de trabajo, en restaurantes, y
luego arrojaban el cadáver en lugares públicos. ¿Por qué las personas se rinden a un comando criminal si recelan que las van a
torturar y a matar? ¿Por qué no echan a correr?

Vuelvo a la cárcel de Ciudad Juárez y se lo pregunto a Gonzalo,
el sicario que ha preparado tantos secuestros y atentados. El
matón, de 38 años, está sentado en el camastro de la celda del
ala donde se encuentran los cristianos evangélicos, hablándome
de la brutalidad de su vida en la mafia. Veo poca emoción en su
cara cuando recuerda las técnicas que utilizaba para enviar a la
gente al otro barrio.

—Cubrimos todos los puntos. Como se maneja la policía
de Estados Unidos, ¿entiendes? Hay puntos para cada trabajo.
Si se mueven de lugar, hay puntos que tienen que responder.

Para hacer un secuestro tienes que pensar mucho tiempo. Hay que hacer las cosas bien hechas. No más una vez, porque si no fallas y ahí quedas.

Me explica asimismo que los gánsteres emplean una amplia red de espías. Y que, en muchos casos, son los propios parientes quienes traicionan a la víctima.

—En este medio se mueven mujeres, y chavos de dieciséis a dieciocho años. Son puntos importantes. Muchas veces las personas que encargan los trabajos son familiares, los hermanos, los tíos, los primos, y es más fácil porque conocen todo, cómo se mueve, y para nosotros es más fácil. Muchas veces lo citaban en tal parte y nosotros llegábamos.

Gonzalo pasa por fin a hablar del apoyo más importante de todos: el de la policía. Los agentes locales que trabajan con la mafia bloquean algunas calles para que los sicarios lleven a término el trabajo, y aparecen cuando el comando ya se ha ido. Además, los gánsteres suelen dar claves a los policías que los paran para que sepan que están «bajo protección». Que estas prácticas abundan puede parecer una revelación aterradora, pero han sido confirmadas en muchos interrogatorios de delincuentes, y aireadas por el propio Gobierno.

La cárcel no para los pies a determinados sicarios. Se ha sabido que algunos reclusos de la penitenciaría estatal de Durango salían por la noche, perpetraban un asesinato y volvían a la celda, con la complicidad de los funcionarios de prisiones. Incluso se desplazaban en vehículos de la cárcel y utilizaban las armas de los guardianes.[8] En otros casos, se han fugado en masa y se han reintegrado al ejército del cártel. A la prisión estatal de Zacatecas llegó un convoy de *jeeps* y todoterrenos, y con ayuda de un helicóptero consiguieron sacar a cincuenta y tres presos. En Reynosa escaparon ochenta y cinco reclusos antes del amanecer salvando el muro con escaleras de mano. Ni en las películas de Hollywood se aceptarían estas fugas tan elementales.

El propio Gonzalo dice que sus antiguos compañeros le han ofrecido ayudarlo a escapar. Pero no le interesa.

—Mi gente, mis amigos dijeron: «Vamos a arreglarte. Hay formas de sacarte». Y me decidí a quedarme aquí mejor, a buscar la paz y la tranquilidad, dejar aquel hombre [que fui] tiempo atrás. [...]

»Conozco un Cristo. Sé que sí existe, que está con nosotros. Ni tengo temor. E igual si llega[n] a tumbarme, pues amén. Estoy decidido a lo que venga. Lo que sea.

El veterano sicario quiere abandonar el juego al final. Una nueva generación de sicarios reemplaza a la anterior, a los muertos, a los encarcelados. Y así como Gonzalo mató y torturó para hacerse rico, la sangre joven se juega la vida por una miseria.

A ocho kilómetros de la cárcel de Juárez donde hablo con Gonzalo se encuentra la llamada Escuela de Mejoramiento Social para Menores, a la que van los chicos de 13 a 18 años. El nombre no deja de ser irónico, porque es una cárcel y no una escuela, y en ella se encierra a criminales peligrosos durante una breve temporada, y desde luego no se los prepara para la universidad. Para que no haya lugar a engaños, la fachada de la «escuela» está defendida por soldados, sacos terreros y ametralladoras, y una serie de jaulas señalan la entrada. Detrás de los barrotes hay docenas de «estudiantes» que aspiran a ser la próxima generación de señores de la droga.

Dentro todo es desnudez y orden. En una zona donde hay mesas de piedra para comer, encuentro a José Antonio, un animado diecisieteañero que viste pantalón ancho y camiseta por fuera. José Antonio mide 1,68 metros, tiene la piel de color chocolate y le llaman el Frijol, como a todos los morenos bajitos. Tiene el pelo negro y rizado y muchos granos en la cara, como muchos adolescentes que pueden verse sacudiendo la cabeza en los conciertos de rock alternativo de Seattle o Manchester. A pesar de su inofensiva actitud, ha visto más tiroteos y asesinatos que muchos soldados destacados en Irak y Afganistán.

El Frijol creció en una zona de guerra. Cuando los Zetas y el cártel de Sinaloa dieron comienzo a sus enfrentamientos paramilitares en la frontera de Texas, tenía sólo 12 años, y ese año se unió a una banda callejera de su barrio de Juárez. Cuando Felipe Calderón declaró la guerra a los cárteles de la droga, el Frijol tenía 14 años, y ya había participado en atracos a mano armada, venta de drogas y peleas a tiros con bandas rivales. A los 16 lo detuvo la policía por posesión de un pequeño arsenal —dos fusiles automáticos y una Uzi— y por ser cómplice de un homicidio relacionado con drogas.

El reclutamiento masivo de matones juarenses por cárteles de la droga es una de las causas fundamentales del baño de sangre que padece la ciudad. Ha producido una nueva generación de sicarios jóvenes y sanguinarios controlados única e informalmente por los capos del crimen. Pone a los jóvenes de barrios enteros en la línea de fuego: en las calles, campos de fútbol y fiestas privadas. Adolescentes juarenses en edad estudiantil toman parte en —y son víctimas de— matanzas que estremecen al mundo.

El Frijol es un típico joven de Ciudad Juárez atraído a las filas de la mafia. Sus padres eran de un pueblo rural del estado de Veracruz, pero se unieron a la ola migratoria que llegó a Juárez en los años noventa para trabajar en las plantas de montaje. Trabajaron como esclavos en distintas fábricas, construyendo televisores japoneses, produciendo cosméticos estadounidenses y maniquíes para almacenes de Estados Unidos, por una media de 6 dólares al día. Supuso un pequeño avance después de haber plantado maíz en su pueblo, pero sobre todo supuso un cambio radical en su vida. Los padres del Frijol todavía celebraban las fiestas campesinas y cultivaban los valores masculinos propios de su medio rural, pero el joven creció en una ciudad en expansión de un millón trescientos mil habitantes[9] en la que podía sintonizar los canales de la televisión estadounidense y ver los rascacielos de El Paso al otro lado del río. Hacia el sur fluían armas y mercancías de contrabando, y hacia el norte drogas. El Frijol estaba entre dos mercados y entre dos mundos.

Vivían en un barrio pobre que se extiende por la ladera de una montaña del oeste de Juárez. La llaman Montaña de la Biblia porque más arriba hay un mensaje pintado con letras blancas que dice: «CD JUÁREZ: LA BIBLIA ES LA VERDAD. LÉELA». Los estadounidenses cómodamente instalados en El Paso distinguen la frase, y la pobreza del barrio. Los barrios construidos en la montaña son materialmente mejores que muchos de Latinoamérica. No es un arrabal de viviendas precarias. Las casas son de piedra artificial gris, sin pintar. Casi todas tienen agua y electricidad. Pero los barrios de la Montaña de la Biblia están entre los más violentos del continente.

Mientras los padres del Frijol pasaban largas jornadas en las fábricas, él se quedaba solo en casa. Pronto encontró compañía en la calle, en la comunidad de adolescentes que frecuentaban las esquinas. Jugaban al fútbol, se contaban anécdotas, reían juntos y se protegían entre sí. Y sólo por eso —sin que mediara ninguna ceremonia de iniciación— formaba parte de una banda callejera. Estas bandas reciben el mismo nombre que los barrios. Su barrio se llamaba Calaveras, tenía unos cien miembros y todos eran de unas cuantas manzanas de la montaña.

—La pandilla es como tu casa, tu familia. Es un lugar donde encuentras amistad y gente con quien hablar. Allí te sientes parte de algo. Y sabes que la pandilla te apoyará si tienes problemas.

El barrio Calaveras estaba aliado con otro del sur llamado El Silencio, pero tenía una enconada enemistad con otro del oeste llamado Chema 13. El cambiante sistema de alianzas de pandillas se extendía como una contrahecha telaraña por la ladera montañosa. Cada territorio tenía pintado en las paredes el emblema de la pandilla que residía allí. Las peleas entre barrios rivales eran habituales y a menudo terminaban con muertos. Para los miembros de la pandilla era peligroso vagar por territorio enemigo. La mayoría de los chicos se quedaba a salvo en las pocas manzanas de su territorio.

Estas pandillas existían en Juárez desde hacía decenios. Las nuevas generaciones llenaban los huecos dejados por los veteranos que se hacían mayores y se iban. Siempre habían luchado: con palos, con piedras, con cuchillos y con pistolas. Siempre había habido muertos. En 2004 escribí un reportaje sobre las pandillas de Juárez. Aquel año la policía me contó que a esta guerra callejera se atribuían unos ochenta muertos. Pero fue una insignificancia en comparación con la sangre que correría por las calles al finalizar la década. El cambio radical se produjo cuando las pandillas fueron absorbidas por la guerra de la droga.

El Frijol aprendió a manejar pistolas en el barrio Calaveras. Por las calles de Juárez circulaban las armas con entera libertad, y cada pandilla tenía su arsenal escondido en la casa de unos cuantos miembros. Hacían prácticas de tiro en parques o en la montaña y se iniciaban en batallas contra pandillas enemigas. Cuando los cárteles de Sinaloa y Juárez empezaron a batallar por la ciudad, las mafias acudieron a las pandillas en busca de más carne de cañón.

—Los hombres que tenían conexiones empezaron a fijarse en quienes sabían disparar. Había un tipo que había estado en el barrio unos años antes y ahora trabajaba con la gente importante. Y se puso a proponer trabajos a los más jóvenes. Los primeros eran para vigilar o proteger tienditas [de droga]. Luego empezaron a pagar para hacer cosas importantes. Empezaron a pagar para matar.

Le pregunto cuánto paga la mafia por cometer asesinatos. El Frijol me lo dice sin vacilar. Mil pesos. Eso son unos 85 dólares. La cifra me parece tan absurda que la compruebo en otras entrevistas con ex pandilleros y pandilleros en activo. Todos dicen lo mismo. Mil pesos por cometer un asesinato. El precio de una vida humana en Juárez es 85 dólares.

Traficar con drogas no es adentrarse en el lado más oscuro. En todas partes hay un sinfín de personas que transporta drogas y nadie piensa que esté cruzando ninguna línea roja. Pero quitar una vida humana es otra cosa. Es un delito grave. En última instancia puedo entender que los sicarios maten para pasar de la miseria a la riqueza. Pero quitar una vida humana por 85 dólares —un dinero que sólo da para comerse unos tacos y tomarse unas cervezas durante la semana— revela una aterradora degradación de la sociedad.

Para tratar de hacerme una idea de cómo ha ocurrido esto, hablo con la asistente social Sandra Ramírez en un centro juvenil de los barrios bajos occidentales. Sandra creció en estos barrios y trabajó en cadenas de montaje antes de ponerse a encauzar a los jóvenes para alejarlos del delito. Dice que los sicarios adolescentes son fruto de la marginación sistemática de los últimos veinte años. Los barrios pobres vienen muy bien para contratar trabajadores fabriles, pero el Gobierno no hace nada por ellos. Los empleos fabriles se hunden con la economía y los barrios pobres se descomponen totalmente. Un estudio realizado en 2010 puso al descubierto que ciento veinte mil jóvenes juarenses en edades comprendidas entre 13 y 24 años —el 45 por ciento del total— no estaban matriculados en ningún centro de enseñanza ni tenían ningún empleo estable.[10]

—El Gobierno no ofrece nada. Ni siquiera puede ofrecer

mil pesos. La mafia es la única que se acerca a esos muchachos y les ofrece algo. Les ofrece dinero, teléfonos móviles y pistolas para que se defiendan. ¿Cree que esos muchachos se van a negar? No tienen nada que perder. Sólo ven el día a día. Saben que pueden morir y lo dicen. Pero no les importa. Porque siempre han vivido así.

Cuando los miembros de la pandilla del Frijol empezaron a trabajar para la mafia, se vieron de pronto con armas más potentes en las manos. Hasta entonces habían peleado con pistolas de nueve milímetros. Y de repente tenían Kaláshnikov y Uzis. Dar un Ak-47 a un quinceañero sediento de sangre y sin estudios es un billete para el desastre. Los pandilleros que matan en nombre de los cárteles han participado en todas las matanzas que se producen en la ciudad.

Muchos pandilleros fueron absorbidos por dos bandas mucho mayores que trabajan para los cárteles de la droga. Una es Barrio Azteca, un grupo formado en los años ochenta por presos chicanos de una cárcel de Texas. Desde entonces los Aztecas se han convertido en una nutrida organización de matones, vendedores de droga y pistoleros que trabaja para el cártel de Juárez. La otra es Artistas Asesinos [AA], una banda que empezó siendo una pandilla callejera y creció al aliarse con el cártel de Sinaloa. Las dos organizaciones son conocidas como bandas. Además de adolescentes sedientos de sangre, hay en ellos adultos de veintitantos o treintitantos años, y aun mayores, con un largo historial delictivo.

Un fundador de Artistas Asesinos es un joven de 27 años que responde al apodo de Saik. Está en la cárcel por cometer un triple homicidio para el cártel de Sinaloa. Otro miembro de la banda me enseña una pintura que hizo Saik; estos matones son realmente artistas, de aquí su nombre. La morbosa pintura me sobresalta y me invita a mirarla con fijeza. La idea básica es sencilla y corriente: una calavera con casco fumándose un canuto (toque). Pero hay algo en el fondo y en la personalidad de este cráneo putrefacto que me embelesa. Es como si el amarillento cráneo me mirase fijamente a los ojos con confianza y casi con expresión de suficiencia en la verde dentadura. El pintor es ya una mascarilla fúnebre. Pero la pintura también emite una fuerte personalidad, respira el engreimiento y el garbo del gueto.

La guerra entre los AA y los Aztecas ha sido catastrófica. Los pistoleros entraron en un centro de rehabilitación de Juárez, pusieron contra la pared a diecisiete adictos que se recuperaban y les volaron los sesos a todos. Al parecer los asesinos eran miembros de AA que querían matar a un jefe azteca que se había escondido allí. Los liquidaron a todos, dejando al mundo estupefacto.

Tal vez para vengarse, se cree que los Aztecas estuvieron detrás de la horrenda matanza de Salvárcar en enero de 2010, que hizo temblar a todo México. Según las confesiones obtenidas, los pistoleros fueron a una fiesta en busca de tres miembros de AA. Los sicarios cerraron las salidas a la calle y dispararon contra todo el mundo: mataron a trece estudiantes de segunda enseñanza y a dos adultos. Entre las víctimas había un futbolista y un estudiante que sacaba muy buenas notas. Casi ninguno, quizá ninguno, tenía nada que ver con la guerra de la droga.

Pregunto al Frijol qué es estar en un tiroteo, ver que tus amigos mueren en la calle y ser cómplice de un asesinato. Responde sin parpadear.

—Estar en una balacera es pura adrenalina. Pero ves cuerpos muertos y no sientes nada. Se mata todos los días. Unos días hay diez ejecuciones, otros días treinta. Ahora es algo normal.

Puede que este adolescente se haya acostumbrado de verdad. O puede que sea una coraza que se pone delante. Pero me parece que los adolescentes que experimentan tanta violencia llegan a la vida adulta con cicatrices. ¿Qué clase de hombre se puede llegar a ser?

Se lo pregunto a la psicóloga de la escuela, Elizabeth Villegas. Los adolescentes que trata han asesinado y violado, le digo. ¿Cómo les afecta psicológicamente? Me devuelve la mirada como si no hubiera pensado en ello hasta ahora.

—No piensan que hayan matado a nadie —responde—. No entienden el dolor que han causado a otros. Casi todos proceden de familias rotas. No reconocen reglas ni límites.

Los sicarios adolescentes saben que las consecuencias jurídicas de sus delitos no pueden ser muy graves. Según la legislación mexicana, los menores sólo pueden ser condenados a un máximo de cinco años de cárcel sin que importe cuántos asesinatos, secuestros o violaciones hayan cometido.[11] Si estuvieran al otro lado de la frontera, en Texas, y fueran juzgados como adultos, podrían caerles cuarenta años o la cárcel perpetua. Muchos asesinos que cumplen condena en la «escuela» estarán en la calle antes de que cumplan veinte años. El Frijol, sin ir más lejos, saldrá cuando tenga 19.

Pero la ley es su menor preocupación; las mafias administran su propia justicia. Los pistoleros del cártel de Juárez iban a los barrios donde los sinaloenses habían reclutado pandilleros. No importaba que sólo se hubieran unido a la organización dos o tres chicos. Sobre todo el barrio cayó una sentencia de muerte. La mafia sinaloense devolvía el favor a las pandillas que se habían unido al cártel de Juárez. Fui a un barrio en el que un año antes había visto a veinte adolescentes y jóvenes. Quince habían sido eliminados en una ensalada de tiros, y un bar que frecuentaban, incendiado. Un puñado de supervivientes están en la cárcel, el resto ha huido de la ciudad y el barrio ha queda-

do abandonado como una ciudad fantasma. El Frijol reconoce
que la prisión juvenil puede ser dura, pero hoy por hoy es mucho más segura que la calle.

—No dejo de enterarme de amigos que han sido asesinados
por ahí. Puede que también yo estuviera muerto ahora. Puede
que la cárcel me haya salvado la vida.

10

Cultura

La cultura de un país reside en el corazón y el alma de sus habitantes.

MAHATMA GANDHI

Cuando Fausto Castro, alias Tano, estuvo a punto de morir, no vio puertas celestiales ni ángeles. Pero como era de esperar en un músico, se dio cuenta de que el sonido se transformaba bruscamente. Cuando más de cien proyectiles de Kaláshnikov acribillaron su negro Chevrolet Suburban y siete se le alojaron en brazos, piernas y pecho, sintió que los ruidos que lo rodeaban se volvían diáfanos, como si estuviese en un estudio insonorizado. Al mismo tiempo se notó entumecido, aunque sin sentir ningún dolor físico.

Pero cuando se dio cuenta de que seguía vivo y volvió la cabeza para comprobar los daños, los ojos se le inundaron de lágrimas. Caído junto a él, en el asiento del copiloto, yacía su primo, uno de los cantantes más apreciados del norte de México, Valentín Elizalde, llamado El Gallo de Oro. Le habían alcanzado veintiocho proyectiles, tenía el cuerpo desgarrado y había muerto al instante. «Lo rodeé con los brazos y lo besé —me dijo—. El momento me parecía cargado de irrealidad. Veinte minutos antes habíamos estado tocando ante una multitud. Se volvían locos cuando oían a Valentín. Y estaba allí, a mi lado, empapado en sangre.»

Castro me cuenta lo ocurrido dieciocho meses después de la emboscada, que se produjo en noviembre de 2006, después de estar en el Palenque Reynosa, viendo una pelea de gallos. Reynosa queda enfrente de McAllen, Texas, a este lado de la frontera. Se ha recuperado muy bien. Las heridas cicatrizaron y hoy son pequeños bultos carnosos y rojizos que le puntean el costado derecho. Después de estar seis meses en el hospital, camina sin ayuda, e incluso vuelve a tocar la trompeta con su banda, a cuyo cantante, evidentemente, han sustituido.

La verdad es que su grupo, la Banda Guasaveña, nunca había estado tan buscado. Elizalde ha estado nominado a título póstumo para un Grammy Latino, y ha sido comparado con los mejores cantantes mexicanos de la historia, como Pedro Infante. Sus fans llenan los locales para oír tocar al grupo las canciones más aclamadas de Valentín, entre las que destacan «118 balazos» y «El narco batallón». Mientras tanto, en el año y medio transcurrido desde el asesinato, otros catorce músicos mexicanos han sido acribillados, quemados o muertos por asfixia en atentados que llevan la marca del crimen organizado.

Para entender por qué los sicarios matan a cantantes, trompetistas y baterías, hay que adentrarse en el mundo surrealista de la llamada narcocultura, y sobre todo en su forma más emblemática, los narcocorridos. Valentín Elizalde fue una de las mayores estrellas que ha producido este género. Aunque la música suele tener el sonido tradicional de los acordeones y las guitarras de doce cuerdas, las letras describen las hazañas de los Kaláshnikov, los jefes de la cocaína y los asesinos a sueldo.

De forma muy diferente a lo que ocurre con el rap gansteril (*gangsta rap*) en Estados Unidos, el Gobierno mexicano critica duramente esta música, que está prohibida en la radio. Los críticos dicen que exalta a los narcotraficantes, y en parte es responsable de mucha violencia. Sea cierto o no, la increíble popularidad de la narcocultura ilustra el grado de arraigo de los traficantes en la sociedad. Los narcocorridos son éxitos de ventas y se oyen en toda clase de fiestas, desde las selvas de Centroamérica hasta los guetos de inmigrantes de Los Ángeles. Mientras los gánsteres pasan toneladas de oro blanco por la frontera y se despedazan entre sí en las guerras internas, los intérpretes de narcocorridos ponen la banda sonora.

Pero los cantantes hacen algo más que poner música alegre a las matanzas. Les ponen además un guión. Siguiendo una tradición que tiene siglos de antigüedad, los corridos son una forma de informar a la gente de la calle, describen fugas carcelarias, carnicerías, nuevas alianzas y pactos rotos a un público que lee poca prensa. Si a los mariachis del siglo XIX había que oírlos en las plazas de las ciudades, los mensajes de los grupos actuales se oyen en toda clase de medios, desde los equipos estereofónicos de Brownsville hasta las gramolas de las cantinas guatemaltecas.

Las canciones ponen color a las sombrías figuras de los capos del crimen. Al jefe de jefes, el Mayo Ismael Zambada, se le conoció durante mucho tiempo únicamente por una foto granulada de los años setenta. Pero por las calles circula una imagen muy vívida de él gracias a cientos de canciones que describen sus hazañas. Los versos cuentan con orgullo que soborna a los políticos más encumbrados, descuartiza a los rivales y tiene una flota de aviones para traficar con su mercancía. En un álbum del famoso grupo Los Tucanes de Tijuana que lanzó Universal Music en Estados Unidos y México en 2007, hay una canción («El MZ») al parecer dedicada al Mayo:

Le apodan el MZ,
otros le dicen padrino,
su nombre ya lo conocen
hasta los recién nacidos.
Lo buscan por todos lados
y el hombre ni está escondido.
Los dólares lo protegen,
también sus Cuernos de Chivo [Kaláshnikovs].

En el centro de la narcocultura se alza la figura del padrino mafioso. Este personaje se exalta en términos legendarios como el andrajoso campesino que llega a hacerse rico; el gran forajido que desafía al ejército mexicano y a la DEA; el benefactor que entrega fajos de dólares a las madres hambrientas; la pimpinela escarlata que desaparece en el aire.

México no es la única nación que idolatra a los bandidos. Inglaterra ha celebrado a Robin Hood en verso y prosa desde el siglo XIII (*Robyn hode in scherewode stod*,[1] «Robin Hood en Sherwood estaba»). Sicilia idealizó al bandolero campesino Salvatore Giuliano en el cine y en la ópera. ¿Y qué sería la cultura popular estadounidense sin Jesse James, Pretty Boy Floyd, Al Capone y John Dillinger? ¿O sin el Notorious B.I.G. y Tupac Shakur?

Pero en el interior del México septentrional el culto al bandido tiene una resonancia especial. La zona era una frontera conquistada por curtidos aventureros muy alejados del eje del poder, fuera Ciudad de México, Washington o Madrid. Añádase a esto que muchos piensan que han sido tratados de forma injusta (y realmente lo han sido) por un país en que los políticos ricos se divierten en sus palacios y tienen varias amantes, mientras que los pobres han de romperse los riñones para sobrevivir. Los narcos se reverencian en tanto que rebeldes que han tenido huevos para derrocar ese sistema. En las calles de Sinaloa, la gente se refiere tradicionalmente a los gánsteres llamándolos «los valientes».

La película *El padrino* —la suprema glorificación cinemato-
gráfica de un capo— conoció un éxito arrollador en Sinaloa.
Incluso en la actualidad, el cártel la Familia recomienda a sus
secuaces que vean la trilogía. Las tres películas son particularmente pertinentes porque el padrino Michael Corleone apoya
los valores familiares y la lealtad, aunque a su retorcida manera
(mata a su hermano por ser desleal).

Otro gran papel gansteril de Al Pacino, Tony Montana,
goza igualmente de inmensa popularidad al sur del Río Grande.
Fui a una cárcel de Nuevo Laredo donde un jefe criminal había
sido muerto a tiros. La policía nacional había ocupado la cárcel
y se estaba llevando todo el contrabando de lujo que el capo
había escondido en su celda, por ejemplo una mesa de billar y
un sistema acústico de discoteca. (El encarcelamiento había
sido una fiesta para él.) Pero el artículo que más me llamó la
atención fue una gigantesca foto enmarcada de Al Pacino en
Scarface [*Caracortada/El precio del poder*]. Todos los machos
llenos de testosterona del mundo entero aman al ficticio cuba-
no-estadounidense Tony Montana. Es, pues, natural que a los
gánsteres hispanoamericanos les resulte fácil identificarse con el
granuja cocainómano que se va de este mundo diciendo: «¡Sa-
ludad a mi pequeño amigo!»

El propio narcocine mexicano ha producido literalmente millares de películas desde los años ochenta. La industria despegó
con la invención del vídeo doméstico, que permitió a los productores hacer películas baratas que iban directamente al mercado del VHS y luego al del DVD. Estas producciones, llamadas vídeos domésticos, se liquidan en dos semanas de rodaje,
utilizando por lo general como actores a personas que se inter-
pretan a sí mismas: campesinos auténticos, prostitutas autént-
cas, e incluso matones auténticos con pistola y todo. Han crea-

do así dos superestrellas: Mario Almada, un pistolero delgado al estilo de Clint Eastwood que normalmente hace de policía; y Jorge Reynoso, alias el Señor de las Pistolas, un malo de película con todos los atributos que suele hacer de criminal sediento de sangre. Almada y Reynoso han hecho más de mil quinientas narcopelículas entre los dos y tienen multitud de fans, entre los que hay muchos traficantes. Además, admiten haber conocido a algunos de los capos más buscados, que son grandes admiradores de sus filmes.

Son historias de sexo y violencia con títulos tan geniales como *Coca Inc.*, *El Hummer negro* y *Me chingaron los gringos*. Algunos de los títulos más populares llegan a tener siete secuelas. Como es de esperar, hay muchos trapicheos con cocaína, mujeres ligeras de ropa, tiroteos frenéticos y camiones que arden en el desierto.

He pasado horas viendo narcopelículas, pero me cuesta entrar en ellas. Las tramas carecen de lógica y son confusas, y los diálogos dan risa. Pregunto a Efraín Bautista (el natural de la Sierra Madre del Sur que creció en la aldea que cultivaba marihuana) qué atractivo tienen. ¿Qué ve la gente en estas películas de pacotilla? En cuanto se las menciono, sonríe de oreja a oreja. «Tendría usted que ver cómo se ponen mis primos de las montañas cuando ven esas películas —me dice—. Las miran como si fueran cosas de la vida real, como si estuvieran sucediendo en ese momento. Cuando el héroe se equivoca, lo insultan, gritan al televisor. Cuando las armas empiezan a disparar, se encogen como si una bala pudiera alcanzarlos.»

Sin embargo, los principales consumidores de películas y cedés de narcocorridos no viven en las polvorientas aldeas mexicanas, sino en Texas, en California, en Chicago y en otros núcleos de latinoamericanos de Estados Unidos. Los inmigrantes se identifican con las luchas de los pobres y disfrutan con las visiones idealizadas de su patria. Además, compran más versiones originales, mientras que en todos los mercados de México venden copias pirata.

Pero por muchas películas que se vendan, los productores de narcocine cuentan con otra fuente especial de ingresos: los narcodólares. Los capos financian películas para blanquear dinero o para que se inmortalicen sus hazañas en la gran pantalla. El capo Edgar Valdez, alias la Barbie, dijo en un interrogatorio de la policía que había entregado 200.000 dólares a un productor para que hiciera una película biográfica sobre él.[2] Para los cineastas frustrados y en la ruina, cualquiera que regale dinero es como un hada madrina (aunque sea un padrino de la mafia).

Estos dispendios por parte de un jefe mafioso caracterizan todos los aspectos de la narcocultura. Las vistosas mansiones de los capos han creado un estilo arquitectónico propio, la narcotectura, que mezcla la villa griega con el *jacuzzi* y las jaulas para tigres. Los capos financian toda una industria de aspersores de baño de artesanía, de oro y diamantes, con grabados complejos. Y pagan por ropa de diseño a prueba de balas, por ejemplo chaquetas vaqueras con flecos. Estos gastos hacen que los capos se parezcan a los señores de la Europa medieval que financiaban las artes e imponían las modas que luego pasaban al pueblo. Y la forma artística que los capos más apoyan, el estilo que tiene más impacto en las calles, es el narcocorrido.

Como muchos otros elementos de la cultura mexicana, el origen del corrido se remonta a los tiempos de la conquista española y a la fusión de las tradiciones europeas e indígenas. Su base es el romance español en octosílabos que cantaban tradicionalmente, acompañados por guitarras, los juglares y los ciegos. Estos músicos fueron a América tras la estela de los conquistadores, y los mestizos del Nuevo Mundo heredaron y desarrollaron el género.

Los romances fueron especialmente populares en el interior de Chihuahua y Texas, en la época en que este estado pertenecía a México. Las pequeñas comunidades separadas por áridas llanuras y espesos bosques estaban deseosas de noticias, y los músicos ambulantes se encargaban de informar sobre conquistas y coronaciones. Su papel fue crucial durante la sangrienta Guerra de Independencia de 1810. La gesta del cura Miguel Hidalgo que tocó las campanas al grito de «Viva México» se difundió en versos rítmicos. Desde aquellos tiempos, el romance local fue rebelde y subversivo.

Pero el corrido propiamente dicho adquirió entidad propia en los diez años que duró la sangrienta guerra revolucionaria, de 1910 a 1920. Los gritos que pedían tierra y libertad y dinamitar las ciudades se transformaron en baladas interminables que se cantaban tanto en los campamentos de los rebeldes como en las caravanas de refugiados. En esta época adquirió el corrido su forma épica moderna. «Las canciones más auténticas y que mejor representaban nuestros sentimientos populares florecieron en el campo de batalla y en los vivaques», ha escrito Vicente T. Mendoza, el más destacado conocedor del género.[3]

Demostrando una notable memoria popular, los cantantes rurales del norte de México todavía recitan rimas de sangre y traición, como las del conocido «Corrido de la Revolución»:

Despierten ya, mexicanos,
los que no han podido ver
que andan derramando sangre
por subir a otro al poder.
[...]
Mira a mi patria querida
nomás cómo va quedando;
que esos hombres más valientes
todos la van traicionando.

Con la aparición de la radio y la televisión, los corridos perdieron importancia como medios de información, y los cantantes se concentraron en historias personales de trabajo esforzado y amor perdido. Pero en un área siguieron estando en la vanguardia de la noticia: en la criminalidad. Ya en los años treinta, los intérpretes cantaban sobre bandidos y traficantes de licor. Un poema popular en la época era la «Balada de Gregorio Cortez», sobre un mexicano de Texas que mataba a un *sheriff* en defensa propia y huía cruzando el Río Grande. El famoso folclorista Américo Paredes rescató el poema en su libro *With His Pistol in Hand* (1958), del que se hizo una película en 1982, y una videograbación en 1987:

> Decía Gregorio Cortez
> con su pistola en la mano:
> «¡Ah, cuánto rinche montado
> para un solo mexicano!»[4]

Cuando el rock dio origen a la moderna industria discográfica, la música mexicana tuvo la puerta abierta para escalar puestos en las listas de superventas. Ritchie Valens (o, mejor dicho, Ricardo Valenzuela) consiguió ya en 1958 un éxito internacional con «La Bamba», y en la década siguiente Carlos Santana fundió la música latina con el rock. Pero los corridos alcanzaron su verdadera expresión gracias a tres hermanos y un primo que viajaron al norte para trabajar de braceros en el sur de California en 1968. Un funcionario de inmigración que los llamó «tigrillos» les dio la idea. Los Tigres del Norte estaban tocando un domingo en una plaza de San José, California, cuando los vio el promotor Art Walker (de la pérfida Albión como yo) y firmó con ellos un contrato con su primeriza casa discográfica Fama Records. Este acuerdo fue el inicio de la colosal trayectoria que permitiría a Los Tigres grabar cuarenta discos, ganar casi todos los premios importantes a ambos lados de la frontera, y lanzarse a una gira ininterrumpida que duraría cuarenta años y les haría merecer el apelativo de Rolling Stones mexicanos.

Así como la leyenda jamaicana Bob Marley introdujo en su música un rasgo roquero para comercializarla, Walker animó a Los Tigres a utilizar un zumbante bajo eléctrico y una batería junto con el primitivo acordeón. El resultado fue un éxito arrollador que definió el nuevo sonido del corrido que todavía hoy se toca; las canciones de los Tigres eran pegadizas y bailables, y al mismo tiempo retenían el exquisito tono melancólico y el ritmo de polca de la canción mexicana.

Los Tigres no tardaron en descubrir la popularidad de las canciones sobre forajidos con su tercer sencillo, «Contrabando y traición», que los lanzó a la fama. El disco de 1974, que probablemente es el primer narcocorrido en vinilo, cuenta la historia de los traficantes Emilio Varela y Camelia la Tejana que cruzan la frontera por San Diego con kilos de marihuana metidos en los neumáticos del coche. Cuando llegan a una oscura calle de Los Ángeles y entregan la hierba a cambio de dinero, Camelia saca una pistola, cose a balazos a Emilio y se marcha con todo el botín. La canción alcanzó la categoría de himno, inspiró cubiertas de varias bandas de rock y una película en 1977. Cuando se escucha en la actualidad, suena como un inocente recuerdo de los buenos tiempos pasados, como si se hablara de los traficantes despreocupados de las películas de Cheech y Chong y no de los sicarios psicópatas que patrullan con pasamontañas.

Mientras Los Tigres titubeaban en exhibir su faceta narco, apareció un auténtico cantante gansteril en la figura de Rosalino Sánchez, llamado Chalino Sánchez. Si Los Tigres fueron los Rolling Stones de los corridos, Chalino fue su Tupac Shakur, encantador y loco, orgulloso de proceder de los barrios bajos y con una vida realmente violenta. Entraba y salía de la cárcel, participó en tiroteos, fue considerado un auténtico malvado, a diferencia de Los Tigres, que iban con el pelo cortado a lo salmonete y con trajes vistosos. Chalino cantaba sin cortarse sobre la vida de los traficantes, maldiciéndola, llegando a los límites del género, y acabó considerado como el padrino del narcocorrido duro.

Al buen estilo forajido, la sangrienta vida y la no menos sangrienta muerte de Chalino están rodeadas de leyenda. Las investigó a fondo el reportero de *Los Angeles Times* Sam Quiñones, que recorrió aldeas y buceó en archivos carcelarios para escribir su biografía, que apareció en 2001 con el título de *True Tales from Another Mexico*.[5] Su historia empieza con un episodio notablemente parecido al de Pancho Villa. Chalino vivía en un rancho de Sinaloa, y cuando tenía 11 años, un matón local violó a su hermana. Cuatro años después, Chalino irrumpió en una fiesta, mató a tiros al violador, intercambió disparos con dos hermanos de éste y huyó a Los Ángeles. Durante el resto de su adolescencia trabajó de lavacoches, de camello y de coyote (transportista de indocumentados), antes de sufrir el doble trauma de ver asesinar a su hermano y ser enviado a la terrible prisión Mesa de Tijuana en 1984.

La muerte del hermano introdujo a Chalino en el camino de la fama, ya que el primer corrido que compuso fue sobre aquella tragedia. Luego se puso a dar la lata a sus compañeros de prisión para escribir canciones sobre ellos. Al volver a las calles de Los Ángeles utilizó su talento recién hallado para documentar la vida de los hampones mexicanos; por las canciones recibía dinero, pero también esclavas de oro, relojes y pistolas decoradas. Al ver el éxito que tenía, se puso a regrabar sus cintas y a venderlas en una camioneta, al más puro estilo *underground*. Corrió la voz, y cuando se dio cuenta, estaba actuando en clubes californianos delante de miles de personas y firmando un contrato con una importante casa discográfica. Era el Sueño Americano... durante un glorioso momento.

Los sangrientos sucesos de 1992 lo convirtieron en leyenda. Primero fue lo del concierto que dio en enero en Coachella, ciudad del desierto de California; un alborotador borracho subió al escenario con una pistola y le disparó. Fiel a su reputación, Chalino sacó la suya y devolvió el fuego. En el tiroteo siete personas resultaron heridas y hubo al menos un muerto. El incidente se comentó en ABC News y sus ventas se multiplicaron. Cuatro meses después, luego de actuar ante una rugiente multitud en Sinaloa, su estado natal, fue detenido por varios hombres con uniforme de policía. La mañana siguiente encontraron su cadáver junto a un canal con dos balazos en la cabeza: otro asesinato en Sinaloa que no se ha aclarado hasta la fecha.

Chalino había muerto, pero el sonido que creó se extendió. Aunque los críticos musicales arremetieron contra sus letras malsonantes y su voz nasal y desafinada, fue un éxito entre los matones sinaloenses y los pandilleros chicanos de California. Los centenares de imitadores que aparecieron a ambos lados de la frontera no tardaron en fabricar narcocorridos duros en serie. Criados con el rap gansteril, los jóvenes estadounidenses se identificaron inmediatamente con las letras que hablaban de drogas, con las pistolas en las cubiertas de los álbumes y las pegatinas con alertas parentales. Los pandilleros urbanos de cabeza rapada incluso empezaron a vestirse al estilo vaquero de Chalino: sombrero blanco de ala ancha, inclinado hacia un lado, cinturón de hebilla grande, botas de piel de cocodrilo y pistola empotrada en la cinturilla del pantalón. Quiñones resume así la influencia del cantante: «En manos de Chalino, la música popular mexicana se había convertido en una peligrosa música bailable de ciudad».

Veinte años después de Chalino, los narcocorridos son más populares que nunca. En las calles de Culiacán hay quioscos donde se venden cientos de cedés en cuya cubierta aparecen los intérpretes con Kaláshnikov, sombrero tejano, pasamontañas o uniforme paramilitar. La música grita desde camionetas de lujo y todoterrenos Hummers de un blanco cegador y con las ventanillas ahumadas que pasan a toda velocidad sin hacer caso de los semáforos. Hace temblar los clubes nocturnos llenos de mujeres con uñas sintéticas de tres centímetros de longitud y con gemas incrustadas, y de hombres con botas de piel de cocodrilo que marcan el ritmo disparando al aire con pistolas. Y es interpretada por cuartetos apostados en las esquinas, en espera de que alguien los contrate para tocar algunas canciones en la casa de algún juerguista borracho o harto de coca.

Dada esta demanda de corridos, miles de jóvenes aspirantes se esfuerzan por ser los próximos Chalinos o Valentines Elizalde. Sólo en Culiacán hay cinco casas discográficas que producen corridos, y cada una tiene alrededor de doscientos intérpretes en su escudería.

Visito los estudios Sol Records, que se han instalado en una casa de dos habitaciones en las afueras de Culiacán. Cuando entro, una tarde de mediados de semana, veo docenas de músicos con puñados de cedés propios señalando las pistas de sus presuntos éxitos futuros. En la cabina insonorizada una banda graba una canción sobre el último derramamiento de sangre en una sesión única que-debe-salir-bien. El cantante escupe la letra y luego agita los brazos en el aire, imitando el gesto de disparar un fusil automático.

El productor de Sol, Conrado Lugo, es un alegre y voluminoso treintañero que dirige la empresa que fundó su padre. Me habla del mundo surrealista del corrido sinaloense por el que pasa un chorro interminable de músicos. Confiesa que de adolescente prefería el heavy metal y que al principio no le gustaba producir narcocanciones.

—Me sentía deprimido y detestaba mi trabajo. Entonces mi padre me dijo: «¿Te gustaría tener una camioneta último modelo? ¿Te gustaría tener un reloj de oro? Entonces han de gustarte los corridos». Tenía razón, y con el tiempo he aprendido a amar esta música.

Sin duda es un buen negocio para Sol Records. No es la casa discográfica la que financia los álbumes, sino las propias bandas o sus patrocinadores quienes pagan por las sesiones de grabación. Una de las principales fuentes de ingresos de las bandas es tocar en fiestas privadas, juergas organizadas a menudo por los mismos delincuentes sobre los que cantan. Incluso los grupos de nivel medio pueden llegar a ganar 10.000 dólares por actuar una noche para estos clientes de las cadenitas de oro. Las grandes estrellas pueden embolsarse hasta 100.000 dólares por una actuación nocturna.

Pero algo más significativo es que los traficantes pagan a los compositores para que escriban canciones sobre ellos. Todos los artistas con quienes he hablado comentan sin reparos el precio que cargan por componer un corrido. Mientras los principiantes piden apenas 1.000 dólares por unos versos sobre un matón en ciernes, los músicos establecidos pueden pedir decenas de miles de dólares por una canción sobre un miembro destacado del cártel. Algunos traficantes tienen dinero suficiente para desperdiciarlo, pero también lo enfocan como una buena inversión. Un corrido dedicado a ellos significa prestigio, y en la calle se traduce por respeto y contratos.

—Para los narcos, que escriban una balada sobre ellos es como obtener un doctorado —dice Conrado.

El productor de Sol me cuenta la historia de un traficante de poca monta que pagó porque escribieran sobre él un corrido muy pegadizo. Al cabo de poco tiempo lo oía todo el mundo en el equipo del coche.

—Los amos del crimen decían: «Tráiganme al tipo ese de la canción. Quiero que me haga un trabajo». Y subía de categoría gracias a la canción.

—¿Y qué ha sido de él? —pregunté.

—Bueno, lo mataron. Subió demasiado arriba. En el fondo fue por culpa de la canción.

Pregunto a Conrado si cree que está mal glorificar a los gánsteres, si cree que la música promueve el derramamiento de sangre que está matando ahora a los propios músicos. Me da la misma respuesta que me han dado docenas de compositores y cantantes: que ellos son simples cronistas que describen la realidad que ven a su alrededor, y que dan al público lo que el público quiere. El mismo razonamiento se usa para defender el rap gansteril. Puede que tengan su parte de razón. Las canciones no matan; las armas son las que matan (aunque no según la NRA, la Asociación Nacional del Rifle).

—Hay mucha violencia ahora. Pero no la trajeron los músicos. Matan a cantantes, pero en la mayoría de los casos no es por su música, sino por asuntos de mujeres, de dinero o de cualquier otra cosa. O por estar donde no deben o con gente con la que no deben.

—¿Y los cantantes que aparecen empuñando armas en las portadas de los discos? —le pregunto.

—Eso es pura pose. No quiere decir que sean gánsteres. Cualquiera puede sentirse interesante posando con un arma. Yo también lo hago. —Y saca un teléfono móvil del bolsillo en cuya pantalla aparece él empuñando un voluminoso fusil de alta tecnología.

No obstante, concede Conrado, el tono sanguinario de las

canciones ha aumentado porque también la guerra se ha vuelto más violenta. Los corridos aparecen a los pocos días, incluso a las pocas horas de haberse hecho pública la noticia que causa sensación, como la muerte de Beltrán Leyva, el Barbas, o una matanza importante. Hay varios corridos que cuentan la historia de un sicario conocido con el nombre del Pozolero, porque disolvió en ácido los cadáveres de trescientas víctimas del cártel de Tijuana. Y un popular corrido titulado «El comando negro» describe la posición social de estos pelotones de sicarios con pasamontañas que se dedican a secuestrar y torturar. Para estar a tono con esta brutalidad, ha salido un subgénero nuevo, los «corridos enfermos». Uno de estos corridos cuenta con detalles gráficos que unos sicarios van a una casa y mutilan a toda una familia.

Conrado me presenta a los miembros de una de las bandas más duras que hay en estos momentos. Su solo nombre es de los que no se andan con rodeos: Grupo Cartel de Sinaloa o Grupo Cartel a secas. No cuesta adivinar su conexión mafiosa.

—Yo quería un nombre que dijera lo que es, sin disfraces —me cuenta el compositor César Jacobo, de 33 años—. No somos hipócritas, como otros. Ésta es la vida que llevamos.

El Grupo Cartel no es internacionalmente conocido, pero en Culiacán protagoniza actos al aire libre con miles de seguidores. Es un clásico grupo de corridos con cuatro miembros: un batería, un bajo eléctrico, una guitarra de doce cuerdas y un cantante-acordeonista. Este último tiene sólo 18 años y una voz melódica y de una potencia increíble; los otros músicos son veinteañeros. Cuando posan para que les hagamos fotos, visten todos igual: traje color crema y camisa roja. César usa barbita de chivo bien recortada y lleva tejanos y una moderna camisa de diseño. Se aparta para no salir en las fotos:

—No voy vestido para la cámara —dice a la banda con una sonrisa.

Salta a la vista que es él quien manda. Además de escribir las canciones, supervisa el dinero, los contactos, los conciertos y todo lo demás. También parece ser la figura que goza de autoridad entre otra docena de organizadores de giras, transportistas y ayudantes. Cuando vamos del estudio a diversas marisquerías, en el curso de un par de días, no cesa de atender a dos teléfonos móviles por los que habla entre susurros. A pesar de eso, me presta la máxima atención y le complace que vaya a hablar del grupo en un reportaje que preparo para el suplemento dominical de una publicación británica.

—Va usted a hacernos famosos en Londres. La gente escuchará a Robbie Williams y al Grupo Cartel —dice en tono de broma.

El ambiente en que se mueve el Grupo Cartel es una muestra de la excentricidad de la actual narcocultura sinaloense. Niños de barrios bajos y minifundios pobres se mezclan con estudiantes de colegios privados. Los narcos de Sinaloa hace mucho que mandan a sus hijos a centros docentes caros y se relacionan con la alta sociedad. Para los niños ricos puede resultar muy *cool* vestirse de matón o andar por ahí con los hijos de los capos. Al igual que sucede en Estados Unidos, la cultura gansteril ejerce una atracción que supera las fronteras de clase. En la última generación se pueden encontrar jóvenes de familias traficantes que parecen yuppies, y retoños de ricas familias hacendadas que parecen traficantes.

Los jóvenes sinaloenses de esta narcocultura híbrida se llaman «buchones» y visten con un estilo que mezcla lo urbano y lo rural, lo tradicional y lo moderno. A los buchones les gustan los sombreros tejanos y las botas de piel de avestruz, pero también el calzado deportivo y las gorras de béisbol de colores vivos. Las buchonas suelen vestir ropa cara y ajustada, se cargan de joyas, se operan de los pechos y presumen de la riqueza de sus novios gansteriles.

El propio César salió de la pobreza rural cuando tenía 10 años y se crió en un barrio bajo de Culiacán. Le gusta que escuchen su música los muchachos ricos y de clase media de Sinaloa.

—Tocamos en ésta o aquella mansión para los hijos de un empresario. Y nos tratan como si fuéramos famosos —dice sonriendo—. Eso hace que me sienta grande. Como si hubiéramos alcanzado algo.

Los muchachos ricos de la más sofisticada Ciudad de México se interesan menos por los narcocorridos y prefieren el rock y la música electrónica de Estados Unidos y Europa. Es más probable que sean fans de U2 que de Los Tigres del Norte. Pero los narcocorridos suenan de manera creciente en las amplias zonas depauperadas de Ciudad de México. Cedés piratas de Valentín Elizalde, de Chalino Sánchez y del duro Grupo Cartel suenan en los autobuses y taxis de la capital, en las fiestas caseras y en las cantinas, ya que su sonido melancólico y sus incisivas letras atraen a todos, lo mismo a los adolescentes que a los abuelos.

César dijo que su padre no había oído nunca la narcomúsica y que en su casa sólo se oían canciones de amor tradicionales. Pero a César le interesaban más los corridos sobre pistoleros y jefes del crimen de su barrio. Cuanto más tiempo paso con él, más admite que está relacionado con este mundo. Sus amigos de la infancia son sicarios. Otros son traficantes. Y él prefiere escribir canciones sobre eso.

Sus letras profundizan en la vida personal de los sicarios, describen sus conflictos por haber elegido un camino que en muchos casos conduce a la muerte. Sus letras narran hechos con lenguaje realista, pero también introducen fantasías y metáforas. Un corrido habla de un asesino a sueldo que llega al infierno y tiene que enfrentarse con sus víctimas. Mientras César habla, tararea pasajes de las canciones.

—Las palabras son para mí lo más importante. A veces se me ocurren cosas raras y necesito convertirlas en canción. Quiero expresar bien los mensajes. Luego hago que pegue el ritmo.

También ha escrito una canción de amor. O algo parecido. Es sobre un amigo que fue muerto a tiros mientras estaba con su amante. En la canción, habla el amigo, que se disculpa ante su mujer por no estar con ella, por haber muerto a causa de una tontería. Se titula «Perdóname, María».

Quiero pedirte perdón
por ya no ver a mis hijos,
el llanto nubla mi conciencia
al emprender mi camino.
Quiero que sepas, María,
que estaré siempre contigo.

César ha tenido nueve hijos de dos mujeres. Eso es trabajar rápido para un hombre de 33 años. Uno de los pequeños nos sigue mientras hacemos las fotos y su padre lo entretiene cariñosamente jugando a boxear sobre un montón de tierra.

Casi todo el repertorio del grupo habla de gánsteres concretos del cártel de Sinaloa, a los que se identifica por sus apodos. Hay canciones sobre lugartenientes llamados el Indio, el Cholo, el Eddy, el Güero, y textos enteros sobre el gran jefe Mayo Zambada. En todas se describe a los traficantes con la clásica glorificación. Como dice la canción «El Indio»:

Armas de grueso calibre,
rifle de alto poder,
mucho dinero en la bolsa [...]

Primero mandaban kilos,
ahora ya son toneladas.

Hay muchas canciones del grupo en Internet junto con fotos de los gánsteres sobre los que cantan. En algunos vídeos hay metraje granulado de sicarios sinaloenses disparando mientras se entrenan, o primeros planos de víctimas cosidas a balazos, envueltas en cinta o cortadas en pedazos. Los vídeos están montados como lo haría un aficionado y tienen cientos de miles de visitas. Pregunto a César quién hace esos clips.

—No tengo ni idea —responde—. Hay mucha gente enferma por ahí.

César admite que los estrechos vínculos del grupo con el cártel de Sinaloa son potencialmente peligrosos, ya que los convierte en blanco de bandas rivales. Pero dice que son prudentes, que no tocan mucho fuera de Sinaloa o de otros estados «amigos».

—Siempre se corre el riesgo de morir. Pero es mejor ser una estrella unos cuantos años —añade sonriendo— que vivir pobre toda la vida.

Puede que el asesinato de Valentín Elizalde, después del concierto de Reynosa, se debiera a su estrecha relación con el cártel de Sinaloa. O puede que la razón fuera un vídeo de *splatter music* con una de sus canciones. ¿O fue porque se lió con la mujer del gánster menos indicado? ¿O porque la novia de un sicario cometió el error de decir que Valentín era atractivo?

Muchas mujeres del norte de México pensaban sin duda que el Gallo de Oro era un símbolo sexual, con su ancha nariz, el sombrero blanco ladeado y la simpática sonrisa. Pero su voz era lo que realmente despertaba pasiones. Además de tener la imagen urbana de Chalino, poseía un toque melancólico que transmitía tanto la alegría como las luchas de los suyos, una cualidad épica parecida a la de un John Lennon o un Ray Charles.

La música de Valentín era además superbailable gracias a los metales de la Banda Guasaveña. Otra gran tradición del norte de México es la banda de música, caracterizada por el sonar de trompetas y trombones. Este sonido procede de los inmigrantes alemanes que fundaron destilerías de cerveza en el puerto de Mazatlán en el siglo XIX. Por tradición, ningún vocalista podía cantar tan alto como para hacerse oír por encima del estrépito de la banda. Pero cuando los norteños incorporaron instrumentos eléctricos y altavoces, los cantantes pudieron hacerse oír gracias a los micrófonos.

Muchas canciones de Valentín no eran sobre gánsteres. Su éxito más famoso, «Cómo me duele», era una canción bailable y pegadiza sobre los celos en el amor. Pero el Gallo de Oro también escribió algunas de las narcoletras más incisivas. Una canción, «118 balazos», habla de un mafioso que sobrevive a tres atentados. Empieza (con clamor de metales):

Ya tres veces me he salvado
de una muerte segurita,
con puro Cuerno de Chivo
me han tirado de cerquita
ciento dieciocho balazos
y Diosito me los quita.

Poco antes de morir asesinado, Valentín conoció otro éxito con una canción titulada «A mis enemigos». La letra tiene un aire revanchista, aunque no se sabe a quién se estaba dirigiendo. ¿A otro músico, a un gánster rival, a un político? En Internet aparecieron vídeos con la canción e imágenes de Zetas asesinados. Algunos interpretaron el disco como un insulto del cártel de Sinaloa a sus rivales. La melodía se hizo popular en el momento culminante de la guerra entre el cártel de Sinaloa y los Zetas, y algunos instantes de los vídeos son especialmente brutales, por ejemplo hay un momento *snuff* en que se ve a un Zeta atado a una silla y luego le disparan a la cabeza.

Mientras este vídeo recibía cientos de miles de visitas, Valentín tocaba en Reynosa, el centro del territorio de los Zetas. El concierto fue más escandaloso de lo habitual y acabó con una lluvia de balas.[6]

Los fotógrafos llegaron a tomar instantáneas del guapo joven de 27 años que yacía en el asiento del coche. Vestía traje beis y camisa negra y tenía los ojos ligeramente abiertos. El chófer también murió en la emboscada. Que Tano Castro sobreviviese fue un milagro.

—Todos los días doy gracias a Dios por estar vivo —me dice.

Los enemigos de Valentín no lo dejaron en paz ni siquiera en la muerte. Se hizo un vídeo de él, tendido desnudo en la sala de autopsias. En su pecho pueden verse los agujeros de los balazos, aún tiene los ojos entreabiertos, la chaqueta de flecos y las botas de vaquero están al lado de la mesa, cubiertas de sangre. El vídeo se colgó en Internet con risas de fondo. La policía dijo haber detenido a dos empleados del instituto anatómico-forense a raíz del incidente.

Después del asesinato de Valentín hubo una serie de atentados contra otros músicos por todo México. Una banda llamada Los Herederos de Sinaloa salían de una entrevista radiofónica en Culiacán y fueron recibidos por cientos de balas. Murieron tres miembros del grupo y el mánager. En una semana fueron asesinados otros tres músicos en diferentes momentos: un cantante fue secuestrado, estrangulado y arrojado a una carretera; un trompetista fue encontrado con la cabeza dentro de una bolsa; y una cantante fue muerta a tiros en el hospital donde convalecía (se estaba curando de las heridas recibidas en un tiroteo anterior).

El asesinato de Sergio Gómez horrorizó al público mexicano de un modo especial. Gómez había fundado el grupo K-Paz de la Sierra mientras vivía en Chicago. Una canción de amor lo catapultó a la fama, «Pero te vas a arrepentir», con una melodía tan pegadiza que medio México la tarareaba. Los agresores lo secuestraron después de celebrar un concierto en su estado natal de Michoacán y lo torturaron durante dos días. Le quemaron los genitales con un soplete y lo estrangularon con un cordón de plástico. También Sergio Gómez fue nominado a un Grammy Latino a título póstumo, rivalizando por el premio con el difunto Valentín Elizalde en 2008. Ninguno de los dos lo consiguió.

La policía no ha practicado detenciones ni ha mencionado sospechosos en casi ningún asesinato de músicos. Esto es típico, si tenemos en cuenta que sólo se aclara alrededor del 5 por ciento de los asesinatos que se producen en el contexto de la guerra de la droga. Las muertes tenían «todas las trazas de ser obra del crimen organizado», dice la policía habitualmente cuando hay un asesinato. ¿Por qué matan a músicos?, preguntaban los reporteros. «Quién sabe», respondían.

Sin embargo, la policía practicó algunas detenciones en el caso de Valentín Elizalde. En noviembre de 2008 la policía nacional irrumpió en una casa y detuvo al jefe regional de los Zetas, Jaime González, alias el Hummer. En unas declaraciones de prensa, los agentes dijeron que el Hummer había organizado y participado personalmente en el homicidio del Gallo de Oro, como represalia por sus vídeos musicales. El incidente sigue teniendo detalles confusos. El Hummer fue condenado a dieciséis años de prisión por acusaciones relacionadas con drogas y armas, pero aún no ha sido oficialmente acusado del asesinato de Valentín.

Como en los casos de Jim Morrison, Tupac Shakur y Kurt Cobain, la celebridad del Gallo de Oro creció con su muerte. Conociendo el fin que tuvo, sus canciones parecen más dulces, su voz melancólica más triste, sus palabras de muerte más siniestras.

—Su presencia se siente mucho. Todavía lo veo en sueños —dice Tano—. Y no hago más que encontrarme con muchas otras personas que me dicen que Valentín sigue con ellas. Su pérdida los ha dejado muy tristes.

Los amantes del corrido, de California a Colombia, visitan la tumba de Valentín en Sinaloa y la cubren de flores.[7] Y para mantener la estrella titilando, los baladistas jóvenes incluso han escrito canciones sobre la vida del Gallo. Al igual que los jefes mafiosos a los que cantaba, el Gallo de Oro ha sido inmortalizado en canciones.

11

Fe

Y el mar devolvió sus muertos; y la muerte y el infierno
devolvieron los suyos; y cada uno fue juzgado según sus
obras.
    Y el infierno y la muerte fueron arrojados al lago de
fuego. Ésta es la muerte segunda.
    Y el que no fue hallado escrito en el libro de la vida, fue
arrojado al lago de fuego.

Apocalipsis 20, 13-15

El cadáver del archigánster Arturo Beltrán Leyva, el Barbas, reposa en un panteón de dos plantas en el cementerio de los Jardines del Humaya, en el extremo meridional de
Culiacán. Cerca de allí se alza la tumba de otro hampón destacado, Ignacio Coronel, el Nacho, que fue abatido a tiros por
los soldados en julio de 2010. Del Nacho Coronel se decía
que era amigo del Chapo Guzmán y luchaba contra Beltrán
Leyva. El Nacho y el Barbas estaban en bandos opuestos en
la vida y en la guerra, pero en la muerte comparten la misma
tierra.

Los Jardines del Humaya tienen cientos de narcotumbas en unos terrenos castigados por el sol. Es uno de los cementerios más estrambóticos del mundo. Los mausoleos se han construido con mármol italiano y decorado con piedras preciosas, y algunos incluso tienen aire acondicionado. Muchos han costado más de 100.000 dólares, más que la mayoría de las casas de Culiacán. Dentro hay delirantes pinturas bíblicas junto a fotos de los difuntos, normalmente con sombrero tejano y por lo general empuñando armas. En algunas fotos se los ve posando en campos de marihuana; en otras tumbas, pequeños aviones de cemento indican que el mafioso enterrado era piloto (transportista de cosa buena).

Además de capos, hay muchos lugartenientes o simples soldados de a pie que gozan de magníficos monumentos. Una alarmante cantidad tiene menos de 25 años, y todos han muerto en los últimos años: 2009, 2010, 2011. Cada vez que viajo a Culiacán hay muchísimas tumbas nuevas, a cual más exuberante.

En cierta ocasión visito el camposanto inmediatamente después del Día del Padre. Todo rebosa de flores que se amontonan junto a pancartas preparadas por afligidas esposas. Fotos de padres jóvenes se estampan a todo color en lienzos con mensajes de los hijos pequeños. «TE QUEREMOS, PAPÁ, SIEMPRE ESTARÁS CON NOSOTROS», dice una pancarta. Para estos jóvenes, las tumbas espectaculares son el mejor recuerdo que tendrán de sus padres.

Varias veces he visto a personas que acuden a visitar a sus seres queridos. A menudo llevan grupos musicales y se sientan con toda la familia a beber cerveza y cantar los corridos favoritos de los difuntos. En una ocasión me quedé con tres hermanos que lloraban a su padre. Uno se había llevado a una novia despampanante vestida con una indumentaria atrevida y cargada de joyas.

«Nuestro papá era agricultor. Y plantaba cosa buena», me explicó el menor con una sonrisa y un guiño.

Colocan sobre la tumba botellas del whisky preferido del viejo, de acuerdo con la tradición mexicana. Puede que los difuntos se hayan ido, pero su presencia sigue allí.

Pero ¿a qué lugar habrán ido estos traficantes muertos? ¿Habrán pedido perdón a Dios? ¿Se les habrá permitido entrar en el paraíso? ¿Habrá un cielo especial para los gánsteres?

La alta clerigalla católica de México dice que no. Los narcos violentos se han excomulgado ellos solos, vociferan los curas en los púlpitos. No se sentarán al lado del cordero y el león en la otra vida. Ciertos sacerdotes rurales dicen lo contrario. Dios, dicen, perdona los pecados de quien se arrodilla y se arrepiente antes de morir. Y sobre todo cuando los capos hacen generosas donaciones a las parroquias rurales, unas donaciones que históricamente han sido tan habituales que incluso tienen un nombre: las narcolimosnas.[1]

Pero mientras la guerra de la droga crecía en intensidad, muchos jefes alegaban que les importaba poco lo que dijeran los cardenales católicos. Si no les permitían entrar en la casa de Roma, ellos se construirían otra.

La expresión más feroz de la narcorreligión es la del cártel La Familia de Michoacán. La Familia inculca a sus seguidores su propia versión del cristianismo evangélico, mezclada con elementos políticos de rebeldía campesina. El jefe espiritual de la banda, Nazario Moreno, el Más Loco, llegó a escribir su propia biblia, que es de lectura obligada entre las tropas. Esta historia parece tan desquiciada que al principio pensé que era otra leyenda de la guerra de la droga. Hasta que tuve en las manos un ejemplar de este nuevo «libro sagrado». Difícilmente podría ser un libro de cabecera.

Pero aunque la más definida, la Familia es sólo una voz en un coro narcorreligioso que crece en volumen desde hace décadas. En otras secciones del coro se encuentran por ejemplo ciertos rituales modificados de la santería caribeña, el santo folclórico Jesús Malverde y la rabiosamente popular Santa Muerte.

No todos los adeptos a estas sectas son traficantes de drogas o aficionados a apretar el gatillo. Todas tienen un atractivo particular que seduce a los mexicanos pobres que piensan que la sobria Iglesia católica pasa por encima de ellos y de sus problemas. En cualquier caso, los gánsteres se sienten cómodos en estas nuevas sectas, que ejercen una poderosa influencia en ellos y aportan una vertebración espiritual y semiideológica a los narcoclanes. Esta columna vertebral fortalece el narcotráfico en tanto que movimiento insurgente que desafía al antiguo orden. Los jefazos combaten por las almas, además de por los territorios.

Jesús Malverde es el símbolo religioso más antiguo que se asocia con el narcotráfico. El auténtico Malverde fue un famoso bandolero sinaloense ejecutado hace un siglo. Su santa efigie adorna amuletos y estatuillas que se ven desde los campos de marihuana de la Sierra Madre hasta las celdas carcelarias de San Quintín, pasando por los ranchos ganaderos de Jalisco y los refugios de emigrantes en Arizona. Pero el santuario más reverenciado de todos se encuentra en el centro de Culiacán, enfrente mismo del grandioso palacio donde tiene su sede el Gobierno del estado de Sinaloa. Los analistas hace mucho que se han fijado en este simbolismo: los poderes gemelos de Sinaloa —la política y el narcotráfico—, frente por frente.

El santuario se encuentra en el interior de un sencillo edificio de ladrillo pintado de verde oscuro y decorado con baldosas verdes. Malverde en español significa literalmente «mal verde» o «verde malo»; en Sinaloa, lo verde puede referirse tanto a la marihuana como al verde de los dólares («los verdes»). Las paredes del santuario están cubiertas de fotos de visitantes que se funden formando una especie de mosaico de papel. En las fotos vemos a recién casados y a recién nacidos, a niñas vestidas de blanco para la primera comunión, a adolescentes tatuados y de cabeza rapada, y a multitud de varones curtidos con sombrero tejano. Los visitantes pegan asimismo rótulos con mensajes de veneración. «JESÚS MALVERDE, GRACIAS POR LOS FAVORES QUE ME HAS HECHO», dice una placa de Ventura, California. «GRACIAS, JESÚS MALVERDE, POR ILUMINAR Y ACLARAR NUESTROS CAMINOS», dice otra de Zapopán, Jalisco. Muchas nos muestran cómo mezclan los fieles la devoción por el santo folclórico con símbolos del catolicismo tradicional, y dirigen a Malverde mensajes que también son para la Virgen de Guadalupe y san Judas Tadeo, muy populares en México.

En una pequeña habitación interior del santuario se encuentra la atracción principal: un busto pintado de Malverde, rodeado de rosas blancas y rosadas. Tiene la piel pálida, el pelo negro, un bigote bien recortado y el tradicional traje blanco mexicano. Hay en su rostro una expresión triste, al modo celestial, sabio y doliente con que muchas imágenes muestran la tristeza de Jesucristo. Los visitantes esperan en las antesalas, bebiendo y cantando, antes de ponerse a rezar en silencio delante del busto y tocar su abatida faz.

El propietario del santuario, Jesús González, tiene un despacho a un lado, con un revoltillo de crucifijos e imágenes de Malverde. Es treintañero, hijo del fundador que construyó el santo lugar con sus propias manos, allá en los años setenta. Localizo a González una tarde de verano, tan calurosa que la calle parece un horno. Viste chaleco blanco y suda a mares. Tomamos Coca-Cola en botellas de plástico y me habla del significado de Malverde.

—Jesús Malverde ama a los pobres y se ocupa de ellos, de los humildes. Conoce sus conflictos. Los ricos explotan y los pobres sufren hoy lo mismo que cuando Malverde estaba vivo. Malverde entiende lo que la gente tiene que aguantar. Sabe que tienen que luchar. No discrimina a los marginados.

Una vez más, un símbolo del narcotráfico se asocia con la evocación de las luchas de los pobres, con la idea de rebelión social.

—Todos los países tienen su Robin Hood —prosigue González—. Seguro que en su país tienen...

—¿Un Robin Hood? —digo—. Robin Hood procede de mi país.

Sonríe con complicidad.

—Entonces usted lo entiende.

Jesús Malverde nació en Sinaloa en 1870, me cuenta González. En aquella época, el dictador Porfirio Díaz gobernaba México con mano de hierro, sus amigos construían grandes haciendas en Sinaloa, mientras que los pobres indios eran expulsados de sus tierras. En aquellos desventurados días, añade, los padres de Malverde eran tan pobres que murieron de hambre. El joven huérfano luchó para sobrevivir y aceptó trabajos peligrosos, como la construcción del ferrocarril. Después de algunos enfrentamientos con los crueles patrones y la policía, se vio obligado a situarse fuera de la ley. Huyó a las montañas y se puso al frente de una banda de pícaros que robaban a los ricos y daban el botín a los pobres. Pero el despiadado gobernador de Sinaloa puso precio a su cabeza y uno de sus propios hombres lo traicionó por un puñado de oro. Malverde cayó ante un pelotón de fusilamiento en 1909 y colgaron su cabeza de un árbol, para que sirviera de aviso a los demás rebeldes.

En toda Sinaloa se puede oír la misma versión, con ligeras variantes. Los años en que al parecer vivió Malverde coinciden casi exactamente con los del reinado de Díaz, y el santo bandolero murió inmediatamente antes de la revolución. Como suele suceder en la historia de los santos, no hay documentos que confirmen la vida y la muerte de Malverde, y la verdad es que ni siquiera hay pruebas fehacientes de que existiera este hombre. Lo que sí está comprobado es que los pobres de Sinaloa han atribuido milagros al espíritu de Malverde durante todo el siglo XX: la vaca estaba seca hasta que la gente rezó al bandolero y de pronto el animal dio leche; un joven estaba ciego, pero un día despertó y podía ver; un hombre se moría de cáncer y contra todo pronóstico se curó. Las anécdotas corrieron de pueblo en pueblo, generaron más historias de milagros, y Malverde se convirtió en leyenda.

González minimiza la asociación de Malverde con los narcos y señala justamente que le rezan personas de toda clase y condición. En una visita conozco al propietario de una inmobiliaria de Arizona que es hijo de inmigrantes sinaloenses. Me cuenta que ha estado al volante quince horas para rogar al santo bandolero por el buen resultado de una operación médica a la que va a someterse su hijo en Phoenix. En otra ocasión conozco a una anciana que ruega por su moribundo marido.

Pero lo cierto es que los traficantes de drogas veneran a Malverde. Hay símbolos suyos en las manos de los jefazos detenidos y en los cadáveres de los pistoleros abatidos en la calle. Los fines de semana, el santuario de Malverde se llena de buchones que luego se quedan fuera, en coches y camionetas, con el equipo de música vociferando narcocorridos.

La Iglesia católica no reconoce a Malverde, aunque hay sacerdotes que tampoco lo condenan. Los santos folclóricos se toleran desde hace mucho en toda la cristiandad porque es una forma de que los fieles concilien sus convicciones religiosas con las tradiciones locales. Más que una nueva religión, Malverde es simplemente una figura. Casi todos los que creen en él se sieguen considerando católicos romanos mientras besan el bigotudo busto.

Dentro del santuario hay un grupo musical que toca para los fieles a 5 dólares el corrido. Les pago para oír todos los que puedan recordar y grabarlos en un magnetófono, pero no tardo en quedarme sin dinero, y entonces me dicen que aún quedan docenas por interpretar. Algunos corridos son historias que hablan del bandolero que peleaba contra los hombres del gobernador. Otros hablan explícitamente de gánsteres que rezan a Malverde y acaban siendo contrabandistas ricos. Como éste que dice:

Mis manos llenas de goma, a Malverde saludé,
prometiéndole la banda, a él me le encomendé,
Dios en esto no se mete, al mal no te ayudaré.

Sé que las drogas no son buenas, pero de ahí sale el dinero,
no culpen a sinaloenses, si en todo México entero
el negocio está creciendo, y en el mundo, compañeros.

Hoy me paseo en Culiacán, en una troca del año,
voy con rumbo a una capilla, porque allá tengo una cita
es la de Jesús Malverde, le llevo sus mañanitas.[2]

La Santa Muerte es físicamente un símbolo mucho más agresivo que el de Jesús Malverde. Mientras que el bandolero es sólo un hombre con bigote y traje blanco, la Santa Muerte es, como su nombre indica, la misma muerte. La esquelética figura tiene las cuencas vacías y dientes afilados, y con la mano derecha empuña una guadaña para segar vidas. Como en muchas otras culturas, la Muerte es aquí una mujer y viste variedad de ropas, desde capa negra hasta vestidos rosados con volantes, y a menudo lleva una vistosa peluca.

Los críticos católicos dicen que venerar a la Santa Muerte es obra de Satanás. Aducen que es un culto dirigido por los narcos y que por culpa de esta diabólica figura hay tanta violencia en México. Dicen que los sicarios cortan cabezas en homenaje a la Descarnada. Pero los defensores de la Santa Muerte replican que es sólo un espíritu popular que ampara a los pobres y a los oprimidos. Existía en México antes de la conquista española, alegan, y se menciona en la Biblia. Sus fieles también la llaman la Niña Blanca.

Gran parte de la atracción que ejerce la Santa Muerte se basa simplemente en el impacto de su imaginería. Es imposible que sus estatuillas y representaciones gráficas no llamen la atención. Actualmente hay toda una forma de arte con miles de representaciones, todas distintas: esculturas gigantescas, pendientes, tatuajes, relojes, incensarios, en corbatas, en camisetas, en murales. Pero además de ser un arte y un accesorio de la moda, es asimismo una influyente figura religiosa que adorna altares callejeros y santuarios domésticos y tiene iglesias propias.

Su popularidad ha crecido de un modo meteórico. En un decenio, la Santa Muerte pasó de ser un oscuro símbolo que pocos conocían a estar en casi todas las ciudades y barrios de México, en las comunidades mexicanas de Estados Unidos, en muchas partes de América del Sur, e incluso en España y en Australia. Pero el corazón de su culto está en Tepito, en el centro de Ciudad de México.

Conocido también como el Barrio Bravo, Tepito es un abarrotado barrio cuya historia se remonta a tiempos anteriores a la conquista española y es famoso por sus vendedores callejeros, sus boxeadores y sus pistoleros.[3] Sus habitantes se enorgullecen de él por ser un baluarte de la cultura callejera, pero admiten que los callejones estrechos pueden resultar tan peligrosos como la *kasbah* de Argel. En el gran mercado de Tepito, dicen, se puede encontrar cualquier cosa que se venda en el planeta, los últimos televisores de plasma, ropa para surfear, copias piratas de las últimas películas, pistolas, *crack* y pintorescos juegos de té. Hay además una interminable colección de objetos relacionados con la Santa Muerte en quioscos y tiendas enteramente dedicados a ella.

Hay dos lugares en el barrio que compiten por ser el centro espiritual de la Santa Muerte. El primero es un altar próximo a una arteria importante y que tal vez fuera el primer punto en que se veneró en público a la Santa Muerte en nuestros días. La propietaria es una señora de 62 años, Enriqueta Romero, llamada doña Queta, que construyó el altar en 2001, en la parte exterior de la casa donde vive. El altar de doña Queta es muy popular y hay una cola continua de fieles que se acercan para ofrecer a la Niña Blanca ramos de flores, velas, fruta, e incluso botellas de cerveza y cigarrillos (a la Santa Muerte le gusta beber y fumar). Alrededor del altar veo toda clase de personas: un vendedor callejero de 50 años que ruega por su problemático hijo; un musculoso y tatuado policía que dice que la Santa Muerte le protege de las balas; una rubia oxigenada que se dedica a la prostitución y afirma que la Muerte la protege de clientes agresivos. El día 1 de cada mes miles de creyentes se apelotonan delante del altar para una celebración especial en la que cantan, bailan, beben cerveza, fuman marihuana y expresan su amor a la muerte.

A unas manzanas de distancia, David Romo tiene una actitud más formal hacia este culto a la muerte. Este moreno y sedicente obispo ha construido una iglesia dentro de su casa, en la que da la comunión y celebra otros ritos medio católicos al pie de esqueléticas efigies de la Muerte. Incluso celebró el casamiento de una famosa actriz de culebrones mexicanos (antigua bailarina porno de clubes nocturnos).[4] Romo afirma que es católico, pero alega que el conservadurismo vaticano ha perdido el contacto con el pueblo; y acoge en su templo a toda clase de pecadores, como homosexuales y divorciados. Según él, la Santa Muerte es el Ángel de la Muerte que se describe en la Biblia.

Filmo una misa en el templo de Romo, que tiene una atmósfera algo sombría. Mientras miro por el visor noto un pinchazo en la pierna; un gallo negro de aire perverso y que al parecer vive en la iglesia quiere picarme. Algunos cristianos dicen que el gallo negro es un símbolo de Lucifer. Otros también guardan rencor a las cabras.

La secta de Romo ha batallado con el Gobierno y con la Iglesia católica. Inscribió su movimiento en la Secretaría del Interior, pero los funcionarios, por presión eclesiástica, lo han borrado de la lista de sectas reconocidas.[5] A modo de respuesta, Romo organiza con sus fieles manifestaciones de protesta por toda la capital, enarbolando imágenes de la Niña Blanca. Alega que hay dos millones de fieles de la Santa Muerte y afirma que está creando iglesias filiales por todo México y en Estados Unidos. Los curas acusaron entonces a los traficantes de drogas de estar financiando a Romo. En diciembre de 2010, la policía lo detuvo por ingresar en un banco los fondos de una banda de secuestradores relacionada con un cártel, y en el año 2011 estaba en la cárcel en espera de juicio. Seguía dirigiendo su secta desde la celda.

Es difícil que Romo o cualquier otra persona domine el culto a la Santa Muerte. La fe se extiende rápido y orgánicamente, de ciudad en ciudad y de barrio en barrio. Cualquiera puede fundar una congregación al modo que quiera. Es una oportunidad de oro para los mesías en ciernes.

En un arrabal industrial del norte de Ciudad de México, hay una enorme Santa Muerte de 20 metros que da a los almacenes, las fábricas y las viviendas de hormigón. El esquelético coloso, esculpido con fibra vítrea y pintado de negro y gris, es el hijo de un delgado joven de 26 años llamado Jonathan Legaria. Construyó la figura en un solar vacío e invitó a los vecinos a rezar con él; ahora acuden centenares todos los domingos. Los fieles llaman a Legaria el Comandante Pantera.

El Comandante Pantera escribió la historia de su vida en un libro publicado en edición del autor que se tituló *Hijo de la Santa Muerte*. Había nacido en Sinaloa, según él mismo, pero la familia se mudó a Tepito cuando era pequeño. Abandonado por sus padres, fue de adolescente campeón de boxeo y testigo de sangrientos asesinatos en el Barrio Bravo. Después de un homicidio se le apareció la Santa Muerte en una visión y encontró un millón de pesos [85.000 dólares] en la mochila de la víctima. Así descubrió su misión en el mundo y fundó su secta. En 2008, su congregación de la Santa Muerte era una de las más populares de México.

Pero el hijo de la muerte no tardó en volver al seno de su madre. Mientras conducía su todoterreno Cadillac por el área industrial, recibió una lluvia de balazos. El vehículo fue atravesado por más de un centenar de proyectiles y Legaria murió al instante. Tenía todas las trazas de ser un clásico golpe del crimen organizado. Los investigadores dijeron que el Comandante Pantera probablemente había estado comerciando con drogas y no había pagado a la mafia. Era, añadieron con un suspiro, un predicador financiado por alguna banda y murió en el mundo criminal que él perpetuaba.

Pero ¿lo era realmente?

La madre de Legaria dio una conferencia de prensa y presentó una versión de los hechos completamente distinta. El Pantera nunca había estado en Sinaloa ni vivido en el Barrio Bravo, dijo; en realidad, era un niño rico, nacido en la lujosa urbanización Ciudad Satélite, al norte de la capital. Fue a colegios privados, y su padre le dio un trabajo muy lucrativo: comprobar el nivel de contaminación de los coches. Legaria entró en lo de la Santa Muerte después de inscribirse en un club de motorismo y descubrir que tenía talento para predicar en los guetos. Al verse con un rebaño, se inventó una nueva identidad con mucho dinamismo. Pero según descubrió demasiado tarde, fingirse gánster durante la guerra de la droga no era cosa de risa.

La madre ofreció una recompensa por cualquier información que permitiera hacer justicia a su hijo. Recibió docenas de telefonazos con un abanico de acusaciones: unos dijeron que el responsable del asesinato era el templo de la Santa Muerte de Tepito; otros, que el cártel de la droga La Familia; otros incluso acusaron a unos pistoleros que trabajaban para la Iglesia católica. El caso estaba condenado a ser otro misterio mexicano sin resolver.[6]

Asisto a una misa en el templo del Pantera un mes después de su asesinato. Su pareja de hecho preside la ceremonia. Es una fiesta de locos. Los mariachis tocan canciones alegres y los fieles saltan como posesos; una cuarentona se vuelve loca y se pone a bailar frenéticamente trazando círculos. Luego vienen unas plegarias que recuerdan las meditaciones tipo *New Age*. Centenares de creyentes miran al cielo con los ojos muy abiertos y afirman ver la cara del Pantera. Una estudiante de secundaria me dice que la Santa Muerte le curó un cáncer. Un joven tatuado afirma que tienen varias cabezas enterradas en los terrenos del templo. Decido no investigar.

Las sectas religiosas suelen atraer a los chiflados, a los bichos raros y a los fantasiosos. Pero hay gente realmente peligrosa que también venera a la Santa Muerte. Los territorios del norte de México donde se libra la guerra de la droga abundan en santuarios. Los soldados destrozaron en el noreste varios altares de la Santa Muerte que al parecer habían levantado los Zetas. Personalmente, informé sobre una narcomatanza de trece personas en un pueblo de Sinaloa. Mientras iba en coche, tropecé con un altar de la Niña Blanca que había en el arcén. Ver la imagen de la muerte tan cerca de tanta sangre derramada pone nervioso a cualquiera.

En el estado meridional de Yucatán, los sicarios dejaron doce cabezas cortadas y amontonadas en dos ranchos. La policía detuvo a unos Zetas que tenían las hachas empleadas en las decapitaciones. En sus casas encontraron altares con la esquelética reina de la muerte.[7] Por lo visto, estos psicópatas creen que la Santa Muerte aprueba estas barbaridades, o incluso que se siente complacida.

Es comprensible que los sacerdotes católicos arremetan contra las herejías de los predicadores de la Santa Muerte. Desde el púlpito estimulan a los fieles a no mezclarse con lo oscuro y lo diabólico. Arguyen que la Parca incita a la violencia haciendo creer a los devotos que pueden desviar las balas. Como me dijo el padre Hugo Valdemar, portavoz de la diócesis de Ciudad de México: «Los creyentes piensan que pueden obrar con impunidad. Piensan que tienen una protección divina, además de su fuerza humana. Naturalmente, la Muerte para ellos es fuerte y es valiente. Y de aquí se deriva más crimen».

Yo personalmente no creo ni en el papa Benedicto ni en la esquelética encarnación de la muerte. Me bautizaron según el rito romano, pero dejé de asistir a la iglesia de adolescente. Si estuviera en la segregada Irlanda del Norte (o en el norte de Texas), diría que soy un católico agnóstico. En México soy sólo agnóstico.

Sin embargo, encuentro desagradable la idea de que los sicarios corten cabezas y recen a una divinidad con cráneo. El culto ayuda a los canallas a justificar actos de barbarie, por lo menos desde su punto de vista. Ya sabemos que los fieles de muchas religiones han justificado atrocidades en nombre de su

Dios. Es posible que estos sicarios cometieran exactamente los mismos crímenes si no estuviera por medio el esqueleto con capa. Es posible. Los antropólogos, mientras tanto, hacen su agosto con las especulaciones religiosas. La Santa Muerte, dicen, refleja la vieja fascinación nacional por los desaparecidos, según se ve en lo que allí llaman Día de los Muertos. El esqueleto podría ser incluso la resurrección de una antigua deidad azteca llamada Mictecacihuatl, Señora de la Muerte.[8] La fe subterránea en deidades prehispánicas, aducen algunos, es prueba de una incesante resistencia de la clase obrera de México a la cultura colonial.

Otros señalan la faceta posmoderna de la Santa Muerte. En muchos aspectos es una estrella pop urbana. Se ha difundido rápidamente gracias a los mismos medios que la han demonizado: Internet, DVD piratas, camisetas estampadas y tatuajes. Responde a los apremios de la pobreza moderna, prometiendo ayuda en las luchas cotidianas y no en el más allá.

Sean cuales fueren los porqués y para qués, es curioso que la popularidad de la Santa Muerte se haya disparado al mismo tiempo que la guerra de la droga... y que la transición democrática. Mientras los traficantes fundan templos, la Santa Muerte se propaga con una energía propia. Puede que ambos fenómenos sean indicios de rebelión contra el viejo orden. En el amanecer del siglo XXI, México se encuentra en la encrucijada de donde han de partir el futuro jurídico y el futuro espiritual.

Aprovechando la momentánea locura del nuevo milenio, los jefes del cártel La Familia tomaron medidas para que México encajase en su visión de las cosas. Advirtieron el talante con que los soldados de a pie de la banda se aferraban a los símbolos religiosos. Y los capos se preguntaron: ¿por qué financiar predicadores cuando podemos predicar nosotros? El resultado es una evolución escalofriante de la narcorreligión.

Procedente del estado occidental de Michoacán, La Familia acaparó la atención internacional con varios actos espectaculares de violencia, como arrojar cinco cabezas humanas en la pista de baile de una discoteca.[9] En julio de 2009 fue detenido uno de sus lugartenientes, y La Familia demostró tener una gran capacidad para hacer la guerra en una ciudad de provincias, atacando una docena de puestos de policía y matando a quince agentes. Los expertos se vieron sorprendidos y calificaron la operación de variante de la Ofensiva del Tet. Pistoleros de La Familia detenidos por entonces afirmaron que eran nueve mil hombres armados y todos con adoctrinamiento religioso. Los barones de los medios, que estaban pendientes del norte, volvieron la cabeza hacia el oeste. ¿De dónde había salido aquel ejército de desconocidos? ¿Cómo se atrevían a desafiar a las tradicionales narcopotencias de Sinaloa y el Golfo? ¿Era la religión lo que les había hecho crecer tan deprisa?

El investigador más capacitado para responder se encuentra en un superprotegido despacho de Morelia, capital del estado de Michoacán. Carlos ha sido testigo del crecimiento del infame imperio gansteril desde que empezó a trabajar en las fuerzas del orden, concretamente en el servicio de espionaje nacional. En la actualidad, dirige una unidad especial que coordina fuerzas nacionales y estatales y se dedica a vigilar a La Familia. Posee montañas de documentos, fotos y grabaciones de los gánsteres. No deja de hablar del enemigo. Sus datos configuran una truculenta imagen que describe cómo y por qué construyó la feliz familia su narcoiglesia.

La Familia surgió en un tórrido valle montañés de Michoacán llamado Tierra Caliente. Aquellos campos abundantes en magueyes han sido desde hace mucho caldo de cultivo de bandoleros y sobre todo de fundamentalistas religiosos.

Los habitantes de la monumental Morelia, que se alza en la montaña, llamaban al valle «el infierno». Los criminales montaraces eran desterrados a este infierno, donde vivían como podían en míseras aldeas. Pero las cosas han cambiado. Los matones del infierno tienen ahora la sartén por el mango y controlan a las parloteantes clases políticas de Morelia. Y si los políticos no cooperan, los gánsteres descargan sobre ellos su divino castigo.

La Familia tenía tres jefes que nacieron en el seno de sendas familias de agricultores de Tierra Caliente entre mediados de los años sesenta y los setenta. Nazario Moreno, llamado el Chayo y el Más Loco; Servando Gómez, alias la Tuta; y José de Jesús Méndez, alias el Chango. Se repartían el poder de manera teóricamente equitativa, aunque Nazario dirigía los asuntos espirituales del clan. Solía vérsele en una foto en blanco y negro muy borrosa que estaba hecha de cuadrados grises que perfilaban su grueso cuello, su cara redonda y su negro y fino bigote.

Como muchos habitantes del valle del infierno, Nazario viajó a Estados Unidos de adolescente y desempeñó diversos oficios manuales en California y Texas. Pero pronto fue seducido por el lujo de los contrabandistas de droga. Se quedó en Estados Unidos, trabajando con gánsteres mexicanos en la distribución del producto.

Todavía en el devoto Norte, Nazario acabó contactando con el cristianismo evangélico y se sintió renacer con una nueva vocación. Escuchaba a los latinopredicadores evangélicos, pero sobre todo se volvió un discípulo incondicional de un escritor religioso llamado John Eldredge. En su libro *Wild at Heart*, Eldredge plasma una idea romántica del cristianismo como religión de fuerza; del hombre indomable pero noble que lucha por sobrevivir en un páramo que podría ser Mesopotamia, el desierto del Sinaí o el Colorado rural.[10] En este erial, el hombre resiste las heridas y afronta los retos que debe vencer como un guerrero, con actos brutales pero santos. La metáfora echó raíces profundas en el Más Loco. ¿Qué otra cosa podría parecerse más al páramo que Tierra Caliente, y qué lucha podría ser más dura que la del pobre campesino mexicano?

Nazario resistió una herida no metafórica en 1998, cuando estuvo a punto de morir en un accidente de tráfico. Para cerrarle la grieta de la cabeza, los médicos le pusieron una placa metálica en el cráneo. Según el investigador Carlos, aquella lámina lo volvió más loco de lo que estaba. Pero Nazario pensaba como un visionario y se puso a escribir pensamientos ocasionales que más tarde compondrían su «biblia».

Allá en Michoacán, el hampa quedó patas arriba cuando en 2003 detuvieron al cabecilla regional Armando Valencia.[11] Durante el período de agitación que siguió, Nazario volvió a México y se unió a sus antiguos compinches de Tierra Caliente para competir por el poder. La Familia se alió primero con los Zetas y se adiestró con sus comandos en la guerra urbana y rural. Pero con el tiempo se sintieron fuertes, dieron un giro de 180 grados y empezaron a matar Zetas para quedarse ellos con el territorio.

La Familia se puso a adoctrinar en materia religiosa a sus combatientes, bajo la dirección de Nazario. Los aspectos espirituales eran útiles porque daban cohesión y disciplina a la organización. Como explica Carlos:

> Estos tipos creen en su religión. Son conversos de verdad. Pero también se dan cuenta de los beneficios que trae la religión cuando se practica el crimen organizado. Cuando se tiene una ideología, por estrafalaria que sea, se da un norte a la banda y una justificación a todo lo que hace. No es sólo una guerra. Es una guerra santa.

La Familia apoyó económicamente a ciertas iglesias evangélicas y regalaba ejemplares de Biblias protestantes en español. Hasta que Nazario imprimió su propio libro, que tituló *Pensamientos*.

Tengo en la mano un ejemplar que me dieron en Morelia. Tiene cien páginas y está ilustrado con fotos de tierras verdes e imágenes bíblicas dibujadas por el Más Loco en persona. No era mal dibujante. No figura ningún precio, ya que La Familia lo entrega gratis a sus tropas. El ejemplar que tengo, según la página de créditos, es la cuarta edición, de la que se han tirado siete mil quinientos ejemplares. La misma página dice que en total se han impreso veintiséis mil quinientos.

Fiel a su título, *Pensamientos* es un popurrí de opiniones personales, anécdotas y moralejas. Estructuralmente, se parece mucho al *Libro rojo* de Mao Zedong, que también salta de una pequeña idea a otra pequeña idea. Muchos pasajes tienen ese estilo de autoayuda evangélica que puede oírse en sermones que se pronuncian desde Misisipi hasta Río de Janeiro. Como escribe el narcoprofeta:

> Le pedí a Dios fuerza, y me dio dificultades para hacerme fuerte. Pedí sabiduría, y me dio problemas para resolver. Pedí prosperidad, y me dio cerebro y músculos para trabajar.

Sin embargo, en otras páginas Nazario hilvana frases que se parecen muchísimo a las acuñadas por el revolucionario Emiliano Zapata: palabras de campesinos que luchan contra los opresores. Esto dice el Más Loco: «Es preferible ser dueño de un peso que ser esclavo de dos, es preferible morir peleando de frente que de rodillas y humillado».

En otras páginas habla de modo más concreto sobre el fortalecimiento del «movimiento» La Familia:

Hola, compañeros hermanos cristianos, estamos empezando una labor ardua pero muy interesante que es la de concientizarnos, que hoy en día necesitamos prepararnos para defender nuestros ideales, para que nuestra lucha rinda frutos, organizarnos para ir por el mejor camino, quizás no sea el más fácil, pero es el que mejores resultados puede ofrecer.

Puede que *Pensamientos* no sea candidato al Premio Booker, pero Carlos me asegura que sus ideas pegan fuerte entre los campesinos analfabetos de Tierra Caliente, lo mismo que la sugerencia de que pueden vengarse con violencia en nombre del Señor. Una vez reclutados los sicarios, la religión les da una disciplina que los hace soldados más dignos de confianza. Pero si alguno se descarría, deberá afrontar la ira de Dios. Según declaraciones de La Familia, los empleados que cometen el primer error son atados en una habitación; con el segundo sufren tortura; el tercer error es el último.

Es una evidente y flagrante contradicción, pues ¿cómo pueden afirmar los traficantes y asesinos que son cristianos devotos? Para justificar sus actos, los jefazos de La Familia arguyen que han llevado empleos mejor pagados a Michoacán y, a semejanza de muchos gánsteres, se comportan como padrinos benévolos que entregan regalos navideños a los niños pobres en actos multitudinarios. También se hacen los justicieros que llevan justicia divina a las calles invadidas por la anarquía, y dicen que venden narcoveneno a los gringos, pero no comerciarían con los suyos. Para difundir el mensaje de que son realmente ángeles custodios, no han tenido empacho en recurrir a los medios. Cuando irrumpieron en escena, en 2006, pusieron un anuncio en varios periódicos. El atrevido texto tenía un párrafo titulado MISIÓN que decía:

Erradicar del estado de Michoacán el secuestro, la extorsión directa y telefónica, asesinatos por paga, el secuestro exprés, robo de tráileres y automóviles, robos a casas habitación, por parte de gente como la mencionada que han hecho del estado de Michoacán un lugar inseguro. Nuestra única razón es que amamos a nuestro estado y ya no estamos dispuestos a que la dignidad del pueblo sea atropellada.[12]

Tiempo después un miembro de La Familia concedió una entrevista a la revista *Proceso*, la más vendida del país, mientras la Tuta llamaba por teléfono a un noticiario de Michoacán para reivindicar que La Familia estaba defendiendo la patria.[13] En otro alarde publicitario, los soldados de La Familia detuvieron a docenas de presuntos violadores y atracadores de la ciudad de Zamora de Hidalgo. Cinco fueron muertos a tiros mientras que los demás fueron azotados y luego condenados a desfilar por las calles con pancartas en que confesaban sus delitos. En la narcomisión encomendada por Dios a La Familia, la justicia del Antiguo Testamento se interpretaba al pie de la letra.

Carlos es inflexible cuando afirma que la pretensión justiciera de La Familia es una simple pose. Podrán matar a secuestradores y extorsionistas, dice, pero sólo para secuestrar y extorsionar ellos en su lugar. A pesar de todo, hay ciudadanos de Tierra Caliente que apoyan abiertamente a La Familia y aducen que son más eficaces que los tribunales cuando se trata de cobrar una deuda o resolver un conflicto. Cuando sus pistoleros piden dinero, la gente no suele negarse.

La Familia también explota el orgullo local para conseguir el apoyo de los agricultores y los delincuentes de provincias. Alegan que son buenos michoacanos que han echado a los «extranjeros» sinaloenses y Zetas, incluso se han liberado de los «federales». En esta vena, el Más Loco hizo que todos sus soldados vieran la película *Braveheart*. Mientras los pistoleros de La Familia abaten soldados, pueden sentirse como bárbaros escoceses que expulsan a los bastardos ingleses (aunque los sicarios de La Familia no visten falda de tartán). La trilogía *El padrino* también es de degustación obligada, ya que enseña a los hombres lealtad y valores familiares.

Así pues, ¿qué era Nazario? ¿Un tarado víctima de la metanfetamina o un visionario religioso? Hay que admitir que en su locura había método. Su religión y su proyecto de ideología daban a La Familia atractivo y disciplina, y contribuyeron a hacer de ella uno de los grupos de más rápido crecimiento en la guerra de la droga. Además de apoderarse muy pronto del estado de Michoacán, La Familia se introdujo en Jalisco, Guanajuato, Guerrero, Puebla y el Estado de México, con los pueblos que rodean la capital. La religión de La Familia puede parecer un batiburrillo disparatado. Pero no es más ilógica que otras religiones para chiflados y muchos nacionalismos extremos que han surgido por todo el globo y que a veces alegan tener millones de secuaces. Tener algo parecido a una ideología pone garra a la cosa. Y por lo que se ha visto en la guerra de la droga, las bandas imitan las técnicas rivales que resultan eficaces. Es posible que el Más Loco no sea el último capo mexicano que se declare sumo sacerdote de un templo propio.

El éxito de La Familia, sin embargo, la puso en el centro del radar de la policía. Los agentes de Estados Unidos detuvieron a algunos de sus hombres en ciudades como Dallas y Atlanta, y el Gobierno mexicano ofreció una recompensa de 30 millones de pesos [2.550.000 dólares] por la cabeza de Moreno. Alguien próximo al narcoevangelista parece que ambicionó este oro e informó al Gobierno de que estaría en una fiesta navideña en diciembre de 2010 en Apatzingán, una ciudad de la región de Tierra Caliente. Cuando la policía nacional y los soldados entraron en la ciudad, el cártel reaccionó con rapidez llamando a sus soldados para que bloqueasen las carreteras y atacaran a los invasores. En las calles estallaron tiroteos que se cobraron once vidas, entre ellas la de un niño pillado en medio de la refriega. Pero la policía nacional afirmó haber matado a su principal blanco, el Más Loco.[14]

Moreno, sin embargo, fue el último en reír, ya que la policía no encontró su cadáver. Aprovechando el caos del enfrentamiento, aduce la policía nacional, los hombres de La Familia se lo llevaron a las montañas. El Gobierno hizo pública una grabación en que otro jefe, la Tuta, admitía que Moreno había muerto. Pero al no haber cadáver, en la cabeza de la gente persiste la duda. Moreno se ha convertido en otro pretexto generador de fábulas, como Carrillo Fuentes, que murió mientras le hacían una operación de cirugía plástica en 1997. El Más Loco, susurran los lugareños, vaga todavía por Tierra Caliente vestido de campesino. Se ha disfrazado de cura y celebra misa en Apatzingán, murmuran. El narcopredicador místico se ha convertico en leyenda y sus enseñanzas aún tienen una gran fuerza en las bullentes colinas donde nació.

12

Insurgencia

Si alguien va a atacar a mi padre, a mi madre, a mis hermanos, por buscarme a mí, me van a encontrar, pero de otra
manera. [...] Nuestro pleito única y exclusivamente es con la
Policía Federal Preventiva [...] porque están atacando a
nuestras familias.

Servando Gómez, la Tuta, capo de La Familia, 2009

En un episodio de la segunda temporada de la premiada serie de televisión estadounidense *Breaking Bad* hay una escena que transcurre en la capital del homicidio, Ciudad Juárez.
Agentes estadounidenses y mexicanos andan en busca de un informador y son atraídos al desierto que queda al sur de la frontera. Lo que encuentran es la cabeza del informador, cortada y
empotrada en el cuerpo de una tortuga gigante. Pero la cabeza
es una bomba caminera, explota y mata a los agentes. El episodio fue emitido en 2009.[1] Pensé que era irreal, una fantasía.
Hasta el 15 de julio de 2010.

Aquel día, en la Ciudad Juárez auténtica los gánsteres secuestraron a un hombre, lo vistieron con uniforme de policía, le

pegaron un tiro y lo arrojaron desangrándose en una calle del centro. Cuando se acercaron la policía y los paramédicos, un cámara filmó lo que sucedía. En el vídeo se ve que los enfermeros se inclinan sobre el hombre herido, comprueban sus constantes vitales. De pronto se oye un timbrazo y la imagen se pone a dar saltos porque el cámara ha echado a correr. Los gánsteres habían utilizado un teléfono móvil para detonar diez kilos de explosivos guardados en un coche cercano. Un minuto después, el cámara vuelve y vemos el coche que arde y humea junto a las víctimas que gritan. Un enfermero yace en tierra, cubierto de sangre, pero aún moviéndose y con la incredulidad pintada en el rostro. Los agentes tienen miedo de acercarse a él. El enfermero muere minutos más tarde, al igual que un policía nacional y un civil.

No estoy diciendo que *Breaking Bad* inspirase los asesinatos. Los programas de televisión no matan a la gente. Matan los coches bomba. La miga de la anécdota es que la guerra mexicana de la droga está llena de una violencia que supera a la ficción. El escritor mexicano Alejandro Almazán tuvo un problema parecido. Mientras escribía su novela *Entre perros*[2] imaginó una escena en la que los hampones decapitan a un hombre y acoplan la cabeza de un perro al mutilado cadáver. Una buena escena para una novela. Pues resulta que en la vida real unos gánsteres hicieron exactamente eso, sólo que en vez de acoplar la cabeza de un perro pusieron la de un cerdo. Es difícil competir con la sanguinaria imaginación de los criminales. Los matones del cártel han metido varias cabezas cortadas en una nevera portátil y han enviado ésta a la redacción de un periódico; han puesto a un policía asesinado un sombrero de charro y le han cortado las mejillas para que parezca que sonríe «de oreja a oreja»; y han llegado a coser una cara humana a un balón de fútbol.

Hay muchos informes sobre el impacto social de este terrorismo. Pero hay una cuestión básica que se sigue debatiendo acaloradamente: ¿por qué? ¿Por qué los soldados del cártel cortan cabezas, tienden emboscadas a la policía y preparan coches bomba? ¿Y por qué lanzan granadas sobre las multitudes jaraneras o acribillan a jóvenes inocentes que celebran fiestas? ¿Qué ganan con tamaño derramamiento de sangre? ¿Contra quién combaten? ¿Qué quieren?

Esta incógnita toca el meollo del debate sobre lo que es actualmente el narcotráfico. Las motivaciones de los gánsteres definen en muchos aspectos lo que son. Si matan a civiles deliberadamente y con intención, entonces se comportan como terroristas. Si lo que tratan es de tener el monopolio de la violencia en determinado territorio, se comportan como señores de la guerra. Y si están librando una guerra total contra el Gobierno, muchos alegarían que son rebeldes o insurgentes.

Es un tema delicado. Palabras como «terroristas» e «insurgentes» disparan las alarmas, espantan a los que invierten dólares y despiertan los fantasmas nocturnos de Estados Unidos. El lenguaje influye en el modo de enfocar la guerra mexicana de la droga y en la cantidad de «drones» [aviones teledirigidos] y helicópteros Black Hawk que se ponen en movimiento.

Los periodistas empezaron a hablar de narcoinsurgentes en 2008, conforme la guerra se recrudecía y cuando los pelotones de sicarios de Beltrán Leyva mataron al jefe de la policía nacional y a docenas de agentes. El término fue analizado entonces con mayor detalle en la prensa y en gabinetes estratégicos informalmente vinculados con las fuerzas de seguridad y el estamento militar de Estados Unidos, sin olvidar unos artículos que se publicaron en *Small Wars Journal*, órgano especializado en los conflictos de baja intensidad de todo el mundo. Como se dice en un reportaje de John Sullivan y Adam Elkus titulado «Cártel contra cártel: la insurgencia criminal en México»:

La insurgencia criminal no ha sido un proyecto unificado en ningún momento. Los cárteles luchaban entre sí y contra el Gobierno por el control de importantes rutas del contrabando de drogas, las llamadas plazas. La condición fragmentaria y posideológica de la lucha ha confundido a menudo a los comentaristas estadounidenses, acostumbrados a la idea de una insurgencia unificada e ideológica de tipo maoísta. Sin embargo, si Von Clausewitz estuviera por aquí actualmente y sintonizara las emisoras de Tijuana que emiten narcocorridos financiados por los gánsteres, reconocería sin la menor duda que tienen la característica básica de la insurgencia.[3]

Esta idea circuló ya en fecha temprana por el Pentágono y apareció en un informe de diciembre de 2008 preparado por el Mando Unificado de las Fuerzas Armadas de Estados Unidos. Entre las preocupaciones militares relativas a los próximos decenios, decía, figuraba el temor de que la violencia de la droga en México precipitase un rápido hundimiento nacional, comparable al de Yugoslavia. «La caída de México en el caos exigiría una respuesta estadounidense basada en las serias consecuencias que podría tener para la seguridad de la patria», decía.[4] Esto era dinamita pura. El informe no sólo sugería que la guerra de la droga podía empujar a México al abismo, sino que además preveía una situación en la que las tropas estadounidenses tuvieran que cruzar el Río Grande por vez primera desde los tiempos de la Revolución Mexicana. No era más que una especulación que se hacía en las más recónditas entrañas del Pentágono. Pero conforme se intensificaba la violencia, la idea fue subiendo por los peldaños del Gobierno hasta llegar a la Secretaría de Estado y a su actual titular Hillary Clinton. Como dijo la propia Clinton en unos comentarios, hoy lamentables, de septiembre de 2010:

Nos enfrentamos a la creciente amenaza de una bien organizada red de traficantes de drogas, amenaza que en algunos casos se está convirtiendo o está haciendo causa común con lo que podríamos llamar insurgencia, en México y América Central. [...] Y estos cárteles de la droga presentan crecientes indicios de insurgencia... Ya saben a qué me refiero, todo eso que ponen de manifiesto unos coches bomba que no estaban antes allí. Esto se está convirtiendo, se está pareciendo cada vez más a la Colombia de hace veinte años.[5]

Estas declaraciones suscitaron un vendaval de respuestas indignadas. México replicó que la comparación con Colombia estaba fuera de lugar y que sus fuerzas de seguridad no estaban seriamente amenazadas. Cualquier sugerencia de que el Gobierno está perdiendo el control es, por supuesto, desastrosa para la Marca México.

Pero también hubo críticas de académicos liberales y de ONG de Estados Unidos que alegaban que los cárteles mexicanos de la droga no eran insurgentes porque, a diferencia de los rebeldes islámicos o comunistas, no querían tomar el poder (ni instalarse en el palacio presidencial, ni dirigir el aparato escolar, etc.). De un modo más incisivo alzaban la voz contra la expansión de las tácticas militares antiinsurgencia empleadas en Colombia o en Afganistán, y en particular contra la idea de que el ejército estadounidense entrara en la Sierra Madre del mismo modo que entró en el valle de Korengal para combatir a los talibanes.

Esos temores tienen una base real. Las campañas de contrainsurgencia han sido históricamente desastrosas para los derechos humanos: en Colombia, en Irak, en Perú, en El Salvador, en Argelia y en docenas de otros países. Y que las tropas estadounidenses crucen el Río Grande en los próximos años es una posibilidad real. La idea de narcoinsurgencia tiene un papel en las manos de ciertos círculos de la extrema derecha estadounidense. Los radicales islamistas, la guerrilla comunista, los traficantes de drogas, los narcoterroristas, los narcoinsurgentes, todos van a parar al mismo saco tóxico del antiamericanismo. La guerra contra la droga está claramente relacionada con la guerra contra el terrorismo, y con el empleo de cualquier medio que sea necesario para combatir a un demonio conceptual.

El conflicto mexicano pasa por la política de modos muy peculiares, suscitando respuestas de todos los sectores estadounidenses, desde los *lobbies* armamentistas y los grupos antiinmigración hasta los críticos de la política exterior y los defensores de la legalización de la droga. Expresiones como «insurgencia criminal» invariablemente enfurecen o satisfacen a determinados grupos de interés en el debate. Pero, sea cual sea la política, es necesario entender la amenaza que vive México. Los cárteles se han transformado en organizaciones con una capacidad de violencia que rebasa la de los criminales y entra en el reino de la seguridad nacional. El argumento de que los gánsteres no quieren apoderarse del palacio presidencial no reduce la amenaza. Hay muchos grupos insurgentes clásicos que no han tenido intención de tomar el poder. Se estima que Al Qaeda no tiene en Irak más de un millar de combatientes y que no tiene ninguna posibilidad real de derrotar al Gobierno. A pesar de lo cual lanza bombas contra soldados y civiles pensando en fines globales. El Ejército Republicano Irlandés o los separatistas de ETA tampoco tenían ninguna posibilidad de hacerse con el poder, pero luchaban como una forma de presión. Ni siquiera los grandes insurgentes mexicanos Pancho Villa y Emiliano Zapata querían el trono para sí mismos: su objetivo era derrocar a los tiranos para que hubiera un presidente más acorde con sus intereses.

El *Diccionario de la Lengua de la Real Academia Española* define la insurgencia como un «levantamiento contra la autoridad».[6] Podemos suponer que para que haya un auténtico «levantamiento» tiene que producirse por la fuerza de las armas y no mediante protestas pacíficas. ¿Encaja en esta definición el narcotráfico? Algunos gánsteres, ciertamente sí. No son forajidos típicos que disparan a un par de policías y salen corriendo. Su levantamiento contra la autoridad civil comporta ataques de más de cincuenta hombres contra cuarteles del ejército; atentados contra políticos y policías de alto rango; y secuestros en masa de diez o más policías y soldados. ¿Quién dirá sin sonrojarse o sin reírse que no estamos hablando de un serio desafío al Estado?

Los cárteles también emplean tácticas políticas más tradicionales para la insurgencia. Desde Monterrey hasta Michoacán, las bandas han organizado manifestaciones contra el ejército, y en algunas los manifestantes llevaban pancartas en apoyo de determinados cárteles, como La Familia. Y para aumentar la presión, los gánsteres, de un modo creciente, bloquean las calles principales con camiones ardiendo, una medida que cuesta mucho a la economía y aterroriza al público en general. Estas tácticas se han copiado de las de los grupos de oposición de toda América Latina e ilustran una clara politización de la rebelión.

El otro gran punto polémico en relación con la insurgencia se refiere a la ideología. El propio Gobierno mexicano ha dicho en diversas declaraciones que los cárteles no son insurgentes porque «no tienen un programa político».[7] Sin duda, los insurgentes tienen que creer en algún principio superior, arguyen los críticos, sea el marxismo, una bandera nacional o Alá y las setenta y dos vírgenes. La palabra «insurgente», y más aún la palabra «guerrillero», se utilizan en Latinoamérica para describir a individuos que son fanáticos de alguna causa, aunque se trate de chiflados violentos. Los narcos mexicanos, aducen los negativistas, creen en poco más que en blanquear sus millones, comprarse esclavas de oro y tener una docena de novias. En el mejor de los casos, son «rebeldes primitivos», en el sentido que vemos en la obra que escribió el historiador Eric Hobsbawm sobre los bandidos.[8] En el peor, no son rebeldes en absoluto, sólo empresarios psicóticos.

Sin embargo, los analistas han señalado que algunas insurgencias modernas no tienen nada que ver con ideologías. Steven Metz, del U.S. Strategic Studies Institute, escribió allá en 1993 un ensayo titulado «El futuro de la insurgencia», en el que analizaba las insurrecciones de la era posterior a la Guerra Fría. Algunas rebeliones, concluía, eran únicamente por asuntos monetarios y habrían podido definirse mejor como «levantamientos comerciales» o «insurgencias delictivas» sin más.[9] Otro ejemplo de insurgencia comercial/delictiva que señalan los analistas es la rebelión del delta del Níger por los campos de petróleo.

Los motivos de los capos mexicanos varían de un cártel a otro y cambian con el tiempo. En 2011 había siete cárteles principales. Todos tenían miles de hombres armados, organizados en unidades paramilitares. (La definición de paramilitar es: «dicho de una organización civil: con estructura o disciplina de tipo militar».) Cuatro cárteles emplean estas fuerzas para atacar regularmente a los cuerpos y fuerzas de la seguridad del Estado. Son los Zetas, La Familia, el cártel de Juárez y la organización de Beltrán Leyva. Los más insurgentes de todos son los Zetas, que diariamente libran batallas con soldados.

Los ataques suelen tener un motivo y un objetivo concretos. Marco Vinicio Cobo, alias el Locochón, formaba parte de una célula de los Zetas que secuestró y decapitó a un soldado en el estado meridional de Oaxaca. Durante el interrogatorio, que fue filmado con videocámara, cuenta que se ordenó el asesinato porque la víctima era un agente del espionaje militar que se estaba acercando demasiado a las actividades de los Zetas.[10] En pleno campo de Michoacán los pistoleros de La Familia atacaron a una docena de puestos de policía y mataron a quince agentes para responder a la detención de uno de sus lugartenientes. A raíz de esta ofensiva, el capo de La Familia Servando Gómez tuvo la desfachatez de llamar a unos estudios de televisión. Al habla con un asombrado presentador, dijo que La Familia respondía a las agresiones que se cometían contra los gánsteres y sus parientes, pero ofrecía una tregua. «Nosotros lo que queremos es paz y tranquilidad —dijo—. Queremos llegar a un pacto nacional.»[11]

En estos casos, la narcoviolencia es una reacción a ataques concretos contra las organizaciones criminales. Presionan al Estado para que ceda y dan a entender que quieren un Gobierno blando que no interfiera en sus negocios.

En otros casos, sin embargo, son más agresivos en su deseo de controlar algunos aspectos del Estado. Por ejemplo, atacando a candidatos políticos. Los aspirantes no están en el cargo, así que no han tenido ocasión de lesionar los intereses de los cárteles. Pero los gánsteres quieren asegurarse de que tienen ya a los políticos en el bolsillo y castigan a los que se niegan a hacer un trato o trabajan para los rivales. Entre las muchas agresiones que se han cometido contra candidatos, la más destacada fue la que se hizo contra Rodolfo Torre, que se presentó para ser gobernador del estado de Tamaulipas en 2010. Era médico, se presentaba como candidato del PRI, y se vaticinaba que iba a ganar la competición por un margen arrollador de más de treinta puntos. Pero una semana antes de las elecciones, los pistoleros acribillaron el convoy de su campaña con disparos de fusil, y acabaron con el candidato y cuatro ayudantes.[12] La capacidad para decidir si vivirán o no los favoritos de las campañas electorales es un siniestro mensaje para que los políticos conozcan el poder de los narcotraficantes.

Pero ¿por qué premio compiten? Si los gánsteres quieren simplemente que se les conceda el derecho a pasar droga de contrabando, arguyen los observadores, entonces no representan una amenaza insurgente tan destructiva para la sociedad. Sin embargo, conforme se ha recrudecido la guerra de la droga, los gánsteres se han vuelto más ambiciosos. Ciertos cárteles extorsionan ahora a todas las empresas que pueden. Además, se han introducido a la fuerza en industrias tradicionalmente explotadas por el Gobierno nacional. Los Zetas controlan el este del país, donde la industria del petróleo es más fuerte. Y cobran a esta industria todos los «impuestos» que pueden, extorsionando al sindicato y robando gasolina para venderla de contrabando. En Michoacán, La Familia explota la minería y la tala ilegal de árboles, que son fuentes de ingresos del Gobierno. Estas actividades varían de una banda a otra. El cártel de Sinaloa se limita en términos generales a traficar con droga. Al mismo tiempo, los grupos criminales que más se han ramificado son los que atacan con más intensidad a los cuerpos y fuerzas de seguridad del Estado. Hay una seria debilitación del Estado cuando las bandas consiguen sangrar a la industria con «impuestos».

Donde los cárteles son más fuertes, su poder pasa de la política al sector privado y a los medios. En Juárez, la patronal arguye que si los empresarios tienen que pagar a la mafia para estar protegidos, no tienen por qué pagar impuestos al Gobierno de la nación. Fue un argumento revelador. *El Diario de Juárez*, principal rotativo de la ciudad, puso las cosas más difíciles a raíz del asesinato de un fotógrafo de 21 años, muerto por la mafia mientras almorzaba. En un editorial de primera plana titulado «¿Qué quieren de nosotros?», el periódico se dirigía directamente a los cárteles, y tocó fibras delicadas en el Gobierno de Calderón:

Ustedes son, en estos momentos, las autoridades de facto en esta ciudad, porque los mandos instituidos legalmente no han podido hacer nada para impedir que nuestros compañeros sigan cayendo, a pesar de que reiteradamente se lo hemos exigido. [...] Hasta en la guerra hay reglas. Y en cualquier conflagración existen protocolos o garantías hacia los bandos en conflicto, para salvaguardar la integridad de los periodistas que las cubren. Por ello les reiteramos, señores de las diversas organizaciones del narcotráfico, que nos expliquen qué quieren de nosotros para dejar de pagar tributo con la vida de nuestros compañeros.[13]

¿Qué significado tiene para el futuro de México todo este narcopoder? Se baraja la espeluznante perspectiva de un «Estado fallido». Pero cuando se analiza, el concepto de Estado fallido no es útil para comprender la guerra mexicana de la droga. El Fondo para la Paz y la revista *Foreign Policy* preparan todos los años un Índice de Estados Fallidos. En 2010 Somalia estaba en el primer puesto, en calidad de Estado más fallido que ninguno. México ocupaba el lugar noventa y seis, en mejor situación que potencias como la India y China. Un factor clave es que México cuenta con mejores servicios públicos y una clase media más rica que muchos países desarrollados. China o Cuba tendrán un Gobierno más fuerte, pero la renta per cápita es relativamente baja en ambos países. La violencia de México, por ejemplo, no ha cortado el suministro de electricidad ni de agua, y casi todos sus ciudadanos han pasado por la escuela. Por el momento.

Más útil es el concepto de «Estado capturado». La idea surgió para describir el momento en que la oligarquía y los capitalistas mafiosos se apoderaron de grandes partes del aparato estatal en Europa oriental a raíz de la caída del comunismo. En México es innegable que los cárteles combaten por ciertas parcelas del Estado, en concreto por las fuerzas de policía regionales. Cuando un cártel controla un territorio, pasa a ser un gobierno local en la sombra, aquel ante el que tienen que responder los funcionarios y los empresarios. Los exprimidos en un territorio así no saben qué jefes de la policía están en los bolsillos de la mafia y normalmente es preferible pagar... o salir por piernas para no morir. Es una realidad espeluznante.

El otro gran indicador de la degradación de México es en la actualidad una historia archisabida: la comparación con Colombia. La colombianización y la narcoinsurgencia andina hace mucho que decoran los enfoques sobre la situación de México, como se colaron en los comentarios de Clinton. La experiencia de Colombia con la guerrilla y los grupos paramilitares financiados con la cocaína encierra ciertamente enseñanzas que vale la pena aprender. En todo el mundo, Colombia es el país que ha afrontado una insurgencia criminal más parecida a la de México.

Pero en muchos aspectos la comparación es una cortina de humo. Colombia es Colombia y México es México. Las dos naciones tienen una historia y una dinámica diferentes, y sus respectivas guerras de la droga se libran de manera distinta. Por suerte, la mexicana no ha caído todavía en las honduras a que llegó la guerra civil colombiana de mediados de los años noventa, que desplazó a unos dos millones de personas y que aisló de la capital amplios sectores del país. Colombia tiene un ejército guerrillero marxista más numeroso que ninguno de cuantos ha tenido México en toda su historia. Pero esto no significa que México no esté ante un serio conflicto armado. En los restantes países iberoamericanos se habla ahora de la mexicanización de la industria local de la droga y del empleo de sicarios y de unidades paramilitares de asesinos. México se está convirtiendo en el nuevo término de comparación para las insurgencias criminales.

Miguel Ortiz dirigió las operaciones de La Familia en Morelia, capital del estado de Michoacán, hasta que fue detenido en 2010. Antes de ser lugarteniente de la banda fue, durante cinco años, agente de La Familia en el seno de la policía estatal de Michoacán. Participó en varios ataques contra las fuerzas nacionales, entre ellos el que acabó con quince agentes, y en atentados contra funcionarios de la localidad. Después de su detención, el vídeo de su interrogatorio se hizo público.[14]

Verlo pone los pelos de punta. Este hombre describe con detalles gráficos diversas técnicas para trocear cadáveres y atentar contra funcionarios. Cuando el vídeo se exhibió en la televisión mexicana en el noticiario de las 22.30 horas, la gente que lo vio no daba crédito a lo que veía y oía. Vaya psicópata, se murmuraba. Gracias a Dios que ya está entre rejas. Éste es el objetivo de los funcionarios nacionales cuando hacen públicos estos vídeos, decir a la ciudadanía que detienen a criminales altamente peligrosos. Pero las películas de los interrogatorios ponen de manifiesto una versión algo tosca y distorsionada de la seguridad pública, porque hacen que los ciudadanos, en vez de sentirse más tranquilos, tengan más miedo, porque piensan en todos los demás psicópatas que no están entre rejas. Pese a todo, Ortiz revela algunos detalles sorprendentes relacionados con la táctica guerrillera del cártel, y su declaración enseña muchas cosas sobre cómo funciona la insurgencia.

En el vídeo vemos a Ortiz, de 28 años, con una camisa oscura abotonada hasta arriba. Es corpulento, de cara redonda, con doble papada y un cuello poderoso que le da un aspecto de bulldog que ha merecido el apodo que tiene: el Tyson [por el boxeador estadounidense Mike Tyson]. Habla en fríos términos militares de las carnicerías que se perpetran y utiliza un lenguaje que se ha vuelto común entre los paramilitares de los cárteles: las víctimas de la ejecución son «objetivos»; las personas secuestradas y retenidas en casas francas son «cargamentos».

Ortiz se alistó en la policía cuando tenía 18 años, en 1999. Cuando tenía 21, dice, empezó a ganarse un sobresueldo con La Familia, precisamente cuando la organización estaba estableciéndose en Michoacán. Eligió al equipo ganador. Durante los años que siguieron La Familia amplió su fuerza para dominar la región. Puesto que trabajaba en la policía, podía detener objetivos y entregarlos a los pistoleros de La Familia, incluso eliminarlos él mismo. Este procedimiento revela el clásico modus operandi que practican bandas como los Zetas y los cárteles de Juárez: si la policía explotaba a los maleantes en tiempos anteriores, ahora trabajan de verdugos para la mafia. Es la captura del Estado en acción.

Ortiz dejó la policía en 2008 para trabajar con plena dedicación para La Familia. Aun así, siguió patrullando con coches policiales, llevando el uniforme y colaborando con otros agentes, según confiesa. Las ventajas de tener a un miembro de la policía eran demasiado lucrativas para que la mafia renunciase a ellas.

En julio de 2009 La Familia lanzó un ataque a gran escala contra distintos puestos de la policía nacional. A las cinco de la mañana llamaron a Ortiz y le dijeron que tenía trabajo. Los pistoleros del campo fueron en coches hasta Morelia para participar en el ataque insurgente, y Ortiz los apoyó con todos los vehículos de la policía local que pudo movilizar. Que la policía local apoye un ataque contra los «federales» es un terrible ejemplo de la fragmentación del Estado mexicano. Los insurgentes acribillaron a tiros el puesto de la policía nacional y, al marcharse, a los apretados sicarios que iban en una furgoneta Mitsubishi se les pinchó una rueda. Ortiz trasladó rápidamente a los pistoleros a los coches patrulla, los llevó a un Walmart y allí los introdujo en taxis. Los sicarios se despidieron hasta un nuevo día de combate.

Al mes siguiente Ortiz fue recompensado con el importante empleo de encargado de la plaza de Morelia. Miembros de La Familia lo condujeron al interior de Tierra Caliente para formalizar la promoción durante un caluroso fin de semana de agosto. Cruzaron Apatzingán, recorrieron una serpenteante carretera de montaña y llegaron a Aguililla, donde dejaron el vehículo y caminaron dos horas por el monte. Llegaron a un rancho y allí Ortiz fue recibido por los jefazos de La Familia, a saber, Nazario Moreno, el Más Loco, y Servando Gómez, la Tuta.

> Es muy breve. Dicen ellos que entre menos se deje ver la gente, mucho mejor. Duramos a lo mucho diez minutos, quince minutos en la plática, se platicó de lo que se tenía que platicar, y una vez que se van ellos, ya no me hablaron, y me dijeron que a partir de la fecha tú ya eres mando, tú eres segundo, tú eres el encargado de la plaza Morelia y tu mando inmediato es Chuky [apodo de otro jefe].

La estructura organizativa de La Familia, tal como la cuenta Ortiz, procede de la de los Zetas, que adiestraron a sus fundadores. Los jefes de plaza dirigen células, que son semiautónomas. Ganan dinero en su territorio y lo pasan al mando, que a su vez es el que trata con los capos. Más abajo están los sicarios, y por debajo de éstos los halcones, que son los espías e informadores del cártel. Todos utilizan apodos para saber el mínimo unos de otros. Cuando encargan un trabajo a unos sicarios, éstos, por lo general, no saben por qué se busca a ese objetivo. Se limitan a cumplir las órdenes.

Los Zetas basaron inicialmente su cadena de mando en el ejército mexicano, del que procedían. Había jefes y subjefes, como en el ejército. Pero la guerra modificó su estructura, que acabó pareciéndose a la de los guerrilleros latinoamericanos y a la de los grupos paramilitares de ultraderecha, que tienen miles de hombres organizados en células autónomas. Los Zetas entrenaron a los miembros de La Familia en esta guerra de guerrillas en 2005 y 2006, hasta que la banda de Michoacán los traicionó y pelearon por el territorio.

Ortiz instruía en el uso del terror a los nuevos reclutas de su célula. Cuenta que una noche se reunieron en un monte de las afueras de Morelia unos cuarenta sicarios de La Familia. Llevaron allí a unos prisioneros capturados para que los novatos se iniciaran con ellos.

> Ahí pusimos a prueba a toda la gente nueva que va entrando. Los pusimos a que los mataran, los degollaran, los destazaran y todo. [...] Posteriormente se dedicaron a la cocina, se puede decir, para que el cocinero los cocine. Para que la gente nueva que va entrando vaya perdiendo miedo a cortarse un brazo, o para que lo pongan a cortar una pierna, un brazo, algo, y vayan perdiendo el miedo. [...] Usamos un cuchillo de carnicero de unos treinta centímetros, un machetito. [...] No [es fácil] porque hay que cortar el hueso y todo, pero se busca que sufran para que pierdan el miedo de ver sangre. [En descuartizar a una víctima tardan] aproximadamente diez minutos. Es mucho y puede durar mucho menos, pero ahí se van poniendo a prueba los muchachos, para que no se pongan nerviosos, aproximadamente duran diez minutos. [Yo tardo] tres, cuatro minutos.

Carlos, el agente de inteligencia que ha seguido la pista a La Familia, dice que los gánsteres son particularmente aptos para despedazar cadáveres porque muchos miembros de la primera etapa eran carniceros. Los reclutas posteriores, añade, trabajaban por lo general en taquerías. Aplican a la carne humana su habilidad para trocear el cerdo todavía humeante.

Cuando los sicarios de Ortiz cometían asesinatos, dejaban un mensaje firmado por «La Resistencia», nombre que utilizan algunas células de La Familia. Este nombre exalta la rebelión, pero para las autoridades era un medio para intimidar. Ortiz confiesa haber intervenido personalmente en el asesinato de un subsecretario de Seguridad del Estado de Michoacán. El ataque fue ordenado porque el funcionario quiso desarticular el sistema de protección policial de La Familia, dice Ortiz. Éste dio a continuación un paso más atrevido al querer atentar contra la propia secretaria de Seguridad Pública de Michoacán, Minerva Bautista. Primero encargó a un halcón que la siguiera:

> Se le puso un muchacho de confianza de nosotros, se le dio seguimiento por diez días, dónde comía, dónde dormía, a qué hora se iba a su oficina y todo. [...] Nos informaron y esperamos el momento en que ella llegó a la línea de fuego que teníamos nosotros prevista.

Cuando Bautista abandonó con su séquito el recinto de una feria local, Ortiz y sus sicarios bloquearon con un camión averiado un estrecho tramo de la carretera y abrieron fuego por ambos lados. Bautista iba en un vehículo blindado que recibió la alucinante cantidad de dos mil setecientos proyectiles. Dos guardaespaldas murieron y la secretaria recibió un balazo. Los pistoleros se marcharon pensando que el blanco había muerto. Pero Bautista sobrevivió milagrosamente al atentado.[15] Poco después del frustrado ataque, la policía nacional detuvo a Ortiz en un piso franco de Morelia.

> Por ahí me llegaron unos rumores de que andaban cerquita de mí. Siempre tuve en la mente que me iban a detener. Algún día me iban a detener.

Para asegurarse de que los pistoleros no fallan en los atentados, los cárteles han abierto campamentos de instrucción. El primero que se descubrió estaba en el noreste de México y pertenecía a los Zetas, aunque en fecha posterior se han encontrado otros por todo el país, incluso en la frontera con Guatemala. Casi todos están en ranchos y granjas, como el que se descubrió en la comunidad de Camargo, al sur de la frontera de Texas. Están equipados con campos de tiro y terrenos para simular ataques, y en ellos se han encontrado arsenales de armas pesadas, incluso cajas de bombas de mano.

Los gánsteres detenidos han explicado que los cursillos duran dos meses, y en ellos se enseña a utilizar lanzagranadas y ametralladoras de 0,50. En un vídeo de instrucción capturado por la policía en 2011, vemos a los reclutas corriendo por un campo, ocultándose en la hierba y disparando con fusiles de asalto.[16] A veces la instrucción resulta mortal. Un recluta se ahogó durante un ejercicio en que tenía que nadar cargado con la mochila y el fusil. El descubrimiento de estos campamentos ha precipitado la inevitable comparación con los de Al Qaeda en Afganistán.

Pero por mucha instrucción que impartan, los cárteles siguen confiando en los pistoleros con experiencia militar de verdad. Durante el primer decenio de democracia, hasta 2010, desertaron cien mil soldados del ejército mexicano.[17] Hay una consecuencia asombrosa en este fenómeno: los jóvenes del campo y los guetos se alistan en el ejército, reciben la paga del ejército por entrenarse y luego ganan dinero de verdad con la mafia.

Un ingrediente fundamental para tener elementos paramilitares es el acceso al armamento de categoría militar. No ha representado ningún problema para los cárteles, que están bien surtidos de cantidades demenciales de fusiles de asalto y cartuchos. ¿Quién dispararía dos mil setecientas balas en un atentado sino quien tiene más munición que sentido común? Las ametralladoras Browning vomitan gruesos proyectiles de calibre 0,50 [casi 13 milímetros], mientras en una sola batalla se lanzan centenares de granadas. ¿De dónde sale toda esta capacidad de fuego? Los funcionarios mexicanos estiran el dedo y señalan al norte del Río Grande. El Tío Sam, dicen, arma hasta los dientes a los mismos narcoinsurgentes para combatir a los cuales paga al Gobierno mexicano. Es una acusación delicada. Pero ¿es verdad?

El tráfico de armas estadounidenses a México ha sido durante decenios una manzana de la discordia que se ha metido en el horno desde que empezó la guerra de la droga. Los funcionarios mexicanos gritan sin parar que Estados Unidos necesita controlar seriamente la venta ilegal de armas. El Gobierno estadounidense promete tomar medidas que frenen milagrosamente el flujo de armamento. No lo hace. Los cadáveres se siguen amontonando, los medios no cesan de subrayar el papel de las armas estadounidenses, y lo cierto es que las autoridades de Estados Unidos han sido incapaces de parar el tráfico.

El *lobby* armamentista estadounidense es hipersensible al tema. ¿Por qué deberían los aficionados a las armas de Estados Unidos sufrir los problemas que tiene México?, exclaman. Las armas no matan a las personas. Son las personas las que matan. En páginas pro armamentistas de Internet se cuelgan informes al respecto con comentarios airados, a veces con insultos personales a los periodistas.

He seguido este rastro de las armas desde los alijos aprehendidos en Sinaloa hasta las tiendas de armas de Texas y Arizona. En Estados Unidos conocí a algunos propietarios de armerías muy responsables y entusiastas que me hicieron observaciones válidas. La guerra de México, señalaron, se debe a muchos factores y no sólo a las armas, por ejemplo a la corrupción de las fuerzas de policía. Tienen toda la razón.

Pero la desagradable verdad es que una elevada cantidad de armas fabricadas o vendidas en Estados Unidos van a parar a los cárteles de México. Y esto es un hecho irrefutable. México apenas tiene armerías y fábricas de armas y concede pocas licencias. Casi todas las armas que obran en poder de los cárteles son ilegales. En 2008, México envió a la ATF (agencia estadounidense para el control de alcohol, tabaco, armas y explosivos) el número de serie de cerca de seis mil armas aprehendidas a los gánsteres. Alrededor del 90 por ciento, concretamente 5.114 armas, procedían de vendedores estadounidenses.

La ATF y el Gobierno Obama han admitido la responsabilidad de Estados Unidos en esta tragedia. Pero el *lobby* armamentista se niega a reconocerlo. ¿Qué hay de las docenas de miles de armas confiscadas en México cuyo origen se desconoce?, replican los partidarios de la venta de armas. El Gobierno mexicano, alegan, sólo rastrea el origen de las armas que parecen proceder de Estados Unidos para echar leña al fuego. Así que, para facilitar la investigación sobre el origen de las armas confiscadas en México, la ATF viene utilizando un nuevo programa informático. Entre 2009 y abril de 2010, el programa ha identificado otras 63.700 armas de fuego que proceden de armerías de Estados Unidos.[18] Y hablamos sólo de las confiscadas. La gente podrá discutir hasta la eternidad sobre los porcentajes exactos, pero el hecho innegable es que hay docenas de miles de armas que salen de los almacenes estadounidenses y van a parar a los gánsteres mexicanos. Por mucho que se defienda el derecho a llevar armas, hay que admitir que se trata de un problema acuciante.

Las armerías estadounidenses no son las únicas fuentes de armas de las mafias mexicanas. También se roban a las fuerzas de seguridad, y se han aprehendido grandes alijos que proceden de los militares guatemaltecos. Los traficantes de armas internacionales también han movido mucho material por Centroamérica y el Caribe. Si los cárteles mexicanos no compraran armas en Estados Unidos, alega un defensor de las armas, las comprarían en estos otros lugares. Es posible. Pero el tráfico de armas por mar y por Centroamérica sería más lento y más fácil de combatir, lo cual incrementaría el precio de las armas y las municiones. El transporte de armas más allá del límite de las 2.000 millas es una marea tan difícil de parar como las drogas y los emigrantes que suben al norte.

La producción y venta global de armas pequeñas es un factor clave, y es lo que vuelve tan peligrosos a los modernos insurgentes criminales. Estados Unidos tiene una importante participación. El fusil de asalto AR-15, la versión civil del M16, es una de las armas preferidas por el hampa mexicana. Colt fabrica el arma, que se vende libremente en Texas, Arizona y otros estados.

El arma preferida por los cárteles es, obviamente, el Kaláshnikov, es decir, el AK-47, llamado en jerga Cuerno de Chivo. Ése no es estadounidense, señalan los entusiastas de las armas: es ruso. En realidad, el Kaláshnikov se fabrica hoy por lo menos en quince países. Firmas como Arsenal Inc. de Las Vegas lo fabrican en Estados Unidos. Las armerías de Texas y Arizona también venden elevadas cantidades de Kaláshnikov importados de China, Hungría y otros países. Las armas, como las drogas y los dólares, también realizan sus propios viajes surrealistas en el comercio moderno: armas que se fabrican en Pekín, se venden en San Antonio y se emplean para matar en Matamoros. Las armerías estadounidenses sólo venden versiones semiautomáticas del AK. Pero para los hampones mexicanos es fácil adaptarlas y transformarlas en armas totalmente automáticas. La inmensa mayoría de asesinatos de la guerra de la droga se comete con fusiles de asalto.

Muchas versiones de estas armas fueron prohibidas por una

ley emitida por el Gobierno de Bill Clinton en 1994. El Gobierno de George W. Bush anuló la prohibición en septiembre de 2004, exactamente el momento en que estalló en la frontera de Texas la guerra mexicana de la droga. La causa principal del conflicto no fue el aligeramiento del control sobre las armas, pero sin duda echó gasolina al fuego.

Estoy en el centro de Phoenix, Arizona, y entro en las oficinas acristaladas de la ATF para entrevistarme con Peter Forcelli, que dirige la unidad contra el tráfico de armas de fuego. Forcelli es un neoyorquino lleno de vitalidad, con un acento local tan grande como él.

—¿Si sé hablar español? —dice—. No, ni siquiera sé hablar inglés.

Me lleva al ascensor y en él bajamos a la cámara acorazada del sótano, donde se guardan todas las armas confiscadas a los contrabandistas. Es un arsenal idóneo para un ejército civil.

Colocados en los armeros y metidos en bidones, hay Kaláshnikov y AR-15 de todas las formas y tamaños. En un rincón veo unos fusiles ultramodernos que parecen salidos de *Starship Troopers (Las brigadas del espacio/Invasión)*, pero que están fabricados por la Fabrique Nationale de Bélgica y se venden en las armerías de Arizona. Hay además unas pistolas de la Fabrique National, calibre 5,7, llamadas matapolicías porque la munición que dispara puede atravesar los blindajes. Una pistola de esta clase estaba en la mano del hijo del Chapo Guzmán cuando murió desangrado en el asfalto de Culiacán. En general, el depósito de Phoenix es uno de los mayores arsenales de armas capturadas de todo Estados Unidos.

—La primera semana que pasé aquí vi más Kaláshnikov que en los quince años que pasé en la policía de Nueva York —me dice Forcelli.

Para comprar armas en Arizona, hay que estar domiciliado en el estado, me explica. Así que los traficantes de armas pagan a los ciudadanos estadounidenses para que entren en las armerías y adquieran armas para ellos. Estas operaciones se denominan compras de paja. Un comprador de paja podría recibir unos 100 dólares por comprar un arma de fuego, dice Forcelli. Los traficantes siempre encuentran a alguien dispuesto a hacerlo. En teoría, los vendedores de armas tienen que informar de los clientes sospechosos, como cuando entra una mujer con la cara pálida y pide media docena de Kaláshnikov. La unidad de Forcelli investiga entonces la información recibida para irrumpir en los pisos francos y detener a los personajes principales. Han hecho muchas redadas cuyos excelentes resultados pueden verse en el arsenal del sótano. Pero Forcelli admite que la ATF confisca sólo una fracción de las armas que se dirigen al sur.

—Tenemos veinte investigadores en una ciudad donde hay miles de vendedores de armas —dice—. Hay tiendas que no se inspeccionan durante años.

La gran jugada del Gobierno Obama ha sido apostar soldados en las carreteras de Arizona y Texas para detener a los traficantes que transportan sus compras a México. Pero habría sido mejor invertir el dinero en información de la ATF, dado que los coches se paran al azar y este procedimiento no es muy efectivo cuando circulan miles de vehículos. Casi todo el tráfico rodado que entra en México pasa la frontera sin que se efectúe ninguna clase de registro. Éste es otro motivo de queja del *lobby* armamentista. Si México no quiere que entren armas de fuego de contrabando, ¿por qué no controla mejor su frontera?, dicen. Es una observación válida. Puede que la frontera con Estados Unidos estuviera mejor protegida si hubiera allí más soldados como los que queman campos de marihuana.

Muchos coches trampa que se utilizan para transportar drogas hacia el norte se aprovechan para transportar material bélico al sur, con armas en los compartimentos secretos. Algunas armas se cuelan de una en una o de dos en dos, es lo que en la zona se conoce como «tráfico hormiga». Pero con el recrudecimiento de la guerra han aparecido cargamentos mayores. En mayo de 2010 se capturó un alijo importante. La policía de Laredo, que ya estaba avisada, detuvo un camión que se dirigía a México. Transportaba 175 fusiles de asalto nuevos, embalados; 200 cargadores de máxima capacidad; 53 bayonetas; y 10.000 cartuchos: un arsenal propio de un potente pelotón de asesinos.[19]

Cuando la ATF hizo una redada en la casa de un traficante de Yuma, Arizona, descubrieron que los gánsteres se habían dejado una prueba más bien idiota, un vídeo de ellos mismos probando un arma comprada a un vendedor de Arizona. Era una herramienta tan bonita que no se pudieron resistir a la tentación. La película, grabada en un ordenador portátil, muestra a los dos hampones disparando con un Barret de primerísima calidad, calibre 0,50. Es un fusil tan pesado que se ha montado en un trípode, mientras los tiradores están sentados y disparan utilizando las dos manos. Los cartuchos miden 13,8 centímetros de longitud, como un cuchillo de postre. Los hombres se encuentran en un lugar que parece el desierto de Arizona. Cada disparo produce un ruidoso estampido, y el cámara sufre un sobresalto antes de trazar una panorámica hasta una lámina de metal que el proyectil ha atravesado. Uno de aquellos hombres fue detenido y la acusación se basó en parte en el vídeo. El otro hombre y el arma se creía que estaban en México, haciendo la guerra.

A juzgar por la mayoría de las definiciones, las armas de calibre 0,50 son armas de guerra y sólo deberían estar en manos militares. Pero están disponibles en las tiendas de Arizona, y cada vez son más solicitadas por las bandas de la droga. Los entusiastas de las armas repiten que sus proyectiles no pueden traspasar los vehículos blindados. Pero un agente mexicano con el que hablo dice que sí, y añade que las ha visto en el bando opuesto en el campo de batalla. Cuando los cárteles tienden emboscadas a grupos de soldados, dice, a menudo abren fuego con armas de calibre 0,50, apostadas en senderos de montaña o en carreteras comarcales. Luego continúan el ataque con lanzacohetes.

No venden granadas en las tiendas de Estados Unidos, así que se trata de un arma que el *lobby* armamentista no necesita defender. Pero se fabrican muchas en el país. Los agentes de la ATF han identificado algunas granadas aprehendidas como las M67 que Estados Unidos suministraba a las fuerzas centroamericanas durante la Guerra Fría, hace una generación. Su pista ha llevado hasta Guatemala, El Salvador, Honduras y Nicaragua. Hay muchas en circulación. El Salvador recibió unas 266.000 entre 1980 y 1993.[20] Hace mucho que en Estados Unidos se han olvidado de la guerra civil que asoló este país. Pero los agentes dicen que siguen vendiéndose estas granadas en el mercado negro por un precio que oscila entre los 100 y los 500 dólares la unidad. En los primeros cuatro años del Gobierno Calderón hubo más de cien ataques con granadas. Más aún, en una sola batalla —aquella en que los infantes de marina mataron en Matamoros al capitoste Ezequiel Cárdenas, alias Tony Tormenta— se lanzaron más de trescientas granadas.[21]

Los coches bomba son menos frecuentes. Hasta 2010 habían explotado unas cuantas bombas camineras en distintos puntos del país, que causaron heridos y daños materiales, pero no muertos. Pero después de la bomba de Juárez que mató a tres personas en julio de aquel año, el miedo se apoderó de México ante la posibilidad de que hubiera más carnicerías. En efecto, en enero de 2011 explotó otro coche bomba en el estado de Hildago, que mató a un policía e hirió a tres. La gran inquietud que provocan los coches bomba se debe a que son menos selectivos que los fusiles en lo que se refiere a las víctimas, y a menudo se llevan por delante a civiles. Los agentes de la ATF explican que la bomba de Juárez era un artefacto activado a distancia mediante un teléfono móvil, y tenía una complejidad parecida a las bombas camineras que se ponen a las tropas estadounidenses en Irak y Afganistán.

El explosivo propiamente dicho era un material industrial llamado Tovex. Un informe del Centro de Datos sobre Bombas de Estados Unidos arroja cierta luz sobre su procedencia, y los fabricantes estadounidenses podrían estar implicados, aunque no a sabiendas. El informe explica que una empresa con sede en Texas había sufrido un robo en sus instalaciones, concretamente en un almacén de explosivos situado en México, en el estado de Durango. Custodiaba la entrada un equipo compuesto por padre e hijo, dice el informe, y en esto aparecieron dos vehículos todoterreno del que bajaron entre quince y veinte hombres con pasamontañas y fusiles automáticos. Se llevaron 121 kilos (o novecientos cartuchos) de explosivo, más doscientos treinta detonadores eléctricos. (En el ataque se utilizaron únicamente 10 kilos para fabricar la bomba.) Es peligroso almacenar material explosivo en una región por donde corretean los elementos paramilitares de los cárteles.[22]

Los agentes nacionales detuvieron a varios hombres a los que acusaron de ser responsables de la bomba; entre ellos estaba el que al parecer había hecho la llamada por el teléfono móvil para detonar el explosivo. Los autores, alegan los agentes, componían una célula de hampones del cártel de Juárez que utilizaban tácticas terroristas para replicar a las detenciones. Como las bombas generalizaban el pánico, ejercían más presión que las simples armas de fuego y venían a ser una intensificación natural. Es la misma lógica que incitó a Pablo Escobar a valerse de bombas; o la que incitó al IRA; o a ETA; o a Al Qaeda: las bombas causan una gran explosión.

Los grafitos en las paredes urbanas revelan que el cártel de Juárez ha estado ciertamente detrás de las bombas. Pero los garabatos de la mafia añaden otra dimensión. No querían matar «federales» porque éstos les quitaran la droga, sino porque eran aliados de su rival Chapo Guzmán. Como decía un grafito: «FBI Y DEA: PÓNGANSE A INVESTIGAR A LAS AUTORIDADES QUE LE ESTÁN DANDO APOYO AL CÁRTEL DE SINALOA PORQUE SI NO LES VAMOS A PONER MÁS COCHES BOMBA».

Calderón nos dice que no leamos los garabatos de los asesinos de la mafia. Pero tanto si queremos aceptar que los agentes nacionales están corruptos como si no, el razonamiento expresado en el grafito coincide con la retorcida lógica de los cárteles mexicanos de la droga. Los enemigos que primero ven y que más les preocupan son los cárteles rivales. Cuando atacan a policías o a civiles, a menudo es para agredir a los rivales rompiendo su sistema de protección. Esta lógica ayuda a explicar las motivaciones que hay detrás de muchas agresiones en la guerra de la droga.

Un razonamiento parecido rodea el ataque con granadas que mató a ocho civiles que celebraban el Día de la Independencia de 2008. Las bombas de mano se arrojaron en la plaza mayor de Morelia poco después de que el gobernador del estado hiciera sonar la campana llamando a la independencia. Los marchosos pensaron al principio que estaban tirando petardos, y de pronto vieron a docenas de hombres, mujeres y niños caídos y cubiertos de sangre. Si se quiere utilizar la palabra terrorismo para describir la guerra de la droga, éste es el lugar idóneo.

Los «federales» detuvieron a un hombre que confesó haber lanzado una granada. Dijo que le habían pagado los Zetas para sembrar el pánico. Pero consecuente con la férrea estructura de mando, no sabía por qué se había ordenado el ataque. Los paramilitares del cártel son expertos en mantener la información al nivel mínimamente necesario.

Sin embargo, el agente Carlos, de la inteligencia mexicana, explica la motivación del ataque con granadas. Los Zetas atentaban contra el estado de Michoacán como si fuera la casa de La Familia, dice, que los había traicionado. Al herir a civiles, atentaban contra el regionalismo michoacano de La Familia. De un modo más profundo, estaban forzando además al Gobierno a tomar medidas enérgicas en la zona y desbaratar así las operaciones ilegales de La Familia. En México llaman a esto «calentar la plaza», es decir, poner al rojo vivo el territorio. Como en Juárez, el primer pensamiento es para los cárteles. Los civiles son colaterales.

Cabezas cortadas, granadas, coches bomba: tácticas terroristas a cuál más sanguinaria. Es como si los cárteles estuvieran jugando al póquer y tuvieran que subir las apuestas sin parar para llevarse todo lo que hay sobre la mesa. Las apuestas siguen subiendo. Tú has matado a cinco hombres míos; yo mataré a diez tuyos. Tú atentaste contra un agente de la policía nacional que tenía en mi nómina; yo secuestraré y mataré a quince de la tuya. Tú lanzaste granadas, yo arrojaré una bomba. A nadie se le ocurre decir que no va, porque en ese caso perdería todas las fichas que ha puesto en el centro.

Los ataques se conciben con toda la saña posible para causar el máximo impacto mediático. A veces, los sicarios llaman a las redacciones y hablan del montón de cadáveres o de las cabezas cortadas para que se mencionen en las páginas del periódico. Es inquietante cuando se llega al escenario de un crimen antes que la policía. Un hampón de Juárez detenido por el ataque con coche bomba dijo que las atrocidades también se cronometraban para que coincidieran con el horario de los medios. «Muchas veces se hacen los atentados una hora antes o en el transcurso del horario del noticiero para que... alcance a salir a la luz pública —dijo Noé Fuentes en un interrogatorio video-grabado—, para que vea la gente, pues, para que se dé cuenta... este... del problema en que están metidos.»[23] Resonando en los televisores de plasma, la carnicería cuenta historias distintas a públicos diferentes: el público en general aprende a temer el narcotráfico, pero los jóvenes hampones de la calle ven quién es el equipo ganador.

Los medios mexicanos están atrapados en una delicada polémica sobre cómo manejar lo que ocurre. Muchos directores de periódicos han minimizado en 2011 la cobertura de la violencia para no jugar al juego terrorista de los narcos. Al mismo tiempo no quieren censurar la información sobre el conflicto, que obviamente tiene un enorme interés público.

En los estados de primera línea, estas decisiones no suelen estar en manos de los periodistas. Los gánsteres ordenan a los periódicos que no cubran tal matanza o tal batalla. Por la seguridad de la plantilla y de sus familias, los directores tienen que transigir. En otras ocasiones, es la misma mafia la que dice al periódico que cubra determinados asesinatos. Una vez más, es mejor obedecer. A veces sucede, sin embargo, que una banda dice a un periódico que informe de algo y los rivales le dicen que no. Los directores se encuentran entonces entre la espada y la pared, y a menudo piensan que el mejor movimiento es escapar por piernas.

Dada esta intensa presión, los medios mayoritarios están perdiendo importancia en los estados más conflictivos. Los ciudadanos recurren a menudo a Twitter para averiguar si ha habido tiroteos en el camino por el que van al trabajo, o entran en YouTube para ver los vídeos sobre el tema que han subido los aficionados. En la Red han aparecido sitios nuevos única y exclusivamente para informar de la narcoviolencia. El más conocido es el lamentable Blog del Narco, que se administra desde un lugar desconocido, al parecer por un estudiante, y publica vídeos sin óbices ni cortapisas de todos los cárteles, y también de periodistas ciudadanos. El Gobierno dice a la gente que no vea la narcopropaganda, pero los agentes nacionales analizan cuidadosamente todo lo que se cuelga en el *blog*. Éste recibe millones de visitas y sus ventas de publicidad son astronómicas.

Algunos de los primeros narcovídeos *snuff* casi parecían copiados, fotograma a fotograma, de las videoejecuciones de Al Qaeda: una víctima atada a una silla, un hombre con pasamontañas y una espada, y una cabeza que se corta. Así como en el póquer van aumentando las apuestas, lo mismo pasa con los vídeos. Una célula de los Zetas de Tabasco colgó en YouTube doce cabezas ensangrentadas. Enfocadas en primer plano, la expresión de las caras era apacible, la muerte les había eliminado la tensión de las mejillas, tenían los ojos cerrados, se les veía el poblado bigote, la barbilla cuadrada. Pero entonces la cámara retrocede, el plano se amplía y se revela el horror: los cuellos están cortados, no hay tronco debajo, los cadáveres decapitados están en otra parte de la habitación, colgados boca abajo de ganchos de carnicero, la sangre chorrea hasta las baldosas blancas del suelo. «Esto y todo lo que tú ocasiones de aquí en adelante va a ser únicamente tu responsabilidad por no respetar los tratos que haces con nosotros, Luis Felipe Saidén Ojeda [secretario de Seguridad Pública del estado de Yucatán]», se lee en una cartulina escrita a mano que hay junto a las cabezas.[24]

Los vídeos *snuff* se han vuelto más frecuentes conforme se recrudece el conflicto. Las víctimas torturadas a menudo revelan, antes de que caiga el hacha, el nombre de funcionarios corruptos que trabajan para cárteles rivales. Al principio se trataba sólo de pistoleros atados a la silla con cinta adhesiva; luego fueron policías capturados; luego políticos. Algunas confesiones videofilmadas producen escándalos sonados, como cuando se reveló que a los presos de una cárcel se les dejaba salir de las celdas para cometer atrocidades y luego volvían a dormir al presidio. En otras ocasiones se limitan a propalar sospechas que no se corroboran. Muchos narcovídeos tienen un penoso parecido con el metraje que filma el Gobierno durante el interrogatorio de los matones que detienen. Las imágenes de sangre y tortura se han convertido en un sangriento telón de fondo de la vida política mexicana.

Hay un vídeo que no consigo olvidar. Por el parloteo que se oye parece de los Zetas. Hay cuatro prisioneros de rodillas, con los ojos vendados y las manos atadas a la espalda. Los prisioneros visten uniforme militar, pero no son soldados; un interrogador Zeta dice que son una unidad que trabajaba para el cártel del Golfo, al que los Zetas combaten. El interrogador los insulta por haberse dejado convencer de que maten para el enemigo. Entonces empiezan las ejecuciones. «Mataremos a tres y dejaremos a uno con vida», dice el interrogador. *Bang.* Disparan a uno en la cabeza y el prisionero se desploma como un saco de patatas. Los otros tres están inmóviles. Todos rezan para ser el que sobreviva. *Bang.* Disparan a otro. «Vamos a dejar a uno con vida», repite el interrogador. Los dos que quedan siguen arrodillados. Los dos tienen el 50 por ciento de probabilidades de sobrevivir. *Bang.* Disparan al tercero, que cae al suelo como un muñeco de trapo. Uf, piensa el prisionero que queda. De buena me he librado. *Bang.* Le disparan a él también. El interrogador ha mentido. Pensaban matar a los cuatro desde el comienzo. Puede que el interrogador los haya engañado para que se estén quietos mientras les disparan. Puede que le guste destrozar cabezas. Puede que haya querido jugar con la esperanza para que el vídeo tenga más emoción.

Es un comportamiento psicótico y nauseabundo. Pero se vuelve habitual en muchas zonas de guerra. Los matones de los cárteles se pasan de la raya porque están completamente inmersos en un conflicto violento y viven como los soldados en las trincheras. Imaginemos la vida de los matones Zetas en el noreste de México, una zona desgarrada por la guerra, luchando diariamente con soldados y bandas rivales, moviéndose de casa franca en casa franca, completamente aislados de la realidad de los ciudadanos normales. En esas condiciones delirantes cometen atrocidades que el mundo no puede entender. Para muchos soldados de los cárteles que están en primera línea, la guerra y la insurgencia se ha convertido en su principal misión. Los matones, tradicionalmente, hablaban de combatir para defender el contrabando, pero ahora hay muchos que hablan de pasar contrabando para financiar la guerra.

Por mucho que Calderón diga que el Gobierno está ganando, la ampliación de la insurgencia criminal está castigando con dureza a los representantes del poder, desde Ciudad de México hasta Washington. Los funcionarios de inteligencia del Pentágono siguen devanándose los sesos para adivinar cómo repercutirá el conflicto en la seguridad estadounidense. Todos sus informes formulan una pregunta elemental: ¿adónde va la guerra mexicana de la droga? ¿Meterán en cintura la policía y los soldados a los narcotraficantes, como dicen Calderón y la DEA? ¿O la bestia ampliará su reino por todo México, por Estados Unidos y por todo el mundo? ¿Y podría alcanzar la insurgencia criminal las dimensiones de una guerra civil? Este posible futuro del narcotráfico es el que vamos a ver a continuación.

TERCERA PARTE

Futuro

13

Detenciones

Toda mi vida he procurado ser un buen chico, el chico
de los putos principios. ¿Y para qué? Para nada. No es
que me esté volviendo como ellos; soy uno de ellos.

Johnny Depp en *Donnie Brasco*, 1997

Cuando Daniel, agente de la DEA, vio la película *Corrupción en Miami* en un cine de la capital de Panamá, el corazón se le subió a la garganta. En la película, un *remake* de la
emblemática serie de los años ochenta del mismo título, los
agentes Crockett y Tubbs planean un ingenioso golpe contra
los traficantes de coca colombianos. Con sus habituales trajes
blancos y sus camisetas, se hacen pasar por transportistas de
droga independientes para negociar un transporte de dama
blanca y apoderarse de él. Todo tiene el aspecto de una curiosa
contradicción: los policías transportan la droga para poder detener a los malos. Pero ésa era exactamente la trampa que Daniel
quería preparar en Panamá, en la vida real.

Daniel también se había reunido con los barones colombianos de la cocaína, también se hacía pasar por transportista inde-

pendiente. Después de meses de cuidadosa infiltración, estaba a punto de convencer a los gánsteres de que cargaran tres toneladas de cocaína en una embarcación controlada por la DEA que zarparía de Panamá. Era la redada de su vida. Y de pronto se estrena *Corrupción en Miami*. Si los gánsteres la veían, pensaba Daniel, era hombre muerto.

—Era un feo asunto. Yo la había visto y me decía: no voy a ser tan imbécil. Estábamos completamente pillados. Toda una putada. Era la misma jugada que estábamos preparando. Porque la película la hicieron policías. Por eso es tan redonda. Es muy, muy parecido.

»Pero tienes que echarle huevos. A la mierda la película. Yo soy yo. Y me importa un carajo. Así lo entendí entonces: o lo consigo o la cago.»

Una operación así tiene todo el aspecto de un trabajo sórdido. Y lo es. Aprehender droga es un asunto sucio. Y en la moderna guerra de la droga se ha vuelto realmente asqueroso. Los agentes tienen que bajar a las trincheras con criminales psicóticos para adelantarse a ellos. Tienen que reclutar soplones próximos a estos canallas. Y tienen que saber manejarlos y sacudirles el polvo cuando procede.

Las aprehensiones de cantidades importantes de droga no se hacen ni por casualidad ni por la fuerza. Son el resultado de la información, de saber dónde estará el cargamento o en qué piso franco estará escondido el capo el próximo martes. Sólo entonces puedes enviar a los infantes de marina para que empiecen la juerga. La información, como los agentes antidroga han acabado por averiguar después de cuarenta años en la brecha, suele proceder de los infiltrados o de los informadores.

Muchos narcojefes están entre rejas o en decúbito supino y cosidos a balazos por culpa de las traiciones. En consecuencia, los gánsteres son particularmente violentos con los que cambian de chaqueta. A los soplones, en México, se les cortan los dedos y se los meten en la boca; los delatores, en Colombia, reciben el nombre de sapos.

Pero cuando se extradita a los jefes a Estados Unidos, muchos se vuelven también soplones, y de los que lo soplan todo. Hacen tratos para entregar a otros jefes y bienes valorados en docenas de millones de dólares. Así los agentes antidroga pueden hacer más aprehensiones y detener a más granujas; y los capos encarcelados escriben sus memorias y se hacen estrellas de cine.

Los irritantes trámites del enjuiciamiento criminal, como ha venido viéndose después de cuarenta años de guerra contra la droga, son decisivos para entender el futuro del narcotráfico en México, porque una pregunta clave es si los agentes mexicanos y estadounidenses podrán derrotar a la bestia del tráfico mediante las detenciones y las aprehensiones. Los mandos de la DEA y el Gobierno Calderón insisten en proseguir con esta táctica. Ha sido difícil y ha habido muchas bajas, alegan, pero si se mantienen firmes, al final prevalecerá la justicia.

Gracias a su reinado de terror, los cárteles aparecen a menudo como organizaciones invencibles, inmunes a cualquier ataque que lance contra ellos la policía o el ejército. Pero si los agentes trabajan juntos, ¿se derrumbarían los cárteles como tigres de papel? ¿Podrán los buenos de la historia ganar en la guerra contra la droga y poner a los narcos entre rejas? Y si la policía detiene a suficientes cabecillas, ¿dejarán al menos los contrabandistas de representar una insurgencia criminal que amenaza la seguridad nacional y volverán a ser un problema delictivo clásico?

En la trayectoria profesional del agente de la DEA Daniel no faltan los momentos de temeridad y perspicacia en su intento de conseguir la derrota del narcotráfico. Personalmente, ha estado infiltrado en un importante cártel mexicano y en otro colombiano. Y ha vivido para contarlo. Su historia revela lo que significa en las calles de las ciudades fronterizas la estrategia en la guerra antidroga ideada en Washington.

Como muchos luchadores, Daniel procede de la clase social más desfavorecida. Los agentes secretos de la DEA son los primos desheredados de los espías ricos de la CIA. Un anglosajón con título de Harvard difícilmente sabrá hacer tratos con el cártel de Medellín. Así que la DEA necesita personas como Daniel, que nació en Tijuana, anduvo con una pandilla californiana emparentada con los Crips, y pasó la adolescencia entre palizas. No cayó en la delincuencia, dice, porque se alistó en los *marines*. Estuvo en Kuwait y empuñó una ametralladora en la Primera Guerra del Golfo, y luego fue a las trincheras en la guerra contra la droga.

Me reúno con Daniel en un piso anónimo y me cuenta su historia mientras tomamos *pizza* y cerveza Tecate. Es un hombre fornido, viste traje y corbata, y utiliza un vocabulario militar muy preciso, como es habitual entre los veteranos y los polis. Pero de vez en cuando asoma la cabeza su díscola juventud y lo sorprendo tarareando antiguas canciones punk y raperas de los años ochenta, desde Suicidal Tendencies hasta Niggaz With Attitude. También le encanta la película *El precio del poder/Caracortada*. Ayuda el tener los mismos gustos cinematográficos que los hampones con los que tratas.

—*Caracortada* es la mejor película que he visto. Era el Sueño Americano, sobre todo para un inmigrante; el sueño de llegar a Estados Unidos y triunfar.

Daniel ya sabía cosas del tráfico de drogas cuando vio *El precio del poder* de pequeño, en Imperial Beach, California. Había pasado su infancia en la fronteriza Tijuana cuando el comercio del cáñamo subió vertiginosamente en los años setenta. En uno de sus primeros recuerdos ve a su padre invitando a casa a desconocidos y sacar un buen fajo de dinero de un compartimento secreto que había en una mesa de centro. A los diez años murió su madre y Daniel se fue a Estados Unidos, a vivir con sus abuelos.

—Mi madre era muy ruda conmigo, y cuando se murió, cinco días antes de mi cumpleaños, le guardé mucho resentimiento. Es uno de los demonios que me ha perseguido toda la vida. He hecho muchas cosas y nunca me ha importado un carajo.

Cambiar de casa y de país fue una dura experiencia para un niño. Daniel no habló inglés con fluidez hasta los 14 años, y por entonces era ya un chico problemático. Lo expulsaron de tres colegios porque se peleaba y por su mala conducta. Tenía amigos que robaban coches o motos y pasaban droga por la frontera, y él fumaba hierba y bebía mucho, sobre todo licor de menta y ginebra o vodka.

—Era de los que no saben beber y estropean la fiesta. Cada vez que iba a pelearme, rompía mi camisa. En el instituto hice mucho levantamiento de pesas y también lucha libre. Quería fanfarronear y decir: «¿Seguro que quieres pelear conmigo?» Era un ritual.

Consiguió terminar la enseñanza media en un instituto de San Diego. Y poco después se alistó en el Marine Corps. Le gustó la instrucción física y dejó de fumar marihuana. Hábil en diversos deportes, fue elegido para una unidad de élite de los *marines* y se lo pasó bien en el ejército. Entonces Saddam Hussein invadió Kuwait y ya no se divirtió tanto. Después de adiestrarse en Omán, fue a parar a un hoyo del desierto y estuvo disparando con una ametralladora SAW a los soldados iraquíes conforme iban saliendo de Kuwait. Seguramente mató a muchos.

—Fue triste, porque el personal se rendía. Pero algunos resistían, sobre todo la Guardia Republicana, y ocurrió lo que ocurrió.

»A mí se me helaron los huevos. Dijeron que iba a hacer calor, así que nos retiraron toda la ropa de abrigo. E hizo un frío del carajo. Llovió y diluvió todo el tiempo, y los agujeros se llenaban de agua. Fue una desgracia.»

Después de pasar cuatro años en los *marines*, volvió a la vida civil y llevó a su casa parte de su desgracia bajo la forma de síndrome de la guerra del Golfo, una enfermedad que se cree causada por la inhalación de productos químicos tóxicos y cuyos síntomas abarcan desde las migrañas hasta los defectos congénitos en los hijos de los veteranos de guerra. Consiguió su primer empleo gracias a su experiencia militar y se dedicó a detener traficantes en California en una unidad operativa del ejército. Junto con otros veteranos sobrevolaba el estado en un helicóptero y hacía redadas en plantaciones de marihuana con un fusil automático M16 en las manos. Muchas plantaciones estaban dirigidas por mexicanos y se encontraban en el interior de parques y bosques nacionales; por lo general, eran granjas grandes que llegaban a tener hasta doce mil plantas. Durante una redada, unos matones de Michoacán les dispararon con Kaláshnikov.

—Me estaba acercando a la plantación cuando dispararon. Saltamos del helicóptero, nos pusimos rodilla en tierra y replicamos, pero ya se habían ido. Esos tipos tienen huevos, están locos.

El siguiente empleo de Daniel fue en el Servicio de Aduanas. Detener contrabandistas antes de que llegaran a la frontera. A causa de la gran cantidad de tráfico que pasa por Tijuana-San Diego, los agentes sólo pueden investigar un pequeño porcentaje de vehículos. Lo fundamental para Daniel y otros agentes era saber adivinar quién era qué. Él descubrió que tenía un talento especial para identificar contrabandistas.

—Es como un sexto sentido. Los miro y veo si la persona que conduce no pega con el coche, o si el coche no pega con la persona. Me acerco a su cara y pregunto: «¿Qué tal va la cosa? Si quieres pasar droga o dinero, te los voy a meter por el culo». El problema era que yo había crecido allí y la gente de la calle me conocía. Algunos decían: «Esto es una contradicción. En otro tiempo fumamos hierba juntos». Bueno, en otro tiempo era en otro tiempo, ahora es ahora. Para evitar las represalias, tuve que apartarme y trasladarme al norte.

Daniel iba acumulando éxitos con las confiscaciones de marihuana, cristales de metanfetamina, cocaína y heroína. Los agentes de la DEA se fijaron en él y lo invitaron a colaborar. Cuando se dio cuenta, ya era agente nacional, ganaba un salario más elevado y realizaba investigaciones de más relieve. Su prestigio subió como la espuma. Al principio se quedó en la frontera y lo llamaban cuando los agentes aduaneros hacían una detención. Su trabajo era marear al contrabandista y convencerlo de que colaborase con la DEA. Su conocimiento de la cultura de la frontera le permitía convertir a los sospechosos en informantes.

—No necesito ser un mal poli. Sólo necesito ser quien soy porque conozco el producto. Lo que has hecho, hecho está. Es asunto tuyo. ¿Te puedo ayudar a salir? No puedo dar marcha atrás y borrar tu vida de mierda. Si quieres seguir adelante, hagámoslo. Yo me presento como soy, me presento de modo que puedo contactar con los tipos y hablarles.

»No les miento. Yo ya sé lo que hay en el coche. Sé adónde vas. O lo aceptas y detengo a la gente que realmente manda, o te quedas un tiempo sentado encima de esta mierda y cumples la puta condena. Si es coca, heroína o cristal, estás jodido. Lo que se dice jodido de verdad. Pero no te preocupes. Si estás jodido, la única forma de ayudarte es saber adónde tienes que ir. No miento en estas cosas, todo es verdad. Si tienes cinco o diez kilos, estás jodido. Si tienes más, estás jodido para siempre.»

Daniel convencía a los contrabandistas de que llevaran la droga hasta el punto de entrega, seguidos por agentes. Entonces éstos tal vez podían apoderarse de todo un almacén de droga, en San Diego o, más a menudo, en Los Ángeles. O podían seguir vigilando a la banda y detener a toda una red de contrabandistas.

Daniel aprendió el arte de cultivar a los informantes y adiestrarlos para que se infiltraran más en los cárteles. Conforme aumenta el contacto entre los soplones y la DEA, los primeros pueden ser empleados para una variedad de misiones, por ejemplo para presentar a otros infiltrados a los hampones de categoría superior.

—Los informantes son piezas clave. Pueden decir que somos colegas, decir que fueron a la escuela conmigo durante diez años. Pueden preparar muchas coberturas. Mientras os comportéis como tíos legales, los gánsteres se lo creerán. También tú tienes que llegar a creértelo.

El uso de informantes es éticamente cuestionable. La DEA acaba dando dinero a personajes dudosos, aunque es para capturar partidas de droga más sustanciosas y a criminales de mayor importancia. En teoría, los agentes no pueden pagar a informantes implicados en actividades delictivas. En la práctica, sin embargo, procuran no saber en qué andan metidos los soplones. Según ellos mismos confiesan, «esos tipos no son niños cantores». A los agentes les preocupa también la posibilidad de que los soplones sean agentes dobles que estén pasando información al cártel. O agentes triples. Daniel descubrió que hay que meterse en la mente del soplón para estar seguro de que juega limpio.

—Tengo que estar seguro de que no me mienten y de que no piensan jugármela. Nadie quiere morir por nada. No puedo permitírmelo.

»Todos los soplones son basura. Absolutamente todos. Quizás en algún momento sean gente de fiar. Son como tipos sucios que se duchan ese día. ¿Y entonces? Entonces son tipos limpios ese día. Pero al día siguiente vuelven a estar sucios.

En la guerra mexicana de la droga hay dos casos notables de soplones tramposos que han perjudicado a las fuerzas de seguridad de Estados Unidos. Los escándalos no salpicaron a la DEA, sino al Servicio de Inmigración y Aduanas (ICE), una agencia que forma parte del Departamento de Seguridad Interior creado por Bush y que también ha intervenido en la lucha contra las mafias de la droga. Los agentes del ICE infringieron las normas y contrataron a soplones que cometieron homicidios en Ciudad Juárez. El hedor se sintió a ambos lados de la frontera: matones en nóminas estadounidenses cometen asesinatos en México.[1]

Fue un patinazo de unos malos agentes. Pero incluso los mejores agentes tienen que correr riesgos, porque la misma naturaleza del comercio de la droga siembra semillas de conspiración. No es como dar un golpe en un banco; aquí, las víctimas sollozantes ayudarán a la investigación y testificarán contra los atracadores. En el comercio de estupefacientes, hay miles de millones de dólares circulando entre millares de personas. No hay víctimas de libro, sólo consumidores callejeros que toman su dosis voluntariamente y no tienen la menor idea de quién la mueve. Así que los funcionarios antidroga han de infiltrarse en la industria mediante soplones y agentes secretos. Tienen que entrar en el juego del espionaje.

Después de dos años y medio trabajando con contrabandistas en la frontera, los funcionarios de la DEA vieron que Daniel tenía un gran potencial. Tenía las cualidades idóneas para trabajar clandestinamente al sur del Río Grande: era mexicano, un tipo duro, espabilado, ex *marine* y con buenos antecedentes. Así que lo enviaron a la academia en la que los agentes aprenden a hacer trabajo clandestino; fue un cursillo de dos semanas.

—En dos semanas no aprendes una mierda. No tienes ni puta idea de nada. Es sólo porque lo indica el protocolo, y aun así únicamente para decir que estuviste. No aprendes más que lo que las calles te enseñarán sobre la marcha.

Con autorización para realizar trabajo clandestino, Daniel se puso a indagar sobre las grandes operaciones de tráfico internacional. Voló al paraíso rico de Centroamérica, que estaba lleno de empresarios y criminales de todo el planeta, discotecas deslumbrantes, casinos fabulosos, prostitutas de lujo, y todo en un sofocante clima tropical. Como casi todos los casos importantes, éste empezó por un soplón, un colombiano que había heredado de su padre una agencia de transportes. El hombre presentó a Daniel a traficantes de primer orden y cimentó la relación en el terreno.

Los modernos traficantes de drogas contratan a independientes para llevar a cabo gran parte de sus operaciones de transporte. Les ahorra el engorro de poseer muchos barcos y aviones y reduce la cantidad de personal propio que toca el producto. Todo esto contribuye a formar la variada estructura de los cárteles, que por eso resultan más difíciles de abatir que las organizaciones omnímodas.

Daniel se hizo pasar por un transportista independiente que hacía servicios con su barco y ofreció un precio fijo por tonelada de cocaína. La idea era ésa, que los traficantes confiaran una gran cantidad de droga a una embarcación controlada por la DEA, que además recibiría una buena cantidad de dinero. Cuando se analiza parece una operación muy sencilla, pero a una escala tan brutal que a los gánsteres ni se les había ocurrido.

Para resultar persuasivo, Daniel tuvo que mentalizarse hasta saber representar bien su papel de traficante de drogas independiente, hasta que fuera su otro yo. Me enseña una foto en que aparece caracterizado como tal. Tiene el pelo largo, sujeto en la frente con una cinta, y tiene en los ojos una expresión salvaje.

—Me inventé otro yo, pero era muy realista, para no cagarla. La diferencia entre este tipo y yo —chasca los dedos—... Podría ser yo ahora mismo. Ése es el problema. Tiene mucho de mí. Me crié en tal ambiente que no me cuesta nada. La gente me pregunta: «¿Te vas a poner en situación?» ¿Qué situación? Este cabrón soy yo.

Daniel tomó una *suite* grande en un hotel del Casco Viejo de Panamá en el que paraban todos los traficantes. También iba a los mejores clubes de espectáculos porno y se dejaba ver repartiendo dinero. Todo para resultar convincente. (La DEA se hacía cargo de las facturas del hotel, pero el dinero que se dejaba en los puticlubes salía de su propio bolsillo.) Iba y venía de Panamá varias veces al mes, consolidando relaciones con traficantes. Coincidía con ellos en restaurantes de lujo. Primero conoció a uno, luego a dos, luego a cuatro. Llegó un momento en que estuvo sentado a la mesa con ocho traficantes colombianos.

—Es un poco preocupante, porque hay muchos ojos que te miran. Rompí el hielo hablando de un partido de fútbol. Entiendo bastante de fútbol; me gusta el Arsenal y me gusta el Boca Juniors, y estuvimos hablando durante horas. Son muy ansiosos y van detrás del dinero.

»A mí me gusta sentir que me corre la adrenalina, y en esta clase de aventuras se siente un montón. Ser agente secreto es muy emocionante porque no sabes qué va a pasar, si vas a regresar o no.»

Daniel se estaba acercando. Pero el trabajo le estaba costando caro. Empezó a perder su identidad, a perderse en el mundo de lujo de los traficantes colombianos, con su séquito de mujeres exuberantes. ¿Quién era él en realidad? ¿El poli de la secreta o el traficante? Cada vez que iba a reunirse con sus nuevos amigos le entraba el pánico. ¿Y si se confundía y dejaba ver quién era realmente? Algo que lo ayudaba a mantener los pies en el suelo, dijo, era un disco del productor neoyorquino Moby que contenía pistas con un ritmo profundo y melancólico.

—Escuchaba esa canción y me sentía muy animado. Así es como encontraba la motivación dentro de mí y sacaba toda la energía y la adrenalina que necesitaba para hacer lo que tenía que hacer. Tomaba un taxi en el hotel y me iba a ver a los malos, y sabía que tenía que ir allí y ganar. Eso es lo único que tenía que hacer. Tenía que ir allí y engañarlos, convencerlos de que yo era quien decía que era.

»Nunca apartaba los ojos de ellos, nunca bajaba la mirada. Era muy contundente y taxativo en lo que decía. Cuando pienso ahora en mi forma de comportarme, también yo me lo habría creído. Era muy incisivo, hablaba de un modo cortante e iba al grano. Tenía una expresión que decía: "Si me jodes, te machaco".»

Fue entonces cuando estrenaron *Corrupción en Miami*; con la misma trampa que Daniel estaba fraguando. Cuando la vio, sintió la tentación de tomar las de Villadiego. Pero se mantuvo firme. Y por suerte parece que los colombianos no vieron la película.

Por fin llegó el día del acuerdo. Los colombianos se tragaron su historia y le entregaron cerca de cuatro toneladas de cocaína y una maleta con dinero. La droga se trasladó al carguero de diez metros de eslora que se utilizaba para la instalación de cable submarino. Tenía combustible suficiente para llegar a España. Los colombianos pusieron a bordo a un tipo al cuidado del alijo, y además estaban Daniel y la tripulación. El carguero surcó las aguas. Y entonces —*bang*— apareció la Marina y se quedó con todo. Daniel se había apoderado de mercancías que en la calle valían cientos de millones de dólares.

Panamá era territorio quemado. Pero hubo otro trabajo que dejó a Daniel una cicatriz más profunda: fue cuando representó una farsa idéntica para cazar a unos traficantes mexicanos.

La trampa se tendió en una ciudad de la frontera de México con Estados Unidos. Daniel estableció los contactos con una importante red de contrabandistas. Ofreció un camión para introducir drogas en Estados Unidos. La idea era apoderarse de las drogas, del dinero y de todos los maleantes en el almacén al que debía dirigirse el camión.

Su principal contacto era un estudiante de derecho de unos 25 años. El joven colaboraba con los traficantes para pagarse los estudios. Iba a licenciarse al cabo de seis meses. El estudiante se creyó el cuento de Daniel y contrató sus supuestos servicios de transporte. Sin darse cuenta, puso la mercancía de sus jefes en manos de la DEA.

Ya decomisada la droga, Daniel recibió un telefonazo del estudiante. El cártel lo había tomado como rehén y lo tenía prisionero en una casa hasta que se entregase la droga.

—Me llamó y me suplicó que le salvara la vida desde un teléfono en una habitación donde oí que le estaban dando una paliza de muerte. Lo desmantelamos todo, entregamos la droga, detuvimos a la gente que tenía que recogerla. Pero no volví a verlo [al estudiante]. Encontraron su coche y su billetera en la calle.

Unos días después recibió una llamada de los padres del estudiante. Habían encontrado el teléfono del hijo y visto el teléfono de Daniel. Y llamaban para saber dónde podían encontrar el cadáver de su hijo.

—Los padres me preguntaron si sabía dónde estaba, para darle un entierro decente. Una cosa así te pone con los pies en la tierra. Hace que te sientas una basura, porque ¿y si se tratara de tu propio hijo? Quieres tanto a tu hijo que lo sacarías del agujero donde estuviera. Creo que aquello me despertó, como si me preguntara: «¿Qué coño estás haciendo? Estás matando gente. Estás empujando a la gente al desastre».

Daniel empezó a sentir dudas. Pidió permiso para dejar las misiones secretas y volver a ser un agente normal, al menos durante una temporada. Unos meses después nos reunimos para tomar *pizza* y cerveza.

—Me corté todos los pelos. Quería un cambio. Quería dejar de ser el que había sido.

Los agentes de la DEA, entre ellos Daniel, adiestran a sus homólogos mexicanos para las operaciones antidroga. Es parte de la Iniciativa Mérida. Washington ha llegado a la conclusión de que la clave para restablecer el orden en México es fortalecer las instituciones policiales del país. Estados Unidos puede ofrecer una experiencia de décadas de lucha contra la droga cuya culminación es la red de agentes secretos como Daniel. Con ayuda de los policías estadounidenses se espera que México esté en condiciones de machacar a los cárteles.

Desde este punto de vista, se presenta a Colombia como un triunfo cuyo proceso debe seguir México. Colombia tenía unos cuerpos y fuerzas de seguridad débiles y corruptos a principios de los años noventa; la criminalidad de la droga y la guerra civil lo convirtieron en el país con más violencia en el mundo. Gracias al Plan Colombia, sin embargo, el dinero y la experiencia estadounidenses ayudaron al país a formar una policía y un ejército temibles. La Policía Nacional colombiana cuenta ahora con 143.000 agentes y docenas de aviones, helicópteros y armas pesadas en una fuerza unificada. Su brigada de estupefacientes tiene un elevado porcentaje de triunfos en la detención de traficantes. Para ver el futuro de la seguridad interior mexicana, hay que fijarse en Colombia.

La Policía Nacional colombiana basa su estrategia antidroga en el uso de informantes que hace la DEA. En realidad, han perfeccionado la técnica. Disponen de amplios recursos para dar a los informantes recompensas tan elevadas que les permitan vivir holgadamente el resto de su vida con una sola delación. El Gobierno también trabaja para convencer a la comunidad de que denunciar a los maleantes es un gesto de civismo y no un acto deshonroso. A raíz de las detenciones, afirman los funcionarios, «el Gobierno felicita a los valientes que han dado información que ha permitido esta detención», o algo parecido. Los que denuncian son héroes, alegan, no sapos.

Quise ver más de cerca cómo usa Colombia el trabajo de los informantes. Así que en el curso de una visita a Bogotá el fotógrafo alemán Oliver Schmieg me presenta a un contacto de confianza de la brigada de estupefacientes de la Policía Nacional colombiana, un agente cuyo nombre en clave es Richard. Cuando llamamos a Richard, dice que en aquel mismo momento va a ver a un informante. Pero no debemos preocuparnos, añade: podemos ir con él y encima hablar con su confidente.

Acudimos al encuentro, que se celebra en un club de policías y militares de un elegante barrio bogotano. Estos clubes están por todo el país y son un incentivo que contribuye a fortalecer la moral de las fuerzas de seguridad. Uno de los problemas más graves de la policía mexicana es su baja moral, así como una paga exigua y un catastrófico índice de muertos y heridos. En cambio, en los clubes de la policía colombiana hay piscinas, campos de fútbol y restaurantes. Encontramos a Richard sentado a una mesa y tomándose un café. A su derecha hay otro agente y a su izquierda dos confidentes. Tomamos asiento para asistir a una velada simpática: dos periodistas, dos estupas y dos soplones.

Richard es un cuarentón amable de pelo largo y negro. Viste una cazadora de cuero beis. Con su actitud consigue que los que estamos a la mesa nos sintamos a gusto, como si fuera una reunión cotidiana. El confidente que lleva la voz cantante es un sinvergüenza delgado y de piel pálida que viste unos tejanos muy sucios. Trabaja en un laboratorio de cocaína en una zona de la selva controlada por paramilitares derechistas. Ahora bien, estos mismos gánsteres le compran la cocaína a guerrilleros izquierdistas. Richard aprovecha la ocasión:

—Ya ven cómo están las cosas: ahora los malos trabajan juntos. Todo por el vil metal.

Colombia, al igual que México, nos dice, se enfrenta en realidad a una insurgencia criminal, no a una insurgencia ideológica.

Richard invita al confidente a que describa todas las partes del laboratorio para que la policía pueda tomarlo. Le pregunta dónde están apostados los pistoleros, dónde se depositan las armas, dónde se encuentra el generador, qué vehículos tienen. Necesita saberlo todo para que no haya sorpresas cuando vaya una unidad de ataque. Son datos que no se consiguen con las imágenes vía satélite. Tienen que comprarse.

El confidente dice que en el laboratorio hay entre 60 y 80 hombres. Utilizan camionetas Toyota y hay francotiradores con Kaláshnikov. Richard apunta todos los detalles en un cuaderno de bolsillo y transmite la información por un teléfono móvil. Unos minutos más tarde recibe una llamada y sonríe con satisfacción.

—Misión autorizada —dice al confidente—. Trato hecho.

Si todo sale según el plan, añade, el confidente cobrará decenas de miles de dólares.

—En este trabajo, el informante necesita mucho dinero para llevarse a su familia a vivir a otra parte. Tienen que rehacer su vida con lo que les demos. Podemos hacer que se sientan orgullosos de su colaboración, pero el incentivo principal es el dinero.

Aunque éste podría ser el balance final, Richard tiene una

relación asombrosamente amistosa con sus confidentes. Ríe, bromea y comenta asuntos familiares privados. Volviéndose hacia mí, me explica el porqué de este trato.

—Tenemos que fomentar la amistad en este trabajo, porque tenemos que confiar los unos en los otros. Si alguien es leal y trabaja bien, es porque confía en ti. A un informante le puede costar confiar en mí, y a mí confiar en él, así que has de construir esa confianza.

Richard procede de un tosco pueblo del norte de Colombia y se alistó en la policía para salir de la pobreza. Lleva ya veintiún años en el cuerpo, sobre todo en la brigada de estupefacientes. Durante ese tiempo ha visto los cambios que se han producido en las fuerzas de seguridad. La compra sistemática de información, dice, es una parte fundamental del cambio. Es uno de los agentes que mejor negocia con los informantes. En la actualidad tiene contacto con unos doscientos.

—Lo más importante es la información. Si tienes las fuentes, si tienes la información, entonces puedes atrapar a cualquier traficante del planeta.

El empleo de delatores al estilo colombiano se está importando en México a gran escala. Aunque pagar a confidentes estuvo prohibido durante mucho tiempo, el Gobierno Calderón introdujo un importante sistema de recompensas. En 2010 y 2011 estos pagos fueron decisivos para localizar a una red de traficantes de mayor cuantía, que acabaron detenidos o abatidos. El uso de confidentes es una de las principales razones por las que el Gobierno Calderón ha podido echarle el guante a tantos delincuentes de alto nivel, para alegría de los agentes estadounidenses. Si pensamos en el futuro de la guerra contra la droga, es probable que se incremente el uso de confidentes, dinámica que aumentará la vulnerabilidad de los jefes.

Los individuos que más saben de las operaciones de la droga son los ejecutivos gansteriles de alto nivel: los lugartenientes, los segundones y los propios capos. Así que cuando las fuerzas del orden detienen a estas buenas piezas, les sacan toda la información que pueden. De este modo se ponen por delante y capturan más cargamentos, laboratorios y personal implicado.

En los años noventa, los colombianos llegaron a la conclusión de que estos archicriminales planteaban menos problemas si se extraditaban a Estados Unidos. Así que gran parte de la extracción de información se efectúa allí, en forma de tratos y negociaciones. El alto narcoabogado Gustavo Salazar —que representó a Pablo Escobar, a otros veinte capos y a cincuenta lugartenientes— me explicó cómo se realizan las negociaciones cuando nos reunimos para charlar en un café de Medellín: «Yo trato con los señores de la droga todos los días. Son esos gánsteres terribles de que se habla. Pero cuando los detienen, se vuelven como niños asustados. Tienen miedo. No quieren pasar encerrados y aislados el resto de su vida. Así que hacen tratos.

»Cuentan a los agentes dónde tienen algunas cuentas bancarias y determinados bienes. Y dan nombres y rutas de otros traficantes. A cambio, los envían a cárceles más cómodas o les reducen la condena.»

Todo el mundo sabe que a los tribunales estadounidenses les encanta que abogados y fiscales negocien las condenas. Y también les encanta apoderarse de los bienes de los traficantes de drogas. Los principales capitostes tienen cuentas con docenas de millones de dólares o más.

Los tratos con los traficantes se han hecho públicos en diversas ocasiones. Entre los gánsteres colombianos que hicieron un pacto, está Andrés López, un capo del cártel del Norte del Valle. López delató a otros miembros de su organización, que a su vez también cantaron. López escribió un libro sobre todo aquello y lo tituló *El cártel de los sapos*, basándose en él, una televisión colombiana realizó un serial que tuvo mucha audiencia.[2] López, que por lo visto fue puesto en libertad, escribió otro libro en colaboración y ahora vive en Miami, en el lujoso mundo de las estrellas de los culebrones latinoamericanos, y sale con algunas actrices mexicanas famosas.

También México ha aumentado las extradiciones de narcocerebros a Estados Unidos. Los tratos que negociaban los cerebros colombianos y los tribunales estadounidenses se negocian ahora con los capos mexicanos.

El trato más notable hasta la fecha fue el del señor de la droga Osiel Cárdenas, fundador de los Zetas. Osiel fue extraditado en 2007 y negoció con las autoridades estadounidenses durante los tres años siguientes. Los detalles del pacto resultante no se hicieron públicos al principio. Pero al final se conoció una parte sustanciosa gracias a las averiguaciones de Dane Schiller, del *Houston Chronicle*. Osiel Cárdenas no fue enviado al tórrido desierto de Colorado y encerrado con Juan Ramón Matta Ballesteros, artífice del trampolín mexicano. Osiel fue enviado a un presidio de seguridad media de Atlanta, donde puede ir a comer, a la biblioteca, y tiene tiempo de recreo. Y a diferencia de Matta, no ha sido condenado a varios siglos de encierro. En principio saldrá en libertad en 2028. A cambio, los agentes se apoderaron de bienes valorados en 32 millones de dólares y Cárdenas facilitó información sobre traficantes que eran antiguos aliados suyos. Es seguro que estos datos tienen que ver con muchas detenciones masivas de Zetas en 2010 y 2011.[3]

Es probable que el futuro de la guerra mexicana contra la droga esté jalonado por muchos tratos como éste. Puede que se produzcan negociaciones parecidas en el caso de otros traficantes mexicanos buscados en Estados Unidos, como Benjamín Arellano Félix, Alfredo Beltrán Leyva y —si alguna vez lo capturan— el propio Chapo Guzmán.

Este método tiene defectos evidentes. Puede tomarse por un mal ejemplo que los grandes criminales hagan tratos para salir antes. Es poco edificante que una trayectoria criminal finalice con el malo de la historia ligando con guapas estrellas de culebrón. La lista de traficantes de drogas que han acabado siendo ricos y famosos es larga.

La confiscación de bienes también es polémica. Los agentes estadounidenses acaban invirtiendo narcodinero negro. Dicen que están consiguiendo capital para el Tío Sam, pero una vez más estamos ante la paradoja de que se cosechan los beneficios de la venta de cocaína y heroína. Cuando los agentes sacan dinero al detener a los traficantes, hay un incentivo añadido para que no se acabe la guerra contra la droga.

No obstante, quedan realmente fuera de juego cuando se ha extraditado a los capos y ha habido negociaciones con ellos. El mayor beneficio, alegan los agentes, es utilizarlos para atrapar a más maleantes. Es el imperativo fundamental de los guerreros antidroga: seguir confiscando, seguir deteniendo.

Pero por muchos traficantes que detenga la policía, los chicos buenos siguen teniendo un problema gordo: que siempre hay otros malos que sustituyen a aquéllos. Es una de las críticas fundamentales que se hacen a la guerra contra la droga: que no se puede ganar. Mientras esté por medio el incentivo del dinero, habrá maleantes dispuestos a pasar estupefacientes de contrabando.

Este argumento viene avalado por abundante experiencia histórica. Richard Nixon fue el primero que declaró la guerra a la droga y se expresó en términos absolutos pidiendo «la completa aniquilación de los comerciantes de la muerte».[4] Cuarenta años después nadie se atreve a ser tan optimista. El objetivo ha cambiado: ahora se trata de controlar los daños. Si no estuviéramos aquí, afirman los guerreros antidroga, la situación sería mucho peor.

La experiencia colombiana es un clásico ejemplo de esta paradoja. La policía colombiana ha mejorado mucho en el tema de la detención de traficantes, pero hay multitud de indicios de que la cantidad de cocaína que sale del país andino no ha variado gran cosa. La policía fumiga plantaciones, hace redadas en laboratorios, captura submarinos, encarcela a capos. Y otros maleantes plantan más coca, construyen otros laboratorios y embarcan el nuevo producto en motoras. ¿Qué ha conseguido Colombia realmente? Planteo la pregunta al jefe de la oficina andina de la DEA, Jay Bergman, que me da una respuesta convincente. Combatiendo a los traficantes, dice, su capacidad para poner en peligro la seguridad nacional se ha reducido considerablemente.

«Pensemos en Pablo Escobar. Este tipo voló un avión de pasajeros, jefaturas de policía, financió guerrilleros para que mataran a jueces del Tribunal Supremo e hizo que mataran al principal candidato a la presidencia de Colombia. En la actualidad no hay en Colombia ninguna organización con capacidad para enfrentarse cara a cara con el Gobierno, ninguna que pueda amenazar la seguridad nacional. Con cada generación de traficantes que aparece se reduce su poder.

»Pablo Escobar duró quince años. Los cerebros que hay ahora duran quince meses por término medio. Te nombran cerebro de aquí y ya estás sentenciado. El Gobierno de Colombia y el Gobierno de Estados Unidos no permitirán que ningún traficante dure lo suficiente para convertirse en una amenaza factible.»

Desde este punto de vista, la lucha contra la droga puede verse como un martillo gigante que no deja de golpear. Si un gánster se vuelve demasiado poderoso, el martillo lo machaca. Esto se llama decapitar el cártel, arrancarle la cabeza a la banda.

Los malos de la historia están controlados. Pero el comercio de la droga continúa, y la guerra también.

Los militares mexicanos y los agentes estadounidenses están aplicando en México la táctica de la decapitación del cártel. Ya han quitado de en medio a Beltrán Leyva, el Barbas; a Nazario, el Más Loco, y a Antonio Cárdenas, alias Tony Tormenta. La lista de golpes ha sido impresionante. Pero ¿golpeará el martillo a los cárteles con fuerza suficiente para que dejen de ser una amenaza para la seguridad nacional? Los agentes antidroga aducen que ya hay indicios de que será así. Con todas las detenciones, los cárteles se están debilitando, dicen. La violencia es una reacción a los ataques y un signo de desesperación por parte de los criminales. México verá el fin de la lucha. Puede que tengan razón.

Pero la dinámica de los cárteles mexicanos no ha evolucionado igual que la de los colombianos. México tiene siete grandes cárteles —Sinaloa, Juárez, Tijuana, La Familia, Beltrán Leyva, el Golfo y los Zetas—, así que es difícil decapitarlos a todos a la vez. Cuando dirigentes como Osiel Cárdenas salen de escena, la organización correspondiente se vuelve más violenta porque los lugartenientes rivales luchan para hacerse con la corona. Los grupos como los Zetas y La Familia también se han vuelto poderosos, más por su denominación de origen que por la reputación de sus capos. Aunque detuvieran al jefe de los Zetas, Heriberto Lazcano, el Verdugo, los Zetas seguirían siendo probablemente un ejército temible.

Se debiliten los cárteles o no, todo el mundo está de acuerdo en que México necesita sanear su policía para seguir adelante. Nadie cree que el progreso consista en que los agentes corruptos se disparen entre sí y trabajen para distintos capos. Obviamente, es mucho más fácil hablar de la reforma de la policía que llevarla a cabo. Los presidentes mexicanos vienen hablando del tema desde hace años, proceden a hacer limpieza, reorganizan las fuerzas, pero siempre aparecen más unidades corruptas. Un problema fundamental es que hay muchos cuerpos de seguridad. México tiene varios organismos ejecutivos de nivel nacional, 31 gobiernos estatales y 2.438 cuerpos de policía municipales.

Sin embargo, Calderón presentó en octubre de 2010 un proyecto de ley que podría modificar radicalmente la policía. Era una propuesta polémica para absorber todos los cuerpos de policía en uno solo, como ocurre en Colombia. Supone una reforma colosal con una elevada cantidad de problemas técnicos. Pero una reforma así podría ser un factor clave para alejar a México del abismo. Aun en el caso de que las drogas acabaran legalizándose, un solo cuerpo de policía constituiría un mecanismo más eficaz para combatir otros delitos del crimen organizado, por ejemplo los secuestros.

La iniciativa tiene muchos críticos. Algunos arguyen que sólo conseguiría facilitar la corrupción. Pero incluso eso sería bueno para la paz. Los policías corruptos estarían al menos en el mismo lado en vez de pegarse tiros entre sí. Otros alegan que un cuerpo todopoderoso sería autoritario. Es posible. Pero un cuerpo así siempre estaría controlado por un Gobierno democrático. La red de los diferentes cuerpos de policía funcionaba en otro tiempo porque un partido lo dirigía todo. En democracia, esta organización necesita una reforma. Si una causa fundamental de la descomposición de México ha sido la fragmentación del poder gubernamental, la unificación de la policía bajo un solo mando podría representar un paso adelante. Parte de los problemas básicos y de las soluciones radica en las instituciones de México.

14

Expansión

Se ha dicho que discutir la globalización es como discutir la
ley de la gravedad.

KOFI ANNAN, secretario general de la ONU, 2000

No fue la pobreza lo que impulsó a Jacobo Guillén a vender *crack* y metanfetamina en su barrio del este de Los
Ángeles; no tenía problemas para conseguir trabajo en restaurantes o concesionarias de vehículos, y ganaba dinero suficiente
para salir adelante. La causa tampoco fue una familia rota; sus
padres estaban juntos, trabajaban y le estimulaban. Simplemente, le gustaba la golfería.

—Me gustaba vivir a lo loco. Me gustaba colocarme. Me
gustaba la idea de conseguir diez mil dólares en un par de horas. Y me gustaba la adrenalina que me producía saber que querían chingarme. No me preocupaba por nada.

»No hay nadie a quien echar la culpa, sólo a mí mismo. Mis
hermanos y hermanas se hicieron médicos, contables y todo
eso. Yo soy el único que la cagó.»

Jacobo está pagando caras sus equivocaciones. Nació en el

estado de Jalisco, aunque creció en California. Fue detenido en Los Ángeles con una bolsa de metanfetamina, fue encarcelado y luego deportado. Los agentes de la frontera lo echaron por la puerta de Tijuana y le dijeron que no volviese. Estaba en un país desconocido, sin dinero, y hablaba el español macarrónico de Los Ángeles. Había sido extranjero en California, pero aún se sentía más extranjero en México. Sin embargo, tenía una habilidad rentable: pasar droga. No tardó en aparecer en una esquina de Tijuana ofreciendo cristales de metanfetamina.

—En México necesitaba vender droga para sobrevivir. Pero era mucho más jodido y peligroso que en Los Ángeles. Aquí hay una auténtica mafia con la que debes tratar. Y hay gente que está muy loca. Nada más llegar aquí un tipo me apuñaló. Seguí con vida, seguí vendiendo y fumando cristal. Luego otros tipos me sacaron una pipa mientras les vendía y quisieron dispararme. Tampoco morí esta vez de milagro, porque la pistola se encasquilló. Entonces me di cuenta de que tenía que parar. Tenía que alejarme de la droga y de las pandillas.

Me cuenta esta historia dos meses después de que se encasquillara milagrosamente la pistola. Nos encontramos en un centro de rehabilitación de drogadictos de Tijuana, dirigido por cristianos evangélicos, donde Jacobo se está desintoxicando. Tiene 25 años, cabeza rapada, cara redonda y mofletuda, manos gordezuelas. De acuerdo con el espíritu de la rehabilitación cristiana, lleva una camiseta negra con una inscripción que dice: «SOY DE LA PANDILLA DE JESÚS». También escucha rap evangélico y me pone unas canciones que tiene en su teléfono móvil. Algunas son en español, aunque él prefiere las que están en inglés, hechas por raperos de Los Ángeles. Vivir en Tijuana le ha obligado a mejorar su español de un modo espectacular, pero se sigue sintiendo más cómodo cuando habla en inglés, ya que su corazón está en Los Ángeles.

Fruto de una cultura transfronteriza, Jacobo es uno de los muchos eslabones que unen la cadena del narcotráfico en México y la cadena de la distribución en Estados Unidos. Ha vendido metanfetamina en Tijuana y en Los Ángeles. Ha pasado droga por la frontera, ha cruzado a pie el desierto de California con mochilas llenas de marihuana. Para traficar ha hecho tratos con personajes del crimen organizado de ambos lados de la línea divisoria.

Pero aunque la trayectoria vital de Jacobo ejemplifica la relación de los dos mundos, muestra asimismo que dicha relación es tenue. Como descubrió dolorosamente, las reglas son distintas en ambos países. El poder a uno y otro lado de la frontera está en manos de jefes y organizaciones distintos. Y la actitud de los gánsteres hacia la policía y el Gobierno cambia radicalmente en cuanto se cruza el Río Grande.

Estos bruscos contrastes podrían ayudarnos a ver el aspecto que tendrá el futuro del narcotráfico. Un tema central de las perspectivas de los gánsteres mexicanos es su expansión hacia el otro lado de la frontera, pues los hampones del cártel se están afincando en todo el hemisferio occidental y a orillas del Atlántico. Algunos temen que el narcotráfico acabe siendo una potencia global. Pero ¿qué forma adoptará en los demás países? La experiencia demuestra que los cárteles saben adoptar formas distintas en los distintos lugares donde echan raíces.

Los cárteles mexicanos han crecido, con la misma ampliación lógica que otras entidades en el capitalismo. El pastel ha crecido, lo cual permite ganar más dinero y que aquél siga creciendo. Los cárteles mexicanos, después de reemplazar a los colombianos y convertirse en las organizaciones criminales más grandes de América, se han introducido en otros países. No sólo se están abriendo paso en los débiles estados centroamericanos, así como en Perú y Argentina. También circulan informes sobre su poder adquisitivo en los frágiles estados africanos, sus negociaciones con la mafia rusa, incluso sobre su papel en el abastecimiento de droga a los traficantes de Inglaterra. Pero la expansión que más preocupación ha despertado es la que se produce en Estados Unidos.

La capacidad del cártel para exportar a Estados Unidos es un tema candente. Los análisis sobre el avance de los narcotraficantes mexicanos hacia el norte han inflamado, por lo general sin razón alguna, el debate sobre la inmigración. El frente xenófobo habla de los trabajadores mexicanos como si fueran un ejército invasor; y todos ven a los obreros sin papeles como espías potenciales de los cárteles, que utilizan a las comunidades de emigrantes para ocultar a sus agentes secretos. La guerra mexicana contra la droga, aducen, es un motivo más para militarizar la frontera. Los habitantes de los estados fronterizos se indignan por la posibilidad de que el drama se desborde y los alcance. Si los hampones decapitan en Juárez, dicen con inquietud, ¿cuánto tiempo transcurrirá hasta que corten cabezas en El Paso? ¿Es contagiosa la enfermedad mexicana?

En México se argumenta invirtiendo los términos. Una queja frecuente en boca de políticos y periodistas es que no se detiene a suficientes peces gordos en el norte. ¿Por qué no sabemos nada de los capos en Estados Unidos?, preguntan. ¿Cómo es que ciertos perseguidos por la justicia mexicana viven tranquilamente al norte de la frontera? ¿Por qué se ha incitado a México a declarar la guerra a la droga mientras ésta circula libremente por los cincuenta estados de la Unión?

Los cárteles mexicanos operan sin duda en todo Estados Unidos. En suelo estadounidense se han producido asesinatos claramente relacionados con ellos. Pero la violencia de México no ha invadido el norte. En 2011, después de cinco años de devastación gansteril al sur del Río Grande, la guerra en cuanto tal sigue sin cruzar la frontera.

Las cifras apoyan este enfoque. Según el FBI, las cuatro grandes urbes con menor índice de delitos violentos son precisamente San Diego, Phoenix, El Paso y Austin, que son ciudades de estados fronterizos. Mientras en 2010 había más de tres mil asesinatos en Juárez, que está a un tiro de piedra de El Paso, en esta ciudad sólo hubo cinco homicidios, la cantidad más baja en los últimos veintitrés años. Más al oeste tenemos Nogales (Arizona), una urbe que se alza en el límite mismo del estado mexicano de Sonora, un territorio clave del cártel de Sinaloa, en el que no ha dejado de haber tiroteos y montones de cadáveres decapitados. Pues en 2008 y 2009 no hubo ni un solo homicidio allí. En general, el delito se redujo en Arizona en un 35 por ciento entre 2004 y 2009, precisamente cuando estalló la guerra de la droga.[1]

Los policías estadounidenses tienen una explicación para esta paradoja: ellos. Mientras los cárteles atacan y sobornan a la policía mexicana, los delincuentes de Estados Unidos evitan a la policía todo lo que pueden. Como dice el sargento Tommy Thompson del departamento de policía de Phoenix:

Los cárteles quieren mover la droga por Estados Unidos y ganar dinero aquí. La policía representa un obstáculo. La mejor táctica de los gánsteres es llamar poco la atención y alejarse del radar de la policía. Si cometen un homicidio, la policía caerá sobre ellos. Si atacan a los propios agentes, las autoridades se subirán por las paredes. Y es dificilísimo sobornar a los agentes en Estados Unidos.

Los policías estadounidenses tienen buenas razones para hablar así; nadie duda que son mejores que sus colegas mexicanos en indicar a los maleantes cuál es su sitio. Pero, por muy duros que sean, no deja de ser significativo que los cárteles mexicanos no hayan librado guerras de territorio en suelo estadounidense. A fin de cuentas es su tierra de promisión y el cielo de donde les llueve el maná de los dólares en negro. Si los capos pelean por Ciudad Juárez, ¿por qué no pelean por los miles de millones que se gasta en drogas en Nueva York?

Esto puede explicarse siguiendo el rastro de las drogas. El agente de la DEA Daniel ha seguido cargamentos de cocaína, heroína, cristal y marihuana desde Tijuana al interior de Estados Unidos. Engañaba a los contrabandistas, de modo que podía seguir el rastro de la droga hasta los almacenes estadounidenses y hasta los puntos de distribución. Gran parte del material se ramificaba en San Diego e iba a parar a casas esparcidas por todo Los Ángeles. Estos escondrijos son por lo general casas alquiladas en las que hay pocos muebles, montones de droga y matones vigilándolas. Desde aquí, según averiguó Daniel, la mercancía podía ir a cualquier parte del país.

A partir de Los Ángeles se fracciona y se dispersa. Puede ir al Medio Oeste, a Minnesota o a Dakota del Sur. Pero también puede ir directamente de L.A. a Nueva York, o a Boston, o a Chicago. ¿Por qué? ¿Por qué cree usted? Porque en Los Ángeles un kilo de cocaína podría valer dieciocho de los grandes. Cuando llegue a Nueva York, valdrá alrededor de veinticinco. Siete mil de beneficio.

En otras palabras, una vez que llega a Estados Unidos, la droga se mueve por una complicada red de rutas que abarca todo el país. Nueva York recibe los kilos de cocaína que han circulado por Tijuana, que han pasado por el cártel de Arellano Félix, y también ladrillos de cocaína que han pasado por el territorio del cártel de Juárez y de los Zetas. Los agentes trazan al-

gunos mapas de estos pasillos, pero parecen nudos de espague-
tis y todos los caminos llegan a Nueva York. Todas las bandas
venden sus productos en la Gran Manzana y ninguna afirma
que es su territorio. No es territorio de nadie, aunque es de todos. Y la insaciable sed de droga de los neoyorquinos convierte
la zona en un mercado con extensión suficiente para mantener
esta situación.

Dentro de la red, Los Ángeles es un eje, un importante
centro de redistribución. Parece que los otros ejes fundamentales son Houston (Texas) y Phoenix (Arizona). Estos centros
tienden a recibir droga de los cárteles que controlan las ciudades fronterizas más cercanas: en Los Ángeles habrá más droga
del cártel de Tijuana, y en Houston más mercancía de los Zetas.
Pero no hay ningún indicio que sugiera que estos cárteles hayan
impuesto su monopolio en estas ciudades. Ni en Los Ángeles ni
en Houston se ha visto un nivel significativo de violencia vinculado con la guerra de cárteles de México. Parece que, una vez
que llega la droga a Estados Unidos, los traficantes ya no se
preocupan por quién más la vende. El conflicto monopolista y
toda la violencia se quedan en el lado mexicano de la frontera.

Una excepción podría ser Phoenix, donde en los últimos años
se han producido secuestros relacionados con la droga. Ciertos
comentaristas denuncian que esto demuestra que la guerra de la
droga está arraigando en Estados Unidos. En 2008 hubo 368
secuestros, cifra que convirtió a Phoenix en la ciudad del rapto
del país.[2] En México corren rumores de que el cártel de Sinaloa
ha reclamado Phoenix como propiedad exclusiva. La ciudad
está a 250 kilómetros de Sonora, que es el estado fronterizo que
controla la mafia sinaloense.

Recorrí la tórrida ciudad de Phoenix en busca de las casas
donde habían tenido lugar los secuestros. Casi todas son gran-

des bungalós situados en barrios predominantemente mexicanos. No tardé en descubrir que pocos secuestros estaban relacionados con la droga: estaban relacionados mayoritariamente con el tráfico de personas. El pasillo Sonora-Arizona, con el vasto desierto por medio, es la ruta más frecuentada por los emigrantes sin papeles que buscan el Sueño Americano. Cuando llegan a Phoenix con la esperanza de hacer fortuna, los contrabandistas que han contratado piden a las familias mil dólares más, o una cantidad parecida, antes de dejar libres a los emigrantes.

La extorsión de los emigrantes es un deporte cruel. Las víctimas reciben a menudo unas palizas tremendas hasta que pagan. Las jóvenes cuentan casos de violación. Si es el primer contacto con Estados Unidos, la experiencia es traumática. Pero no tiene nada que ver con el comercio de la droga. Más bien es un síntoma más de un sistema de inmigración que no funciona y en el que se da trabajo a los inmigrantes, pero no permisos.

Algunos secuestros, sin embargo, sí están relacionados con la droga. El sargento Tommy Thompson, un jovial agente de la policía de Phoenix, dice que tienden a sospechar que hay drogas por medio cuando los rescates son elevados, cuando oscilan entre los 30.000 dólares y el millón.

—Una persona normal no puede reunir treinta mil dólares en metálico así como así, y no digamos trescientos mil. Y los secuestradores, con mucha frecuencia, piden también drogas como parte del rescate.

»A veces aplastan las manos de la víctima a golpes de ladrillo. Pero no vemos la violencia que hay en México, donde cortan dedos o las manos enteras.

El sargento Thompson me enseña una casa donde ocurrió un secuestro de esas características. Es una vivienda de ladrillo, de aspecto agradable, con garaje doble y cancha de baloncesto. El propietario, de nacionalidad mexicana, salía de la casa aquella noche cuando los gánsteres bloquearon el paso de su coche y le pusieron una pistola en la cabeza. Los vecinos lo vieron y avisaron a la policía. (Las autoridades se enteran de estos secuestros más por los vecinos que por la familia.) La unidad antisecuestro de Phoenix llegó enseguida y los agentes protegidos con pasamontañas rodearon la zona. Al verse atrapados, los secuestradores liberaron a la víctima y huyeron. Aunque cabe la posibilidad de que la víctima sea un traficante, dice el sargento Thompson, el esfuerzo por salvarlo vale la pena.

—La víctima salió ilesa y eso es lo fundamental. No importa en qué anden metidas las personas que sufren un secuestro; lo primero y principal es que las vemos como a víctimas, como a seres humanos.

»Si los secuestradores abren fuego, las balas no distinguen entre víctimas inocentes y víctimas no tan inocentes, y eso es lo que nos preocupa. Lo que nos preocupa es que está ocurriendo en nuestras calles.»

La policía de Phoenix no escatima los recursos humanos a la hora de rescatar a los traficantes de los secuestradores. A veces se han movilizado hasta cien agentes para rescatar a un secuestrado de una casa. Hacen bien en replicar con dureza; es mejor atajar un problema atacando inmediatamente que permitir que empeore. El método de tolerancia cero parece que surte efecto en Phoenix. En 2009, los secuestros descendieron en un 14 por ciento. (Aunque hubo trescientos dieciocho secuestros, lo cual siempre es preocupante.)[3]

Sin embargo, aunque reaccionan bien ante el problema, ni la policía de Phoenix ni la DEA pueden explicar de manera satisfactoria por qué se producen los secuestros relacionados con la droga. Una hipótesis es que hay pistoleros independientes a los que les gusta apretar las clavijas a los traficantes. Esto sin duda explica algunos casos, pero no parece muy probable que los maleantes tengan el valor suficiente para ordeñar a traficantes vinculados con el cártel de Sinaloa. Otra hipótesis es que, como la presión policial se traduce en un aumento de las confiscaciones, los gánsteres secuestran gente para resarcirse de las pérdidas. Esto último tiene más sentido, aunque las capturas no han aumentado significativamente en la frontera Arizona-Sonora en los últimos años.

Es revelador que los secuestros se multiplicaran en 2008, cuando los cárteles se enzarzaron en su guerra civil particular. Puede que signifique que el cártel de Sinaloa está tratando de afincarse en el principal centro con que cuenta al norte de la frontera para que los traficantes de allí paguen impuestos. Sea como fuere, los acontecimientos, afortunadamente, todavía se producen a una escala más pacífica que en México. La verdad es que la cantidad de asesinatos ha descendido en Phoenix: en 2008 hubo 167; en 2009, 122.[4]

Los cárteles mexicanos son los principales abastecedores de drogas de Estados Unidos. Se calcula que pasan de contrabando el 90 por ciento de la cocaína, la mayor parte de la marihuana y la metanfetamina que importa el país, y una cantidad importante de heroína. La DEA hace más de un decenio que lo reconoce en informes que presenta al Congreso. Menos publicidad se ha dado al hecho de que los gánsteres mexicanos están ocupando también los peldaños inferiores de la escala de la distribución. En los últimos cinco años ha habido cada vez más mexicanos vendiendo droga al por menor en ciudades y pueblos de Estados Unidos. Se sabe por las detenciones de ciudadanos de nacionalidad mexicana en posesión de cantidades elevadas de ladrillos de coca, heroína marrón y cristales centelleantes, sobre todo en el sur. También se están introduciendo en rincones del país en los que no se habían aventurado hasta entonces, desde la región de los Grandes Lagos hasta el Medio Oeste. En los tiempos de Matta Ballesteros, años ochenta, la cocaína al por mayor estaba por lo general en manos de colombianos, angloamericanos y afroamericanos, pero ahora lo habitual es que la manejen los mexicanos.

Este curso de los acontecimientos aumenta el dinero que fluye hasta el crimen organizado mexicano, y es otro factor por el que la guerra de la droga ha llegado al punto de ebullición al sur de la frontera. Las bandas mexicanas se han extendido hacia los dos extremos de la cadena de abastecimiento, y ahora están más cerca de la hoja de coca de Colombia y más cerca de la nariz consumidora de Estados Unidos. Pero el lento avance del narcotráfico no parece haber tenido efectos adversos en este último país. El tráfico de drogas sigue siendo el tráfico de drogas; a nadie le importa si el traficante que vende el ladrillo de a kilo es un blanco loco por las motos, un pandillero jamaicano o un mexicano. El ladrillo de cocaína es el mismo.

El estudio más completo de la actividad de los cárteles mexicanos en Estados Unidos se debe a un organismo gubernamental, el Centro Nacional de Información sobre Drogas (National Drug Intelligence Center), y data de 2009.[5] Recogieron datos suministrados por las policías nacional, estatales y locales de todo el país, y con esa información trazaron un detallado mapa de las redes del narcotráfico al norte de la frontera. En el mapa vemos las actividades de los cárteles en doscientas treinta ciudades y en todos los estados, incluso en Alaska y en Hawái. En las dos terceras partes del total de las ciudades con presencia de narcotráfico, dice el informe, se han encontrado nexos con cárteles concretos. Por ejemplo, el cártel de Sinalona se detectó en Nashville y en Cincinnati, entre otros lugares, mientras que el cártel de Juárez se localizó en Colorado Springs y Dodge City. En otras ciudades, en cambio, los agentes no estaban seguros de la organización para la que trabajaban los gánsteres.

El informe disparó la alarma por la amplitud del radio de

acción del hampa mexicana, pero dejó muchas preguntas sin respuesta. No explica exactamente qué clase de representación tienen los cárteles en estas ciudades. Y no aclara cómo se detectaron los nexos con Sinaloa o Juárez. ¿Rastrearon los agentes ciertas llamadas telefónicas? ¿Recibieron información veraz de determinados delatores? ¿O se trata de especulaciones? Es preciso saber estas cosas para hacerse una idea más clara del arraigo real del narcotráfico en Estados Unidos. Porque una cosa es que el maleante que vende farlopa en Bismarck, Dakota del Norte, haya comprado por casualidad una partida que perteneció anteriormente al cártel de Sinaloa. Y otra muy distinta, que el sujeto en cuestión esté en la nómina del Chapo Guzmán, porque en este caso podemos temer que las despiadadas técnicas empleadas en México podrían emplearse allí.

Hay otros casos criminales en curso que permiten deducir mejor la conexión estadounidense del narcotráfico. Uno de los más importantes tiene lugar en Chicago, sede de un floreciente mercado de la droga y que cuenta con una arraigada comunidad mexicana. En 2009, un tribunal de Chicago instruyó diligencias contra altos dirigentes del cártel de Sinaloa, entre ellos el Chapo Guzmán, acusándolos de estar involucrados, en palabras del fiscal del distrito, en «la más importante conspiración para la importación de drogas que se ha conocido en Chicago». Las cifras eran monstruosas. El acta de acusación decía que el cártel de Sinaloa había pasado de contrabando dos toneladas de cocaína al mes a Chicago, transportándola luego en camiones con remolque a diversos almacenes de Illinois. Los gánsteres habían ganado al parecer 5.800 millones de dólares introduciendo droga en la región durante casi veinte años. Fueron imputadas cuarenta y seis personas. Entre ellas figuraban sinaloenses, como el citado Chapo Guzmán, y bastantes estadounidenses, de todas las razas, acusados de transportar la droga en Illinois.[6]

En el centro de la presunta conspiración estaban los estadounidenses de origen mexicano Pedro y Margarito Flores, hermanos gemelos de 28 años en 2009, momento de su detención. Los agentes de Chicago dicen que los hermanos Flores procedían de una familia numerosa con vínculos ya antiguos con el tráfico en Little Village y Pilsen, barrios de Chicago. Tenían una barbería y un restaurante, aunque según el sumario eran también las principales vías de entrada de las drogas sinaloenses en Chicago.

Los problemas empezaron cuando el cártel de Sinaloa quedó dividido por la guerra civil en 2008. Mientras el Chapo Guzmán y Beltrán Leyva, el Barbas, cortaban cabezas en Culiacán, también competían en Chicago por los contactos. Según las acusaciones, tanto el Chapo como el Barbas presionaron con violencia a los gemelos para que comprasen la mercancía a uno y no al otro. En medio de este conflicto, los agentes de la DEA se infiltraron en la red y detuvieron a los gemelos y a otros que andaban metidos en la conspiración.

Lo interesante es la lucha de los capos sinaloenses por monopolizar a los hermanos Flores en calidad de clientes. Los hermanos Flores compraban drogas a los sinaloenses, pero no trabajaban para ellos; eran sus clientes, no empleados suyos. Además, los hermanos Flores, siempre según los documentos del juzgado, vendían las drogas, pero no pagaban a nadie para que las moviera. Como dice la acusación:

La Banda Flores, a su vez, vendía la cocaína y la heroína por dinero en efectivo a clientes mayoristas del área de Chicago, así como a otros clientes de Detroit, Michigan; de Cincinnati, Ohio; de Filadelfia, Pensilvania; de Washington, D.C.; de Nueva York; de Vancouver, Columbia Británica; de Columbus, Ohio; y de otros lugares. Además, los clientes mayoristas de estas ciudades distribuían la cocaína y la heroína a otras ciudades, entre ellas Milwaukee, Wisconsin.

La conspiración pone de manifiesto más una cadena de venta que una organización vertical. Puede que los gánsteres de Chicago trabajaran con el cártel de Sinaloa, pero eran una entidad aparte. Actuaban según la táctica del crimen en Estados Unidos, es decir, matar ocasionalmente y romper algunos huesos, pero no según la táctica criminal mexicana, que gusta de eliminar a familias enteras y de abrir fosas comunes. Por fortuna, no se han visto cerca de Chicago bandas de cincuenta sicarios armados con lanzacohetes y Kaláshnikov. No todavía.

Al nivel de la calle —la venta al por menor de papelinas de coca y bolsitas de hierba—, no hay ningún indicio de que los cárteles mexicanos acechen en las esquinas de Estados Unidos. Esto podría parecer poco claro. Sin duda se detiene a mexicanos vendiendo droga por todo el país, y es evidente que esa droga ha pasado por México. Esto es exacto. Pero lo que interesa vender a los cárteles mexicanos en Estados Unidos es mercancía al por mayor. Al Chapo Guzmán no le interesa vender unos gramos a un yonqui en una calle de Baltimore; está demasiado ocupado ganando miles de millones con el tráfico de drogas por toneladas.

La venta al por menor está en manos de una serie variopinta de individuos, desde universitarios que venden bolsitas de cogollos en los dormitorios de Harvard hasta pandilleros que trapichean con *crack* en Nueva Orleans. Al igual que casi todos los traficantes del peldaño más bajo, los camellos, profesionales o improvisados, no tienen la menor idea de dónde viene el producto, más allá del proveedor local que les vende las bolsas.

Sin duda hay mexicanos, y estadounidenses de origen mexicano, enrolados en este ejército de camellos callejeros, y su número ha aumentado en los últimos años. Se ha hablado mucho de los inmigrantes que venden metanfetamina a los trabajadores que tienen que aguantar largos turnos en las fábricas de comida en conserva. Y se ve a mexicanos vendiendo droga en las esquinas de las ciudades, desde San Francisco hasta Queens. Pero todos los indicios sugieren que forman parte de pandillas locales o que venden a título individual, no que estén jugándosela a los cárteles o recibiendo dinero de ellos.

Jacobo Guillén, el mofletudo adicto a la metanfetamina, vendía cristal en el este de Los Ángeles. Su experiencia confirma que el narcotráfico mexicano no ha llegado al nivel de la calle. No tenía ningún contacto con los cárteles, dice. Por el contrario, trabajaba para la banda estadounidense llamada Mafia Mexicana. A pesar de su nombre, se encuentra al norte de la frontera, surgió en las cárceles estadounidenses y allí tenía su base. Obviamente, está dirigida por personas de ascendencia mexicana. Como dice Jacobo: «Yo vendía el cristal y todas las semanas pagaba a la Mafia Mexicana. Si no lo hubiera hecho, habría estado en serios problemas. Los jefes de la Mafia Mexicana están en prisión, pero su mano llega a la calle y pueden matar a gente.

»Cuando fui a México, fue completamente distinto. Todos los vendedores de Tijuana tenían que pagar una cuota al cártel. En México, el cártel controla el tráfico y la venta callejera.»

Puede que algunos piensen que es una diferencia formalista. Mafia Mexicana o cártel de Sinaloa, los dos son organizaciones criminales que venden estupefacientes y cometen asesinatos. Pero la diferencia es muy real. El cártel de Sinaloa es un complejo paramilitar delictivo que se ha transformado en medio de la inestabilidad de México; la Mafia Mexicana es una banda carcelaria y callejera que se ha nutrido de las realidades de Estados Unidos. El cártel de Sinaloa puede eliminar a mandos veteranos de la policía y dejar veinte cadáveres amontonados; la Mafia Mexicana sólo entiende de apuñalamientos en el patio de la cárcel y de tiroteos de barrio con pistolas.

Casi toda la violencia de la droga en Estados Unidos es fruto de peleas territoriales por controlar las esquinas de esas calles. Hay en esto una lógica que salta a la vista: las esquinas son territorio físico, demasiado pequeño para dos bandas. Los asesinatos que se cometen en Baltimore, en Chicago, Detroit, Nueva Orleans, Los Ángeles y otras ciudades son resultado de las peleas por estos bienes inmuebles. Y en ellos están implicadas muchísimas pandillas callejeras. Pero los cárteles mexicanos propiamente dichos aún no se han rebajado a estas trifulcas. ¿Para qué? Sus drogas van a parar a quien venza. Si los cárteles mexicanos intervinieran alguna vez en la política de las esquinas de Estados Unidos, el resultado sería catastrófico, y eso es lo que se teme.

La pesadilla que sería que el narcotráfico interviniera en la guerra de pandillas de Estados Unidos está empezando a materializarse en el estado de Texas, que limita con media frontera mexicana. El desbordamiento tiene dos frentes: el pasillo central de El Paso-Juárez, y 1.500 kilómetros al este, junto al golfo de México.

En El Paso, los vínculos entre las calles estadounidenses y los señores mexicanos de la droga se han reforzado con el crecimiento de la banda Barrio Azteca. A diferencia de otras bandas chicanas, ésta ha establecido una sólida relación con los cárteles y se ha convertido en una auténtica organización transfronteriza.

La banda Barrio Azteca fue fundada, en los años ochenta, por hampones de El Paso encerrados en la prisión de Cornfield, una institución de alta seguridad de Texas. Se juntaron para que los reclusos de El Paso, llamado afectuosamente Chuco Town, pudieran defenderse de otras bandas carcelarias como la Mafia Mexicana, que tiene raíces californianas. Golpeaban, apuñalaban y estrangulaban a los bravucones que los trataban con desprecio, y también ellos acabaron intimidando a los demás.

A semejanza de la Mafia Mexicana, la banda Barrio Azteca saltó a las calles. Cobraban impuestos de los traficantes, y conforme los miembros encarcelados eran puestos en libertad, adquirieron una fama terrible por la violencia que ejercían en el exterior, por ejemplo poniendo precio a la cabeza del enemigo, un procedimiento llamado luz verde. A fines de los años noventa tenían más de mil miembros repartidos entre las penitenciarías y ciudades de Texas, y ganaban millones de dólares con las drogas. Entonces se dieron dos pasos decisivos: Barrio Azteca formó células al otro lado de la frontera, en Ciudad Juárez, y se pusieron a negociar directamente con el cártel de Juárez.

El crecimiento del Barrio Azteca al sur del Río Grande está en estrecha relación con la particular comunidad transfronteriza de la zona. El Paso y Ciudad Juárez son en muchos aspectos una sola comunidad, con familias, amigos, empresas —y pandillas— a horcajadas sobre la divisoria. Por si esto no bastara, algunos mexicanos sin papeles se integraron en el Barrio Azteca cuando fueron a dar con sus huesos en las cárceles texanas. Cuando cumplían la condena, eran deportados a Juárez, donde proseguían la actividad de la banda. Estos conversos reclutaban a nuevos miembros entre las crecientes pandillas callejeras y en las cárceles municipales y del estado (donde el Barrio Azteca controla ya un ala entera).

Los miembros del Barrio Azteca hacía tiempo que vendían droga movida por el cártel de Juárez. Al tener más poder, establecieron con el cártel una alianza más firme. Un miembro del Azteca llamado Diablo describió este pacto en la televisión estadounidense: «El cártel vio que estábamos trabajando mucho allí. Y entonces nos propusieron que fuéramos una especie de delegación».[7]

Luego contó que el Barrio Azteca empezó a comprar kilos

de cocaína directamente al cártel, a menos precio, y que a cambio pasó al sur alijos de fusiles de asalto, comprados en armerías de Texas. Además, si el cártel de Juárez necesitaba alguna operación intimidatoria o violenta en Estados Unidos, dijo Diablo, avisaba al Barrio Azteca.

Cuando el cártel de Sinaloa irrumpió en Juárez, en 2008, se llamó al Barrio Azteca para que acudiera a defender el fuerte. Se cree que han participado en algunas de las matanzas más brutales producidas al sur de la frontera. Como las investigaciones de la policía de Juárez están llenas de agujeros, es imposible saber con exactitud cuántos asesinatos cometió el Barrio Azteca entre los seis mil que se perpetraron en la ciudad, aunque el número es considerable.

Casi todo este derramamiento de sangre se ha producido al sur de la frontera. Pero hay una creciente cantidad de víctimas de nacionalidad estadounidense. En la entrevista que le hicieron en televisión, Diablo cuenta que la banda suele secuestrar a gente en El Paso y la lleva al sur para matarla allí. Un asesinato cometido en Texas recibe una investigación aparatosa, mientras que en Juárez no pasa de ser uno más entre los diez diarios que se cometen. México ha pasado a ser un campo de ejecuciones para los psicópatas de Estados Unidos. En Juárez, según Diablo, el Barrio Azteca suele torturar y matar a sus víctimas delante de un jaleante coro de miembros de la banda. Como explica Diablo: «Hacemos un hoyo en tierra, echamos unas brazadas de arbustos y gasolina. Le damos al cabrón una paliza de muerte, luego lo tiramos al hoyo y encendemos la hoguera. Unas veces el cabrón muere, aunque no siempre se da el caso. Otras se queda ardiendo y se le oye gritar, y encima huele mal el hijo de puta, como cuando se quema la carne humana. La primera vez que vi una hoguera de ésas, no pude dormir durante un tiempo».

Los robotizados funcionarios del Departamento de Estado

tampoco pudieron dormir cuando se enteraron de un feroz ataque del Barrio Azteca: en marzo de 2010 la banda mató a tres personas vinculadas con el consulado de Estados Unidos en Juárez. Los infames asesinatos se cometieron con un intervalo de varios minutos durante el ataque que sufrieron dos vehículos que abandonaban una fiesta que se celebraba en casa de un miembro del personal del consulado. En un coche iba el marido de una empleada mexicana del consulado; en el otro, una empleada estadounidense y su marido, funcionario de prisiones de Texas; esta segunda mujer estaba embarazada, y el primer hijo de la pareja, que tenía siete meses, presenció el asesinato de sus padres desde el asiento trasero.[8]

Estos crímenes estremecieron al cuerpo diplomático de Estados Unidos destacado en México y, debido a las presiones, los soldados mexicanos no tardaron en detener a los presuntos agresores. Mientras tanto, los agentes del FBI detenían a docenas de miembros del Barrio Azteca en El Paso. A pesar de todos aquellos mazazos contra la organización, la policía no pudo dar una explicación concluyente del triple crimen. ¿Se atentó contra la funcionaria porque tardaba en conceder visados para personal del cártel? ¿O el objetivo era el marido porque había molestado de alguna forma a los Aztecas encerrados en Texas? ¿Y si la finalidad era advertir a los agentes antidroga de Estados Unidos? ¿Y si los asesinos se equivocaron de personas?

Fuera como fuese, el mensaje habló muy claramente del peligro que representaban el Barrio Azteca y su alianza con el cártel de Juárez. Ésta es otra preocupación que puede enturbiar el futuro: la posibilidad de que haya más bandas transfronterizas que vinculen a los cárteles con las calles de Estados Unidos, y de que las bandas estadounidenses adopten más tácticas brutales, propias de los narcotraficantes.

Ochocientos kilómetros más al este, en Laredo, otro cártel ha tenido la sangre fría de cometer atentados de tipo ejecución en suelo estadounidense. Aunque los gánsteres, por regla general, procuran no acercar el barco a la orilla norte del río, los responsables de los asesinatos cometidos en el este de Texas pertenecen al mismo ejército de psicópatas que ha infringido todas las normas en México: los Zetas.

Estos cinco asesinatos de los Zetas llamaron la atención pública en mitad de un sonado proceso que se celebraba en 2007. Durante la vista previa se escucharon las grabaciones realizadas en un teléfono intervenido y en ellas se oyó a los reclutas Zetas, de origen estadounidense, planear varios homicidios; los mismos encausados confesaron luego en el banquillo la brutalidad de sus técnicas. Entre los condenados estaba Rosalio Reta, pistolero de 17 años, natural de Houston. Personaje descarado, repulsivo y con tatuajes en la cara, Rosalio confesó haberse unido a los Zetas con 13 años y haber cometido su primer homicidio por aquellas fechas. Alegó haber sido adiestrado por antiguos elementos de las fuerzas especiales en un campamento de Zetas en México y haber cometido un sinfín de asesinatos a ambos lados de la frontera. Los agentes creen que estuvo implicado en unos treinta homicidios, aunque fue condenado únicamente por dos y sentenciado a cuarenta años de prisión.[9]

Rosalio y otros declararon que los Zetas habían organizado células de tres hombres en Laredo y Dallas. A los reclutas se les pagaba un sueldo base de 500 dólares semanales, y las células recibían entre 10.000 y 50.000 por cada atentado. Desde luego se cobraba más que por matar en México, pero también es verdad que el mercado laboral de Estados Unidos era más rentable. Los reclutas se hospedaban en casas de 300.000 dólares y tenían coches nuevos. Rosalio hablaba de aquellos extras como de un gran incentivo para un adolescente que había salido del arroyo.

Los motivos de los asesinatos de Texas fueron confusos y no acabaron de entenderse. Parece que se preparó la muerte de un hombre porque salía con una chica que interesaba al jefe de los Zetas; los sicarios se equivocaron al principio y mataron al hermano del objetivo, luego, unos meses después, mataron a éste. Otra víctima era miembro de una banda local que había enfurecido a los Zetas. Otro era un pistolero que por lo visto se había pasado a los sinaloenses.

Los homicidios se perpetraron más o menos al estilo de los cárteles en México. Los sicarios siguieron a las víctimas, las esperaron emboscados y les dispararon cuando salían de un restaurante de comida rápida o iban andando desde el coche hasta su casa. Los homicidas fueron menos aparatosos de lo que era normal al sur del río, les dispararon sólo unos cuantos tiros y directamente al cuerpo, no regaron la calle con una lluvia de trescientos proyectiles. Pero hicieron ruido más que de sobra para la policía de Estados Unidos. Los agentes de Laredo trabajaron con la DEA y otros organismos nacionales para desmantelar las células, además de detener a los Zetas, acusados por asuntos de droga y dinero.

El resultado fue una serie de procesos, después de los cuales no ha habido en Texas, oficialmente al menos, más atentados de los Zetas, y el índice de asesinatos en general es bajo. Puede que los Zetas hayan aprendido la lección de que amontonar cadáveres en Estados Unidos se paga caro. O quizá sea que no nos hemos enterado todavía de la comisión de otros homicidios. Pero si ha ocurrido una vez, podría repetirse. La proliferación de células de sicarios Zetas en Estados Unidos sería realmente una pesadilla.

Otras naciones más pobres y más débiles no han podido contener la violencia de los cárteles mexicanos. En Guatemala, los

Zetas han organizado matanzas tan terribles como las de la madre patria, sobre todo en la selva del otro lado de la frontera sur de México. El Gobierno guatemalteco replicó declarando la ley marcial en la zona en diciembre de 2010 y apoderándose de un campamento de entrenamiento con un arsenal de quinientas granadas. En represalia, los Zetas han librado batallas sangrientas con el ejército, y están entre los sospechosos de haber colocado un autobús bomba que mató a siete personas en la capital en enero de 2011.

Ejército de jóvenes pobres del campo, los Zetas están en su elemento en Guatemala, y han conseguido que multitudes ingentes de guatemaltecos se unan a sus filas y a su causa. Estas células Zetas no sólo protegen las rutas de la droga, sino que también establecen sus propias franquicias para vender y extorsionar, como en México. Mientras que la mayoría de las empresas legales mexicanas han sido incapaces de explotar el mercado centroamericano, Industrias Narco tiene sólidas aspiraciones internacionales.

Estos objetivos globales permiten llegar lejos a los cárteles mexicanos. Se ha detectado la presencia de maleantes mexicanos en campos tan alejados como Australia, África e incluso Azerbayán. A menudo, las excursiones son para comprar ingredientes que necesitan los laboratorios de drogas, sobre todo seudoefedrina y efedrina, para fabricar cristales de metanfetamina. En 2008, en una operación patrocinada por la ONU, la Operación Ice Block, fueron aprehendidos en todo el mundo cuarenta y seis cargamentos ilegales de las referidas sustancias; la mitad se dirigía a México. Los países de origen eran, entre otros, China, la India, Siria, Irán y Egipto. Un cargamento de efedrina confiscado cuando salía de Bagdad iba destinado al hampa mexicana.[10]

En muchos casos, los cargamentos de productos químicos hacen escala en el oeste de África antes de cruzar el Atlántico.

Las empobrecidas naciones africanas de esta antigua costa de los esclavos se vienen utilizando de manera creciente como trampolín de los criminales internacionales de diferentes pelajes; los colombianos también rebotan en ellos para colar cocaína en Europa. Guinea-Bissau —el quinto país más pobre del mundo, donde no hay red eléctrica nacional y el salario medio es de un dólar al día— es uno de los más lamentables Estados capturados. Los gánsteres latinoamericanos podrían comprar el país por cuatro cuartos. Los Gobiernos poderosos tienen que esforzarse más para defender a estas naciones, y el crecimiento del narcotráfico en estos delicados rincones despunta en el horizonte.

Empotrada entre Colombia y México, la tórrida y tropical Honduras ha sido desde hace mucho una importante escala para los transportes de cocaína. Juan Ramón Matta Ballesteros dirigía su imperio allí en los años ochenta, mientras la contra nicaragüense, parcialmente financiada por la cocaína, se entrenaba en sus tierras. Honduras fue llamada «república bananera» en 1904, en un libro del norteamericano William Sydney Porter que hablaba del poder de las compañías fruteras extranjeras. Los bananeros todavía dominan la economía local y el país avanza a trancas y barrancas, con la mitad de la población sumida en la pobreza, una inestabilidad política que dio lugar a un golpe de Estado en 2009, y con uno de los peores niveles de violencia de todo el globo. Pan comido para los cárteles mexicanos.

El general Julián Arístides González era el funcionario hondureño que más sabía del crecimiento del narcotráfico en su país. Militar de mandíbula cuadrada, González dejó el ejército en 1999 para integrarse en la Dirección Nacional para la Lucha Contra el Narcotráfico, de la que luego fue titular, una especie de zar antidroga. Hablé con él en diciembre de 2009, en su despacho, entre montones de mapas y 140 kilos de cocaína decomisada descansando junto a su escritorio. Tenía los modales rígidos de los militares, pero fue uno de los funcionarios anti-droga de Latinoamérica más francos y abiertos con quienes he tenido ocasión de hablar. En los últimos diez años, según me dijo, la creciente presencia mexicana en Honduras había sido espectacular.

—Es como si quisiéramos detener la subida de la marea. Arrestamos criminales, decomisamos toneladas de cocaína, pero siguen llegando con mucho dinero y mucha fuerza. Estamos librando una batalla cuesta arriba.

Los gánsteres mexicanos, prosiguió, han comprado muchas tierras en Honduras, sobre todo en la selva, en las montañas y en la costa, donde apenas hay habitantes. Las adquisiciones blanquean dinero al mismo tiempo que proveen de lugares de almacenaje y tránsito para la cocaína. González me enseñó fotos y mapas de una de estas narcopropiedades, incautada por la policía. Era una antigua plantación bananera situada en el interior de la jungla, con edificios coloniales y todo, y miles de hectáreas de terreno. Los hampones construyeron una pista de hormigón en la plantación para que aterrizaran allí los aviones cargados con oro blanco.

Los hombres de González detuvieron docenas de aviones. Se trataba sobre todo de monomotores ligeros como los usados por el cártel de Sinaloa. Pero los gánsteres tenían también aviones de más fuste para cargar muchas toneladas de cocaína. Además de despegar de Colombia, muchos transportes de cocaína despegaban igualmente de Venezuela, dijo González. Los guerrilleros de las FARC cruzaban la selva y se adentraban en Venezuela para emprender vuelos que evitaran las defensas aéreas de Colombia, que eran más modernas. Estas acusaciones han contribuido a ensanchar el abismo político que separa a la izquierda y la derecha en Sudamérica. Los conservadores utilizan el tema de la droga para atacar al dirigente izquierdista Hugo Chávez.

El agitador Chávez replica que la CIA ha estado en connivencia con los traficantes de cocaína durante décadas.

Pero al margen de quién saque la cocaína de Colombia, quienes reciben los paquetes de miles de millones de dólares son los mexicanos. El cártel de Sinaloa había estado especialmente activo en Honduras, dijo González, entre rumores de que el Chapo González había pisado el país.

—Oímos de varias fuentes que estaba por acá. Tratamos de concentrarnos en él, pero no pudimos localizarlo. Quizá nunca estuvo. Quizás esté ahora.

González sonríe. Otras bandas han querido establecer una cabeza de puente en el lugar, incluso los Zetas, incluso los predicadores que cortan cabezas: La Familia. Cuando las bandas mexicanas rivales tropiezan en Honduras, dijo González, se lían a tiros.

Los gánsteres mexicanos subcontratan a maleantes locales para apoyar sus operaciones, prosiguió el general. Para asegurarse el dominio de estos empleados, «ejecutan» a todo el que se sale de la fila, inaugurando así otro pretexto para derramar sangre. Los capos mexicanos también trabajan con las bandas criminales propiamente hondureñas, a saber, la Mara Salvatrucha y Barrio 18. Los maleantes hondureños distribuyen en el mercado local grandes cantidades de droga de los cárteles, prosiguió González, aunque también hacen de asesinos a sueldo. Se cree que algunas matanzas perpetradas en los últimos años por la Mara y el 18 se han cometido por orden de los criminales mexicanos.

—Los de la Mara ya son violentos de por sí, son un auténtico problema social. Pero cuando tienen detrás organizaciones internacionales como los mexicanos, son mucho más peligrosos. Ésa es la amenaza que tenemos para el futuro: que los criminales de aquí se organicen más, que estén mejor armados, y entonces serán un verdadero problema.

Hablé con el general González un jueves. El martes siguiente, ya en México, recibí un telefonazo mientras desayunaba. González había sido asesinado. Había llevado a la escuela a su hija de 7 años, acababa de amanecer y unos sicarios fueron por él. Iban en moto, se pusieron al lado de su coche y le dispararon once veces; recibió siete proyectiles.[11]

Los fiscales no hicieron detenciones por aquel homicidio. Tenía la marca de los sicarios colombianos, que siempre agredían en moto, pero ¿quién sabe? González había celebrado el lunes una conferencia de prensa, reiterando la acusación de que las FARC transportaban cocaína desde Venezuela. Pero había resultado muy molesto para muchas personas durante los diez años que había estado deteniendo traficantes; también dijo que en 2008 había recibido amenazas de muerte y no sabía de quiénes.

A pesar del peligro que corría, nunca tuvo guardaespaldas. Preguntaron sobre esto a su viuda, Leslie Portillo, durante el funeral.[12] Con los ojos llenos de lágrimas, la señora Portillo replicó que siempre le había pedido que se protegiera, pero nunca le hizo caso.

—Yo le preguntaba: «¿Es que no vas a tener seguridad?» Él me respondía: «Mi seguridad es Dios, que camina a mi lado».

15

Diversificación

La ruindad de los hombres malos también obliga a los buenos a tomar medidas para su propia protección. [...] En estas condiciones no hay lugar para el trabajo productivo porque el resultado es incierto, [...] ni para la vida social; y lo que es peor de todo, el miedo continuo y el peligro de morir violentamente; y la vida del hombre, solitaria, pobre, repugnante, embrutecida y breve.

Thomas Hobbes, *Leviatán*, 1651

Veo el vídeo que ha filtrado a la prensa un jefe de policía. Me produce pesadillas. Es la filmación más turbadora que he visto en mi vida. Es peor que ver cadáveres acribillados a balazos en el asfalto; cabezas cortadas y amontonadas en público; las imágenes de Zetas con pasamontañas disparando en la cabeza a sus prisioneros. Es peor que escuchar a los matones cuando hablan de decapitar víctimas, que oír los impactos de los disparos que resuenan en las calurosas calles. Y en la película en cuestión no hay asesinatos ni tiroteos ni mutilaciones. Pero hay crueldad pura.

La cámara enfoca a un chico sentado con las piernas cruzadas en una alfombra gris, delante de una cortina blanca. Tiene unos 13 años y parece raquítico, huesos y pellejo. Está desnudo, una venda blanca le cubre los ojos y la nariz, y tiene las manos atadas con un cordón eléctrico. Ha abatido la cabeza y tirita, evidenciando un grave sufrimiento. Una voz en *off* gruñe: «Empieza». El chico habla. Su voz adolescente tiembla, revelando un dolor más allá del llanto.

—Mamá. Dales el dinero. Saben que tenemos aquí la consultora y tres propiedades. Por favor, o me cortarán un dedo. Y saben dónde vive tía Guadalupe. Por favor. Quiero irme, mamá.

La voz áspera vuelve a oírse en *off*:

—¿Sufres o estás a gusto?

—No —dice el chico con voz suplicante—. Sufro.

Entonces empieza la paliza. El torturador le da patadas en la cabeza. Luego lo azota con un cinturón. Vuelve a darle patadas en la cabeza. Acto seguido, gira al chico desnudo para que se vean las magulladuras que tiene en la espalda, y golpea las heridas con el cinturón. Es insoportable. La paliza prosigue. El chico pide misericordia, jadea, gime y dice: «No, no, no». Mientras golpea, el torturador habla, dirigiéndose a la madre a la que enviará el vídeo.

—¿Esto es lo que quieres, puta? Te lo advierto, es el principio del fin. De ti depende hasta dónde lleguemos. El siguiente paso será un dedo. ¿Es lo que quieres? Todo depende de ti. Quiero seis millones de pesos.[1]

No me atrevo ni a imaginar el sufrimiento de la madre o el padre del muchacho al ver este vídeo. No me atrevo ni a imaginar el daño físico y psicológico que sentirá un inocente chico de 13 años.

México posee una fuerte cultura familiar. Los padres suelen

mimar a sus hijos hasta un punto que jamás he visto en la fría Inglaterra. Si sale de noche una chica de 20 años, los padres esperarán despiertos hasta que vuelve a las cuatro de la madrugada. Un tío va al hospital con un tobillo dislocado, y al cabo de unas horas hay veinte parientes en la puerta para saber si está bien. Hay mucho amor familiar. Cuesta entender que en esta misma cultura haya hombres tan crueles como para explotar ese amor. Porque así es como funcionan los secuestros cuyo objetivo es el rescate. Impulsa a la gente a dar todo lo que ha ganado para que cese el dolor de la persona querida.

También los mexicanos encuentran difícil de entender esta crueldad. Cuando se cuentan estas atrocidades, la gente suele responder con furia. Cuando se detuvo a cierta banda de secuestradores, por ejemplo, la página web del periódico *El Universal*, el más vendido de México, recibió comentarios como éstos:

«Un balazo en la cabeza. Son basura que no merece vivir.»

«Deseo que les alcance la divina providencia porque es el único castigo que podemos esperar.»

«Escoria. Cuélguenlos de los árboles.»

«Córtenlos en pedazos y dénselos a los perros.»

Estas llamadas a la venganza violenta son comprensibles. La gente se siente frustrada e impotente. El secuestro para pedir un rescate es el más cruel de los delitos, y con el recrudecimiento de la guerra de la droga, la cantidad de raptos se ha disparado. Un estudio del Gobierno mexicano revela que entre 2005 y 2010 los secuestros de que se tiene noticia han aumentado el 317 por ciento.[2] En 2010 hubo una media de 3,7 secuestros diarios, unos 1.350 en todo el año. Los medios policiales dicen que por cada secuestro denunciado hay por lo menos diez sin denunciar, porque los secuestradores dicen que si la policía se entera, el rehén sufrirá las consecuencias. Muchísimas familias han padecido secuestros. Por muchas razones, México se ha convertido en el lugar del planeta donde más se comete este delito.

La cronología de esta explosión de violencia no es casual. Muchos hampones vinculados con los cárteles de la droga están implicados en secuestros. La más infame banda de traficantes que practica el secuestro a cambio de rescate es la de los Zetas. Mientras chocan violentamente con la policía y los militares para proteger camiones llenos de cocaína, también sonsacan millones a familias angustiadas. Cuando se tiene un ejército privado tan temible y con tantas armas, el secuestro es una fácil actividad suplementaria.

Pero el secuestro es sólo una de las vertientes de la diversificación de los Zetas. También se han dedicado a la extorsión de bares y discotecas; exigen impuestos a los comercios; recaudan dinero de las redes de prostitución; roban coches; roban petróleo crudo y gasolina; recaudan dinero del tráfico de emigrantes; e incluso piratean con su propio sello los DVD de los últimos éxitos de taquilla. Etiquetas como «organización narcotraficante» resulta insuficiente ya para describir a los Zetas; ahora son un complejo delictivo paramilitar.

La diversificación del narcotráfico ha sido rápida y dolorosa para México. Como me dijo un periodista en Juárez: «Hasta 2008 sólo habíamos oído hablar de pagar por protección en las viejas películas de Al Capone. Y, de pronto, a todos los establecimientos de la ciudad les piden una cuota». Al igual que muchos otros rasgos de la guerra de la droga, los cárteles no tardan en copiarse estas tácticas entre ellos mismos. Si un mes los Zetas extorsionan a los comercios, al mes siguiente corre la noticia de que La Familia recibe dinero a cambio de protección; y al mes siguiente la que extorsiona es la organización de los Beltrán Leyva. Es una progresión lógica. Cuando unos gánsteres ven lo que sus rivales se están llevando y cuánto consiguen, quieren una parte del botín. La diversificación del delito se ha convertido en una nefasta tendencia de los cárteles de la droga. Señala un siniestro futuro para las comunidades mexicanas.

El crimen organizado tiene dos funciones básicas: puede ofrecer un producto que el comercio legal no puede proporcionar; y puede robar o extorsionar. La primera categoría engloba la venta de drogas, la prostitución, los artículos pirata, el juego, las armas, el tráfico de inmigrantes. La segunda comprende el secuestro, el robo de cargamentos, el robo de vehículos, los atracos a los bancos.

La primera categoría es la menos perjudicial para la economía. Con las drogas, las prostitutas y el juego, los mafiosos al menos están vendiendo un producto y mueven dinero. Las extorsiones y los secuestros, en cambio, aterrorizan a la comunidad, ahuyentan a los inversores y arruinan el negocio. La asociación de comerciantes de Juárez nunca se quejó mucho por las toneladas de estupefacientes que circulaban por la ciudad ni por los miles de millones de narcodólares que entraban. Pero cuando los gánsteres empezaron a extorsionar a los empresarios, pidieron a las Naciones Unidas que mandara a los cascos azules para controlar la situación.[3] La extorsión afecta a los bolsillos. A nivel personal, el paso de la droga al secuestro y a la extorsión es aterrador para la comunidad y siembra la tensión en las redes sociales de un país ya sobrecargado de problemas. Todos empiezan a temer la posibilidad de que cualquiera —el vecino, el mecánico, el compañero de trabajo— pase información a una banda de secuestradores. Se crea un clima de miedo y paranoia.

María Elena Morera es una destacada activista antisecuestro que ha crecido en medio de la ola delictiva que inunda México. Ella y otras personas como ella dirigen un movimiento ciudadano que trata de acabar con esta plaga de raptos y delitos antisociales. Hasta el momento han fracasado. Pero podrían ser la clave para resolver el problema del delito en el futuro.

María dice que nunca ha querido ser una figura pública. Nacida en 1958 de padres catalanes, es alta y rubia, estudió odontología y se ha pasado la vida arrancando muelas alegremente y compartiéndolo todo con su marido y tres hijos que gozan de buena salud. Pero en el año 2000 su vida dio un giro copernicano. Un día su marido no volvió del trabajo. Lo llamaba al teléfono móvil y no respondía. Llamó a la empresa donde trabajaba, pero nadie lo había visto. Hasta que recibió la temida llamada, la voz ronca que le confirmaba sus peores sospechas: habían secuestrado a su marido.

—No hay palabras para describir el dolor en un momento así. Es como cuando ocurre algo y no puedes creer que sea verdad, no puedes creer que te esté ocurriendo a ti. Pero ha ocurrido y has de hacer de tripas corazón.

Me está contando esta experiencia años después. La ha contado ya muchas veces, pero aún sufre cuando la evoca. En su rostro se percibe la angustia, su voz tiembla y consume media cajetilla de tabaco mientras habla. La pesadilla fue interminable. Los secuestradores atemorizaron al marido, un empresario, para que la familia pagase un rescate de millones de dólares que no tenía. Dijeron a la mujer que recogiera un paquete en la cuneta de una carretera. Ella acudió al lugar y encontró un sobre. Dentro había un dedo cortado desde el nudillo, el dedo corazón del marido. Una semana más tarde recibió otro dedo; luego otro; luego otro. ¿Cómo se puede afrontar una situación así?, le pregunto. ¿Cómo puede recuperarse nadie?

—Nunca te recuperas de una cosa así —dice despacio—.

Sigues recordándolo toda la vida. Te cambia. Mata una parte de ti. Era incapaz de concebir lo que estaría pasando mi marido. Te sientes culpable. Te quema por dentro.

María hizo lo que la mayoría teme hacer: acudió a la policía. Presionó a los agentes para que se movilizaran, trabajó con ellos en la localización de llamadas y de la banda. Cuando el marido llevaba ya veintisiete días secuestrado, la policía nacional lo localizó y entró en la casa. Se detuvo a varios miembros de la banda, incluido un médico contratado para cortar los dedos. Y liberaron al hombre. Pero las secuelas eran imborrables y ha tenido que seguir viviendo con ellas.

Los padecimientos no acabaron aquí. El marido se mostraba retraído y distante y no quiso someterse a terapia. María se dio cuenta de que tampoco ella podía reanudar su vida normal. Lo único que veía sensato era luchar contra aquella aflicción, impedir que otros pasaran por el mismo sufrimiento. Se integró en el grupo México Unido Contra la Delincuencia y acabó siendo presidenta. Recogió testimonios de personas que habían sido secuestradas, violadas y violentadas y les proporcionó ayuda psicológica y legal. También elaboró estadísticas para que se conociera la gravedad del problema. El marido de María apareció en un anuncio para apoyar la campaña. Viste un polo blanco y está de cara a la cámara.

—Cuando mis secuestradores me cortaron el primer dedo, sentí mucho dolor. Cuando me cortaron el segundo, sentí miedo. Cuando me cortaron el tercero, me dio rabia. Y cuando me cortaron el cuarto, me llené de fuerza para exigirles a las autoridades que no mientan, que trabajen y salven a nuestra ciudad del miedo. Si les tiemblan las manos, tengan, les presto las mías.

Levanta las manos y las acerca a la cámara. A la derecha le falta el meñique; a la izquierda le falta el meñique, el anular y el corazón. Los muñones que quedan son de tamaño desigual, son un retrato de la crueldad.

Otra activista, Isabel Miranda de Wallace, llevó la lucha un paso más allá. Cuando los secuestradores mataron a su hijo, presionó hasta que los tribunales la autorizaron a investigar oficialmente el caso. Cinco años después localizó a todos los culpables y consiguió que los detuvieran. Fue un gran acontecimiento, pero también puso de manifiesto la debilidad del aparato judicial mexicano.

El movimiento antidelincuencia se ha fortalecido hasta alcanzar cierta prominencia nacional. Ha organizado dos manifestaciones para protestar contra la inseguridad, y las dos veces un cuarto de millón de personas tomó las calles para pedir al Gobierno que actuara. Sin embargo, se pueden señalar algunas razones para explicar la falta de efectividad de todo esto. Primera, el movimiento ha entrado en las discusiones de los políticos, y unos lo utilizan para atacar a otros. Las profundas divisiones de clase que hay en México representan también un obstáculo. Parte de la izquierda acusa a los activistas de ser burgueses ricos que viven al margen de los problemas de los mexicanos pobres. Esta polarización ha debilitado la resistencia de la sociedad ante la marea criminal.

El mayor problema que hay últimamente es la participación de los cárteles en los secuestros. Cuando empezaron a ser habituales, a principios de los años noventa, casi todos eran cometidos por criminales independientes que no tenían nada que ver con la mafia. Uno de estos psicópatas era Daniel Arizmendi, alias el Mochaorejas, antiguo agente de policía de la ciudad industrial de Toluca, al oeste de la capital. Este sádico de pelo largo, que se parece un poco a Charles Manson, consiguió sacar varios millones de dólares con los rescates hasta que la policía lo encerró en un pabellón de seguridad.[4]

Luego algunos pistoleros vinculados con la mafia empezaron a participar en secuestros en Sinaloa. A otra banda la llamaban «los mochadedos». Trabajaban con cultivadores y contrabandistas de droga de la Sierra Madre, pero también secuestraban a familiares de terratenientes ricos. Su víctima más famosa fue el hijo del famoso cantante Vicente Fernández, que perdió dos dedos antes de ser liberado, según se informó, a cambio de 2,5 millones de dólares.[5] A raíz de un contragolpe protagonizado por los empresarios locales, parece que el cártel de Sinaloa prohibió los secuestros en la zona. El castigo por infringir esta prohibición era la muerte.

Llego al escenario de un crimen cometido en Culiacán que parece ser resultado de la justicia del cártel. Hay dos cadáveres a un lado de la carretera con señales de tortura y balazos en la cabeza. Junto a ellos hay una nota: «MALDITOS SECUESTRADORES. QUÉ PASÓ. PÓNGANSE A TRABAJAR». Esta ley de hierro ha sido efectiva. Sinaloa, cuna de los cárteles de la droga, ha tenido uno de los índices de secuestros más bajos del país. La mafia se presenta como protectora de la gente, sin excluir a los ricos ni a la clase media.

Pero aunque el cártel de Sinaloa prohíbe los secuestros en su patria chica, otros pistoleros vinculados con la mafia sinaloense secuestran en otras partes de México. En 2007, la batalladora revista *Zeta* publicó un artículo sobre ciertos secuestros cometidos en Tijuana por la mafia sinaloense. «Para el crimen organizado, la vida de la gente de Baja California vale muy poco», empezaba el artículo, que describía la ola de secuestros de empresarios tijuanenses por los «mochadedos» de Sinaloa.[6] Un jefe local del cártel sinaloense también fue acusado de secuestrar a miembros de una colonia menonita de Chihuahua.

Estos contrastes en el comportamiento de la mafia mexicana son típicos. En una zona se presentan como protectores de la gente y administradores de justicia; en otra, sangran a la comunidad. La Familia afirma que ejecuta a secuestradores en Michoacán, su estado base. Pero al otro lado de la frontera con el

Estado de México los pistoleros de La Familia están acusados de cometer secuestros a destajo para financiar sus plazas.

El secuestro ha alcanzado niveles sin precedentes desde 2008, cuando se intensificó la guerra contra la droga. Muchos dicen que los cárteles reaccionan a las confiscaciones importantes y buscan otras fuentes de ingresos. El Gobierno afirma que esto demuestra que los gánsteres están desesperados, contra las cuerdas. Pero hay también indicios de que el secuestro ha aumentado simplemente por el clima de anarquía que ha generado toda esta violencia. Cuando se secuestra y mata incluso a los funcionarios de la Policía Federal Preventiva, se reducen las esperanzas de que puedan salvarnos a nosotros o a nuestras familias.

Los secuestros iniciales de los años noventa afectaban a los ricos, pero en fechas posteriores las víctimas han sido de clase media o media baja. Los rescates oscilan a menudo entre 5.000 y 50.000 dólares, suficientes para obligar a los mexicanos de clase media a perder los ahorros de toda una vida o a vender sus casas. Los médicos, que son muy visibles, han sido víctimas predilectas de la ola de secuestros, al igual que los propietarios de casas de automóviles, los ingenieros, y cualquiera que cobre una indemnización, una liquidación o un finiquito. Las personas con parientes que ganan dinero en Estados Unidos también son objetivos frecuentes.

Los traficantes de drogas a quienes más se acusa de cometer secuestros son los habituales malísimos entre los malos, es decir, los Zetas. El secuestro es uno de los métodos básicos que tienen las células Zetas para financiarse. Secuestran a escala industrial. Se dice que elaboran detalladas listas de víctimas potenciales de las ciudades del golfo de México y se llevan a cualquiera que crean que puede pagar. Un empresario secuestrado en Tampico en 2010 alegó conocer cincuenta casos de secuestrados en el año que había transcurrido desde que los Zetas se apoderaron de la ciudad.

Los Zetas también se lanzan sobre víctimas de clase menos afortunada, como los emigrantes de Centroamérica. El territorio que controlan, al este de México, es uno de los pasillos más concurridos de emigrantes que quieren llegar a Estados Unidos. La mayoría de ellos procede de Honduras, El Salvador y Guatemala, viajan en trenes de mercancías y luego en autobuses, hasta que cruzan a nado el Río Grande. Es un duro camino para llegar al Sueño Americano y a menudo conduce al infierno por culpa de los Zetas.

No parece tener mucho sentido que se quiera secuestrar a los emigrantes pobres. Es seguro que no tienen dinero. Por eso arriesgan su vida en la aventura migratoria. Pero incluso los pobres tienen parientes con ahorros y los Zetas sacan a menudo 2.000 dólares por emigrante secuestrado. Multiplicados por 10.000 son 20 millones; a eso se le llama secuestrar en masa.

Quien mejor ha detallado este genocidio es Óscar Martínez, un valiente periodista salvadoreño que pasó un año siguiendo a sus paisanos por las sombrías carreteras de México, abordando trenes con ellos, durmiendo en albergues y oyéndoles contar sus miedos. Óscar remontaba el comienzo de los secuestros masivos a mediados de 2007. Pero la información fue pasada por alto durante años, cuenta Óscar, por dos razones: los periodistas locales estaban en peligro de muerte si informaban; y a pocos les importaba lo que les ocurriera a los más pobres entre los pobres.

Por fin la tragedia empezó a llamar la atención en 2009. La Comisión Nacional de los Derechos Humanos de México publicó un informe basado en testimonios de emigrantes que habían sido secuestrados. El informe calculaba que en seis meses se había secuestrado a diez mil personas. La magnitud era inconcebible.[7] Para capturar a tantos emigrantes, los pistoleros Zetas se llevan a numerosos grupos que viajan en tren o en autobús o que van a pie por el campo. Su nutrida red de corrupción, sobre todo las policías municipales, les ayuda en la tarea. Ejército de pobres, los Zetas son particularmente aficionados a utilizar a los policías de base.

Los Zetas se llevan entonces a los grupos secuestrados a unos ranchos hasta que reciben el dinero del rescate de los familiares que viven en Estados Unidos o en Centroamérica. Por lo general, reciben el botín por giro telegráfico de compañías como Western Union. Estos campos de detenidos se encuentran en la costa oriental de México, sobre todo en el estado de Tamaulipas, a este lado de la frontera de Texas, en Veracruz y en Tabasco.

Uno de estos campos se hallaba en el rancho Victoria, cerca de Tenosique, en el pantanoso sur. Los asistentes de derechos humanos recogieron testimonios detallados sobre los horrores que se representaban allí. En julio de 2009, cincuenta hombres armados obligaron a bajar de un mercancías a cincuenta y dos emigrantes. Al llegar al campo, los secuestradores anunciaron: «Somos los Zetas. Si alguno se mueve, lo matamos». Eligieron a unos cautivos, los obligaron a arrodillarse delante del grupo y les machacaron los riñones con una tabla. Los Zetas practican con frecuencia este tormento que ellos llaman «tablear». Produce un dolor intenso, pone en peligro órganos vitales y deja unos hematomas bien visibles. Mataban de hambre a los prisioneros, los ahogaban con bolsas y los golpeaban con bates de béisbol. A las prisioneras las violaban repetidas veces.

Dos emigrantes consiguieron escapar cierta noche. Un comando los persiguió por los pantanos. Los emigrantes no conocían el terreno y los Zetas disponían de lugareños que lo conocían como la palma de su mano. Los fugados fueron capturados y devueltos a rastras. Los Zetas les pegaron un tiro en la cabeza delante de los aterrados prisioneros.

Para entender mejor la experiencia, fui a un refugio de emigrantes sito al sur del estado de Oaxaca. No tardé en oír anécdotas de labios de personas que habían sobrevivido a los secuestros y que venían a confirmar lo que ya conocía. Entre aquellos emigrantes estaba Edwin, un afable veinteañero hondureño de origen africano, de ojos bondadosos y rastas bien cuidadas. Los Zetas lo habían capturado con un grupo de 65 emigrantes en el estado de Veracruz y lo habían llevado en un coche a lo largo de cientos de kilómetros hasta que lo escondieron en una casa franca de Reynosa, en la frontera.

—Lo único que tienes en la cabeza en esos momentos —me dijo mientras recordaba aquella ordalía— es que vas a morir. Piensas que te llevarán a un sitio y que allí se acabará todo.

Edwin estuvo encerrado cuatro meses. Sus secuestradores sólo le daban de comer una vez al día, alubias con un huevo duro, y el muchacho se quedó en los huesos. Al final lo dejaron en libertad porque los familiares enviaron por giro un rescate de 1.400 dólares, una pequeña fortuna para ellos. El chico añadió que le daba miedo volver a cruzar México, pero que la pobreza lo empujaba.

—Las cosas están muy difíciles en mi país y no tengo más remedio que arriesgarme a viajar. Dios quiera que todo salga bien.

Algunos grupos internacionales de defensa de los derechos humanos se hicieron eco de los secuestros masivos que Amnistía Internacional describió como «gravísima crisis de los derechos humanos».[8] Los Gobiernos, sin embargo, siguieron con su deprimente actitud pasiva ante estos fenómenos, que desestimaban y consideraban temas sin importancia. Hasta el mes de agosto de 2010. Entonces se produjo la matanza que estremeció al mundo.

La matanza de San Fernando constituye un acontecimiento histórico en la guerra de la droga. Sin duda despertó a todo el que todavía dudaba de la existencia de un serio conflicto armado al sur de Río Grande. Pero para quienes estaban al tanto de los ataques masivos contra los emigrantes fue una tragedia que tenía que suceder tarde o temprano.

Lo de San Fernando empezó exactamente igual que los demás secuestros en masa. Los pistoleros Zetas detuvieron a las víctimas en un puesto de control y los hicieron bajar de dos autobuses. En el grupo había muchos centroamericanos, como de costumbre, pero esta vez también había bastantes brasileños y ecuatorianos. Los Zetas se llevaron a los detenidos al rancho de San Fernando, que está en el estado de Tamaulipas, a unos 150 kilómetros de la frontera estadounidense. Después de un largo y duro viaje, los emigrantes estaban más cerca que nunca de su punto de destino. Pero algo falló y los Zetas decidieron matarlos a todos.

La sola cantidad de los muertos escandalizó al mundo. Los setenta y dos cadáveres fueron amontonados de cualquier manera junto a un granero de hormigón, brazos y piernas entrelazados, cinturas y espaldas dobladas de manera antinatural. Había adolescentes, cuarentones, niñas e incluso una mujer embarazada. Aquel horror no podía pasarse por alto.

¿Cómo es posible —murmuraba la gente jadeando— que una matanza de las dimensiones de un crimen de guerra tenga lugar en una de las regiones más desarrolladas de México? San Fernando hizo que se tomara conciencia de la erosión de la sociedad. En los comentarios que se produjeron a raíz de la tragedia había una palabra reveladora que se repetía una y otra vez: vergüenza. ¿Cómo verían las otras naciones lo que los mexicanos habían hecho a sus ciudadanos? ¿Y con qué cara iban ahora los mexicanos a condenar el maltrato que daban a los inmigrantes en Estados Unidos?

Las circunstancias concretas que motivaron aquella ejecución en masa siguen sin estar claras. La mayor parte de los detalles que conocemos procede de un ecuatoriano de 19 años que, contra todo pronóstico, se salvó de la matanza. Cuando los asesinos dispararon, un proyectil le entró por la nuca y le salió por la mandíbula. Se desplomó como si estuviera muerto, pero aún estaba consciente, y después de esperar pacientemente durante horas se levantó y anduvo trastabillando varios kilómetros. Se cruzó con otras personas, pero estaban demasiado asustadas para auxiliarlo; el terror a los cárteles era tal que le gente tenía miedo incluso de ayudar a un moribundo. Por último, llegó a un control militar. Al día siguiente los infantes de marina irrumpieron en el rancho y encontraron los cadáveres.[9] No obstante, los periodistas no recibieron un testimonio completo de labios del superviviente. Por su propia seguridad, el ecuatoriano se quedó en la base militar hasta que lo devolvieron en avión a su país. Aún teme por su vida.

Debería haberse hecho una investigación exhaustiva sobre la matanza, pero pronto se convirtió en la típica chapuza. Primero, un fiscal encargado del caso murió en un atentado. Luego un informador anónimo llamó a la policía para decir que tres cadáveres que había en la cuneta eran de los responsables de la matanza. Los Zetas, por lo visto, habían hecho su propia justicia.

Mientras las familias enterraban a los suyos en su lugar de origen, exigían respuestas. ¿Qué ganaba nadie con una atrocidad así? ¿Era un mensaje para indicar la inutilidad de toda resistencia? ¿O eran los capturados demasiado pobres para pagar? ¿Se rebelaron los prisioneros? ¿O es que el jefe de los Zetas allí presentes era un loco de atar? Puede que nunca lo sepamos.

Lo peor de todo es que la matanza no fue un hecho aislado. El periodista salvadoreño Óscar Martínez ha conocido innumerables casos de emigrantes que han desaparecido al pasar por México. Las autoridades tienen que excavar en los ranchos utilizados como campos de detenidos, dice. Podría haber fosas comunes, sospecha, con miles de cadáveres.

Los Zetas también saben hacer uso de la musculatura para ganar algún dinero sin derramar sangre. Uno de estos procedimientos es la fabricación de DVD piratas. El grupo publica sus propias versiones de las películas de éxito y las vende a las tiendas. Tengo delante una copia de los Zetas de *Resident Evil*, una película de acción con zombis. En la carátula hay fotos del film, y en el ángulo superior izquierdo el logotipo «PRODUCCIONES ZETA» en letras azules. Los propietarios de las tiendas dicen que se las compran al distribuidor de los Zetas a 10 pesos (80 centavos de dólar) la unidad. El cártel exige a los propietarios de las tiendas que no compren a ningún otro proveedor. A cambio, promete protección frente a cualquier problema que tengan con la policía.

En el caso de la piratería, el dinero al menos mueve la economía en vez de abandonarla. Pero lo que en realidad hace el cártel es cobrar impuestos por una industria de mercado negro que ya estaba allí. México ha soportado una enorme economía informal durante años. El Gobierno mexicano calculaba en 2010 que cerca del 30 por ciento de la mano de obra trabajaba en la economía sumergida, sin pagar impuestos ni recibir beneficios.[10] Millones de personas trabajan vendiendo toda clase de artículos en puestos callejeros que se instalan en las aceras o en las terminales de los autobuses. Estos vendedores ambulantes ofrecen multitud de artículos de consumo que llegan de Estados Unidos sin pagar aranceles aduaneros. También venden millones de copias piratas de cedés, DVD y videojuegos. Mientras que una película original cuesta unos 20 dólares en México, una copia pirata vale 2 dólares por término medio. Se puede encontrar de todo, desde los últimos episodios de *The Wire*, del cable-canal HBO, hasta películas que aún no han llegado a los cines. De cada diez películas que se venden en México, calculan los estudios, nueve son copias pirata. Hay un mercado gigantesco que los cárteles pueden exprimir.

La industria del sexo también ha prosperado en México durante siglos. Prostitutas callejeras, puticlubes, señoritas de compañía al viejo estilo, burdeles y salones de masaje se toleran a todo lo largo y ancho del país. Los cárteles pueden añadir muy poco a la industria, salvo obligar a los propietarios a pagarles una cuota. Para los propietarios es difícil decir que no. Estando una noche en Ciudad Juárez, fui con unos periodistas a un burdel cuyo propietario, por lo visto, no había pagado la cuota. Los gánsteres habían puesto en el local una bomba incendiaria mientras el personal trabajaba a toda máquina; a una prostituta y a su cliente tuvieron que llevárselos corriendo a un hospital con graves quemaduras.

El crecimiento de las extorsiones en Juárez ha sido rápido y dinámico. Paseé por la ciudad con José Reyes Ferriz, que fue alcalde entre 2007 y 2010, cuando llegaron las complicaciones. Este funcionario, que se educó en Estados Unidos y habla un inglés perfecto, me explicó que las extorsiones proliferaron en 2008, en el curso de pocos meses, precisamente en el momento en que estalló la guerra de la droga.

—Los criminales empezaron cobrando impuesto de protección en los establecimientos de coches usados, que desde siempre han tenido ciertos contactos con el crimen organizado. Luego le tocó el turno a los bares, a las farmacias y a las empresas de servicios fúnebres. Luego sacaron dinero a las escuelas y a los médicos. Y desde entonces explotan todo lo que ven.

Los impuestos de los comercios suelen ser relativamente bajos: los bares, 400 dólares al mes; una tienda de comestibles con mucha clientela, 500. Pasamos por delante de algunos edificios quemados y condenados con tablas, lugares que no habían pagado la cuota. El alcalde Reyes suspira.

—Ha sido terrible para el comercio. Pero a nivel municipal estamos desbordados. Yo no tenía ningún poder frente a la mafia. Por eso llamé al ejército y dejé que los soldados cuidaran de la seguridad en las calles. Pero también ellos están librando una dura batalla.

Le pregunté quiénes son los responsables de las extorsiones. Me da una respuesta reveladora. Las extorsiones se dispararon cuando «depuró» a la policía y expulsó a seiscientos agentes corruptos, dijo. Hacía tiempo que se sospechaba que los policías despedidos trabajaban con el cártel de Juárez y cometían otros delitos. Algunos fueron detenidos en fecha posterior por estar involucrados en operaciones de extorsión. Fue un poco como la chapucera «desbaazificación» de Irak. Cuando el Gobierno respaldado por Estados Unidos expulsó a funcionarios del antiguo Gobierno de Saddam Hussein, estos individuos se unieron a la insurgencia. Cuando Reyes despidió a los agentes corruptos de Juárez, los polis malos dispararon contra todo lo que se movía.

Algunos extorsionistas de Juárez parecían ser independientes que aprovechaban la coyuntura. En otras ocasiones parecían delincuentes con contactos en los cárteles, por ejemplo pandilleros del Barrio Azteca. A los aterrorizados comerciantes les resulta muy difícil saber quiénes les están exigiendo el dinero. Pero con la abundancia de homicidios que hay, siempre es más seguro pagar, o reaccionar como muchos ciudadanos de clase media, que hacían las maletas y se iban a Estados Unidos.

En otras partes de México las extorsiones son monopolio de cárteles como los Zetas y La Familia. Si granjas de tres al cuarto se atreven a meter cuchara, sus cadáveres aparecen en un lugar público, a modo de escarmiento.

Aunque los impuestos de protección asustan a los ciudadanos, pueden contribuir paradójicamente a que los cárteles arraiguen en la comunidad. Diego Gambetta, un destacado experto en crimen organizado de la Universidad de Oxford, ha realizado amplias investigaciones sobre los impuestos de protección que han cambiado la idea que se tenía sobre ellos. Sus puntos de vista se encuentran en su destacado libro *La mafia siciliana. El negocio de la protección privada*.[11] En él explica que la mafia no es sólo una industria de la violencia que intimida. Los empresarios también pagan gustosamente por protección y servicios activos para conseguir cosas que el Estado no les da. Esta integración voluntaria es una de las razones por las que la mafia siciliana ha seguido con vida tras un siglo de ataques gubernamentales; un sector de la comunidad está en connivencia con ella.

Esta dinámica funciona ya en México. Los Zetas cobran impuestos de bares y discotecas de toda el área de Monterrey. Pero los propietarios de las discos del rico municipio de San Pedro Garza, que también está en el área metropolitana de Monterrey, prefieren pagar a los pistoleros de la organización de los Beltrán Leyva para mantener alejados a los Zetas. En muchos aspectos se trata de una trampa: pagar a un grupo para no tener que pagar a otro. Pero estos empresarios pensaron que los pistoleros de Beltrán Leyva eran el mal menor y acabaron siendo cómplices de la red criminal. Las autoridades no pueden velar por ellos, decían los empresarios, así que aceptaron lo que Gambetta llama «el negocio de la protección privada». Este negocio desempeñará probablemente un papel importante en el futuro del narcotráfico.

Las extorsiones vienen atormentando a la sociedad desde hace siglos. Las bandas callejeras de las Cinco Esquinas (Five Points) de Nueva York las practicaban; todo el mundo sabe que Al Capone extorsionaba a medio Chicago; los pandilleros de Centroamérica las llevan a cabo. No hace falta organizar un cártel paramilitar para obligar a una persona a pagar. A menudo basta con un matón psicótico de cara tatuada. Puede que unas cuantas extorsiones en México no signifiquen el fin de la civilización.

Sin embargo, hay dos factores que revelan que las extorsiones de los cárteles en México podrían apuntar a un futuro más terrible. Primero, los cárteles practican extorsiones que ya practicaba el propio Gobierno. Los funcionarios del país son tristemente célebres por esperar y exigir sobornos de las empresas. Si los empresarios no se avienen al cohecho, los burócratas siempre encuentran la forma de cerrarles el negocio. «Vaya, vaya, de modo que no hay tirador en la puerta del lavabo, pues lo sentimos, pero tendrán que cerrar ustedes temporalmente»; «Vaya, vaya, de modo que en este restaurante no tienen carta en braille, ¿discriminan ustedes a los ciegos?, pues a cerrar»; «Vaya, vaya, veo que la puerta principal es un poco estrecha... ¡Clausurado!» Gracias a la autoridad que tienen, los funcionarios siempre encuentran una excusa para llenarse los bolsillos con regularidad, sobre todo en temporada navideña.

Pero como los cárteles extorsionan ahora a las empresas, los empresarios se quejan de que no pueden pagar por partida doble. Así que los cárteles arreglan las cosas para cobrar ellos y decir a los funcionarios que tengan las manos quietas. En la mayoría de los casos, los gánsteres sobornan a los funcionarios. La espantosa consecuencia es que el narcotráfico asume el papel extorsionador del Gobierno, que es algo más que un Estado paralelo, que es el esqueleto y el verdadero poder que hay detrás de la fachada de los políticos elegidos.

El segundo factor que afecta a las extorsiones de los cárteles es que los criminales tienen ambición de sobra para ir detrás de la industria pesada. El propietario de una mina de Michoacán al que entrevisté dijo que tenía que pagar al cártel. A cambio, los gánsteres se ofrecían a castigar a cualquier extorsionista que quisiera sacarle jugo a las obras en construcción que tuviera en Ciudad de México. Los gánsteres también cobran impuestos a la industria maderera de Michoacán y ayudan a los leñadores a no hacer caso de las restricciones a la deforestación.

En el este, los Zetas cobran impuestos del recurso natural más importante de México, el petróleo. El oro negro mexicano es propiedad del monopolio nacional Pemex, Petróleos Mexicanos. Según investigaciones de la policía, los Zetas han utilizado taladradoras de alta tecnología y mangueras de caucho para extraer el crudo de los oleoductos y trasvasarlo a camiones cisterna robados. En algunos casos, el petróleo robado se ha transportado a Estados Unidos y allí se ha vendido barato a compradores texanos. En 2009, un ex presidente de una compañía petrolera de Houston se declaró culpable de comprar petróleo mexicano robado. Robar petróleo puede ser altamente peligroso. En diciembre de 2010 unos ladrones perforaron un oleoducto en el estado de Puebla; el hecho causó una explosión que lanzó bolas de fuego sobre las calles de una población cercana y como consecuencia se incendiaron varios edificios y murieron treinta personas.

Los Zetas han sido acusados asimismo de secuestrar y matar a varios enlaces sindicales de Pemex. Un empleado de las oficinas centrales dice que la violencia es parte de la injerencia del cártel en los negocios sucios del sindicato, como aceptar sobornos a cambio de empleos bien remunerados.

El dinero del petróleo robado no es calderilla. Los robos practicados en los oleoductos entre 2009 y 2010 costaron a Pemex mil millones de dólares.[12] Pero esto es sólo la punta del iceberg. Pemex es una de las mayores compañías petroleras del mundo, con un volumen total de ventas de 104.000 millones de dólares en 2010.[13] El oro negro es aún más lucrativo que las drogas.

Todo esto tiene consecuencias mortales. Cuando los grupos delictivos pelean por el botín de la industria pesada y la parte del león que se lleva el Gobierno, México se juega su futuro. La guerra de la droga podría recrudecerse hasta adquirir las dimensiones de una guerra civil por los recursos naturales y económicos de la nación. Pensemos en la posibilidad de que diversas unidades paramilitares se encuentren guardando instalaciones petrolíferas y explotaciones mineras y ahuyentando a los enemigos que tratan de apoderarse de ellas. Un conflicto de esta envergadura podría atraer a cientos de miles de personas y tendría un coste humano devastador.

Las profecías que hablan de guerra civil tal vez parezcan alarmistas. Pero pocos auguraban que fuese a haber treinta mil muertos en una guerra entre narcotraficantes. Cuando los señores de la guerra lanzan a sus ejércitos privados a campo abierto, hay que tomar en serio la posibilidad de que la guerra se generalice. La insurgencia criminal podría hundir a México en un abismo aún mayor. Nos estremece que haya mil quinientos asesinatos al año, pero imaginemos las consecuencias si fueran cincuenta mil. Los que toman las grandes decisiones políticas y los ciudadanos corrientes no deberían permitir que el incendio de la guerra de la droga siga propagándose y aumentando su poder destructivo: tenemos que encontrar la forma de apagarlo.

16

Paz

Oí aproximadamente la misma frase dos veces, una en Culiacán y otra en Ciudad Juárez. La primera en boca de Alma Herrera, la elegante señora de 50 años cuyo inocente hijo había sido asesinado al ir a reparar los frenos del coche de la familia. Estábamos hablando de los asesinatos e injusticias que se cometían en Culiacán, de lo indefensos que se sentían los ciudadanos normales ante el poder de las mafias y la corrupción de policías, militares y políticos. De lo inútiles que llegan a sentirse cuando los secuestradores se llevan a sus hijos o los llenan de plomo antes de que cumplan 18 años. De la impotencia que sienten al ver que los pistoleros arrebatan la vida de quien les da la gana y cuando les da la gana. Entonces dijo la frase que se me quedó grabada en la memoria: «Necesitamos que venga un supermán a salvarnos, que limpie esta ciudad y se lleve a los malos».

Podría parecer ridículo, una fantasía basada en los ingenuos cómics de superhéroes y las películas de Hollywood, un cruzado con capa que surca el cielo, desvía las balas y atrapa a los malhechores por el pescuezo. Pero en medio de tanta frustración y tanta desesperanza, lo que desea esta mujer es del todo comprensible, aunque inverosímil. Culiacán es más siniestra que Gotham en sus peores momentos. En Gotham no empalan cabezas.

Volví a oír la misma idea en Ciudad Juárez, en una canción, mejor dicho, un rap. El rapero se llama Gabo y forma parte de una nueva escuela de hip-hop de la frontera que critica en vez de glorificar la violencia y la vida pandillera. Gabo daba rienda suelta a su vehemencia verbal en una acera, delante de un club nocturno, mientras yo filmaba con un equipo de televisión. Sus versos eran sobre la frustración que se siente al vivir en un barrio castigado por los sicarios de los cárteles y los polis corruptos. Y entonces recitó la estrofa que pulsó otra cuerda dentro de mí.

Paz será la última palabra que se escuche,
¿dónde están Supermán o Jesucristo?
Que bajen del cielo y contra esto luchen.
Perdóname, Dios, no soy ateo,
Simplemente estoy cansado de lo que vivo, siento y veo.

Una vez más, uno se dirige a un poder superior cuando se siente indefenso. ¿Dónde está el hombre de las mallas, el del traje rojiazul o el coronado de espinas que bajará de las nubes? Es un deseo comprensible.

Por desgracia, no hay ningún superhombre, ningún mesías que haga desaparecer la guerra de la droga. Ninguna varita mágica para mejorar las cosas. La solución está en los seres humanos, codiciosos, evasivos, confusos y falsos. Está en los mismos humanos que crearon el problema, los que hicieron crecer el narcotráfico poco a poco, comprando drogas, vendiendo armas, blanqueando dinero, aceptando sobornos, pagando rescates. Y está en los malos políticos de Washington y Ciudad de México que han fomentado estrategias y planes que no funcionan, que han dejado a los niños abandonados en un rincón, sin esperanza, y que han dejado que los sicarios cometan asesinatos impunemente.

La solución no pasa por mejorar las estrategias en un solo país, sino por una serie de estrategias mejoradas en México, en Estados Unidos y en otros lugares. Aunque el narcotráfico sea una insurgencia criminal, los militares son sólo una pequeña parte de la solución. Estados Unidos y Europa tienen que despertar y tomar conciencia de las cantidades de narcodinero y armas que producimos. El debate no puede posponerse por más tiempo. Se calcula que los beneficios generados por la droga en México durante la última década superan el cuarto de billón de dólares. Regalar a los psicópatas de los cárteles otro cuarto de billón en los próximos diez años no es admisible. ¿Toleraríamos que una nación extranjera regalase ese dinero a los insurgentes armados de nuestro país?

Pero aun en el caso de que los demonios del narcotráfico sean derrotados por arte de magia, México debe resolver sus propios problemas, que son graves. El país sigue forcejeando con una transición histórica: el viejo mundo del PRI ha muerto; la nueva democracia aún está por construir. La nación tiene que encontrar a los arquitectos que la construyan. Tiene que organizar una auténtica policía que no permita que un niño inocente sea secuestrado y su vida destruida; y tiene que ofrecer a los adolescentes más esperanza que la de empuñar un Kaláshnikov, ganar dólares rápidos y morir antes de ser adultos.

La paz tiene que llegar algún día, pero antes habrá muchos más cadáveres. Y me temo que no todos esos cadáveres estarán al sur del Río Grande.

Al norte de la frontera, en California, algunos dicen que tienen una solución para acabar con el narcotráfico violento: plantas de color verde esmeralda, criadas con luz eléctrica y vendidas en cajas de galletas. Quien recorra un kilómetro cuadrado de Los Ángeles verá una veintena de tiendas de marihuana médica que ostentan nombres como Little Ethiopia, Herbal Healing Center, Green Cross, Smokers, Happy Medical Centers, La Kush Hemporium y Natural Way. Cruzamos la puerta de una y nos detenemos ante un recepcionista que nos pide la receta del médico que nos autoriza a fumar unos cogollos quizá por padecer alguna enfermedad (cáncer, parálisis, Alzheimer) o por ser víctima del estrés (¿y quién no lo es?). Luego pasamos a una sala llena de tarros de golosinas con nombres como Purple Kush, Super Silvers, God's Gift, Strawberry Cough, Grandaddy y Trainwreck. Las plantas californianas de interior suelen ser más puras y tener un color más claro que las mexicanas, con un matiz amarillento. Los pacientes pueden tomarse la medicina en la tranquilidad de su casa y conseguir que se desvanezcan sus pesares con el humo aromático. Y nadie resulta tiroteado por sicarios con pasamontañas y fusiles de asalto.

Los reformistas de la política sobre la droga dicen que estas tiendas son un atisbo del futuro. La hierba se planta en Estados Unidos, se fuma legalmente en Estados Unidos y paga impuestos en Estados Unidos. No se gasta dinero en decomisarla y ningún narcodólar va a parar a las manos de los ejércitos de los cárteles mexicanos. El narcotráfico, dicen algunos, podría resistir un millón de balazos de los militares, pero podría fenecer ante la temida palabra que empieza por ele: la legalización. En consecuencia, pasemos a ese tóxico, polémico, prohibido, confuso y crucialmente necesario tema: el debate de la legalización.

Precisamente cuando la guerra de la droga se recrudece, el debate llega al segundo gran momento de su historia. El primero se produjo en los años setenta, con Jimmy Carter en la Casa Blanca. Los defensores de la legalización, entre ellos varios médicos, ocupaban puestos clave en la Administración, sus informes tenían repercusión, sus ideas ganaban adeptos. Estados

Unidos empezó por despenalizar la marihuana, y la cocaína se veía en los medios como una droga recreativa para alegrar las fiestas. Los reformistas pensaron que habían ganado la batalla. Se equivocaban. En los años ochenta Estados Unidos cargó contra las drogas con auténtica saña, y en los noventa la guerra contra los estupefacientes se recrudeció. Estalló la epidemia del *crack*, los famosos morían de sobredosis, y muchos padres de clase media acabaron preocupándose por los chicos de clase media que consumían caballo, *speed* y maría. Según las encuestas de principios de los noventa, muchos estadounidenses pensaban que las drogas eran el problema número uno del país. Los medios ponían en circulación historias sobre niños que nacían deformes por culpa del *crack*, sobre pandilleros que se volvían locos, y preciosas criaturas de raza blanca que se transformaban en demonios por culpa de las drogas.

Pero eso fue hace veinte años. Las tornas vuelven a cambiar. Por el momento. Los estadounidenses, la mayoría al menos, ni siquiera ponen ya las drogas entre los diez problemas más graves del país. La economía es la principal prioridad, y el terrorismo, la inmigración, la delincuencia, la religión, el aborto, los matrimonios homosexuales y el medio ambiente generan más preocupación que los estupefacientes. Al mismo tiempo, los reformistas de la política sobre drogas han salido fortalecidos con propuestas de despenalización, difusión del uso médico, y por último legalización total de la marihuana. La Propuesta 19 de legalizar el cáñamo en California no se aprobó por un estrecho margen, pues consiguió el 46,5 de los votos en 2010. Los activistas están resueltos a que se apruebe en 2012. Y si no, en 2014. O en 2016. Lo intentarán una y otra vez.

El movimiento de reforma de la política también cuenta con un gran apoyo en América Latina, donde hay muchos políticos destacados que se unen al coro que pide el cambio a gritos. En febrero de 2009, el ex presidente mexicano Ernesto Zedillo, el ex presidente colombiano César Gaviria (que supervisó la eliminación de Pablo Escobar) y el ex presidente brasileño Fernando Cardoso firmaron un documento histórico que pedía un giro copernicano en la política. El informe, que presentaron con la intención de que iniciara un movimiento, se manifestaba en términos que no tenían vuelta de hoja:

> La violencia y el crimen organizado asociados al tráfico de drogas ilícitas constituyen uno de los problemas más graves de América Latina. [...]
>
> Las políticas prohibicionistas basadas en la prohibición de la producción y de interdicción del tráfico y la distribución, así como la criminalización del consumo, no han producido los resultados esperados. Estamos más lejos que nunca del objetivo proclamado de erradicación de las drogas. [...]
>
> América Latina sigue siendo el mayor exportador mundial de cocaína y marihuana, se ha convertido en creciente productor de opio y heroína, y se inicia en la producción de drogas sintéticas. [...]
>
> El tema se ha transformado en un tabú que inhibe el debate público por su identificación con el crimen, bloquea la información, y confina a los consumidores de drogas a círculos cerrados donde se vuelven aún más vulnerables a la acción del crimen organizado.
>
> Por ello, romper el tabú y reconocer los fracasos de las políticas vigentes y sus consecuencias es una condición previa a la discusión de un nuevo paradigma de políticas más seguras, eficientes y humanas.[1]

La declaración causó una conmoción en todo el continente. Pero, detalle típico de los debates sobre drogas, fue una palinodia que cantaron ex presidentes, no quienes ocupaban la presidencia. Cuestionar la licitud de la guerra contra la droga se ha considerado desde hace mucho como una forma segura de perder votos. Hasta que el político en cuestión abandona el cargo.

Otro jefe de Estado retirado que se unió al movimiento en favor de la legalización fue Vicente Fox. Fui a verlo a su rancho para hablar con él de su nueva postura. Parecía indudablemente menos estresado que cuando estaba en el cargo; ahora se paseaba por su extensa propiedad en tejanos y camiseta. Cuando le pregunté por qué había cambiado de planteamiento, me explicó que también la situación había cambiado; el problema de la violencia suponía ahora un coste más elevado para México.

Me sorprendió que sus opiniones sobre la reforma fueran tan radicales. No quería sólo despenalizar, sino que hablaba de legalización absoluta, y de gravar con impuestos a toda la industria de los estupefacientes. Ya ve a los cultivadores de marihuana de la Sierra Madre cuidando de sus cosechas como agricultores legítimos. La marihuana mexicana podría ser como la industria del tequila, permitiría algunos magnates rurales, y sería conocida por los consumidores de todo el mundo. Añadió que era una lástima que la Propuesta 19 no hubiera sido aprobada en California, porque habría sido un primer paso importante. Con su habitual voz de barítono, el ex presidente prosiguió: «La prohibición no sirvió de nada en el Jardín del Edén. Adán comió la manzana. Y Al Capone y Chicago son el mejor ejemplo de que la prohibición no funciona. Cuando se legalizó el alcohol, desapareció la violencia.

»La prohibición está costando a México unos perjuicios que no harán sino agravarse. Afecta a las inversiones y al turismo. Destruye hoteles, restaurantes y clubes nocturnos en el norte del país. Importantes empresarios abandonan el país y se van a San Antonio, a Houston o a Dallas.

»Pero no se trata sólo de una pérdida de ingresos. Es también la pérdida de la tranquilidad. En la psicología colectiva, hay miedo en el país, y cuando se vive en un clima de discordia y crispación, ningún ser humano puede dar lo mejor de sí mismo. No vale la pena pagar este precio.

»También hay que pensar en la responsabilidad del consumidor de drogas. Hay que informar y educar a las familias. No podemos dejar esa responsabilidad en manos del Gobierno. El Gobierno tiene que responder urgentemente de nuestra seguridad. Tiene que asegurarse de que nuestros hijos lleguen a casa sanos y salvos, de que no se vean atrapados de pronto en un tiroteo.»

Fox aborda algunos puntos básicos que vienen planteando desde hace años los reformistas de la política sobre drogas en Estados Unidos: que la prohibición de las drogas no ha detenido el consumo; que origina crimen organizado con consecuencias catastróficas; y que la sola idea de que un Gobierno diga a los ciudadanos qué deben consumir carece de sentido.

La defensa de la legalización ha llenado libros enteros y éste no pretende ser uno más. Éste es un libro sobre el narcotráfico y la guerra de la droga en México. La mayoría de la gente tiene ya una idea más o menos firme sobre la legalización. Pero el debate es fundamental para entender el futuro del narcotráfico, porque según se interprete la reforma de la política sobre drogas habrá unas consecuencias u otras para México.

El creciente movimiento en favor de la reforma es de composición muy heterogénea. En él están desde los rastafaris que fuman maría hasta los fundamentalistas del libre mercado, pasando por todos los que caben entre estos dos extremos. Hay socialistas que piensan que la guerra de la droga perjudica a los pobres, capitalistas que ven una oportunidad económica, liberales que defienden el derecho a elegir, y conservadores en asuntos económicos que se quejan de que Estados Unidos gaste 40.000 millones de dólares al año en la guerra contra las drogas en vez de ingresar unos cuantos miles de millones gravándolas con impuestos.[2] El movimiento está de acuerdo en que la actual política no funciona, pero en poco más. Sus miembros discuten si las drogas legalizadas deberían estar controladas por el Estado, por empresas, por pequeños comerciantes o por agricultores independientes; y tampoco saben si deberían anunciarse públicamente, gravarse con impuestos o entregarse gratis a los adictos en cajitas blancas.

Hay grupos poderosos que han cerrado filas contra la reforma. Ciertos grupos cristianos y algunas organizaciones de orientación religiosa creen que las drogas son inmorales y que nuestra obligación es combatir su consumo. Este principio viene guiando la guerra contra las drogas desde que el director general para el Opio Hamilton Wright arremetió contra las adormideras en 1908, y no debería subestimarse la influencia de dicho principio en la opinión estadounidense. Muchos miembros de los organismos de lucha contra la droga también permanecen firmemente atrincherados en sus posiciones. La DEA no quiere perder su presupuesto de 2.300 millones de dólares, y los militares que han dedicado su vida a esa batalla no soportan la idea de que haya sido en vano. Muchos agentes bienintencionados creen con sinceridad que los estupefacientes son una plaga contra la que hay que luchar con energía. Y por último tenemos ese grupo que ha empujado a los políticos a lanzar el grito de guerra desde el comienzo: la preocupada clase media. Ser enérgico con las drogas se considera bueno para ganar votos por una razón: los padres están seriamente preocupados por el tema.

Fuera de Estados Unidos también hay voces que se suman al campo antidroga. Los tratados de las Naciones Unidas piden que todos los firmantes mantengan políticas prohibicionistas y aquí es difícil que haya cambios. Apoyan esta postura conservadora representantes de países como Italia, Rusia, Irán, Nigeria y China: todos están convencidos de que la política de prohibición no debe modificarse. Si California legalizase la marihuana, no sólo infringiría las leyes nacionales de Estados Unidos, sino que además incumpliría el tratado de Naciones Unidas. Sería legalizar una fuente de problemas.[3]

Conforme se multiplican las peticiones de reforma, los que militan en el campo contrario suben el volumen de sus protestas. Afirman que la legalización de las drogas sería una catástrofe. Aunque legalizáramos la marihuana, dicen, ¿cómo vamos a legalizar cosas como la cocaína, la heroína y la metanfetamina? Un informe especulaba a tontas y a locas que el consumo de cocaína se multiplicaría por diez. Si creen que las cosas están mal ahora, dice, imagínense el caos que se organizaría si las drogas fueran legales. Habría drogadictos psicópatas y armados en todas las esquinas. Sería el infierno en la Tierra. El narcotráfico habría vencido.

A pesar de estos importantes obstáculos, hay varios factores que hacen que el movimiento reformista sea más fuerte que nunca. El más decisivo es la experiencia histórica. Desde los años sesenta, en que comenzó el consumo masivo, han transcurrido más de cuatro decenios, durante los que se han observado las tendencias dominantes. Algo revelador es que las leyes no parecen ser el factor subyacente que determina el consumo. Holanda, por ejemplo, ha tenido leyes liberales al respecto, y sin embargo el consumo es allí inferior al del Reino Unido, cuyas leyes son más estrictas. Portugal, cuya legislación era estricta, tenía uno de los índices de consumo más bajos de Europa, y ha seguido descendiendo a pesar de la despenalización de todas las drogas que se decretó en 2001. El principal logro de este cambio fue ahorrar dinero y reducir contagios del sida.

Estados Unidos continúa teniendo uno de los niveles de consumo más altos del mundo, a pesar de seguir con una política prohibicionista en términos generales. Hay que señalar, sin embargo, que con el paso del tiempo han cambiado las drogas que se consumen. La cocaína en polvo estuvo de moda en los años setenta, el *crack* hizo irrupción en los ochenta, el éxtasis adquirió protagonismo en los noventa, y los cristales de metanfetamina tuvieron temporada de fama con el advenimiento del nuevo milenio. Estos cambios parecen estar más relacionados con las modas y la transformación de los entornos sociales que con la legislación y los golpes policiales al tráfico. El argumento de que la legalización de las drogas crearía una catastrófica avalancha de consumidores no está avalado por los hechos.

El consumo en América Latina, México incluido, es muy inferior al de Estados Unidos, aunque se ha elevado mucho en los últimos veinte años, por lo que los distintos países tienen problemas propios con adictos y batallas por las esquinas urbanas. A juzgar por la experiencia histórica, es probable que el consumo aumente en esos países, hagan lo que hagan los Gobiernos. Las drogas son parte de la globalización y de las modernas sociedades de consumo. Esto redundará en beneficio del narcotráfico y volverá más apremiante la reforma de la política.

Defender la legalización de las drogas no es afirmar que sean buenas, ni mucho menos. Todo el mundo está de acuerdo en que la heroína es una calamidad. Los reformistas aducen que la mejor forma de controlar los estupefacientes es que circulen abiertamente y regularlos. Al mismo tiempo, los miles de millones de dólares que se gastan tratando de prohibirlos podrían invertirse en campañas de prevención y rehabilitación. En general, los consumidores no son adictos problemáticos, del mismo modo que los consumidores de alcohol no son en términos generales alcohólicos patológicos. Pero los adictos entregan casi todos sus recursos al crimen organizado y causan los peores daños a sus familias y a sus comunidades. Los asistentes que trabajan en rehabilitación saben que quienes sufren de consumo compulsivo tienen otros problemas: maltrato infantil, pobreza, abandono. Necesitan ayuda. Normalmente, criminalizarlos agrava sus males en vez de solucionarlos.

Al mismo tiempo, el delito violento relacionado con la droga no se deriva de los estupefacientes en cuanto tales; surge precisamente porque están prohibidos. Los hampones matan por las esquinas porque buscan la riqueza que genera el mercado negro, no porque fumen marihuana. Los gánsteres mexicanos no les cortan la cabeza a sus rivales porque estén viajando con ácido. Cometen tropelías porque hay mucho dinero por medio.

Los defensores de la reforma imaginan un futuro optimista en el que la comunidad internacional se reconciliará con el consumo de drogas dentro de un marco legal. De este modo se acabaría con las mafias del tráfico, que ya no tendrían razón de ser. Ya no habría más trifulcas por las esquinas, ni tiroteos por los cargamentos, ni ejecución de camellos minoristas que no han pagado la cuota, ni dinero negro que fuera a parar a las manos del Barrio Azteca, el cártel de Sinaloa, el cártel de Medellín, los Zetas, La Familia, la Cosa Nostra, las bandas jamaicanas. Ya no habría peleas por la cocaína en las favelas brasileñas, ni atentados de los cárteles contra los zares antidroga, ni más derramamientos de sangre relacionados con la droga en ninguna esquina ni rincón del planeta.

Este enfoque ha sido objeto de burlas y calificado de utópico y de inverosímil. Pero está adquiriendo fuerza y seduciendo a nuevos conversos, desde nuevos convertidos entre los multimillonarios de Internet hasta agricultores latinoamericanos. Este impulso da a los defensores de la reforma un efecto de bola de nieve, la sensación de que la historia está de su parte. Como decía Victor Hugo: «Nada es más poderoso que una idea cuyo momento ha llegado».

De todos modos, muchos activistas se sienten como en los años setenta. La confianza excesiva puede ser peligrosa. El péndulo siempre retorna.

El principal cambio de política hasta la fecha ha sido la despenalización del consumo. Los Gobiernos que adoptan esta medida siguen considerando ilegales los estupefacientes, pero no castigan —o al menos no encarcelan— a nadie por llevar encima una cantidad para uso personal. Esta política se ha adoptado ya en trece estados de Estados Unidos en lo referente a la marihuana, y también en Holanda y en Portugal. En los últimos años ha ganado terreno en los países punteros de América Latina. El tribunal supremo de Argentina dictaminó que la posesión de marihuana no era delito, y Colombia y México también han despenalizado el uso personal de casi todos los estupefacientes. Según la legislación mexicana aprobada en 2009, la persona que esté en posesión de dos o tres «toques» (porros), unas cuatro rayas de cocaína, incluso un poco de metanfetamina o heroína, ya no podrá ser detenida, multada ni encarcelada.[4] No obstante, la policía proporcionará a la persona en cuestión la dirección de la clínica de rehabilitación más próxima y le aconsejará que no consuma. La ley se aprobó basándose en que la policía tenía que fijarse metas más importantes, como perseguir a delincuentes de más relieve y más violentos. Y desde luego, hay muchos.

Esta ley mexicana ha sido un hito histórico, en particular si tenemos en cuenta la reacción de Estados Unidos. En 2006, el Parlamento mexicano había aprobado una ley casi idéntica. Pero la Casa Blanca de Bush se puso agresiva y presionó al presidente Fox, que la vetó. En cambio, la Casa Blanca de Obama no dijo absolutamente nada en 2009, y Calderón la firmó. Esta reacción no dejó de advertirse en toda América Latina y podría indicar un cambio de orientación a largo plazo en Washington y en las capitales del resto de América. Otro detalle a tener en cuenta es que la ley mexicana no tuvo ningún efecto inmediato en el consumo a nivel callejero. Los escolares no salieron corriendo a probar la heroína ni hubo un consumo masivo de *crack* entre los niños. A largo plazo, naturalmente, la cosa podría ser diferente. Pero desde el punto de la política social, derriba el argumento de que la Tierra dejaría de dar vueltas si se despenalizasen las drogas. Un factor que viene alimentando la polémica desde hace mucho tiempo es el miedo al desconocido mundo de las drogas autorizadas.

Sin embargo, aunque la despenalización ahorra dinero a la policía y deja de castigar a los adictos, sus enemigos tienen razón al señalar que no sirve para detener el crimen organizado. Aunque el consumo de drogas sea legal, el tráfico y la venta siguen en la sombra. Probablemente tendremos que vérnoslas con esta dolorosa contradicción durante muchos años.

La Propuesta 19 de California no ataja estas contradicciones, pero permite dar un paso en un nuevo reino, el de la marihuana legalizada. La versión de 2010 proponía que cualquier persona mayor de 21 años tendrá derecho a poseer hasta una onza (28,35 gramos) de hierba para uso personal, a fumarla en su casa y a cultivarla en un invernadero. Habría comerciantes autorizados para venderla y tiendas de marihuana medicinal donde se darían ejemplos prácticos; no haría falta receta médica. El debate se reanudará en 2012, y habrá polémicas sobre la salud de los niños y la economía pública. (Los defensores dicen que con la marihuana el Estado podría ingresar alrededor de 1.400 millones de dólares al año.) Pero habrá otros que estén observando atentamente a cientos de kilómetros al sur de la frontera, en los campos de marihuana de la Sierra Madre.

Todo el mundo está de acuerdo en que la legalización de la marihuana en Estados Unidos repercutiría en el narcotráfico mexicano. La cuestión es hasta qué punto. Tenemos que volver al problema básico de que como el comercio de drogas es ilegal, no sabemos cuánto produce México ni cuánto cruza la frontera, ni siquiera cuántos estadounidenses fuman hierba. Pero podemos hacer cálculos. Y las estimaciones sobre cuánta hierba vende México a Estados Unidos varían mucho, entre un impresionante máximo de 20.000 millones de dólares y un mínimo de 1.100 millones.

Las cifras más altas proceden de la oficina del zar antidroga [director de la Oficina de Política Nacional para el Control de Estupefacientes], que en 1997 multiplicó la producción estimada de los campos de marihuana mexicanos, según las observaciones aéreas y otros factores. Luego multiplicó este rendimiento por los precios a que se vendía en las calles estadounidenses y obtuvo una cifra astronómica con muchos ceros. Era incluso más de lo que ganaban los mexicanos con la cocaína. La oficina llegó así a la conclusión de que las bandas mexicanas sacaban de la hierba el 60 por ciento de sus ingresos. Volvió a llegarse a una cifra parecida cuando el Gobierno mexicano calculó que los cárteles cultivaban unos impresionantes 35 millones de libras [16 millones de kilos] de marihuana al año, multiplicó esta cantidad por el precio de coste en las calles estadounidenses (unos 525 dólares la libra, o 1.156 dólares el kilo) y obtuvo los 20.000 millones. Esta cantidad circuló por los medios durante la etapa previa a la votación de la Propuesta 19.

La Rand Corporation hizo públicos sus propios resultados antes del referéndum californiano.[5] El informe supuso un ataque a las cifras máximas, alegando que no se podían tomar en serio. «Los defensores de la legalización se acogen a esas cifras para lubricar sus argumentos de siempre», decía. Y pasaba a exponer los tremendos problemas de las estimaciones y que los números que manejábamos eran dudosos. El informe hacía a continuación sus propios cálculos con muchas ecuaciones que parecían de broma, a base de letras y largas cifras. Tras adentrarse en el confuso territorio de adivinar cuánta hierba se pone en cada «toque» (canuto) (una posibilidad era 0,39 gramos), pasaba a los datos dividiendo a los fumadores en cuatro categorías que iban de los consumidores accidentales a los fumadores crónicos. Y entre pitos y flautas llegaba a la conclusión de que los traficantes mexicanos ganaban entre 1.100 millones de dólares y 2.000 millones en todo el mercado estadounidense de la maría, y que sólo el 7 por ciento procedía de California. En resumen: votar sí a la Propuesta 19 no afectaría a la violencia mexicana de la droga.

Toda esta especulación es muy cuestionable. La fuente más concreta que conocemos, los decomisos, muestra que en California entran toneladas de hierba de los cárteles directamente desde México. El mayor alijo de marihuana que se ha confiscado desde los años ochenta fue en la frontera con California, en Tijuana, en el año 2010 (dos semanas antes de la votación de la Propuesta 19). Eran 134 toneladas. Había tanta hierba que tuvo que transportarla un convoy de camiones y los soldados llenaron un aparcamiento con ella. Los prietos fardos de color amarillo, rojo, verde, gris y blanco llegaban al cielo. La hoguera fue espectacular. Aquella hierba habría valido 100 millones de dólares en las calles de California. Tal vez como represalia, un cártel eliminó a trece adictos en un centro de rehabilitación. Una vida por cada diez toneladas de hierba.[6]

Si los cárteles matan por entrar hierba de contrabando en California es porque se trata de un mercado importante. Y lo de arriba fue sólo una confiscación. Las patrullas fronterizas y el personal de aduanas confisca cientos de toneladas de cáñamo al año.

La marihuana mexicana que entra en California se desplaza también hacia otros estados del país. Si California legalizara la hierba, la confusión sería notable: tendríamos hierba plantada y cosechada legalmente en California y vendida de forma ilegal en otros estados; hierba mexicana introducida ilegalmente en San Diego y vendida sin receta en Los Ángeles, y muchas otras combinaciones para marear al personal. Y para los soldados mexicanos sería grotesco apoderarse en Tijuana de un camión de maría que fuera a venderse legalmente en consultorios al otro lado de la frontera.

Los defensores de la reforma, como es lógico, ven California como un primer paso. Una vez que se viera que funciona allí, la nueva política podría aplicarse en Nuevo México o en el estado de Washington. Al final podría legalizarse en todo el país. Y si Estados Unidos legaliza la marihuana, México, de manera inevitable, legalizaría el trabajo de los cultivadores y transportistas. Los campesinos de la Sierra Madre saldrían del tráfico y entrarían en la esfera de la economía legal; sería un cultivo más, como el café, el maguey del tequila o los aguacates.

Se podría discutir eternamente por las cifras que describen el tamaño de esta industria. Pero aun en el caso de que se prefieran las más bajas, el comercio de la marihuana mexicana en Estados Unidos es del orden de miles de millones cada año. Si se legalizara, el crimen organizado se quedaría sin ese dinero. Causaría anualmente un daño económico superior al que infligieran la DEA o las fuerzas armadas mexicanas en una década.

Apartar la producción de marihuana del mercado negro significaría invertir menos dinero en Kaláshnikov y en asesinos de niños. Pero ocurra lo que ocurra en la reforma de la política de la droga, los ejércitos privados de los cárteles no desaparecerán de la noche a la mañana. Bandas como los Zetas y La Familia seguirán luchando por las drogas ilegales que queden en el mercado y cometiendo extorsiones, secuestros, contrabando de personas y todos los demás delitos que tengan en reserva. Representan una amenaza que México debe resolver.

Algunos analistas temen llamar insurgentes a estos grupos porque temen la aplicación de tácticas contrainsurgencia. Los ejércitos que combaten a los grupos rebeldes han ocasionado tragedias en todo tiempo y lugar, desde Argelia hasta Afganistán. Los soldados mexicanos ya han infringido los derechos humanos en multitud de sitios, y si se estrenan para una auténtica campaña antiinsurgencia, sus actuaciones podrían empeorar. Es un temor justificado.

Pero la guerra de la droga ya está completamente militarizada. Aunque el Gobierno mexicano se niege a admitir que está combatiendo una insurgencia, la verdad es que utiliza una estrategia totalmente militar contra las milicias de los cárteles, enfrentándose a ellos con el ejército de tierra, la infantería de marina y las unidades de la policía nacional. Hay manifestaciones para protestar por los excesos de los soldados; pero también protestan porque el Gobierno no acierta a defender a los ciudadanos de los gánsteres. A menudo se protesta contra las dos cosas en la misma manifestación. Es el problema básico de Calderón y de quien le suceda. Se le condena si utiliza el ejército; y se le condena si no lo utiliza.

Desde un punto de vista práctico, ningún presidente retirará totalmente a los militares mientras grupos como los Zetas tengan la fuerza que tienen actualmente. ¿Cómo va a permitir un Gobierno que unidades de cincuenta hombres con fusiles automáticos, lanzacohetes y ametralladoras de cinta arrasen los pueblos? Tiene que hacerles frente. Y sólo los militares tienen capacidad para enfrentarse cara a cara con los comandos negros de los Zetas.

No obstante, el Gobierno podría sin duda hacer más sutil esta estrategia. El ejército de tierra, o sobre todo la infantería de marina, han sabido golpear a los jefes de los cárteles, como cuando capturaron a Arturo Beltrán Leyva, el Barbas, en su propia casa. Pero los soldados emplean demasiado tiempo asaltando casas al azar cuando están faltos de información, hostigando a los civiles en la calle e instalando controles en oscuras carreteras comarcales. Los soldados se ponen nerviosos y han matado a muchos inocentes en esos controles. Los militares han de movilizarse para las operaciones pesadas. La información ha de ser recabada por agentes civiles que entienden de estas faenas, o por los agentes estadounidenses que han sido delincuentes y que de todos modos están muy al tanto de estas cosas; y las labores policiales diarias han de estar en manos de la policía.

La infantería de marina ya se está reorganizando como fuerza de élite para esta clase de operaciones. Como revelan los informes de WikiLeaks, son el cuerpo mexicano más respetado por los funcionarios estadounidenses. En un cable de diciembre de 2009, el entonces embajador de Estados Unidos Carlos Pascual elogiaba a los infantes de marina por su actuación en la eliminación del Barbas y de algunos dirigentes Zetas, mientras deslizaba reproches contra el ejército de tierra, que, según el embajador, no había sabido aprovechar la información estadounidense.

La eficaz operación contra ABL [Arturo Beltrán Leyva] se produce a raíz de un agresivo esfuerzo de SEMAR [infantería de marina] en Monterrey contra fuerzas Zetas y pone de manifiesto su creciente papel como elemento clave en la lucha antinarcóticos. SEMAR está bien entrenado, bien equipado, y ha demostrado que es capaz de responder rápidamente a información viable. Su éxito pone al ejército de tierra en la difícil posición de tener que explicar por qué ha sido reacio a actuar con buena información y a realizar operaciones contra objetivos de alto nivel.[7]

El embajador también dejaba constancia (demos las gracias a WikiLeaks) de que la unidad de infantes de marina que realizó la operación había recibido «un intenso entrenamiento» del

Mando Norte de Estados Unidos, el centro de operaciones conjuntas del Pentágono en Colorado. Otros informes expresaban las dudas de los estadounidenses acerca del ejército de tierra mexicano y recomendaban más adiestramiento con fuerzas de Estados Unidos. John Feeley, ministro plenipotenciario de la embajada de Estados Unidos en Ciudad de México, escribió en enero de 2010 unos comentarios muy cáusticos sobre la capacidad de los militares mexicanos. Decía que las fuerzas armadas eran «pueblerinas y reacias a arriesgarse», añadía que eran «incapaces de asimilar información y de entender indicios», y llamaba «actor político» al ministro de Defensa, general Galván. Aquello contrastaba con la actitud pública de Estados Unidos, y para Feeley fue muy embarazoso cuando sus palabras aparecieron en Internet. La solución de Feeley: más instrucción con Estados Unidos y con los colombianos.[8]

Estados Unidos seguirá invariablemente entrenando a las tropas mexicanas, y organizar unidades de élite que machaquen a los peores gánsteres y comandos es una buena perspectiva. Pero México también tiene que hacer un esfuerzo para pagar a esas unidades decentemente, para conservar su lealtad y que no deserten para convertirse en mercenarios. La moderna infantería de marina está mejor entrenada y tiene más experiencia que Arturo Guzmán Decena cuando se pasó a los Zetas. Si una compañía de infantería de marina desertara alguna vez, representaría un peligro impresionante. Aunque Estados Unidos entrena a los mexicanos, el empleo de tropas estadounidenses debería descartarse radicalmente. Sería una catástrofe que haría brotar resentimientos nacionalistas y pondría a las fuerzas armadas estadounidenses en un atolladero.

Estados Unidos necesita ir un paso más allá y ayudar a mejorar la policía mexicana. Una solución a largo plazo para resolver los problemas de seguridad en México es entrenar a policías de verdad, no a gánsteres con uniforme que permiten que los delincuentes maten impunemente. Haya un solo cuerpo nacional o instituciones autonómicas, la calidad de los agentes ha de mejorar mucho. Es un proyecto que tardará generaciones, no algo que sucederá milagrosamente en uno o cinco años, ni siquiera en diez. Los policías de base tienen que entrenar, mejorar, seguirse de cerca, seleccionarse y volver a entrenar... Además de recibir ayuda de la policía estadounidense, el apoyo de las demás policías latinoamericanas es crucial, pues se trata de cuerpos que viven en culturas y circunstancias parecidas. Hay que hacer elogios de la Policía Nacional de Colombia, como es lógico, pero también otras fuerzas de policía han ganado respeto y alcanzado buenos niveles de competencia en América Latina, incluso la policía de Nicaragua, el país más pobre de Centroamérica, aunque uno de los más seguros.

Afrontar las montañas de asesinatos y delitos sin resolver que arrastra México parece hoy por hoy una hazaña imposible. Así que la policía tiene que fijarse una lista de prioridades. Detener a los pequeños traficantes es una empresa de nunca acabar que llena las cárceles, pero no detiene el tráfico ni la violencia. El secuestro a cambio de rescate es el delito antisocial más nauseabundo y no debería tolerarse por ningún concepto. Dada la cantidad de secuestros que hay en México, debería ser la prioridad número uno.

La buena nueva a propósito del secuestro es que puede tener fin (a diferencia del tráfico de drogas). Me lo señaló el ex presidente de Colombia César Gaviria. En una entrevista me describió la experiencia colombiana con el secuestro en los años noventa y lo que México podría aprender de ella.

«El secuestro es un problema debido al mal mantenimiento del orden. Porque la buena policía siempre captura a los secuestradores. Los malos tienen que descubrirse para ponerse en contacto con la familia y sacarles el dinero. Y por ahí es por donde se los localiza. Si el índice de secuestros impunes baja radicalmente, el negocio deja de parecer ventajoso.

»A diferencia de los traficantes de droga, no hay tantos secuestradores. Si se encierra a una sola banda de secuestradores, eso influye en la cantidad de secuestros. Si se detiene a cinco bandas, se produce un cambio significativo.»[9]

En Colombia, prosiguió Gaviria, la policía perseguía encarnizadamente a los secuestradores y la situación terminó por cambiar de manera radical. Se pasó de tener el peor índice de secuestros del mundo a ocupar el noveno puesto de la lista (con México en cabeza, seguido por Irak y la India). Casi todos los secuestros que hay todavía en Colombia se producen en los rincones rurales devastados por la guerra. Los secuestros por dinero se han reducido prácticamente a cero en Bogotá, la capital.

México necesita una estrategia práctica parecida para combatir el secuestro. Gaviria sugería tener una unidad nacional antisecuestro para cada caso. (En la conflictiva situación actual que hay en México, unos secuestros están bajo la responsabilidad de los «federales» y otros bajo la de la policía estatal, de la que no se fía la gente por si estuviera compinchada con la banda.) Si una unidad nacional cuidadosamente vigilada alcanzase un alto índice de eficacia, la gente confiaría más en las fuerzas del orden y pagaría menos rescates. Una vez que las víctimas empiecen a recurrir a la policía, los secuestros dejarán de ser una industria en crecimiento.

Aunque la policía de México se modifique, los malos barrios seguirán produciendo hampones. Cuando los adolescentes dejan la escuela, vienen de hogares rotos, figuran en pandillas violentas, no tienen empleo, son hostigados por los soldados y no tienen ningún porvenir a la vista, se ponen en manos de la mafía. Todos los políticos prometen mejores oportunidades de empleo, pero del dicho al hecho... ya se sabe. Sin embargo, hay formas de remediar las comunidades deterioradas incluso con recursos limitados.

El gobierno de Ciudad de México fomentó un plan de becas y ayudas para que los muchachos completaran la enseñanza secundaria. Si conseguían cierta nota media, recibirían una asignación mensual para salir adelante. El plan se hizo muy popular, llegando a beneficiarse cincuenta mil alumnos. Las autoridades de Ciudad de México dicen que es una de las razones por las que el índice de delitos violentos de la capital se mantiene al nivel de las ciudades estadounidenses, en vez de alcanzar los devastadores niveles de Juárez o Culiacán. Los cincuenta mil muchachos pobres ya no vagan por las calles, no trabajan de halcones, no roban ni se prostituyen, no son sicarios. ¿Por qué no se ha implementado un plan así en toda la nación? A veces, invertir un poco de dinero en la adolescencia sale más barato que encerrarlos luego cuando van por mal camino. (Mantener a un preso cuesta 125 pesos diarios, mantener a un chico en la escuela cuesta 23.)[10]

A veces, lo único que necesitan los adolescentes es más atención. Sandra Ramírez es una asistenta social que trabaja en los barrios bajos del oeste de Ciudad Juárez, caldo de cultivo de muchos matones de los cárteles. Desempeña su cometido en el centro llamado La Casa, que ofrece orientación, así como talleres de pintura, de música, de informática, y un lugar donde pasar el rato. Cierto día que hacía un calor infernal vi docenas de muchachos de ambos sexos corriendo y saltando con monopatín o sentados en la sombra y tocando la guitarra. Sandra, que creció en el barrio y trabajó en una planta de montaje, trabaja abnegadamente con los chicos y chicas para apartarlos de la vida delictiva.

«Hay un muchacho con el que trabajo que tiene catorce

años y sólo ha estudiado primera enseñanza —me dijo—. Su madre se droga y él no vive con ella. Me dijo que se le acercó un coche con unos individuos a los que no había visto nunca. Y que le ofrecieron quinientos pesos (cuarenta dólares) a la semana, un teléfono celular y trabajo. Y lo único que tenía que hacer era quedarse en un sitio y vigilar. Hay centenares de casos así en Juárez, centenares. Nadie más ha venido a ofrecerle nada. Sólo esa gente.»

El futuro del chico pende de un hilo y Sandra y La Casa son lo único que le impide caer. Otro adolescente, algo mayor, que hay en el centro, nos enseña lo que ha hecho: un retrato del barrio con perfiles surrealistas, gente borrosa, inmersa en la niebla. A un lado hay jefes mafiosos de aspecto tenebroso, al otro un soldado con cara de sádico. Los chicos del barrio están en medio. Es una imagen deprimente, pero el autor dice que al pintarla se ha sentido relajado... y ha puesto de relieve su talento artístico. Cuando las personas encuentran algo de valor en sí mismas, tienden a alejarse de la calle y del delito.

Sandra y La Casa han salvado la vida a docenas de muchachos, pero sólo hay dos centros sociales como éste, mientras en el resto de la zona occidental de la ciudad no hay ninguno. La Casa, que depende de los donativos de las ONG y del Gobierno, ha perdido recursos desde que empezó la guerra de la droga, recursos que necesita urgentemente. Puede que con un pellizco de los presupuestos generales del Estado, que reservan para los políticos algunos de los salarios más elevados del mundo —o con una pequeña fracción de los 1.600 millones de dólares de la Iniciativa Mérida que entregó a México los helicópteros Black Hawks—, pudieran financiarse más centros en los barrios bajos. Los asistentes sociales son más útiles que los soldados a la hora de ayudar a los adolescentes marginados.

Hay dos capitales mafiosas, en otros países, que han sido reformadas gracias a una autoridad con iniciativa. Una es Palermo, en la isla de Sicilia, cuna de la mafia más célebre de todas. La ciudad fue tristemente famosa durante mucho tiempo, por sus asesinos y sus ladrones. Sin embargo, cuando el ex profesor universitario Leoluca Orlando fue alcalde durante dos mandatos, en los años ochenta y noventa, se produjo un renacimiento, se restauraron ciento cincuenta edificios en peligro, se construyeron parques, se puso alumbrado público en las calles que no lo tenían. Fomentó planes para comprometer a los ciudadanos, incluidos los escolares, en el mantenimiento del patrimonio comunitario, haciendo que se sintieran orgullosos de él. Puede que no sea el método tradicional de combatir la delincuencia, pero el índice de delitos descendió radicalmente.[11]

Al otro lado del Atlántico, en Medellín, el melenudo matemático Sergio Fajardo fue nombrado alcalde de la ciudad en 2004 y llevó más lejos las ideas de Orlando. Invirtió dinero municipal en la construcción de un teleférico que llegaba hasta los barrios periféricos (comunas) y contrató a arquitectos mundialmente célebres para construir edificios públicos, entre ellos una biblioteca de forma singular y el mejor conservatorio de música del municipio. La reforma del transporte hizo posible que la clase media viajara a las comunas, para muchos ciudadanos por vez primera. Durante el mandato de Fajardo, los homicidios descendieron espectacularmente. Al visitar Medellín, pregunté a Fajardo si tal regeneración sería posible en una ciudad tan agresiva como Juárez. Su respuesta fue inmediata: «Tiene que hacerse. No tenemos otra opción. El Gobierno tiene la obligación de llevarla a cabo. Yo lo veo como un problema matemático. ¿Cómo se pueden corregir las desigualdades sociales? Muy sencillo. Los edificios más hermosos tienen que estar en las zonas más pobres».

Los críticos señalan que Fajardo no fue el único responsable del descenso de la tasa de asesinatos en Medellín. También supo sacar provecho de la actitud de un importante padrino mafioso, Diego Murillo, alias Don Berna, que tuvo a los sicarios a raya gracias a la organización Oficina de Envigado. Quien quisiera cometer un homicidio tenía que recibir el permiso, o morir a su vez. Don Berna podía terciar en la paz y en la guerra en su imperio incluso desde la cárcel. Pero cuando fue extraditado a Estados Unidos, en 2008, la Oficina se escindió en dos, estalló una guerra por el territorio y el índice de homicidios de Medellín volvió a subir.

En 2010, los dirigentes cívicos, entre ellos un conocido sacerdote y un ex guerrillero, se reunieron con los jefes de la mafia en una cárcel de Medellín y negociaron otra tregua. Hablar con los gánsteres fue un movimiento polémico. Pero al parecer surtió un efecto inmediato, pues descendió la cantidad de muertes en la calle. Los dirigentes cívicos no tenían respaldo oficial del ayuntamiento y no ofrecieron a la mafia nada a cambio. Fue una simple súplica: «Por el bien de la comunidad, ¿no podrían dejar de matarse entre ustedes a plena luz del día?»

Las peticiones de tregua también podrían dar un respiro a las capitales mexicanas del homicidio. Pedir paz no es autorizar el crimen organizado. Es únicamente pedir a los jefes de las bandas que dejen de matar. Estados Unidos utiliza esta táctica en las penitenciarías y se trabaja activamente con las bandas carcelarias para negociar treguas. Algunos jefes mafiosos escuchan esas peticiones: tampoco ellos quieren que se mate a sus familiares. No hace falta hablar con los padrinos en sus palacios, también los subalternos de banda callejera se preocupan por la comunidad. Las sangrientas guerras territoriales y los altos índices de homicidios no ayudan a derrotar a la mafia; antes bien, crean un clima de inseguridad en el que el delito prevalece.

México tiene un serio problema para curar las heridas de los incontables ciudadanos que han perdido familiares en el baño de sangre. El creciente número de huérfanos de la guerra de la droga necesita ayuda, o esos chicos y chicas se convertirán en una generación más perdida aún, que buscará venganza derramando más sangre. Otros países con conflictos todavía candentes han implementado planes nacionales para las víctimas. En algunos casos, los huérfanos o las viudas necesitan ayuda económica; pero en muchos otros la necesidad es psicológica.

Las familias de las víctimas se ayudan entre sí compartiendo su dolor. En Culiacán hay un grupo de hombres y mujeres que se reúnen para hablar del sufrimiento que sienten por haber perdido a sus seres queridos. Muchas mujeres son madres. Nunca se harán a la idea de haber enterrado a sus hijos, pero al menos se dan cuenta de que otras personas sufren como ellas.

Alma Herrera, la mujer cuyo hijo murió tiroteado en el garaje, me lleva una tarde a ver a una amiga en sus mismas circunstancias. Vamos a un parque del centro de Culiacán donde los ancianos descansan, los niños juegan junto a las fuentes y las parejas jóvenes se arrullan en los bancos y siembran las semillas de su futuro enlace y su futura familia. La luz que baña Sinaloa poco antes del crepúsculo es hermosa, de un azul pródigo y brillante que llena las calles.

La amiga de Alma tiene 40 años y se llama Guadalupe. Perdió a su hijo mayor, Juan Carlos, abatido por la policía. Lleva una foto grande de él, un guapo muchacho de 23 años que mira fijamente a la cámara. La policía buscaba a otra persona en el barrio, dice Guadalupe, y Juan Carlos cayó alcanzado por el fuego cruzado. Solloza con fuerza, incapaz de contenerse, mientras cuenta lo sucedido. Lo tuvo con sólo 17 años, lo llevó en su seno, le cambió los pañales, vigiló sus primeros pasos, lo llevó a la escuela... y luego besó su cadáver.

Guadalupe tiene en brazos un niño de tres meses. El pequeño duerme mientras la madre solloza y cuenta la historia, de pronto despierta porque tiene hambre, luego vuelve a dormirse. Pregunto por su nombre. «Juan Carlos», dice la madre. El mismo que el del primogénito tiroteado. Un nuevo hijo a cambio del que desapareció. La madre ha depositado sus esperanzas en el nuevo retoño para que crezca y mejore el mundo que mató a su hermano. También nosotros debemos depositar en él nuestras esperanzas.

Agradecimientos

Un periodista extranjero no podría cubrir ni un centímetro de la guerra que se libra en México contra el narcotráfico sin el trabajo y la ayuda de periodistas y estudiosos mexicanos que trabajan día a día en condiciones extremadamente difíciles. Nunca dejaré de sorprenderme por el profesionalismo y la generosidad de mis colegas mexicanos. Gracias especialmente a los que cito a continuación. También quiero dar las gracias de modo especial a todas las personas que accedieron a ser entrevistadas para este libro y que me contaron sus historias de crimen, tragedia y supervivencia, a menudo corriendo un riesgo personal. Además de las personas mencionadas en el texto, hay otras docenas de entrevistados que contribuyeron a dar forma a mi historia. Entre ellos, hay muchos agentes de la ATF, la DEA, el FBI, la Procuraduría General de la República, la Policía Federal Preventiva y el ejército de México, parlamentarios, abogados y activistas, así como muchos gánsteres, contrabandistas, drogadictos, y bastantes borrachines.

Ciudad de México: Diego Osorno, Alejandra Chombo, Daniel Hernández, Alejandro Almazán, Luis Astorga, José Reveles, John Dickie, Marcela Turati, Alfredo Corchado, Dudley Althaus, Guillermo Osorno, Gustavo Valcárcel, Mark Stevenson, Eduardo Castillo, Wendy Pérez, Laurence Cuvilliert, Matthieu Comín, Jonathan Roeder, Jason Lange, José Cohen, José Antonio Crespo, Lorenzo Meyer, Federico Estévez, Ciro

Gómez Leyva, Alejandro Sánchez, Alberto Nájar, Enrique Martí, Jorge Barrera, Marco Ugarte, Olga Rodríguez, Louis Loizides.

Sinaloa: Fernando Brito y *El Debate de Sinaloa*, Fidel Durán, Javier Valdez (y el personal de *El Guayabo*), Ismael Bohórquez, Froylán Enciso, Vladimir Ramírez, Raúl Quiroz, Bárbara Obeso, Cruz Serrano, Emma Quiroz, Bobadilla, Arturo Vargas y todos los de *La Locha*, Elmer Mendoza, Lizette Fernández, Francisco Cuamea, Manuel Insunza, Socorro Orozco, Mercedes Murillo.

Resto de México: Miguel Perea, Justino Mirando, Francisco Castellanos, Magdiel Hernández, José María Álvarez, Vicente Calderón, Víctor Jaime, Víctor Clark, Luis Pérez, Martha Cazares, Miguel Turriza, Jorge Machuca, Jorge Chárez.

Centroamérica y Sudamérica: Alfredo Rangel, Oliver Schmieg, John Otis, Wenceslao Rodríguez, Juan Carlos Llorca, Lourdes Honduras, Mery Cárcamo, Kenya Torres, Noé Leiva, Karla Ramos, Gustavo Duncan, Otilia Lux.

Estados Unidos: Michael Marizco, Mike Kirsch (Mad Dog), Elijah Wald, Chris Shively, Darlene Stinston, Dane Schiller, Jim Pinkerton, Tracey Eaton, Tim Padgett, Howard Chua, Tony Karon, Stephanie Garlow, Mark Scheffler, Tomás Mucha, Charles Sennot, Jorge Mújica, George Grayson, Rob Winder.

Bibliografía

L a literatura sobre el narcotráfico en Latinoamérica es casi tan compleja como el propio narcotráfico. Abarca investigaciones excepcionales, estudios académicos profundos, informes de agentes estadounidenses, anecdotarios de gánsteres medio analfabetos y novelas fascinantes, que a menudo constituyen la forma más segura de contar lo innombrable. He tratado de leer todo lo que se ha publicado sobre el hampa mexicana, pero es difícil estar al día con todo el alud de libros que han aparecido en los últimos años. Destaca *El cártel de Sinaloa,* de Diego Osorno, que entre otras cosas pone a nuestra disposición los diarios del padrino Miguel Ángel Félix Gallardo. Los libros de José Reveles, Julio Scherer, Ricardo Reveles, Javier Valdez y Marcela Turati también son imprescindibles para trazar un cuadro general de este complicado tema.

La veterana obra de Jesús Blancornelas todavía brilla, sobre todo su histórico libro *El cártel: los Arellano Félix, la mafia más poderosa en la historia de América Latina.* Entre los académicos mexicanos, o narcólogos, el campeón indiscutible sigue siendo Luis Astorga. Sus libros *El siglo de las drogas* y *Drogas sin fronteras* son particularmente útiles. La moda de la narcoficción ha producido grandes novelas de Élmer Mendoza y Alejandro Almazán, aunque la más famosa es *La reina del sur,* del español Arturo Pérez-Reverte.

Los libros en inglés sobre el narcotráfico mexicano han sido más esporádicos. *Desperados,* de Elaine Shannon [traducción en castellano: *Los señores de la droga: la batalla que EE.UU. no podrá ganar*, Madrid, 1989], es una joya para el contexto histórico, ya que cuenta la odisea de los agentes de la DEA en los años ochenta, mientras que *Drug Lord*, de Terrence Poppa, presenta una fascinante historia protagonizada por los propios traficantes en la misma época. Charles Bowden ha escrito una serie de títulos influyentes sobre el tema, y *Down By the River* me permitió conocer todo el contexto de la época de Salinas. Entre los estudiosos estadounidenses, y concretamente entre los mexicanólogos, destacan John Bailey y George Grayson. También me ha sido muy útil *Drug War Zone*, del antropólogo Howard Campbell, por sus entrevistas con traficantes del lado estadounidense de la frontera. Para México en general, *Distant Neighbors* [traducción en castellano: *Vecinos distantes*, Ciudad de México, 1986], de Alan Riding, sigue vigente después de treinta años. *Bordering on Chaos* [traducción en castellano: *En la frontera del caos*, Javier Vergara, Buenos Aires, 1996. *México en la frontera del caos*, Barcelona, 1999] de Andrés Oppenheimer, y *Opening Mexico* [traducción en castellano: *El despertar de México*, Ciudad de México, 2004], de Julia Preston y Samuel Dillion, también me ayudaron a recomponer la turbulenta transición de la democracia de los años noventa.

En otros países se han publicado libros sobre el crimen organizado que me han sido útiles para descifrar el enigma mexicano. *McMafia* [*McMafia, el crimen sin fronteras*, Destino, Barcelona, 2008], de Misha Glenny, permite entender los entresijos de la mafia rusa y la expansión global del crimen organizado desde el fin de la Guerra Fría. El clásico de Roberto Saviano, *Gomorra* [*Gomorra: Un viaje al imperio económico y al sueño de poder de la Camorra*, Debate, Barcelona, 2007/2010], es útil para identificar sistemas criminales y no sólo familias del crimen. *Confesiones de un paraco* [Bogotá, 2007], de José Gabriel Jaraba, me ayudó a entender el crecimiento de las organizaciones paramilitares colombianas y sus equivalencias mexicanas. *Cocaine*, de Dominic Streatfeild, es una historia de la droga, muy bien escrita. Pero *Goodfellas** y *Casino***, dos libros sobre la mafia neoyorquina de Nicholas Pileggi, uno de los mejores periodistas de sucesos de todos los tiempos, nos demuestran que los libros sobre el crimen organizado pueden ser muy exactos con los datos y a pesar de todo leerse como si fueran novelas.

---

* Título original *Wiseguy*. Hay un vídeo en castellano: *Goodfellas: Uno de los nuestros*, RBA, Barcelona, 1999/2006.
** *Casino*, Grijalbo Mondadori, Barcelona, 1996/1998.

Notas

Capítulo 1: Fantasmas

1. Comparación de las estadísticas del FBI sobre homicidios con las estadísticas de la PGJDF [Procuraduría General de Justicia del Distrito Federal] de Ciudad de México.
2. Informe titulado *Joint Operating Environment 2008*, del United States Joint Forces Command con sede en Virginia.
3. La expresión «cortinas de humo y espejos» para describir la guerra contra la droga procede del clásico de Dan Baum *Smoke and Mirrors. The War on Drugs and the Politics of Failure* (Little, Brown, Nueva York, 1996).
4. Base de datos hecha pública en diciembre de 2010 por la Secretaría de Seguridad Pública de México, sobre las muertes relacionadas con el crimen organizado.
5. Según el censo de 2010, México tenía 112.332.757 habitantes.
6. La cuenta de los policías muertos fue hecha pública por el secretario de Seguridad Pública Genaro García Luna el 7 de agosto de 2010, y fue actualizada en diciembre del mismo año.
7. El Fondo Monetario Internacional valoraba en 2010 el producto interior bruto de México en 1,004 billones de dólares, la decimocuarta economía más fuerte del mundo.
8. Lista Forbes de los multimillonarios del mundo (2010).

Capítulo 2: Amapolas

1. El cruce descrito está en la aldea de Santiago de los Caballeros, municipalidad de Badiraguato, Sinaloa.
2. La casa familiar de Joaquín Guzmán está en La Tuna, aldea de la municipalidad de Badiraguato, Sinaloa.
3. Mi historia de Sinaloa está en deuda con Sergio Ortega, *Breve historia de Sinaloa* (Fondo de Cultura Económica, Ciudad de México, 1999).
4. El Tratado de Guadalupe Hidalgo se firmó el 2 de febrero de 1848 en la entonces villa de Guadalupe Hidalgo, hoy incorporada al Distrito Federal. Las nuevas fronteras territoriales aparecen descritas en el artículo 5, que empieza: «La línea divisoria entre las dos repúblicas comenzará en el golfo de México, tres leguas fuera de tierra...»
5. El primer estudio detallado sobre los receptores del opio fue publicado por Candace Pert y Solomon H. Snyder en marzo de 1973.
6. David Stuart, *Dangerous Garden: The Quest for Plants to Change Our Lives* (Frances Lincoln Limited, Londres, 2004), p. 82. [Hay traducción en castellano: *El jardín de la tentación: plantas que curan, plantas que matan y plantas que enamoran*, Océano, Barcelona, 2006.]
7. Lo-shu Fu, *A Documentary Chronicle of Sino-Western Relations*, The Association for Asian Studies, The University of Arizona Press, Tucson, 1966, vol. I, p. 380.
8. La referencia figuraba en el estudio gubernamental *Geografía y estadística de la República Mexicana*, citado por Luis Astorga en *El siglo de las drogas: El narcotráfico, del Porfiriato al nuevo milenio*, Plaza y Janés, Ciudad de México, 2005, p. 18.
9. La fotografía descrita es de un fumadero de opio de Malinta Street, Manila, Filipinas, y puede verse en la Biblioteca del Congreso de Washington, D.C., sección Prints and Photographs, LC-USZ62-103376.

10. Edward Marshall, «Uncle Sam is the worst drug fiend in the world», *New York Times*, 12 de marzo de 1911.

11. Edward Huntington Williams, «Negro cocaine "fiends" new southern menace», *New York Times*, 8 de febrero de 1914.

12. El documento fue enviado por F. E. Johnson, agente de servicio, 16 de septiembre de 1916, citado por Luis Astorga en *Drogas sin fronteras: Los expedientes de una guerra permanente*, Grijalbo, Ciudad de México, 2003, p. 17.

13. Informe entregado por G. S. Quate, interventor delegado del Departamento del Tesoro, 15 de enero de 1918, citado por Astorga en *Drogas sin fronteras*, p. 20.

14. «Customs agents in gun battle with runners», *El Paso Times*, 16 de junio de 1924.

15. Manuel Lazcano, *Una vida en la vida sinaloense*, Talleres Gráficos de la Universidad de Occidente, Los Mochis (Sinaloa), 1992, pp. 38-39. Edición de Nery Córdova Solís.

16. Ibíd., p. 40.

17. «Todavía no han logrado aprehender a La Nacha», *El Continental*, 22 de agosto de 1933.

18. Vargas Llosa pronunció esta muy citada frase en 1990, durante un debate con Octavio Paz organizado por la revista *Vuelta*.

19. El periodista Alan Riding tiene un capítulo sobre esta metáfora en su clásico *Distant Neighbors: A Portrait of the Mexicans*, Knopf, Nueva York, 1985. [Hay traducción en castellano: *Vecinos distantes: un retrato de los mexicanos*, Joaquín Mortiz/Planeta, Ciudad de México, 1985.]

20. Lazcano, *Una vida*, p. 207.

21. Ibíd., p. 202.

22. Carta de Anslinger al periodista Howard Lewis, citada en Astorga, *Drogas sin fronteras*, pp. 138-139.

23. Lazcano, *Una vida*, p. 207.

Capítulo 3: Hippies

1. El consumo de marihuana por Diego Rivera y otros pinto-
res mexicanos se describe en el libro del muralista David
Alfaro Siqueiros *Me llamaban el Coronelazo* (Grijalbo, Ciudad de México, 1977).
2. Los detalles del caso de la Compañía Coronado pueden
verse en el sumario *The United States vs. Donald Eddie Moo-
dy*, 778F.2d 1380, 4 de septiembre de 1985.
3. Elaine Shannon, *Desperados: Latin Drug Lords, U.S. Lawmen
and the War America Can't Win* (Viking, Nueva York, 1988),
p. 33. [Hay traducción en castellano: *Los señores de la droga: la
batalla que Estados Unidos no podrá ganar*, Madrid, 1989.]
4. Grabación del Despacho Oval, 13 de mayo de 1971, entre
las 10.32 y las 24.20 horas.
5. G. Gordon Liddy, *Will: The Autobiography of G. Gordon
Liddy* (St. Martin's Press, Nueva York, 1980), p. 134.
6. Discurso de Richard Nixon, 18 de septiembre de 1972.
7. Richard Nixon, Orden Ejecutiva 11727, Cumplimiento de
la Ley sobre Estupefacientes, 6 de julio de 1973.
8. Uno de los primeros informes generales sobre el caso de
Sicilia Falcón fue un artículo alemán, «Die gefährlichen
Geschäfte des Alberto Sicilia», *Der Spiegel*, 9 de mayo de
1977. El caso aparece también descrito con detalle en la
obra de James Mills *Underground Empire* (Dell Publishing
Company, Nueva York, 1985).
9. El libro que Sicilia Falcón escribió en la cárcel se titulaba *El
túnel de Lecumberri* (Compañía General de Ediciones,
México, DF, hacia 1977 [2.ª ed., 1979]).
10. José Egozi figura en los Cuban Information Archives como
partícipe de la invasión de la bahía de los Cochinos. Su número en clave era R-537.R-710.
11. Luis Astorga, *El siglo de las drogas* (Plaza y Janés, Ciudad
de México, 2005), p. 115.

12. Shannon, *Desperados*, p. 63.

13. Fabio Castillo, *Los jinetes de la cocaína* (Editorial Documentos Periodísticos, Bogotá, 1987), pp. 18-21.

14. Documentación desclasificada de la CIA, *Mexico: Increases in Military Antinarcotics Units* (desclasificado en octubre de 1997).

15. Puede verse una descripción gráfica del sistema de plazas de los años setenta en Terrence Poppa, *Drug Lord: The Life and Death of a Mexican Kingpin* (Pharos Books, Nueva York, 1990).

Capítulo 4: Cárteles

1. La expresión «república bananera» fue acuñada por el escritor estadounidense O. Henry en su libro *Cabbages and Kings* (1904).

2. El primer caso de tráfico de cocaína se encuentra bien documentado en *Andean Cocaine: The Making of a Global Drug* (University of North Caroline Press, Chapel Hill, 2003), de Paul Gootenberg, máxima autoridad en la materia.

3. Entrevista del programa de televisión *Frontline* con George Jung en la cárcel (año 2000).

4. Pablo Escobar se disfrazó de Pancho Villa en una foto representativa en la que aparece con sombrero charro y cananas. La foto puede verse en James Mollison, *The Memory of Pablo Escobar* (Chris Boot, Nueva York, 2009).

5. Documentos del Tribunal de Casación del 9.º Distrito de Estados Unidos, *USA vs. Matta Ballesteros*, N.º 91-50336.

6. Billy Corben, *Cocaine Cowboys* (Rakontur, Miami, 2006).

7. Michael Demarest, «Cocaine: Middle Class High», *Time*, 6 de julio de 1981.

8. Estadísticas oficiales sobre homicidios del Departamento de Policía de Miami-Dade.

9. Las fotos de Félix Gallardo fueron publicadas por su hijo en el sitio de Internet http://www.miguelfelixgallardo.com hasta que el sitio se suspendió.

10. La granja de marihuana estaba en el rancho El Búfalo, cerca de Jiménez y Camargo, estado de Chihuahua, registrado en noviembre de 1984.

11. Documentos del Tribunal de Casación del 9.º Distrito de Estados Unidos, *USA vs. Matta Ballesteros*, 91-50165 (causa vista el 4 de enero de 1993).

12. El diario de la cárcel fue entregado por Félix Gallardo a su hijo y publicado en Diego Osorno, *El cártel de Sinaloa* (Grijalbo, Ciudad de México, 2009), pp. 207-257.

13. La confiscación se produjo en Yucca, Arizona, el 27 de noviembre de 1984.

14. *USA vs. Matta Ballesteros*, N.º 91-50336.

15. El episodio se cuenta también en Elaine Shannon, *Desperados* (Viking, Nueva York, 1988), pp. 213-214.

16. El discurso de Ronald Reagan fue transmitido en directo el 14 de septiembre de 1986.

17. La versión completa de la serie *Dark Alliance*, más docenas de archivos de audio y pruebas documentales, se ha colgado en la red, en el sitio http://www.narconews.com/darkalliance/drugs/start.htm.

18. *The Senate Commitee Report on Drugs, Law Enforcement and Foreign Policy* es también conocido como Informe Kerry, por el senador John F. Kerry, que presidió la comisión que lo preparó.

19. *CIA Report on Cocaine and the Contras*, párrafo 35. El informe se publicó en 1998, durante el intento de acusación de Bill Clinton, ocultando la noticia de que se reconocieron algunas verdades básicas de *Dark Alliance*.

20. La violencia se describe con detalle en B. Esteruelas, «Cinco muertos en una manifestación frente a la embajada

norteamericana en Honduras», *El País*, 23 de febrero de 1988.

Capítulo 5: Magnates

1. Jesús Blancornelas, «Death of a Journalist», *El Andar* (otoño de 1999).
2. Cifras oficiales procedentes de la Oficina del Representante Comercial de Estados Unidos.
3. Diego Osorno, *El cártel de Sinaloa* (Grijalbo, Ciudad de México, 2009), pp. 184-185.
4. Jesús Blancornelas, *El cártel: Los Arellano Félix, la mafia más poderosa en la historia de América Latina* (Plaza y Janés, Ciudad de México, 2002), p. 46.
5. Ibíd., pp. 46-48.
6. Informe titulado *Amado Carrillo-Fuentes*, de la Unidad de Inteligencia Operacional del Centro de Inteligencia de El Paso, con el sello «DEA confidencial».
7. La búsqueda de Pablo Escobar se cuenta con detalle en Mark Bowden, *Killing Pablo: The Hunt for the World's Greatest Outlaw* (Penguin, Nueva York, 2001). [Hay traducción en castellano: *Matar a Pablo Escobar: la cacería del criminal más buscado del mundo*, RBA, Barcelona, 2001/2007.]
8. La investigación de la policía suiza estuvo dirigida por Valentin Roschacher y el informe se preparó en 1998. Se detalla en Tim Golden, «Questions Arise About Swiss Report on Raúl Salinas's Millions», *New York Times*, 12 de octubre de 1998.
9. Tim Padgett y Elaine Shannon, «La Nueva Frontera: The Border monsters», *Time*, 11 de junio de 2001.
10. Blancornelas, *El cártel*, p. 237.
11. Ibíd., pp. 243-244.
12. Ibíd., p. 284.

13. Jesús Blancornelas en entrevista con Guillermo López Portillo para Telvisa, 2006.

Capítulo 6: Demócratas

1. Fox hizo este lamentable comentario en una conferencia de prensa celebrada en Puerto Vallarta el 13 de mayo de 2005.
2. Entrevisté a Vicente Fox en San Francisco del Rincón el 25 de noviembre de 2010.
3. La cita procede de *Nightline* (ABC) de 3 de julio de 2000, transcrita de la grabación original por gentileza de la oficina de ABC en Ciudad de México.
4. José Reveles, *El cártel incómodo: El fin de los Beltrán Leyva y la hegemonía del Chapo Guzmán* (Random House Mondadori, Ciudad de México, 2010), pp. 57-71.
5. Una serie de cartas de amor de Joaquín, el Chapo Guzmán, se publicó con mucho aparato en Julio Scherer García, *Máxima seguridad: Almoloya y Puente Grande* (Nuevo Siglo Aguilar, Ciudad de México, 2009), pp. 21-28.
6. La anécdota se comenta también en Diego Osorno, *El cártel de Sinaloa* (Grijalbo, Ciudad de México, 2009), p. 193.
7. En la revista *Proceso* y otras publicaciones mexicanas han aparecido multitud de artículos sobre los vínculos del Gobierno nacional y el cártel de Sinaloa.
8. Juan Nepomuceno, llamado también el Padrino de Matamoros, fue una destacada figura durante más de medio siglo. En la vejez concedió una entrevista a Sam Dillon, «Matamoros Journal: Canaries Sing in Mexico, but Uncle Juan Will Not», *New York Times*, 9 de febrero de 1996.
9. Texto tomado de «Manual de SOA [School of Americas]: Manejo de Fuente, capítulo V», disponible en http://www.derechos.net/soaw/manuals/manejo5.html.
10. Detalles de estos ataques en el comunicado zapatista titulado *Sobre el PFCRN, La ofensiva militar del Gobierno, los*

actos terroristas y el nombramiento de Camacho (11 de enero de 1994).

11. El texto de la conversación fue hecho público por un miembro de la Agencia Federal de Investigación (AFI).

12. El agente de la DEA era Joe DuBois, y el agente del FBI,
Daniel Fuentes.

13. De la reunión habló antes que nadie el periodista mexicano Alberto Nájar, que obtuvo un documento informativo
de la PGR. Posteriormente fue corroborada por testimonios, recogidos por agentes nacionales, de testigos protegidos.

14. La matanza tuvo lugar en Nuevo Laredo el 8 de octubre de
2004.

15. Las fuentes no se ponen de acuerdo sobre el lugar de naci-
miento de Lazcano, aunque los indicios señalan diversas
ciudades del estado de Hidalgo cercanas a la frontera con el
estado de Veracruz, en las que ha financiado por lo menos
dos iglesias.

16. El asesinato del jefe de policía de Nuevo Laredo Alejandro
Domínguez ocurrió el 8 de junio de 2005.

17. Bradley Roland Will, de 36 años, fue muerto a tiros el 27
de octubre de 2006 en Oaxaca de Juárez. Por lo menos
otras dos personas murieron en los tiroteos que se produjeron en la misma ciudad el mismo día.

18. Los comentarios de Fox en su *blog* personal, 7 de agosto de
2010.

Capítulo 7: Señores de la guerra

1. Felipe Calderón, *El hijo desobediente: Notas en campaña*
(Aguilar, Ciudad de México, 2006), p. 16.

2. Primer debate presidencial, 25 de abril de 2006.

3. Cubrí esto para la agencia AP en artículos como Ioan Grillo, «Thousands of mexicans troops ordered to arrest smu-

gglers, burn marijuana and opium fields», Associated Press, 12 de diciembre de 2006.

4. Felipe Calderón hizo estos comentarios en una dependencia de la Secretaría de Defensa en Ciudad de México, el 10 de febrero de 2007. Puede verse el texto completo de su discurso en http://www.lupaciudadana.com.mx/SACSCMS/XStatic/lupa/template/declaracion_detalle.aspx?n=5925.

5. El acuerdo inicial de la Iniciativa Mérida fue de 1.600 millones de dólares durante los años fiscales de 2008 a 2010. La ayuda ha ido más allá. El presidente Obama solicitó 334 millones para financiar a México en 2011.

6. El presupuesto de la seguridad nacional aprobado para 2011 se repartía del siguiente modo: 4.700 millones de dólares para la Secretaría de Defensa (Sedena), 1.460 millones para la Armada y la infantería de marina (Semar), 2.800 millones para la Secretaría de Seguridad Pública (SSP), y 5.760 millones para la Procuraduría General de la República (PGR); total, 14.720 millones de dólares.

7. La declaración de Edgar Valdez fue tomada y filmada por agentes de la Secretaría de Seguridad Pública (SSP) y luego entregada a la prensa.

8. Una tonelada de cocaína equivale a mil ladrillos de 1 kilo y a un millón de papelinas de 1 gramo.

9. El narcomensaje fue hecho público en mantas en diversas ciudades del país el 12 de febrero de 2000.

10. Paquiro, «Breve tumba-burros culichi-inglés para corresponsales (de guerra), *La Locha*, septiembre de 2008.

11. Arturo Beltrán Leyva fue muerto el 16 de diciembre de 2009. La información sobre el tiroteo se detalla en el informe clasificado del Departamento de Estado, luego publicado por WikiLeaks y titulado «Mexico Navy Operation Nets Drug Kingpin Arturo Beltrán Leyva» (con fecha de 17 de diciembre de 2009).

12. El cómputo de homicidios del propio Gobierno mexicano comparado con las cifras del censo da 191 asesinados en Ciudad Juárez por cada 100.000 habitantes en 2009, y 229 asesinados por cada 100.000 en 2010. Según estadísticas del FBI, Nueva Orleans era la ciudad más violenta de Estados Unidos en 2009, con 52 homicidios por cada 100.000 habitantes.

13. La estimación de los diez mil Zetas procede de un miembro del CISEN, el servicio de espionaje de México, que se reunió con periodistas extranjeros en 2010.

14. La Comisión Nacional de Derechos Humanos informó en una conferencia celebrada en Ciudad de México el 22 de noviembre de 2010 de que había más de cien expedientes sobre civiles muertos por policías y soldados.

15. El subsecretario del ejército de Estados Unidos, Joseph Westphal, hizo estos comentarios en el Instituto Hinckley de Política de la Universidad de Utah el 8 de febrero de 2011.

Capítulo 8: Tráfico

1. Las estadísticas sobre decomisos proceden del Departamento de Seguridad Interior, que abarca tanto el servicio de patrullas fronterizas como el de vías de entrada.

2. Datos de *2010 World Drug Report*, que publica la oficina de Naciones Unidas para drogas y delincuencia (United Nations Office on Drugs and Crime).

3. Los agentes del servicio de patrullas fronterizas descubrieron en enero de 2006 un túnel de 730 metros en Otay Mesa. Sigue siendo el más largo descubierto hasta la fecha.

4. El estudio se titula «National Survey on Drug Use & Health».

5. El estudio, titulado «What America's Users Spend on Illegal Drugs, 1988-2000», fue preparado por consultores pri-

vados para la Oficina de Política Nacional para el Control de Estupefacientes (la oficina del zar antidroga).

6. Petróleos Mexicanos (Pemex), Informe Anual 2009.

7. Cifras del Banco de México basadas en transferencias y movimientos bancarios de pequeñas cantidades.

8. El secretario de Seguridad Pública, Genaro García Luna, hizo la declaración durante un discurso pronunciado en la Conferencia Nacional de Gobernadores, Puerto Vallarta, 7 de agosto de 2010.

9. Jason Lange, «From Spas to Banks, Mexico's Economy Rides on Drugs», Reuters, 22 de enero de 2010.

10. La lista negra se titula «List of specially designated nationals and blocked persons», y la publica la Oficina de Control de Haberes Extranjeros del Departamento del Tesoro.

11. En *World Drug Report 2009*, del United States Office on Drugs and Crime.

12. La entrevista fue concedida a la oficina de AP en Nueva York en mayo de 2007 y finalmente publicada en julio del mismo año, después de que la agencia de noticias tratara de corroborar la información considerada confidencial. La demora disparó hipótesis conspirativas en los medios mexicanos.

Capítulo 9: Asesinato

1. Un detallado capítulo sobre el Gitano en Diego Osorno, *El cártel de Sinaloa* (Grijalbo, Ciudad de México, 2009), pp. 95-109.

2. José González, *Lo negro del Negro Durazo: Biografía criminal de Durazo, escrita por su Jefe de Ayudantes* (Editorial Posada, Ciudad de México, 1983), p. 22.

3. Fabio Castillo, *Los jinetes de la cocaína* (Editorial Documentos Periodísticos, Bogotá, 1987), p. 11.

4. Estadísticas de homicidios por el Instituto Nacional de Medicina Legal y Ciencias Forenses de Colombia.
5. La policía mató a tiros a Pablo Escobar en Medellín el 2 de diciembre de 1993.
6. La tasa de desempleo juvenil en Colombia del 22 por ciento —aproximadamente el doble de la tasa de desempleo general— se refiere a marzo de 2010, cuando sostuve la entrevista.
7. Del Grupo Cartel, un conjunto norteño.
8. El escándalo de los presos que salían para cometer homicidios estalló el 25 de julio de 2010, causando una tormenta política.
9. Según el censo de 2010, el municipio de Ciudad Juárez tenía 1.328.000 habitantes.
10. Del estudio (costeado por el Gobierno) *Todos somos Juárez, reconstruyamos la ciudad* (Colegio de la Frontera Norte, Ciudad Juárez, marzo de 2010), p. 4.
11. Las penas máximas para menores varían según la edad y el estado, pero en ninguno se permite una condena mayor de cinco años. En el estado de Morelos, los menores de edad de 16 años sólo pueden ser condenados a tres años, hecho que llamó la atención pública a raíz de la detención, en diciembre de 2010, del presunto sicario Edgar Jiménez, alias el Ponchis, de 14 años.

Capítulo 10: Cultura
1. Del primer poema sobre Robin Hood que se conoce (siglo XV).
2. La declaración de Edgar Valdez, alias la Barbie, fue tomada y filmada por agentes de la Secretaría de Seguridad Pública (SSP) y cedida a la prensa.
3. Vicente T. Mendoza, *El romance español y el corrido mexicano, estudio comparativo* (UNAM [Universidad Nacio-

nal Autónoma de México], Ciudad de México, 1939), p. 219.

4. Américo Paredes, *With His Pistol in His Hand* (University of Texas Press, Austin, 1958), p. 3. [Hay traducción en castellano: *Persecución en Texas = The Ballad of Gregorio Cortez* (videograbación), IVS (Internacional Vídeo Sistemas), Pamplona, 1987.]

5. Sam Quiñones, *True Tales from Another Mexico: The Lynch Mob, the Popsicle Kings, Chalino and the Bronx* (University of New Mexico Press, Albuquerque, 2001).

6. El asesinato de Valentín Elizalde se produjo en Reynosa, el 15 de noviembre de 2006.

7. La tumba de Valentín Elizalde se encuentra en Guasave, estado de Sinaloa.

Capítulo 11: Fe

1. El cardenal de Ciudad de México, Norberto Rivera, escribió una declaración en el periódico parroquial *Desde la fe* (31 de octubre de 2010), reconociendo y condenando la extendida costumbre de dar narcolimosnas.

2. Del «Corrido de Malverde» de Julio Chaidez.

3. Antes de la conquista española de 1521, Ciudad de México se llamaba Tenochtitlán y abarcaba el centro histórico actual, más Tepito y otros barrios periféricos.

4. La actriz y bailarina Niurka Marcos, de origen cubano, se casó con el actor Bobby Larios en febrero de 2004 en una ceremonia celebrada por David Romo.

5. La iglesia de Romo estuvo registrada en la Secretaría de la Gobernación con el nombre de Iglesia Católica Tradicional México-EE.UU. La Secretaría anuló el registro en abril de 2007.

6. La vida y la muerte de Jonathan Legaria se cuenta también con detalle en Humberto Padgett, «Vida, obra y fin de Pa-

drino Endoque, el ahijado de la Santa Muerte», *Emeequis*, 1 de septiembre de 2008.

7. Los cadáveres fueron hallados en el estado de Yucatán el 28 de agosto de 2008. Los tres supuestos asesinos fueron detenidos cerca de Cancún el 2 de septiembre del mismo año.

8. Mictecacihuatl recibe también el nombre de Catrina y se representa asimismo como un esqueleto, igual que la Santa Muerte.

9. Los gánsteres perpetraron esta atrocidad en Uruapán, estado de Michoacán, el 6 de septiembre de 2006.

10. John Eldredge, *Wild at Heart: Discovering the Secret of a Man's Soul* (Thomas Nelson, Nashville, 2003).

11. Armando Valencia Cornello, presunto cabecilla de Michoacán, fue detenido el 15 de agosto de 2003.

12. Publicado en *La Voz de Michoacán*, 22 de noviembre de 2006.

13. Servando Gómez, alias la Tuta, llamó por teléfono en directo al presentador del programa *Voz y solución*, Marcos Knapp, el 15 de julio de 2009.

14. Nazario Moreno, al parecer, fue muerto a tiros en Apatzingán el 9 de diciembre de 2010. Tenía 40 años.

Capítulo 12: Insurgencia

1. *Breaking Bad*, producida por Vince Gilligan, segunda serie, episodio 7, 19 de abril de 2009.

2. Alejandro Almazán, *Entre perros* (Grijalbo Mondadori, Ciudad de México), 2009.

3. John P. Sullivan y Adam Elkus, «Cartel v. cartel: Mexico's Criminal Insurgency», *Small Wars Journal*, 26 de enero de 2010.

4. Informe titulado *Joint Operating Environment 2008*, del United States Joint Forces Command con sede en Virginia.

5. Clinton hizo este comentario en el Council for Foreign Relations, Washington, 8 de septiembre de 2010.

6. Real Academia Española, *Diccionario de la lengua española*, 22.ª edición, 2001.
7. Declaración de la Secretaría de Asuntos Exteriores de México, 9 de febrero de 2011.
8. Eric Hobsbawm, *Primitive Rebels: Studies in Archaic Forms of Social Movement in the 19th and 20th Centuries* (Manchester University Press, Manchester, 1959). [Hay traducción en castellano: *Rebeldes primitivos*, Ariel, Barcelona, 1968.]
9. Stephen Metz, «The future of insurgency», *Strategic Studies Institute*, 10 de diciembre de 1993.
10. El interrogatorio de Marco Vinicio Cobo corrió a cargo de la inteligencia militar, a raíz de su detención el 3 de abril de 2008 en Salina Cruz, Oaxaca.
11. Servando Gómez, la Tuta, llamó por teléfono en directo al presentador del programa *Voz y solución*, Marcos Knapp, el 15 de julio de 2009.
12. Rodolfo Torre, candidato del PRI, fue muerto por pistoleros el 28 de junio de 2010. Su hermano ocupó su lugar y fue elegido gobernador de Tamaulipas.
13. Editorial de primera plana de *El Diario de Juárez*, 19 de septiembre de 2010.
14. Miguel Ortiz fue interrogado por miembros de la Secretaría de Seguridad Pública.
15. El atentado contra Minerva Bautista tuvo lugar en las afueras de Morelia, el 24 de abril de 2010.
16. El vídeo de entrenamiento de supuestos miembros de La Resistencia fue hecho público en febrero de 2011.
17. Cifras publicadas por la Secretaría de Defensa mexicana (Sedena).
18. Informe titulado *Combating Arms Trafficking*, publicado por la embajada de Estados Unidos en Ciudad de México, mayo de 2010.

19. La captura se produjo en Laredo, Texas, el 29 de mayo de 2010.
20. Nick Miroff y William Booth, «Mexican drug cartels' newest weapon: Cold War-era grenades made in U.S.», *Washington Post*, 17 de julio de 2010.
21. Los infantes de marina mataron a tiros a Ezequiel Cárdenas en Matamoros el 5 de noviembre de 2010.
22. Según el informe titulado *Advisory: Explosives Theft by Armed Subjects*, publicado por el United States Bomb Data Center, 16 de febrero de 2009.
23. La confesión de Noé Fuentes fue publicada por la Secretaría de Seguridad Pública a raíz de su detención, el 13 de agosto de 2010.
24. Los cadáveres fueron hallados en el estado de Yucatán, el 28 de agosto de 2008.

Capítulo 13: Detenciones
1. El primer escándalo estalló en 2005, con las crónicas de Alfredo Corchado en el *Dallas Morning News*. El segundo en 2009, con noticias procedentes de diversas organizaciones informativas.
2. Andrés López, *El cártel de los sapos* (Planeta, Bogotá, 2008).
3. Los detalles del caso Cárdenas fueron revelados en una serie de artículos publicados por Dane Schiller en el *Houston Chronicle* en 2010.
4. Discurso de Richard Nixon, 18 de septiembre de 1972.

Capítulo 14: Expansión
1. De *FBI Uniform Crime Reports*, 2004-2010.
2. Cifra proporcionada por el Departamento de Policía de Phoenix.
3. Ibíd.
4. Ibíd.

5. National Drug Intelligence Center, *Cities in Which Mexican DTO's Operate Within the United States*, 13 de abril de 2008, actualizado en *National Drug Threat Assesment 2009*, enero de 2009.

6. Acta de acusación del U.S. District Court, Northern District of Illinois, Eastern Division, *United States of America vs. Arturo Beltrán Leyva*.

7. Del excelente documental *Blood River: Barrio Azteca*, quinta serie, episodio 4, ciclo «Gangland», de History Channel, emitido el 18 de junio de 2009.

8. Las agresiones contra los empleados del consulado ocurrieron en Ciudad Juárez el 13 de marzo de 2010.

9. Revelado en el juicio y reiterado en el recurso de apelación titulado *Rosalio Reta vs. State of Texas*, presentado el 3 de marzo de 2010 en el 49.º distrito judicial, Texas.

10. Del informe titulado *Precursors and chemicals frequently used in the illicit manufacture of narcotic drugs and psychotropic substances*, realizado por el International Narcotics Control Board, 19 de febrero de 2009.

11. El general Julián Arístides González fue muerto a tiros en Tegucigalpa el 8 de diciembre de 2009.

12. El funeral tuvo lugar en Tegucigalpa el 9 de diciembre de 2009.

Capítulo 15: Diversificación

1. En 2011 seis millones de pesos equivalían aproximadamente a medio millón de dólares.

2. Estudio publicado por la Cámara de Diputados del Parlamento de México, basado en cifras oficiales, 7 de septiembre de 2010.

3. Los presidentes de la Cámara de Comercio y la Asociación de Maquiladoras de Ciudad Juárez (Amac) pidieron públicamente la intervención de la ONU en noviembre de 2009.

Los funcionarios de la ONU dijeron que hacía falta una petición directa del Gobierno nacional.

4. Daniel Arizmendi fue detenido en Naucalpán, Estado de México, el 17 de agosto de 1998. Cumple una condena que no podrá exceder de cincuenta años.

5. Vicente Fernández dijo después que se ofreció a trasplantar sus propios dedos a su hijo, pero un médico le aconsejó que no lo hiciera.

6. Rosario Mosso Castro, «Secuestradores vienen de Sinaloa», Zeta, edición de 2007, n.º 1721.

7. Comisión Nacional de Derechos Humanos, *Informe especial sobre los casos de secuestro contra migrantes*, 15 de junio de 2009.

8. Amnistía Internacional, *Mexico: Invisible victims. Migrants on the move in Mexico*, 28 de abril de 2010.

9. El superviviente contactó con los infantes de marina el 23 de agosto de 2010. Se cree que la matanza tuvo lugar el 21 o el 22 de agosto.

10. Instituto Nacional de Estadística y Geografía (Inegi), *Encuesta nacional de ocupación y empleo*, informe publicado el 13 de agosto de 2010.

11. Diego Gambetta, *The Sicilian Mafia: The Business of Private Protection*, Harvard United Press, Cambridge (Mass.), 1993. [Trad. cast.: *La mafia siciliana. El negocio de la protección privada*, Fondo de Cultura Económica, Buenos Aires, 2007.]

12. Estimaciones de Pemex.

13. Informe anual de Pemex sobre 2010, 1 de marzo de 2011.

Capítulo 16: Paz

1. Zedillo, Gaviria y Cardoso expusieron sus argumentos en un documento titulado *Drogas y democracia. Hacia un cambio de paradigma*, 11 de febrero de 2009. Disponible en Internet, en http://www.plataformademocratica.org/Publicacoes/declaracao_espanhol_site.pdf.

2. Estimación tomada de un estudio de Jeffrey Miron (Harvard) y Katherine Waldock (Universidad de Nueva York), *The Budgetary Impact of Ending Drug Prohibition* (Cato Institute, Washington, D.C., 2010).

3. Los tratados comprenden la Convención de N.U. contra el tráfico ilegal de estupefacientes y sustancias psicotrópicas de 1988, la Convención sobre sustancias psicotrópicas de 1971 y la Convención única sobre estupefacientes de 1961.

4. La ley que despenaliza en México la posesión de pequeñas cantidades de estupefacientes fue aprobada el 20 de agosto de 2009.

5. Rand Corporation, *Legalizing marijuana in California will not dramatically reduce mexican drug trafficking revenues*, 12 de octubre de 2010.

6. La marihuana fue aprehendida el 18 de octubre de 2010. Los adictos que se rehabilitaban fueron asesinados el 24 de octubre.

7. Informe clasificado del Departamento de Estado, luego publicado por WikiLeaks, «Mexico Navy Operation nets drug kingpin Arturo Beltrán Leyva» (dado a conocer el 17 de diciembre de 2010).

8. Informe clasificado del Departamento de Estado, luego publicado por WikiLeaks, «Scene-setter for the opening of the Defense Bilateral Working Group» (dado a conocer el 29 de enero de 2009).

9. Entrevista del autor con Gaviria en Ciudad de México, 22 de febrero de 2010.

10. La cifra fue dada a la prensa por Mario Delgado, secretario de Educación de Ciudad de México, el 6 de diciembre de 2010.

11. Leoluca Orlando fue alcalde de Palermo de 1985 a 1990 y de 1993 a 2000.